DROEMER

Thomas Kistner

Schuss

Die geheime Dopinggeschichte des Fußballs

DROEMER

Besuchen Sie uns im Internet:
www.droemer.de

Originalausgabe Oktober 2015
© 2015 Droemer Verlag
Ein Imprint der Verlagsgruppe
Droemer Knaur GmbH & Co. KG, München
Lektorat: Heike Gronemeier
Covergestaltung: ZERO Werbeagentur, München
Coverabbildung: FinePic®, München
Satz: Adobe InDesign im Verlag
Druck und Bindung: CPI books GmbH, Leck
ISBN 978-3-426-27652-5

2 4 5 3 1

Für Tristan –
den tollsten Fußballer von allen

Inhalt

Kapitel 7
Und es macht doch Sinn
346

Anhang
369

Vorwort

Monster

»Der Hochleistungssport, der Sport, seine Organisationen
und ihre Repräsentanten müssen den Mut zum Schuldigwerden haben. Hohe Gesinnung alleine oder rigorose
Unterlassung sind keine gangbaren Wege, um zur Verantwortungsethik im Leistungssport zu finden.«
Professor Armin Klümper,
von Sport und Politik verehrter deutscher
Spitzensportmediziner

Doppink.
Toping!
Oder: Dobing?
Im März 2015 scheiterten Vertreter der Fußballbranche wie
Jürgen Klopp, Mehmet Scholl oder der als wissenschaftlich
strukturierter Kopf geltende Robin Dutt einmal mehr öffentlich bei dem Versuch, dieses rätselhafte, ja, schon unheimliche
Codewort zu knacken: Doping. Im Fußball? Was, äh, soll das
denn bringen?
Nichts, beteuerten sie. Doping könne im Fußball keinerlei
hilfreiche Effekte entfalten. Weshalb es in all ihren Karriere-
jahren auch ein Mysterium für sie geblieben sei, ein luftiges
Gerücht, gewiss kein reales Erlebnis. Ehrenwort! Was, wie
gesagt, ja schon deshalb logisch sei, weil Doping beim Kicken
sinnlos sei. Nein, schlimmer. Hinderlich sei es geradezu, eine
echte Plage, weil: Es hemmt die Leistung. Robin Dutt, Sportdirektor des VfB Stuttgart, brachte es eloquent so auf den
Punkt. Befragt, wie »effektiv Doping in irgendeiner Art und
Weise im Fußball« sei, verkündete er das Branchen-Mantra:
»Völlig uneffektiv, weil wir eine Mischsportart aus technisch-

taktischer Komponente haben. Es wäre wirklich ... der Spieler wäre mit Dummheit gestraft, wenn er versuchen würde, sich darüber zu optimieren. Er würde seine Leistung dadurch sicherlich eher verschlechtern.«[1]

Leistungsverschlechterung! Das kann man sich in einer Branche, in der Millionenerlöse an Zentimetern und Zehntelsekunden hängen, natürlich ganz und gar nicht leisten.

Ist die Rede von den teuersten Profis der Welt, reden wir mittlerweile über Fußballer. Ihre Saläre treiben selbst US-Baseballstars Tränen in die Augen. Alljährlich ermittelt der Web-Anbieter Sporting Intelligence die Teams mit dem höchsten Durchschnittsgehalt in den reichsten Profiligen der Welt. 2015 finden sich unter den Top Ten nur noch die Baseball-Teams der LA Dodgers und der New York Yankees, auf den Rängen fünf und neun. Die übrigen Plätze belegen Fußballklubs aus Spanien, England, Deutschland. Den Spitzenrang hält, gelobt seien die Pipelines im Emirat Katar: Paris St. Germain. Hier verdient der Durchschnittskicker 9 083 993 Dollar im Jahr, pro Woche sind das 174 692 Dollar. Es folgen Real Madrid (8 641 385 Dollar p.a.), Manchester City (8 597 844 Dollar p.a.), Barcelona (8 083 518 Dollar p.a.), ManUnited (8 022 247 Dollar p.a.), der FC Bayern (7 660 968 Dollar p.a.), Chelsea FC (7 462 809 Dollar p.a.) und der FC Arsenal (6 950 225 Dollar p.a.). In der englischen Premier League verdient im Schnitt jeder Spieler 3,8 Millionen Dollar pro Jahr.

Die Major League Baseball hat immer wieder mit weitreichenden Dopingaffären zu kämpfen, mit Enthüllungen und Geständnissen, die auf eine klare Betrugssystematik verweisen. Was das angeht, gilt sie als großer Bruder des Radsports. Erst 2015 wanderte wieder einmal ein Wellness-Klinik-Betreiber in Haft, der gut ein Dutzend Profis mit Verbotenem versorgt hatte, darunter den Superstar Alex Rodriguez. Und schon 2007 hatte ein Untersuchungsreport eine Art Who's who der Dopingsünder zusammengestellt, in dem sich reichlich Baseballer fanden.

Hingegen Profifußball: noch mehr Geld im Spiel, immerzu wachsende Anforderungen an die Profis – aber Doping? Gibt's hier nicht. Früher vielleicht einmal, aber auch da nicht bewusst oder vorsätzlich, wie Mehmet Scholl zu berichten weiß: »Man hat da die Fußballer ein bisschen als Versuchskaninchen benutzt.«² Zum Glück wurde Doping im Fußball dann ausgerottet. Über Nacht sozusagen, vor ungefähr zehn Jahren. Und das Beste: Seit es sauber ist, wird dieses Spiel immer athletischer und spektakulärer. Warum machen es die anderen nicht einfach auch so? Wasser trinken, Äpfel essen, und ab geht die Post!

Ach so. Die können das nicht machen, die anderen, weil deren Sportarten ja längst nicht so komplex sind wie Fußball. Noch einmal Mehmet Scholl: »Nehmen wir mal an, du nimmst was zum Muskelaufbau, darunter leidet die Koordination und die Schnelligkeit. Nein, nicht die Schnelligkeit, die Koordination. Nimmst du was für die Kondition, wirst du langsamer. Im Fußball macht's nicht wirklich Sinn.«³

Vor einer Leistungsschwächung durch Doping haben nicht nur Deutschlands Fußballweise Angst. Fachliche Unterstützung erhalten sie von Jiri Dvorak, Chefmediziner des Weltverbandes Fifa: »Im Fußball ist nichts zu gewinnen mit solchen Drogen. Fußball ist anders als so viele Sportarten, weil es eine ganze Bandbreite von Qualitäten braucht: Ausdauer, Tempo, Stärke, Technik, Koordination und Konzentration, um nur ein paar zu nennen.«⁴

Dieses fußballspezifische Exklusivwissen über leistungshemmende pharmazeutische Mittelchen ist also der schlüssigste Grund von vielen, warum es im Fußball kein Doppink gibt. Oder Dobing? Egal. Fachleuten jedenfalls, wie dem Heidelberger Professor Gerhard Treutlein, treiben solche Äußerungen die Zornesröte ins Gesicht: »Blödsinn. Doping, je nachdem was man nimmt, bringt sehr wohl was im Fußball.«⁵

Die Zunft sieht das anders. Mag das Tricksen und Täuschen, Schwindeln und Schauspielern, mögen all die fein einstudierten Formen des strategischen Foulspiels ebenso fester Bestandteil des Berufsalltags sein wie die Allgegenwart von Ärzten und Physios, die mancher Profi öfter als die eigene Ehefrau sieht – und trotz einer Rundumversorgung mit Pillen und Spritzen gilt: Doping gibt's nicht. Dafür legen viele die Hand ins Feuer, interessanterweise gleich für die ganze Branche. Obwohl auch das großer Blödsinn ist. Wer dopt, lügt natürlich – was, bitte schön, sollte er sonst tun? Es zugeben? Und wer nicht dopt, wer nie etwas mit Leistungsmanipulation am Hut hatte, der wurde auch niemals eingeweiht in die kleinen Geheimnisse anders tickender Kollegen, die ja immer auch Konkurrenten sind. Das gilt ebenso für Sportärzte, die erst recht kein Interesse daran haben können, mit ihrem spezifischen Wissen hausieren zu gehen.

Die Dimension des Problems, das die Kickerbranche mit dem Pharmathema hat, offenbart sich nicht nur in chronischer Amnesie, wenn es um konkrete Vorfälle aus der Vergangenheit geht. Nein, man geht sofort geschlossen in Abwehrhaltung, sobald das Thema aufploppt. 2015 war es wieder einmal so weit. Nach Jahren der Ruhe wurde ein Wunderheiler der Fußballelite als diskreter Dopingversorger entlarvt: Dr. Armin Klümper. Der Guru der siebziger bis neunziger Jahre, zu dem die Kicker in Scharen pilgerten, für den namhafte Stars dicke Spendenschecks ausstellten und sogar öffentlich warben. Als publik wurde, dass Klümper Anabolika an Bundesligateams geliefert hatte, zeigte der Fußball einmal mehr, wie wichtig die Mauer in seiner Welt ist. Abwehrmauern, Freistoßmauern – und die stabilste von allen, die Mauer des Schweigens.

Die Leistung zu steigern, ohne ein Dopingproblem zu haben, das ist die zentrale Herausforderung im Sport. Aber wo beginnt das Problem? Dort, wo betrogen wird? Oder erst da, wo der Betrug auffällt? Wenn eine Branche konsequent in einen kollektiven Abwehrreflex verfällt, sobald eine zutiefst branchentypische Frage gestellt wird, sind Zweifel angebracht.

In welchem Leistungssport sind heute nicht Substanzen virulent, die kaum oder gar nicht erfasst werden von der Dopinganalytik? Kann Fußball hier tatsächlich eine Ausnahme sein? Wenn die Akteure eines hochprofitablen Wirtschaftssystems den Diskurs verweigern wie Kleinkinder, die zur Relativitätstheorie befragt werden, dann könnte etwas faul sein.

Alle tun es. Bodybuilder, selbst Schachspieler. Und natürlich wird im Fußball gedopt. Hier wurde immer gedopt. Zu allen Zeiten, seit den zwanziger Jahren des vergangenen Jahrhunderts. Und klar: Fast nie gab es Enthüllungen durch Dopingtests. So wenig wie in anderen Sportarten, die im Gegensatz zum Fußball aber offiziell als belastet gelten, vorneweg der Radsport. Allein bei der Skandal-Tour-de-France 1998 gab es sechzig Verhaftungen und Dutzende Verurteilungen, Zoll und Polizei stellten kistenweise Dopingmittel sicher. Aber es gab nicht einen positiven Test bei den Hunderten Kontrollen während der Tour. Weshalb auch diese Rundfahrt nach den Regeln des Sports blitzsauber war. So sauber wie Lance Armstrong, den schließlich amerikanische Behördenfahnder zur Strecke brachten, keine Tests. So sauber wie die US-Sprintolympiasiegerin Marion Jones, die nie positiv getestet wurde und daraus schloss, sie könne selbst unter Eid noch erzählen, sie habe nie gedopt. Das kann man gefahrlos vor Fans und Medien tun, vor Sportgerichten sowieso – aber nicht vor einer amerikanischen Grand Jury. Für den Meineid musste die junge Mutter ins Gefängnis. All das sagt viel über die Qualität von Dopingkontrollen aus. Und nichts darüber, ob Athleten wirklich »sauber« sind.

Der Fußball dagegen taucht in schöner Regelmäßigkeit in seine Wagenburg ab, wenn Enthüllungen seine Besten und damit das System bedrohen. Kein Sport vollzieht den Schnitt zwischen dem, was das Publikum wissen darf, und dem, was in der Familie bleibt, so radikal wie die Kickerindustrie. Warum? Weil sie es sich leisten kann. Fußball finanziert sich selbst, er hängt weder von Olympias Geldtöpfen noch von staat-

lichen Zuschüssen ab. Ein Milliardengeschäft, das Milliarden
Menschen in seinen Bann zieht. Fußball bindet Aufmerksamkeit und Emotionen, das macht ihn systemrelevant. Und setzt
alle Korrektive außer Kraft. Die Suggestivkraft der Fernseh-
bilder ist unwiderstehlich, man muss nur daran glauben. Me-
ga-Turniere wie WM oder EM sind ein Grundbedürfnis geworden, sie stiften Momente der Identität und der Gemeinsamkeit. Kann ein Sport unwahrhaftig sein, der allein schon in
der Art, wie ihn die Massen heute zelebrieren, die Religion
abgelöst hat?

Er kann – zumindest so lange, wie die Fußballfamilie ihre
Schweigemauern stabil hält. Das Schweigen beginnt bei Per-
sonalfragen und Transferdeals auf internationaler Ebene, die
naturgemäß gern in strafrechtliche Bereiche lappen; es setzt
sich fort über Saläre und Privilegien für Angehörige der
Branche, reicht über das Tabuisieren von Reizthemen wie
Depression, Spielsucht oder Homosexualität und umschließt
im Innersten die drei Kernbedrohungen für das schöne Spiel:
Korruption, Spielmanipulation und Doping. Am Totschwei-
gen gerade letzteren Themas stoßen sich zunehmend sogar
die Fans, die ahnen, dass es im Sportuniversum wohl keinen
blinderen Fleck gibt als diesen. Wenn ihnen Millionenver-
diener in einem Geschäft mit dem menschlichen Körper weis-
machen wollen, dass Pharmazie das Letzte sei, was hier hilft –
dann kommt sich irgendwann auch der letzte Fan, der in
Vereinsbettwäsche schläft, veräppelt vor. Der Dopingforscher
Perikles Simon berichtete sogar von »erbosten Mails von Vätern von Jugendbundesligaspielern«, nachdem Klopp, Dutt,
Scholl und Co. im Fernsehen jeden Dopingverdacht zerstreut
hatten. Die Väter hätten ihn gefragt, »ob uns diese Experten
auf den Arm nehmen wollen oder ob sie wirklich so unwissend sind«.[6]

Fakt ist: Es gibt eine hochintensive Dopinggeschichte des
Fußballs. Das meint nicht, dass jederzeit und für jedes Spiel
gedopt werden würde. Systemisches Doping im Fußball be-

zieht sich, wie in anderen Sportarten auch, seit je auf die Big Points. Auf wichtige Events, Zeitpunkte, bei denen es sich lohnt, mit erhöhter Leistungskraft den Punkt oder Sieg einzufahren, der über Titel entscheidet, über Aufstieg und Nichtabstieg, über Qualifikations-, Pokal- oder Turniererfolge. Über Reibach und Karrieren. Über Triumph oder Tränen.

Fußball kommt zwar als große Spielgemeinschaft aus 22 Akteuren daher. Aber in kaum einem anderen Sport können winzige Vorteile so entscheidend sein wie hier: Wer Champions League oder WM-Titel gewinnen will, braucht vor allem einen langen Atem. Rein theoretisch muss der Sieger kein einziges Spiel gewinnen. Mit zwei Niederlagen und vier Unentschieden in den Gruppenspielen sowie sechs weiteren Remis in den K.-o.-Runden lässt sich ins Champions-League-Finale einziehen. Dort noch ein letztes Unentschieden, und nach 120 Spielminuten gewinnt die fittere Mannschaft das Elfmeterschießen. Dasselbe lässt sich für WM oder EM errechnen. Mag das Szenario unwahrscheinlich sein, es zeigt, dass es sich lohnt, in bestimmten Momenten zu tun, was ein gewisser Franz Beckenbauer einst so formulierte: Es werde nicht in jedem Spiel gedopt – die Frage sei aber, ob es nicht vor wichtigen Spielen passiere. »Wenn es um Millionen geht – wenn man glaubt, dass die anderen nicht nur Vitaminpillen schlucken. Da muss man aufpassen, denn da könnten Vereine und Manager sagen, jetzt kann es sich lohnen.«[7]

Geld und Titel sind nicht die einzigen Verlockungen, den Pfad der Tugend zu verlassen. Es drängen sich weitere Motive auf. Da ist der Rekonvaleszent, der schnell zurück ins Training will. Der Reservist, der gegen Stammspieler um Platz und Prämien kämpft. Der Stammspieler, der an die Sonderprämien will: für den Titel, für eine gute Plazierung. Das nicht nur aus wirtschaftlicher Sicht logische Betrugsschema, das sich um die Big Points rankt und von Beckenbauer einst sogar öffentlich thematisiert wurde (woran er sich später nicht mehr erinnern mochte), dieses Betrugsschema wurde über

Jahrzehnte in allen relevanten Ligen gepflegt. Jede große Fuß-
ballnation hat eine reiche Dopinghistorie. Sie ruht verborgen
in den Nebeln des Vergessens, die keiner lichten mag, weil
kein anderer Sport so sehr das Nationalgefühl berührt wie
dieser.

Werfen wir also einen Blick auf die Großen Europas: auf
traditionsreiche Fußballnationen wie Holland und Portugal,
wo systemisch gedopt wurde. Auf Italien und Frankreich, wo
die Omertà immer wieder von staatlichen Instanzen durch-
brochen wird. In Italien schaffen es weisungsunabhängige
Staatsanwälte und eine mafiagestählte Justiz hin und wieder
in den Darkroom des Fußballs; auch wenn wohlwollende
Gerichte die Dinge dann letztinstanzlich wegen Verjährung
abbügeln. Hier lohnt sich das Prinzip der Prozessverschlep-
pung, das keiner so meisterlich beherrscht wie der größte
Fußballfunktionär des Landes, Silvio Berlusconi. Aber immerhin: Man bekommt für einen Moment eine Ahnung von
dem, was im Fußball vor sich geht.

In Frankreich, geplagt von ewigen Tour-Skandalen, gilt das
härteste Antidopinggesetz der Welt. Manchmal wird es sogar
angewandt, im Fußball allerdings eher zurückhaltend. Es gab
auch einen Dopingausschuss des Senats, der bei einer Untersuchung 2013 entlarvende Fakten zutage gefördert hat. Und
Wissenschaftler, die sich mit der konkreten Dopingkultur im
Fußball befassen. Hin und wieder geschieht das auch in England, wo schon kickende Teenager Millionensaläre abgreifen.
In dieser Casinolandschaft unter der Aufsicht von Scheichs
und Oligarchen setzen vor allem die Gesellschaftsdrogen den
Kick: Kokain, Marihuana und Alkohol. Derlei Fehltritte werden Fußballprofis am ehesten verziehen: Mit Partykönigen hat
die Öffentlichkeit viel weniger Probleme als mit diskreten Dopern, die Kollegen und Fans um Titel bescheißen.

Und was ist mit den beiden aktuellen Supermächten des
Planeten Fußball, Spanien und Deutschland? Für Letztere ist
Leistungsmanipulation etwas, das aus irgendeinem schwarzen

Loch schwuppt: Ein Ufo namens Doppink eben. Dabei hat Fußball gerade für die Supermächte der Zunft eine so überragende nationale, identitätsstiftende Bedeutung, dass er diese Länder mit patriotischer Energie erleuchtet – und große Teile ihres intellektuellen Betriebs gleich mit dazu. Jene Meistersinger, die im Rausch der Stadienfeste eine nicht gelebte Sportlervita kompensieren und in einer werbemäßig perfekt getakteten Milliardenindustrie das wiederzuerkennen glauben, was ihnen Funktionäre und Manager von Adidas über Coke bis Visa vorbeten: dass den Profifußball das gute Sportgewissen beseelt, dass er Fairplay und allerlei großartige Integrationsmechanismen birgt.

Da wird offenkundig der Verstand ausgeknipst, denn die Realität sieht so aus: Ein durch und durch mafiöses Milieu regiert den Weltfußball, global untersucht von der amerikanischen Bundespolizei FBI und anderen Ermittlungsinstanzen in mindestens dreißig Ländern. Dieses Milieu wird angeprangert von immer mehr Fans, Menschenrechtsorganisationen und besonnenen Politikern. Korruption und organisiertes Verbrechen sind wesentliche Transmissionsriemen dieses Geschäfts. Aber auch rund um die Topadressen des Klubbetriebs gehören Ermittlungen und Prozesse zum Alltag. Und selbst diejenigen, die auf der sauberen Seite des Geschäfts zu stehen scheinen, trauen sich nicht aufzuräumen. Dabei benutzen sie, bis hin zum DFB, gern eine verblasene Solidaritätsrhetorik. Als wäre es trotz der laufenden Ermittlungen besser, einen Boss wie Sepp Blatter weiterwirken zu lassen, um nur nicht die Sportskameraden von Vanuatu, Guam oder Guinea zu verprellen, die den dunklen Fifa-Patron immer wieder wählen. Ausschreitungen in und um die Fußballarenen nehmen zu und werden heftiger. Von der Dauerplage Spielmanipulation sieht das Publikum nur den Teil, den Wettgangster ohne Fußballbezug zu verantworten haben. Und zugleich wird alles, was nur im Entferntesten an sportliche Werte erinnert, einer Turbo-Kommerzialisierung unterworfen.

Fußball ist ein wunderbarer Sport. International spielende
Vereine und Länderteams sind die Aushängeschilder einer
Nation. In Deutschland, das endlos Fleiß und Organisations-
geist verströmt, aber keinen Appeal, geht Fußball über alles.
Hat er nicht 1954 die Bundesrepublik neu begründet? Hat er
der Welt nicht 2006 den Blick auf die neuen, locker-leichten
Deutschen geöffnet? Dem Land die Nationalfarben zurück-
gegeben? Und ein Sommermärchen beschert? In der Deutschland AG ist Fußball eine wichtige Marke. Wer als Deutscher
auswärts auf der Straße nicht rituell mit »Germany – ah, Bayern Munich, Oktoberfest!« begrüßt wird, hat die EU-Gren-
zen nicht verlassen. Gleiches gilt für Spanien, bei dem einem
sofort Real Madrid und der FC Barcelona in den Sinn kommen. Beide Länder ziehen aus den Erfolgen ihrer Kicker gesellschaftliche Relevanz. Politiker sonnen sich im Glanz jener
Männer, die den Kunstfiguren aus Film und Musik längst den
Rang abgelaufen haben. Fußballer sind die neuen Rollenvor-
bilder geworden. Eine Endlosschleife aus weltweiten Sport-
übertragungen brennt ihre imaginäre Größe in die Köpfe der
Menschen. Inszeniert wird eine Botschaft, die sich an die glo-
balisierte Gesellschaft richtet: Alles ist Fußball, alles ist Wettbewerb.
   Kein Wunder, dass der seit Jahrzehnten herrschende Fuß-
ballkönig vor Stolz platzt. »Fußball bewegt die Welt«, weiß
Sepp Blatter zu berichten. »Laut dem deutschen *Handelsblatt*
sind 1,6 Milliarden Menschen direkt oder indirekt mit dem
Fußball verbunden. Im Fußball ist eine unglaubliche Energie
enthalten. Diese Kraft, die in diesem Sport steckt, ist wunder-
bar, aber auch etwas beängstigend.« Auf die Frage, ob die Fifa
ein Monster geschaffen habe, entgegnet der umständehalber
kürzlich zurückgetretene Boss: »Genau das hat mir mein Vorgänger João Havelange einmal gesagt: ›Sepp, tu as créé un
monstre.‹ Ich antwortete: ›Ja, aber ich versuche, das Monster
zu bändigen.‹«[8]
   Ausgerechnet Blatter. Genau wie Havelange ein Mann von

zweifelhaftem Ruf, der sich als Herrscher des Universums sieht – und jahrzehntelang so behandelt wurde. Wie absurd ist es, einen Sport unter Führung solcher Figuren zum Leitbild für friedlichen Wettstreit zu verklären, als etwas Apolitisches, durch und durch Neutrales? Fußball ist und war nie dazu gedacht, Gemeinsamkeit und Eintracht zu stiften. Tatsächlich kreiert er immer öfter das Gegenteil. Ressentiments, Gewaltausbrüche. Nirgendwo geht es mehr ums Gewinnen um jeden Preis als auf dem Rasen. Insofern symbolisiert der Fußball keine Ideale aus einer Wunsch- und Gegenwelt ohne Konflikte. Er steht vielmehr für die rauhe Realität eines von Profitinteressen getriebenen Systems. Mit allem, was dazugehört.

Nur nicht mit Doping.

Der moderne Profibetrieb ist ein sich selbst kontrollierendes Geschäftsnetzwerk, das an vielerlei Fäden des Betrugs hängt. Hat in diesem Muskel-und-Moneten-Zirkus Doping wirklich keinen Platz? Ist hier kein Bedarf mehr für das, was über Jahrzehnte hoch engagiert betrieben wurde?

Dazu zwei Tatsachen. Erstens: Doping bringt enorm viel. Auch und gerade im Fußball. Mit chemischer Manipulation lassen sich fast alle Leistungsfaktoren wie Kraft, Ausdauer, Schnelligkeit und Konzentration steigern. Zweitens: Die Laufwege der einzelnen Spieler auf dem Rasen werden länger, die Sprints nehmen zu, gedankliche Entscheidungen müssen immer schneller erfolgen. Die Zweikämpfe sind rasanter als früher, die Anforderungen an Körper und Geist kontinuierlich gestiegen. Die Leistung muss nicht nur für zehn Minuten oder 10 Sekunden abgerufen werden, der Sportler hat auch im Elfmeterschießen nach 120 Minuten noch zu funktionieren.

Für Experten wie den Heidelberger Werner Franke steht außer Frage, dass im Fußball gedopt wird. Sein Mainzer Kollege Perikles Simon bringt die Fassungslosigkeit der Dopingforscher auf den Punkt: »Dieses System reagiert wirklich nur, wenn ihm der Unrat bis über beide Ohren steht. Das ist eine

Unverschämtheit. Ich kann es mir nur so erklären, dass allein die Frage nach Doping im Fußball ein absolutes Tabu ist.«[9]

So ist es. Und der Rest ist einfach. Es gibt nicht nachweisbare Mittel, die hoch effektiv und im Spitzensport überall im Einsatz sind. Es gibt kontrolliertes Gendoping. Es gibt auch Dopinghämmer, die zwar nachweisbar sind, mit denen Betrüger aber ohne Entdeckungsgefahr unter dem Betrugsradar durchsegeln können – sie müssen diese Mittel nur in wirkungsvollen Mikrodosierungen einnehmen. Im Mai 2015 zeigte eine französische Studie, wie acht Ausdauerathleten dank Dopings mit geringen Gaben des beliebten Blutdopingmittels Epo, mit Wachstumshormonen und Kortikosteroiden ihre Leistungen um bis zu 5 Prozent verbesserten.[10] Das macht im Spitzensport den Unterschied zwischen Titelträger und Verlierer aus. Interessanterweise zeigten die von der Weltantidopingagentur Wada erstellten biologischen Blutpässe dieser Athleten keine verdächtigen Veränderungen. Die Studie traf ins Mark derer, die glauben, im organisierten Sport gebe es eine effektive Betrugsbekämpfung. Die gibt es nicht! Die kann es auch nicht geben, weil es viel zu viele Betrugsmöglichkeiten gibt. Die Pharmaindustrie ist immer zehn Schritte voraus. Denn eine Probe kann nur auf etwas getestet werden, das bekannt ist. Daher haben Dopingkontrollen vor allem ein sportpolitisches Ziel: Sie wiegen das Publikum in Sicherheit. Sie suggerieren ihm, dass alles gegen den Pharmabetrug getan werde. Dass man mit den Sündern sozusagen fast gleichauf sei.

Das ist ein Witz – wie die Jahresberichte von Wada und Nada. Geschnappt werden hin und wieder ein paar Handvoll Stümper, mit der Realität hat das nichts zu tun. Über den schönen Schein der Dopingstatistiken legt sich regelmäßig ein dunkler Schatten, sobald eine seriöse wissenschaftliche Umfrage unter anonym befragten Sportlern vorgelegt wird. Die Zahl derer, die schon mit Doping Bekanntschaft gemacht haben, pendelt sich dann hierzulande und anderswo bei 35 bis 40 Prozent ein.

Als 2015 eine Studie der niederländischen Antidopingagentur den Verseuchungsgrad im Elitesport auf bis zu 39 Prozent bezifferte, streckte Wada-Chef David Howman die Waffen: »Wir nehmen zur Kenntnis, dass Studien aus den vergangenen Jahren nahelegen, dass Doping viel verbreiteter ist als die aktuellen ein bis zwei Prozent abweichende Funde, die unsere jährlichen Testberichte ausweisen.« Durch einen überarbeiteten Wada-Code erhoffe man sich immerhin bald mal »ein genaueres Bild über den Stand der Prävalenz von Doping im Sport«.[11]

Ein genaueres Bild. Dabei hatte die Wada schon 2014 aus einer ARD-Dokumentation erfahren, dass zum Beispiel der russische Sport weitflächig dopingverseucht sei. Und im Jahr zuvor hatte sie von einer selbst einberufenen Expertengruppe ebenfalls Vernichtendes erfahren: 29 Prozent der Sportler bei der Leichtathletik-WM 2011 und 45 Prozent bei den Panarabischen Spielen gaben zu, schon gedopt zu haben.[12]

Das Kernproblem der wackeren Dopingjäger ist, dass sie nicht laut sagen dürfen, wie sehr sie die Abhängigkeit von den Geldern und Funktionären des Sports in ihrer Arbeit behindert. Tatsächlich ist auch die Dopingbekämpfung ein Monopolbetrieb des Sports. Im Wada-Kontrollgremium saßen Leute wie Spaniens Sportminister, just als die große Dopingaffäre um den spanischen Blutpanscher Eufemiano Fuentes erst im Lande unterdrückt wurde – und dann international. Bis heute fordert die Wada die Herausgabe der Fuentes-Akten, doch Spanien sitzt das aus. Ebenfalls im Wada-Kontrollgremium agierte lange Hein Verbruggen, langjähriger Boss des Radweltverbandes UCI zu dessen größter Dopingära. Die Funktionäre trafen sich sogar, um Dopingfragen zu behandeln, ausdrücklich unter Ausschluss von anderen Wada-Vertretern.[13] Die Füchse bewachen den Hühnerstall – schon diese Struktur entlarvt das Antidopingsystem als Humbug.

Der Fußball ist auch hier mittendrin: Im Wada Foundation Board, dem obersten Entscheidungsgremium, sitzt Sepp Blat-

ter. *Der* Sepp Blatter. Eine groteske Situation, die sich nur der
Sport leisten kann, weil er als einziger Gesellschaftsbereich
überhaupt den Schutz der Autonomie genießt. Eine wir-
kungsvolle Kontrolle kann aber nur von außen erfolgen,
durch finanziell und weisungsunabhängige Instanzen. Doch
gerade im Sport, der zwar die Welt umspannt, ist die globale
Führung auf höchstens zwei Handvoll Power Broker be-
schränkt. Diese meist affärenumwitterten Figuren sind tatsächlich das, als was sie sich so stolz bezeichnen: eine Familie.

In diesem gewaltigen Wirtschaftssystem bleibt den Forschern in den Laboren nur die Rolle kleiner Messknechte.
Mögen sie noch so fleißig sein – aber sie dürfen gar nicht ran
an zentrale Fragen, die in die Zukunft der Spitzenathletik
weisen. Den Umgang mit dem endemischen Schmerzmittelgebrauch zum Beispiel, der längst in manipulative Bereiche
reicht, wie immer mehr Experten beklagen, den dürfen Fahnder nicht unter die Lupe nehmen. Es ist ihnen zum Beispiel
seitens der Verbände und sogar der Wada verwehrt worden,
eine Studie zu Ballsportlern und deren Motivation für den
Gebrauch solcher Substanzen zu publizieren. Sie liegt seit
Jahren unter Verschluss. Behinderungen werden auch bei der
Erforschung anderer nicht explizit verbotener Substanzen
wie Betäubungs- oder Schlafmitteln beklagt – nicht offen, unter der Hand.

Wie es um die Dopingmentalität im Spitzensport bestellt
ist, offenbart das sogenannte Goldman-Dilemma. Der US-
Arzt und Publizist Bob Goldman ermittelte in zahlreichen
Studien, dass rund die Hälfte der Spitzensportler bereit sind,
innerhalb von fünf Jahren zu sterben, wenn ihnen eine bestimmte Droge den Gewinn einer olympischen Goldmedaille
sichern würde. Goldman führte die Umfragen von 1982 bis
Mitte der neunziger Jahre durch, in Zweijahresintervallen.
Stets waren die Resultate ähnlich. 2009 erschien im *British
Journal of Sports Medicine* eine ergänzende Studie australi-
scher Sportmediziner, die belegte, dass im Vergleich dazu nur

etwa ein Prozent der Gesamtbevölkerung bereit sei, einen frühen Tod für höchste berufliche Erfolge in Kauf zu nehmen. Leistungssportler sind dramatisch stärker auf Erfolg fokussiert als der Großteil der Restbevölkerung; rund die Hälfte würde *alles* dafür geben. Das Goldman-Dilemma gilt als sportsoziologisch gut belegt und wird vor allem im Kontext mit Gendoping häufig zitiert: Dabei werden enorme Wirkungen erzielt, die Folge sind aber massive Nebenwirkungen. Auch tödliche.

Aber wir reden ja von Fußball – und da gibt's bekanntlich kein Doping mehr. Es hat auch nichts zu bedeuten, dass die Kicker immer athletischer wirken. Es wird eben besser und intensiver trainiert als früher. Und zeigen nicht all die negativen Dopingtests, dass da nichts ist? Diese bedeutungslosen Massentests sind alles andere als intelligente Zielkontrollen und stärken letztlich nur das Autoimmunsystem des Fußballs.

Wirft man einen Blick in die paar Studien, die die Branche diesem Thema widmet, zeigt sich dennoch allerlei Merkwürdiges: dass die Kunst auffallend vieler Kickerhelden tatsächlich im Blut liegen könnte. Bei Studien in der Bundesliga und vor den Europameisterschaften 2008 und 2012 lagen die Blutwerte der Profis in der Summe deutlich höher als beim Normalbürger. Es gab Ausreißer deutlich jenseits der Grenzwerte, die in anderen Sparten wie Radsport, Leichtathletik und Wintersport für die Athleten gelten. Im Fußball gibt es diese Grenzwerte nicht. Es finden sich seltsame Testosteronwerte, nimmt man die Messzahlen zum Maßstab, die auf breiter Ebene in der Normalbevölkerung vorkommen, und die Grenzwerte der Dopingbehörden, die ja auch so definiert werden, dass sie nur in seltenen Fällen auf biologischem Wege erreicht werden können.

Auch im Fußball ist der Weg in die biochemische Manipulation vorgezeichnet – erfolgsorientierte Funktionäre und profitgierige Marketender bereiten ihn.

Fußballhelden wie Cristiano Ronaldo stellen sich selbst schon stolz wie bionische Fabelwesen dar. Cybergeschöpfe aus der Laborshow, die von der Sportartikel-, Mode- und Elektronikindustrie begierig für den Markt modelliert werden. Ein neuer Typus Mensch wird hier kreiert. In aller Stille, mit allen Mitteln wird daran gearbeitet: von München, wo seit Jahren Sportlermuskeln mit einer im Selfmade-Verfahren entwickelten Magnetstimulation angeblich vier- bis fünfmal schneller geheilt werden als auf herkömmlichem Wege, über Barcelona bis Japan, wo Hirnforscher schon am supereffizienten Starkicker von morgen basteln.

Moderne Fußballhelden sind mit Ball am Fuß schneller als 95 Prozent aller Athleten ohne. Sie spielen problemlos mit gerissenen Muskeln, mit frischen Gesichtsfrakturen, Gehirnerschütterungen, mit zerfasernden Bändern, ausgerenkten Halswirbeln, mit gebrochenen Knochen sowieso. Platzwunden werden am Spielfeldrand getackert. Sie ertragen enorme Schmerzen, die kurzerhand weggespritzt, betäubt, mit Schmerzkillern jeden Stärkegrades eliminiert werden. Auch das geht tief hinein in einen veritablen Leistungsbetrug, denn unter »normalen« Umständen sind in solchen Verfassungen kaum noch nennenswerte Körperleistungen möglich. Erst recht keine im Spitzensportbereich. Zumal die verabreichten Pharmaka ja nicht der Heilbehandlung dienen, sondern der Aufrüstung für die gerade stattfindende, spätestens aber für die nächste Schlacht.

Schmerzmitteldoping ist ein heißes Eisen im Fußball; auch wenn das hier niemand so nennen würde. Dabei stünden Schmerzmittel, würde im Sinne des Manipulationsverbots und des Schutzes der Athleten vor Folgeschäden gehandelt, je nach Anwendungsziel auf der Verbotsliste. Aber das kann im Fußball niemand wollen. Wie sollten die strammen Saisonprogramme mit Spielen oftmals im Dreitagerhythmus gestemmt werden, wenn ständig 30 oder mehr Prozent der Akteure schmerzbedingt ausfielen? Auch dieses Dilemma zeigt, wie fest der Fußball auf der Pharma-Schiene verankert ist.

Stammzellen-Tuning ist, in abgemilderter Variante, en vogue. Genutzt wird alles, was sich irgendwie als therapiebedingt verkaufen lässt. Wenn es in Untersuchungen bei großen Turnieren zu erstaunlichen Ballungen in Grenzwertbereichen kommt, wird beim nächsten Mal einfach weniger detailliert hingeschaut. Sowieso mangelt es Branchenbeteiligten nie an Erklärungen für seltsame Phänomene – sie reichen, wie wir noch sehen werden, von der Ernährung bis zur Dehydrierung.

Es sind aber natürlich nicht *die* Sportmediziner, die diese Entwicklung vorantreiben. Es sind eher wenige, die sich dem Leistungserhalt im Spitzensport verschrieben haben, nicht der Gesunderhaltung des Spitzensportlers. Auch viele Fußballärzte können nur vermuten, was nebenbei abläuft. Hinter den Kulissen wirken Gurus, die regen Zulauf haben. Spielerberater reden immer stärker bei der medizinischen Versorgung ihrer Cashcows mit. Es gibt gut frequentierte Spas und Anti-Aging-Kliniken, die das Blut auffrischen und allerlei mehr im Angebot haben.

Kein Wunder, dass bei allen Medizin- und Körperthemen Grabesstille herrscht. Vom Bänder- bis zum Seelenriss. Wer herumschnüffelt, stößt auf verschlossene Türen. Wer das nicht akzeptieren will, ist ein Feind des Sports. Bruchstücke der Wahrheit kommen nur auf Umwegen ans Licht. Durch Ermittlungen und Untersuchungsausschüsse; durch Gerichtsprozesse und, gar nicht so selten, durch Biografien früherer Fußballhelden. Ehemalige Spieler, die sich meist lange nach Karriereende von Erinnerungen befreien wollen, die sie belasten.

Auch um zu verhindern, dass der Fußball zur Designermesse für Humanmaterial wird, die Minderjährige fasziniert und generell Aufmerksamkeit absorbiert, die es für wichtigere Zeitthemen bräuchte, gehört die Frage geklärt: Mit welchen medizinischen Begleithilfen werden heute Höchstleistungen erbracht? Härteres Training, häufigere Wettkämpfe, höhere Leistungsanforderungen, wachsender Mediendruck, dazu die exorbitanten Geldsummen, um die es bei diesem Spiel geht. All das weist in eine Richtung: Was einst als Gemauschel Einzelner im Selbstversuch begonnen haben mag, ist inzwischen zu einer systemischen Komponente des Sports geworden.

Das mit der fehlenden Doping-Wahrnehmung im Fußball ist ein bisschen wie die Sache mit den Videospielen. Ständiges Rumdaddeln führt irgendwann zu Wahrnehmungsdefiziten in der Realität, das ist unbestritten. Ähnlich führt die Dauerberieselung durch den Sport und seine PR-Maschine zu Problemen, das Unwirkliche vom Wirklichen zu unterscheiden. Den Rest regelt die schon fast bedingungslose Gier nach Unterhaltung: Wer will den Athleten, der als strahlender Held daherkommt, wirklich als Getriebenen sehen, der Leib und oft genug auch Seele an Geld und Ruhm verpfändet hat? Und dafür auch nicht – siehe Goldman-Dilemma – vor dem Pakt mit dem pharmazeutischen Teufel zurückschreckt?

Der Fußball selbst wird uns nicht verraten, wo die Demarkationslinie zwischen Playstation und Realität verläuft. Hier, wo maximaler Finanzdruck herrscht und die stärkste Gefährdung für alle Akteure, darf nichts sein, was stört. Kein Pharmaproblem. Keine Homosexuellen. Keine Suchtkranken. All das beschädigt diese Parallelwelt aus Helden. Fußball vereinnahmt allmählich die ganze Gesellschaft als Kundschaft, aber ihre Ansprüche ignoriert er. Er will nur eines: Geld, nicht Aufklärung. Und bei alledem lebt er, mehr als jedes andere Segment des industriellen Leistungssports, vom Glauben seiner Fans.

Der Glaube ist eine gefährliche Sache. Das könnte sich zeigen, wenn im Fußball D-Day ist.

Kapitel 1

Von Bern bis in die achtziger Jahre

»Herberger! Sie sind ein Lump und Betrüger und gehörten eigentlich hinter schwedische Gardinen!«

»Ein Glück, dass Sie sich nicht blicken ließen, sonst hätten Ihre Nächsten Gelegenheit gehabt, Sie auszustopfen!«

Deutsche Schmähbriefe im Juni 1954 an Sepp Herberger, der im WM-Gruppenspiel gegen Ungarn ein Reserveteam aufs Feld geschickt hatte, das 3 : 8 verlor.

Spritzen in Spiez

»Aus! Aus! Auuus! Das Spiel ist aus!«

Die Gefahr ist gering, dass der nationale Erweckungsschrei des Radioreporters Herbert Zimmermann beim Abpfiff des WM-Endspiels zwischen Deutschland und Ungarn einmal einen tieferen Sinn erfahren könnte. Zeugen für mögliches Doping bei diesem größten nationalen Sporttriumph 1954 in Bern, der als Wiedergeburt eines leistungsstarken, selbstbewussten Deutschlands mystifiziert wurde, gibt es kaum mehr. Zeitgenossen, die die Frage beantworten könnten, ob die Kicker um Fritz Walter die Ungarn in jener Regen- und Schlammschlacht nur dank ihres von Adolf Dassler mit Schraubstollen versehenen Schuhwerks und eines Placeboeffekts aus Vitamin C im Körper niederrangen – oder ob etwas anderes in der Kanüle steckte, die den Helden vor dem Berner Endspiel injiziert worden war.

Nie zuvor, niemals danach gab es eine Fußballmannschaft, die ihre Zeit so dominiert hat wie die Ungarn. Bis zu jenem Tag. In 32 Länderspielen ohne Niederlage, darunter ein rauschendes 6:3 in Englands Fußballheiligtum Wembley, hatten die Künstler um Ferenc Puskás 144 Tore erzielt. Bei nur 33 Gegentoren. Auch in Bern lagen sie nach acht Minuten 2:0 in Führung. Aber dann drehten Sepp Herbergers Männer das Spiel gegen die hochüberlegenen Magyaren, die in der Gruppenrunde noch 8:3 triumphiert hatten. Nach dem Endspiel fand der Wankdorfer Platzwart Walter Brönnimann Spritzampullen in der Weltmeister-Kabine. Und Ungarns Puskás äußerte später im Fachblatt *France Football* den Verdacht des Dopings. Die deutsche Fußballzunft ächtete ihn dafür: Der DFB erteilte dem Weltstar Stadionverbot, das erst 1964 aufgehoben wurde, nachdem sich Puskás halbwegs entschuldigt hatte.

Nein: Nicht einmal der größte Fußballer jener Zeit durfte das böse D-Wort in Umlauf bringen. So wenig, wie später der junge Franz Beckenbauer oder andere Größen. Reihen und Münder blieben fest geschlossen: Das ist fester Brauch im Kameradschaftssystem der Kicker. Gerade im Fußball hat die Omertà, wie das sizilianische Schweigegelübde heißt, selbst abgebrühte Kriminalermittler immer wieder überrascht.

Was die Helden von Bern angeht, bleibt wohl für immer die Frage, wofür oder wogegen es vor dem Finale in der Umkleide Injektionen gegeben hat. Über die Inhalte mutmaßte Walter Brönnimann, dass wohl »etwas Verbotenes drin [gewesen] sein musste damals, denn es waren Ampullen, die abgesägt [worden waren] und da war sicher was zum Spritzen drin. Was, weiß ich nicht.«[1] Außerdem waren sie versteckt worden, sie lagen unter den Wasserablaufgittern. Gab es etwas zu verbergen?

Es gibt gleich zwei Versionen, wie die Spritzen damals nach Spiez gekommen waren. Der einen zufolge hat Helmut Rahn die Sache angestoßen: Nach einer Südamerikareise mit Rot-Weiß Essen habe er Herberger von geheimnisvollen Spritzen berichtet, die die Brasilianer beflügelt hätten. Rahn soll die »Latinos« dabei selbst beobachtet haben.[2] Tatsächlich war Doping zu jener Zeit in Brasilien etabliert, wie sich nicht nur aus Zeitberichten, sondern Jahre später auch bei den ersten Tests herausstellte: Zwölf von 13 A-Liga-Teams dopen da bereits regelmäßig mit Amphetaminen, rund 60 Prozent der kontrollierten Spieler waren positiv.[3]

Rahns Schilderung sei nicht ohne Folgen geblieben. Weil es die Kameraden so beschäftigt habe, »sind wir auf den Dreh gekommen, ein Vitamin C den Spielern zu geben«, räumte Teamarzt Franz Loogen fünfzig Jahre später ein. Er habe Herbergers Spieler gespritzt, klar, aber bekommen hätten sie nur: »Vitamin C, sonst nichts.«

Auch Albert Sing kratzte im Jahr 2004 mit kryptischen Sätzen am Heldenmythos: »Bis jetzt habe ich immer geschwiegen. Ich spreche das erste Mal darüber. Ich bin siebenundachtzig, ich muss das noch loswerden.« Herbergers Assistenztrainer sagte, einige deutsche Spieler hätten vor dem WM-Halbfinale gegen Österreich von Teamarzt Loogen stärkende Spritzen erhalten – in denen seines Wissens nur Traubenzucker gewesen sei. Dauerläufer Horst Eckel bestätigte »die Praxis, dass flüssiger Traubenzucker gespritzt worden ist«.[4] Er selbst habe nur einmal eine Vergabe erlebt, beteuerte Eckel, vor dem Ungarn-Spiel: Er meinte die Gruppenpartie, in der Herbergers Männer mit 3:8 unterlagen.

Was die Vergabe der Spritzen angeht, hat Teamarzt Loogen selbst für Klarheit gesorgt. Injiziert habe er »zwischen den Spielen – wenn sonntags ein Spiel war und das nächste am Mittwoch, dann haben die Spieler am Montag die Spritzen bekommen. Medizinisch gesehen haben die Spritzen überhaupt nichts gebracht, es war der typische Placeboeffekt. Aber es hatte diesen psychologischen Effekt auf die Spieler, und Herberger wollte, dass ich immer wieder spritze.«[5]

Alles nur Traubenzucker? Es gab vielleicht nur einen, der wirklich wusste, was gespritzt wurde: Loogen. Und der sagte: »Nennen Sie mir einen, der mir das Gegenteil beweisen kann, dass da nicht Vitamin C drin war. Mit dem würde ich mich treffen, aber nur mit Zeugen.«[6]

Allerdings deutet manches darauf hin, dass nicht nur Vitamine aus der Spritze gekommen waren. Warum sonst hätte man eine so harmlose Vergabe in jenen Schweizer WM-Tagen mit höchster Geheimhaltung betreiben müssen? Und warum wurde für eine verzichtbare Placebobehandlung das Risiko grauenhafter Auswirkungen in Kauf genommen? Allein die Folgen der Spritzerei von Spiez – dazu später mehr – verlangen nach einer gründlichen Aufarbeitung der Vorgänge. Doch die hat es nie gegeben, wiewohl Loogen selbst bis zu seinem Tod 2010 offenbar darunter gelitten hat: »Es waren harte Zeiten für mich. Vor allem, weil Richard Herrmann dann auch noch gestorben ist.«[7]

Alle Fragen ranken sich um Herberger und seinen Betreuerstab. Aus diesem Kreis stammt auch die zweite Version, wie es zu der Spritzerei von Bern gekommen war. Herberger wirkte in seiner obsessiven Akribie, aber auch in der weit über die Sportgrenze hinaus reichenden Ehrerbietung, die ihm zuteilwurde, wie ein Vorläufer des modernen Trainergurus Pep Guardiola. Gottheiten aus der archaischen Glaubenswelt des Fußballs, die nie etwas Falsches sagen oder tun. Doch die Autoritätsfigur von der Bergstraße, enthüllte Teamarzt Loogen ein halbes Jahrhundert später gegenüber TV-Journalisten, habe vor der WM in der Schweiz ihm gegenüber »leistungssteigernde Spritzen« gefordert. Loogen will dieses Ansinnen klar zurückgewiesen haben, er »mache keine Sauereien«.[8] Zugleich sagte Loogen auch, er selbst habe vor der WM »gelesen, dass Vitamin C in Tierversuchen gespritzt wurde. Die Tiere hatten dann eine längere Ausdauer.«[9]

Zunächst kam Loogen, der früher für Bayern München und Fortuna Düsseldorf gekickt hatte, in Sachen ärztliche WM-Betreuung nicht mit Herberger zusammen. Der Bundestrainer bearbeitete daraufhin einen Arzt im Fränkischen. Nachdem der kurz vor dem Aufbruch in die Schweiz abgesprungen war, ging er erneut auf Loogen zu. Und diesmal willigte der ein. Brisant ist, was Loogen in einem Gespräch im Juni 2003 zu Protokoll gab: Er sei in der Kürze der Zeit nicht mal mehr in den Genuss der offiziellen Reisekleidung, des grünen DFB-Sakkos, gelangt. Tatsächlich hebt sich der Arzt, der auf der Bank stets neben Herberger saß, auf den alten Bildern durch seine Zivilgarderobe ab. Die Last-Minute-Entscheidung hatte aber weit gravierendere Folgen: In der Eile, sagte Loogen, habe er nicht genug Spritzen auftreiben können. Er habe daher gebrauchte Kanülen mitgenommen – und zu deren Sterilisierung einen alten Abkocher. Das Gerät hatte er »als Kriegsandenken 1944 aus einer zerschossenen Arztpraxis vor Leningrad« mit nach Hause gebracht.[10]

Als es losging, seien die Spieler »verrückt nach den Spritzen« gewesen, erinnerte sich Loogen, der nur bei dieser WM dabei war und sich später als Herzspezialist einen Ruf erwarb. Neun der elf Endspielteilnehmer sollen sich Spritzkuren unterzogen haben. Heinrich Kwiatkowski (»Ich habe das abgelehnt, genauso wie ich jede Tablette abgelehnt habe, habe ich auch jede Spritze abgelehnt, ich hab' gesagt, ich weiß nicht, was das ist, ihr könnt mir viel erzählen.«[11]) oder auch Albert Pfaff hätten sich allerdings verweigert. Obwohl ihn Herberger deshalb zur Rede gestellt habe, wie der Frankfurter klagte. Unter den Kickern sei über Traubenzuckergaben gemunkelt worden, gekannt habe den Inhalt aber keiner.

Fachleute und Sporthistoriker hingegen tragen Argumente für den Verdacht vor, dass gedopt wurde; dafür, dass Herbergers Männer mit Pervitin oder ähnlichen Wirkstoffen unterwegs gewesen sein könnten. Pervitin ist eine stimulierende Substanz, die schon im WM-Jahr 1954 laut einer Studie des

Freiburger Doktoranden Oskar Wegener als »stärkste und anhaltendste« Droge galt: Das Mittel vertreibe »jedes Müdigkeitsgefühl und durch seine euphorische Komponente das Startfieber, da hier der Drang zum Sieg jedes Bedenken überwiegt«. Bei Athleten steigere Pervitin die Leistungsfähigkeit um bis zu 23,5 Prozent – das ergab Wegeners zwischen 1952 und 1954 an Sportstudenten erprobte Studie zur »Wirkung von Dopingmitteln auf den Kreislauf und die körperliche Leistung«.

Das untersuchte Mittel Pervitin war ein alter Bekannter. Die berüchtigte »Panzerschokolade« wurde im Zweiten Weltkrieg massenhaft von der Wehrmacht genutzt. 1937 hatten sich die Tremmler-Werke in Berlin ihr Verfahren zur Methamphetamin-Herstellung patentieren lassen. Mit Kriegsausbruch kam die Produktion kaum noch nach, allein zwischen April und Mai 1940 orderten Wehrmacht und Luftwaffe 35 000 000 Tabletten. Pervitin unterdrückte Schmerz, Hunger, Müdigkeit – und vor allem die Angst vor der Schlacht und ihren grässlichen Folgen. Auch unter Medizinstudenten, zu denen Franz Loogen zählte, galt die Substanz in Kriegszeiten als wunderwirkende Fliegerdroge.

Sepp Herberger wiederum war während des Zweiten Weltkriegs eng mit der Soldatenmannschaft der Fliegergruppe »Rote Jäger« verbunden, bei der er Fritz Walter und weitere Nationalspieler untergebracht hatte. Für den Dopinghistoriker Giselher Spitzer ist dies die Nahtstelle, an der das Wissen um die Fliegerdroge in den Fußball kam. Übrigens eine unverwüstliche Droge: Was damals Pervitin war, ist heute Crystal Meth, die Partydroge und Geißel unserer Zeit.

Von Herberger selbst gibt es Aufschlussreiches zur Physis seiner Truppe zu berichten. Nach dem Halbfinale, in dem sie die als stärker eingestuften Österreicher mit 6:1 überrannt hatte, habe er sogar die Trainingsintensität drosseln müssen: »Ich wusste, wenn wir morgens zum Training nach Thun fuhren, musste ich immer höllisch aufpassen, dass die im Gefühl ihrer Kraft nicht zu viel hergaben, Kräfte, die wir ja im Endspiel gut brauchen konnten.«[12] Seine Spieler hingegen beteuerten, dass Herberger stets den vollen körperlichen Einsatz gefordert habe. Wie deftig sie grätschten, ist in den ersten WM-Spielen gegen die Türkei und Ungarn dokumentiert. Und im Viertelfinale gegen Jugoslawien gelang die frühe Führung durch ein Eigentor – das Schäfer mit einem rauhen Sprung gegen den gegnerischen Abwehrspieler erzwang. Auch im Finale, vor Rahns 3:2, eroberte der Kölner Linksaußen den Ball mit massivem Körpereinsatz gegen Bodzik – jedenfalls sahen es die Ungarn so. Bilder von der Szene, der die entscheidende Flanke folgte, gibt es nicht, nur die Tonspur.

Die Antwort auf die erste Frage, die der ungarische Radioreporter György Szepesi vor dem Endspiel an Herberger richtete, deutet nicht darauf hin, dass der Trainer seine Mannen schonte: »Glauben Sie nicht, dass das übertrieben ist? Gestern hatten sie ein schweres Spiel, heute regnet es – müssen Sie denn jetzt trainieren?« Herberger verwies auf die spielerische Überlegenheit der Ungarn. »Aber was, wenn es am 4. Juli regnen sollte und der Boden schwer wird – wer wird dann der Bessere sein?«[13] Diese Frage Herbergers wurde im Endspiel beantwortet.

So klar die Aussagen von Spielern wie von Loogen selbst kontinuierliche Injektionen nahelegen, die geheimniskrämerisch vonstattengingen – im Keller verabreicht, versteckte Ampullen –, so unklar bleibt die treibende Kraft dahinter. Assistenztrainer Sing sah Loogen in dieser Rolle: Der Arzt habe »Herberger überzeugen können, dass die Spieler flüssige Drogen zu sich nehmen sollen«.[14] Welcher Art sie waren, darüber sagt er nichts. Der Konsum von Pervitin ohne medizinische Indikation hätte schon zu Berner Wunderzeiten gegen das Betäubungsmittelgesetz verstoßen. Zugleich wurde das Thema Doping damals kontrovers diskutiert. Sportärzte geißel-

ten das Treiben in Ostblockländern, die bei den Olympischen
Spielen 1952 mit Pillen nachgeholfen hatten. Bei den Winterspielen in Oslo hatte der Wiener Sportarzt Ludwig Prokop
»zerbrochene Spritzen und Ampullen« in den Umkleiden der
Eisschnellläufer gefunden. Im gleichen Jahr gab es eine erste
ablehnende Erklärung des Deutschen Sportärztebundes, der
auch der DFB zustimmte: Jedes Medikament, das mit der Absicht der Leistungssteigerung gegeben wird – gleichgültig, ob
es wirksam ist oder nicht –, sei Doping.

Gleichwohl war man auch im Fußball stets begierig auf
wissenschaftliche Neuerungen. Im Frühjahr 1953 verwies der
Sportfunktionär Guido von Mengden darauf, dass die Inhala-
tion von reinem Sauerstoff Presseartikeln zufolge »sensationelle Ergebnisse« im Fußball zeitige und »Fabeln und
Histörchen« produziert hätte. Nach dem Länderspiel zwischen Deutschland und der Schweiz am 25. April in Basel, in
dem die Schweizer einen 0:4-Pausenrückstand fast noch um-
gedreht und am Ende 3:5 verloren hatten, erklärte der eidgenössische Coach Karl Rappan die intensive Aufholjagd so:
»Unsere Spieler haben in der Halbzeit eine Sauerstoffpumpe
erhalten.«[15]

Bereits 1948 hatten englische Kicker bei Gastspielen in
Südamerika beobachtet, wie ihre Gegner in der Pause an
Atemgeräten saugten. 1952 brachte eine portugiesische Fuß-
ballexpedition eine Apparatur von Brasilien nach Lissabon.
Dann rochen die Spanier Lunte, bald versorgte der RCD Espanyol Barcelona seine Kicker mit Sauerstoff. Von deren Erfolgen animiert, pumpte im November 1952 die Frankfurter
Eintracht ihre Spieler damit auf.[16] Vereinsarzt Dr. Runzheimer lieh sich das Gerät aus einem Krankenhaus. Auch für den
DFB wurde die Sauerstoffpumpe interessant, Doping hin
oder her. Kurz vor der Reise zur WM in die Schweiz bat Herberger den Eintracht-Teamarzt Runzheimer zum Gespräch.
Und DFB-Sprecher Carl Koppehel teilte mit: »Wenn wir in
die Schweiz fahren und die anderen werden mit Sauerstoff

aufgepumpt, weiß ich nicht, ob wir es nicht doch ebenso machen sollen.«[17]

Horst Eckel sagte, mit Sauerstoff sei experimentiert, die Sache aber verworfen worden.[18] Auch Loogen berichtete, bezogen auf seine Gespräche vor der WM mit Herberger: »Es war Anfang der fünfziger Jahre schon einiges möglich, was hartes Doping betrifft.«[19] All das zeigt nicht nur, dass die künstliche Leistungssteigerung ein zentrales Thema war, sondern auch, dass man von Einsatzmöglichkeiten im Fußball wusste. Heute wissen wir allerdings, dass Doping gerade im Fußball nichts bringt.

In der Schweiz jedenfalls wurde das deutsche Team mit Injektionen aus der Mehrwegspritze behandelt. Eine dramatische Verirrung – zumal, wenn es angeblich nur um Placeboeffekte gegangen war. Denn die Folgen waren verheerend. Loogen selbst äußerte den Verdacht, dass vom häufigen Gebrauch derselben Kanüle jene mysteriöse Gelbsuchtepidemie herrühren könnte, die Monate nach dem WM-Triumph acht Kicker in die Kur zwang. Darunter die Walter-Brüder und die Endspieltorschützen Helmut Rahn und Max Morlock. »Alle die, die sich haben spritzen lassen, sind später nach der Weltmeisterschaft krank geworden«, sagte Co-Trainer Sing. Er sagte auch: »Aber Doping – nie.«[20]

Wie passt dazu, dass DFB-Präsident Peco Bauwens, als die erkrankten Spieler im Herbst 1954 nicht berufen werden konnten, sogleich befürchtete, dass »Verdächtigungen gegen uns erhoben werden wegen eines Doppings (sic!)«?[21]

Nur Tage nach Bauwens' besorgter Reaktion stand nach einer Reihenuntersuchung fest, dass »mehr oder minder die gesamte Nationalelf leichtere Leberschädigungen davongetragen hat«.[22] Mehrere deutsche WM-Teilnehmer starben später an Leberzirrhose. Den Anfang machte 1962 der Frankfurter Richard Herrmann. Der Stürmer wurde nur 39 Jahre alt. »In DFB-Kreisen«, heißt es in einer Festschrift zum neunzig-

jährigen Bestehen des FSV Frankfurt, wo Herrmann kickte,
»wollte kein Funktionär gerne über den Tod des achtfachen
Nationalspielers sprechen. Man wusste längst, dass in Spiez
der DFB-Arzt Dr. Loogen eine ärztliche Sünde begangen hatte. Doch wer wollte seinerzeit verlautbaren lassen, dass der
feine Herr Doktor die Nationalspieler nacheinander mit (sagen wir mal gelinde Traubenzucker) gespritzt und keine steri-
len Nadeln eingesetzt hatte?«

Zynische Reaktion des DFB auf das Ableben des Kickers:
»Als materiellen Trost stellt DFB-Präsident Dr. Peco Bauwens der Witwe einen Scheck in Höhe von dreitausend Mark
aus – damit sie ›mal in Urlaub‹ fahren kann.«[23] Sepp Herberger, dessen Hilfsbereitschaft gegenüber der Familie brüsk
vom DFB gestoppt worden war, »damit kein Präzedenzfall
geschaffen wird«[24], bedachte Herrmanns Söhne später sogar
in seinem Testament.[25]

Der Fluch lastete weiter auf den Wundermännern. Es folgten die Herztode von Werner Kohlmeyer (1974) und Toni Turek (1984). 1995 starb Abwehrchef Werner Liebrich an Leber-
versagen, das auf Hepatitis C zurückzuführen war. Sein Arzt
erklärte, für die Infektion komme nur die Zeit um die WM
1954 in Frage. Zunächst war Herzversagen als Todesursache
publiziert worden, die Wahrheit kam erst später ans Licht –
obwohl laut Witwe Anne-Marie Liebrich sogar »ein Schild
mit der Warnung ›Vorsicht, Hepatitis C‹« über dem Kranken-
hausbett ihres Mannes gehangen habe.[26] Und schließlich soll
auch Außenläufer Karl Mai den Spätfolgen einer Gelbsucht
zum Opfer gefallen sein. Dessen Witwe Elsa Mai berichtete,
dass bei ihrem Mann neben Herzproblemen auch Hepatitis C
festgestellt worden sei.[27]

Im *Deutschen Ärzteblatt* trug 2010 ein medizinisches Au-
torenteam Indizien für den Verdacht zusammen, dass Helmut
Rahn der Überträger des Virus für die mutmaßliche HCV-
Infektion der Helden gewesen sein könnte. Südamerika sei
ein »Hochprävalenzgebiet« sowohl für Heptitis B als auch für

Hepatitis C. Allerdings wiesen vor allem Sportler dieser Region eine hohe HCV-Rate auf. »So lag die Anti-HCV-Prävalenz unter 208 brasilianischen Profis, die zwischen 1960 bis 1985 aktiv waren, immerhin bei elf Prozent. Unter jenen Profis, die von leistungssteigernden Injektionen während ihrer Laufbahn berichteten, betrug die Rate sogar 22 Prozent. Für die Hypothese einer aus Südamerika importierten HCV-Infektion spricht auch, dass Helmut Rahn unmittelbar vor der WM mit seinem Verein Rot-Weiß Essen in Südamerika weilte und als erster Spieler erkrankte.«[28] War Rahn der Überträger? Tor- und Stimmungskanone aus Essen, der sich viele Jahre später verbittert von den Kollegen abwandte, kein Treffen mehr besuchte und 1994 sogar die Einladung von Bundeskanzler Helmut Kohl ausschlug, ihn zur WM in die USA zu begleiten? In seinen Memoiren schildert er nur, dass seine Gattin Gerti sofort die richtige Diagnose gestellt habe: »Ich fühlte mich gesundheitlich gar nicht auf dem Posten. Nach der kleinsten Anstrengung wurde ich müde, das Essen ekelte mich an. Rechts unterhalb von meinem Magen schien ein Ziegelstein zu liegen. ›Helmut, du kriegst die Gelbsucht‹, sagte meine Frau.«[29]

Wer immer der Erstüberträger gewesen war, als gesichert gilt, dass die Verbreitung über das Mehrwegspritzbesteck erfolgt war. Und diese Art der Spritzerei wurde auch nach der Schweizer Siegtour fortgesetzt. Torwart Fritz Herkenrath, der nach der WM den Platz des erkrankten Toni Turek eingenommen hatte, berichtete: »Der Arzt hat die Spritze kurz in heißes Wasser getaucht – das war's.« Auch Herkenrath, der nicht im Schweizer WM-Aufgebot stand, kam im Dezember 1954 wegen Gelbsucht auf die Intensivstation, nachdem einem Arzt die »merkwürdige Farbe meiner Augen« aufgefallen war.[30]

Es gab in der Zeit bis Sommer 2004, im Hinblick auf das 50. Jubiläum des Berner Wunders, durchaus Bemühungen von Sporthistorikern und manchen Medien, die Vergangenheit aufzuhellen. Aber die Branche mauerte. Die Vorgänge wurden nie konsequent beleuchtet, obwohl seinerzeit ja noch einige zentrale Zeitzeugen am Leben waren, in deren Auskünften durchaus Gesprächsbereitschaft lag. Aber wer will das? Das schadet nur der Verklärung, dem Gründungsmythos und der quasireligiösen Strahlkraft des Geschäftsbetriebs. Es verschont alle Romantiker, die sich den nationalen Blick auf Bern nicht verdüstern lassen wollen. Die Realität aber zeigt, dass mit der konzertierten Weigerung der Branche, hier für Aufklärung zu sorgen, der Sündenfall des Fußballs beginnt. Der Wunsch, die Wahrheit hinter den Schicksalen zu ergründen, war nie da. Bern 1954 muss ein Mythos bleiben. Und Mythen vertragen eines nicht: Aufklärung.

Die Spritztour von Spiez spielte in einer Zeit, in der viele Aspekte des Dopings erkundet waren. Schon im Sport der dreißiger Jahre war die Einnahme von Hormonen diskutiert worden. Der dänische Leistungsphysiologe Ove Boje schrieb 1939: »Vor kurzem war in den Zeitungen zu lesen, dass die bemerkenswerten Leistungen der Fußballmannschaft Wolverhampton Wanderers auf eine Behandlung mit Drüsenextrakten zurückzuführen war, die ihr Manager Major Buckley durchgeführt hatte. Die Mannschaft von Portsmouth entschloss sich, diesem Beispiel zu folgen. Derartige Fälle zeigen, dass man heute nicht zögert, selbst Hormonbehandlungen durchzuführen, um die sportliche Leistung zu verbessern.«[31]
Die Einnahme von Aufputschmitteln ist in England erstmals aus der Partie Arsenal gegen West Ham in der Saison 1925/26 belegt. Und Stürmerlegende Stanley Matthews beschrieb den Gebrauch von Amphetaminen im FA-Cup 1946. Aus den fünfziger Jahren ist der Einsatz von Amphetaminen bei den ManU-Spielern Harry Gregg und Albert Scanlon verbrieft.[32] 1963 war der Missbrauch bereits so verbreitet, dass die britische Regierung im Zuge einer Untersuchung des Europarats den Fußball zu den Sportarten mit Drogenproblemen rechnete.

Hierzulande wurde die Sporthistorie der Amphetamine erst in jüngerer Zeit intensiver beleuchtet. 2009 bewilligte das Bundesinnenministerium (BMI) eine halbe Million Euro Steuergeld für die Untersuchung der deutschen Pharmavergangenheit. Das Projekt wurde zwei Forschergruppen aus Berlin und Münster anvertraut. Ambitionierter Titel: »Doping in Deutschland von 1950 bis heute«. Nur drei Jahre später war die Sache spektakulär gescheitert, 550 000 Euro Fördermittel konnten der deutschen Dopingvergangenheit wenig anhaben. Die Studie bricht ab, als sie die Zeit der wiedervereinigten Republik erreicht hatte.

Immerhin, 2010 und 2011 wurden einige Zwischenergebnisse präsentiert. Die Wissenschaftlergruppe der Berliner Humboldt-Universität (HU) legte eine brisante Materialsammlung vor, die mit der breiten Erforschung von Amphetaminen ab 1938 im Dritten Reich beginnt. 1947 beschrieb der Frankfurter Pharmakologe Otto Riesser, dass Trainer, Sportler und Sportärzte oft mit der Frage nach Dopingmitteln an Apotheker heranträten. Weshalb er alle Apotheker aufforderte, solche Anfragen zu melden und »jeder Art von Missbrauch mit aller Entschiedenheit entgegenzuwirken«.

Die Pervitin-Studie des Freiburger Doktoranden Oskar Wegener klassifizierten die HU-Wissenschaftler als »Geheimforschung«, denn Wegeners Gutachter Herbert Reindell hatte die brisanten Erkenntnisse nicht während der ersten großen Dopingdebatte der bundesdeutschen Sportmedizin in den Fünfzigern publiziert – sondern erst nach deren Ende, 1959.[33] Gleichwohl sei der Effekt des Mittels dank der »Panzerschokolade« hinlänglich bekannt gewesen. In seinem Gutachten empfahl Reindell den Einsatz der von Wegener erforschten Substanz, mit verharmlosendem Verweis auf die Nebenwirkungen. Für die Wissenschaftler ist Reindells Vorgehen ein klassisches Beispiel, »wie sportmedizinische Forschung zur Dopingforschung wurde«. Reindell war Institutsleiter an der Universität Freiburg und Nestor der deutschen Sportmedizin. Sein Nachfolger war der umstrittene Joseph Keul, ein anderer namhafter Schützling ist der nicht minder umstrittene Armin Klümper. Dem klandestinen Wirken dieses Dreigestirns widmete sich ab 2007 eine hochkarätig besetzte, in ihrer Arbeit aber stark behinderte Doping-Aufklärungskommission an der Breisgau-Universität.

Die These der Berliner HU-Wissenschaftler, dass Amphetaminmissbrauch »bereits gegen Ende der 1940er Jahre im deutschen Leistungsfußball zur Normalität gehörte«, wird auch durch die Dissertation des Göttingers Heinz-Adolf Heper aus dem Jahr 1949 erhärtet. Heper war selbst Fußballer beim 1. SC Göttingen 05 in der Oberliga, der damals höchsten westdeutschen Spielklasse. Er verabreichte den Kollegen »Fußballsportlern« Dosen von je zehn Milligramm und beschrieb Effekte wie die »Erhöhung des Siegeswillens« oder »schnellere Auffassungsgabe«. Er stellte aber auch »unangenehme Nebenwirkungen« wie Luftmangel und erhöhte Ventilation fest. Insgesamt diagnostizierte er eine »große Gefahr für den Sportsmann«. Noch ein weiterer Fußballarzt, der zwischen 1949 und 1953 prominente süddeutsche Oberligateams betreute, berichtete von Amphetamingaben: Man habe den Kickern vor dem Spiel die »Kampfflieger-Schokolade« verabreicht. Die Frage drängt sich auf, ob der Einsatz von Amphetaminen nur ein Problem innerhalb der Liga war.

Führend in der nationalen Dopingforschung waren seit je die Sportmedizin-Hochburgen Freiburg und Köln. Auch in der Domstadt wurde früh mit Pervitin hantiert, zudem mit Testosteron. Richtig bekannt wurde das erst dank der HU-Studie. Die Forscher fanden Hinweise für systematisches Amphetamindoping bis Anfang der sechziger Jahre. Im Radsport, in der Leichtathletik, beim Rudern – und im Fußball.

Als die Studie das Land in Aufruhr zu versetzen begann, verteidigten sich Funktionäre und Ärzte massiv. Ins Visier geraten war auch der ab 1958 als DFB-Teamarzt amtierende Wildor Hollmann, ein weiterer Doyen der Sportmedizin. Der offenbarte im Zuge seiner Selbstverteidigung, wie unerbittlich Herberger seine Ideen von der richtigen körperlichen Versorgung der Nationalspieler durchfocht; selbst wenn es bizarr wurde. »Vor dem WM-Spiel um den dritten Platz 1958 gegen Frankreich rief mich Fritz Walter an und erklärte, Herberger hätte ihnen alle Wasserkräne zugedreht; sie dürften nur so viel wie unbedingt nötig trinken. Ich möchte doch intervenieren. Das geschah, aber Herberger hörte nicht auf mich. Am 28. Juni 1958 unterlag eine völlig mit Flüssigkeit unterversorgte Mannschaft gegen Frankreich mit 3:6.«[34]

Diese Rigorosität des »Chefs« hatte auch Franz Loogen kennengelernt. In der Halbzeitpause des Berner Finales habe Herberger den Teamarzt aufgefordert, Eckel zu spritzen; der hatte einen bösen Tritt gegen den Oberschenkel erhalten. Loogen will das mit der Begründung verweigert haben, dass er eine Blutbahn treffen könne, dann wäre Eckel – taktisch einer der wichtigsten Männer auf dem Platz – »völlig ausgefallen«. Wie Herberger auf die Idee gekommen sein könnte, Vitamine in einen Bluterguss zu spritzen, wird nicht mehr zu eruieren sein.

Sicher ist: Rahn schoss aus dem Hintergrund.

Sehstörung in Wembley

Die Berliner Dopingforscher fanden noch einen anderen interessanten WM-Hinweis: Einen Brief des Fifa-Funktionärs Prof. Mihailo Andrejevic an den Chef des Deutschen Leichtathletik-Verbands (DLV), Max Danz. In dem Schreiben vom 29. November 1966 berichtet Andrejevic, dass während der Dopingtests des Weltfußballverbandes bei der WM 1966 in England »bei der deutschen Mannschaft bei drei Spielern sehr feine Zeichen von der Einnahme [eines] gewissen Ephedrinmittels gegen Schnupfen entdeckt« worden seien. Genaue

Testresultate sind zwar nicht bekannt, dennoch zweifelten die HU-Forscher an einem nicht: »Dass es sich dabei sportrechtlich um Dopingvergehen handelte.«[35]

Ephedrin stand damals unter Punkt 2 (»Drogen der Amphetamine-Gruppe«) auf der Verbotsliste, die alle Delegationen vor dem Turnier erhalten hatten. Vielleicht hat es ja sein Gutes, dass die deutschen Kicker nicht auch das WM-Finale 1966 gewannen. Denn die Insel hätte gebebt nach diesem wissenschaftlichen Nachbrenner. So blieben die Reaktionen auf der Scherzebene. Weltmeister George Cohen zum Beispiel spottete in Bezug auf das umstrittene Wembleytor: »Kein Wunder, dass die nicht erkannt haben, wo der Ball gelandet ist« – die aufgeputschten Deutschen hätten wohl alles doppelt gesehen.

Ernsthaft besehen, stellt sich die Frage, warum das heikle Schreiben 45 Jahre lang in der Versenkung geblieben war. Gewiss, die Fifa hat nie einen Dopingfall im Zusammenhang mit der WM 1966 publiziert. Und Sportverbände belasten sich ungern selbst. Das sollte man aber auch im Hinterkopf haben, wenn Funktionäre ständig jede Art Vorwürfe von sich weisen. Der DFB hat den Wissenschaftlern seinerzeit die Arbeit nicht leichtgemacht. Die Forscher warfen ihm vor, ihnen den Archivzugang quasi verwehrt, weil nur unter »inakzeptablen Auflagen« erlaubt zu haben. Der DFB habe nach einem vereinbarten Termin »durch einen juristischen Beistand plötzlich Forderungen« gestellt, wissenschaftliche Standards ausgehebelt und gegen den Vertrag mit dem Auftraggeber BISp (Bundesinstitut für Sportwissenschaft) verstoßen. Deshalb sei kein Besuch des DFB-Archivs zustande gekommen. DFB-Vize Rainer Koch widersprach: »Das Archiv stand den Forschern offen. Natürlich verknüpft mit geltenden Datenschutzauflagen.« Die Wissenschaftler hätten lediglich erklären sollen, das gesichtete Material nur zu Forschungszwecken zu verwenden. »Ein Forscher der Uni Münster war einverstanden, seine Kollegen aus Berlin nicht.«[36] Koch erwähnte allerdings nicht, dass die beiden an der Studie beteiligten Forschergruppen unterschiedliche Bereiche bearbeiteten. Und was Münster vorlegte, war von gepflegter Blässe. Die Berliner Forscher hängten ihrem Bericht demonstrativ die vier Seiten der Vereinbarung an, die der DFB ihnen hatte abringen wollen. Immerhin: Der DFB war aufgescheucht worden durch die schockierende Kunde von der WM 1966. Er gab ein Gutachten bei einem Sportrechtler in Auftrag. Martin Nolte, der 2014 für die Fifa eine gewogene Expertise zu deren geheimniskrämerischen Umgang mit ihrem Ermittlungsreport über die WM-Vergaben an Russland und Katar erstellte, sollte klären, ob DFB-Spieler 1966 gegen die damaligen Antidopingregeln verstoßen hatten. »Das war nicht der Fall«, fasste DFB-Vize Koch das Gutachten zusammen. Auch habe die Fifa 1966 ja »keinen der genannten Spieler wegen Dopings verurteilt oder gesperrt«. Nolte befand, dass trotz des Fundes einer verbotenen Substanz »die notwendige subjektive Leistungssteigerungsabsicht« gefehlt habe. Wie er zu dieser Gewissheit gekommen war? Nun, Spieler und Teamleitung hätten glaubhaft versichert, dass die Spuren auf den Gebrauch von Nasensprays zurückzuführen waren. Dann ist ja alles gut. Unwissenheit schützt vor Strafe, ließe sich das Ganze zusammenfassen. Die Forscher beurteilten das anders.

1966 wusste aber nicht nur ein hoher Fifa-Funktionär, dass drei deutsche Profis positiv getestet worden waren. Auch der britische Dopingfahnder Arnold Beckett, Direktor des Drogenkontrollcenters am Chelsea-College, schrieb über die WM 1966. Ihm fiel auf, »dass es aufgrund der Dopingkontrollen viel weniger Aggressivität als erwartet gab. Eine weitere bemerkenswerte Beobachtung war: Gewisse ältere Spieler spielten nur über kurze Zeit, und man vermutete, dass sie ohne Doping nicht mehr in der Lage waren, gut zu spielen. Es gab insgesamt nur drei positive Fälle.«[37]

Positive Fälle? Das ist interessant. Denn den *offiziell* ersten WM-Dopingfall gab es erst zwei Turniere später, 1974 in Deutschland.

Ephedrin, der Stoff, der 1994 Diego Maradona zum Verhängnis werden sollte, war wie bereits erwähnt schon 1966 verboten. Egal, ob gegen Schnupfen oder als aktivierende Ladung eingesetzt. Auch gab es damals keine Grenzwertregelung. Der Einsatz hätte in jedem Fall angemeldet werden müssen. Der damalige WM-Ausputzer Willi Schulz bezeichnete den Vorwurf als haltlos. Als er die Studienzwischenergebnisse im Autoradio gehört habe, sei er »vor Lachen fast gegen den Baum gefahren«. Uwe Seeler und Wolfgang Overath hatten von Doping nie etwas mitbekommen, und WM-Torhüter Hans Tilkowski fragte sich öffentlich, ob es damals überhaupt schon Dopingtests gab.

Die gab es: Zwei Spieler pro Team wurden nach jedem Match getestet. 1966 ließ die Fifa erstmals Urin auswerten, als erster Weltverband überhaupt bei einem Großevent. Das geschah auf Druck von Mitgliederverbänden, die sich damals schon von dopenden Konkurrenten umzingelt sahen – »bedauerlich«, fand Bundestrainer Helmut Schön, »dass es bei einer Fußball-WM so weit kommen musste«. Nüchterner blickte das Ärztemagazin *Selecta* auf das Problem. Es beschrieb ein Prozedere, das auch Licht auf die Berner Runde wirft: Fußballer bevorzugten sogenannte Weckamine wie Pervitin, Benzedrin oder Sympamin. Zur Halbzeit eingespritzt oder diskret in den Zitronensprudel gemixt, vertreiben sie das natürliche Ermüdungsgefühl und steigern die Aktivität. »So können«, erläutert das Magazin, »ohne inneren Krampf alle Reserven bis zur totalen Erschöpfung verausgabt werden.«[38]

In den alten WM-Hochglanzbroschüren findet sich bis heute nichts über dieses beherrschende Thema. Dabei hatte Uruguays Delegation schon vor der WM 1962 beantragt, *alle* Spieler kontrollieren zu lassen. Wäre das passiert, hätte sich vielleicht die »Schlacht von Santiago« vermeiden lassen, jenes blutige Gruppenspiel des Gastgebers Chile gegen Italien. Allein diese 90-minütige Kickboxerei, in deren Folge der überforderte Schiedsrichter Kenneth Aston später die Gelbe und die Rote Karte erfand, warf den dringenden Verdacht auf, dass Aufputschmittel im Spiel waren. Zumal zu jener Zeit Kontrollen in der italienischen Liga ergeben hatten, dass dort annähernd die Hälfte der Aktiven Amphetamine konsumiert hatte. Vor der Weltmeisterschaft war Nationalstürmer Omar Sivori mit Aufputschmitteln erwischt worden, und Real-Star Alfredo di Stefano, der Größte jener Zeit, heizte das Thema mit dem Hinweis an, in Italien sei die Vergabe illegaler Substanzen fester Brauch.

Und in der Bundesrepublik?

1970 trug der Sportmediziner Dirk Clasing vor, dass es keine Fußballelf gebe, »die nicht in irgendeiner Form gedopt ins Spiel« gehe. Und dass »die meisten deutschen Fußball-Vertragsspieler zur Steigerung ihrer Leistung Dopingmittel wie Captagon und Dradol« nähmen.[39] Eine vom DFB verfügte fünftägige Widerruffrist ließ Clasing verstreichen; die erwartete Klage blieb überraschend aus. Ob der DFB die kurze Zeit genutzt hatte, sich über die Vorgänge in seinem Spielbetrieb zu informieren?

Fündig wäre er wohl geworden, denn Max Merkel soll seine Kicker bei Borussia Dortmund schon 1961 zum Amphetamingebrauch animiert haben. Das erfuhr zumindest die Berliner Dopingforscher von einem Zeitzeugen. Bei Fachveranstaltungen in den sechziger Jahren wurde gebetsmühlenhaft auf Radler, Leichtathleten sowie auf Fußballer gedeutet. Belgische und französische Sportärzte beklagten immer häufiger einen verbreiteten Amphetamingebrauch. Der Wiener Sportmediziner Ludwig Prokop hielt 1968 fest: »Viele Sportler, zum Beispiel Radrennfahrer, Schwerathleten, Fußballer [...], werden fast routinemäßig auf den Wettkampf mit Medikamenten vorbereitet.«[40] Doch während all die Todes- oder Fasttodesfälle durch Doping im Radsport sporthistorisches Allgemeinwissen sind, ruhen ebenso dramatische Fußballvorfälle still in den Archiven.

Wer kennt nicht den Todesfall des mit Amphetaminen voll-
gestopften Briten Tom Simpson bei der Tour de France 1967
am Mont Ventoux? Völlig unbekannt ist hingegen der mutmaßlich erste beurkundete Todesfall aufgrund von Aufputschmitteln im Fußball: Im Herbst 1968 verstarb Jean-
Louis Quadri in einem Stadion bei Grenoble. Der 18-Jährige
hatte das Angebot eines höherklassigen Klubs in der Tasche,
dem er durch seine Dynamik aufgefallen war. Den Befund des
Krankenhauses Grenoble machten die Hinterbliebenen bewusst publik: »Die Autopsie erbrachte, dass Jean-Louis Amphetamine im Körper hatte.«[41]

Der Belgier Michel D'Hooghe, seit 1988 Langzeitmedizi-
ner in der Fifa, berichtete von seinem Erstkontakt mit Doping: Beim Spiel Brügge gegen Lüttich im Herbst 1972 war
der Spieler Rico Rijnders auf dem Feld kollabiert. Brügges
Teamarzt D'Hooghe und Sanitätern gelang die Reanimation.
»Nach seiner Einlieferung ins Krankenhaus erlangte er erst
um sechs Uhr morgens das Bewusstsein. Die folgende medizinische Behandlung hat uns nähergebracht, und so erzählte
er mir, wie er in seinem ehemaligen Klub mehrmals Pillen bekommen hatte, die ihm eine beachtliche Leistungssteigerung
bescherten. Womöglich wurde dadurch sein Herz zu stark
belastet.«[42]

Wegweisend ist der Schluss, den die HU-Forscher aus dem
frühen Gebrauch starker Aufputschmittel ziehen. Sie zielen
auf die Dopingeffekte bei heutigen Medikamenten ab, die dieselbe Wirkungskette in Gang setzen, allerdings nicht auf der
Verbotsliste stehen: Schmerzmittel. Das ist der Stoff, der für
einen sehr großen Teil der Profikicker heute so unverzichtbar
wie das Frühstücksmüsli ist. Bei seinen Pervitin-Experimen-
ten 1954 hatte der Freiburger Doktorand Wegener festgestellt,
dass enorme Leistungssteigerungen eintraten, »ohne dass eine
größere Willenskraft aufgewendet« werden musste. Testpersonen hätten etwa auf dem Fahrradergometer bekundet, sie
könnten jetzt »bedeutend leichter« treten. »Normativ rele-

vant«, erläutern die Dopingforscher, »ist diese Beobachtung aus folgendem Grund: Für alles voll zurechenbare Handeln ist es erforderlich, die Folgen des Handelns für das eigene Wohl einschätzen zu können – etwa die Folgen für die eigene Gesundheit. Unter ›sauberen‹ Trainingsbedingungen, ohne Einfluss von Dopingpräparaten, kann man dies auch; Erschöpfung oder Schmerz lassen, gleichsam als ›Warnsignal‹, frühzeitig eigene Leistungsgrenzen spüren. Fehlen diese Indikatoren für eine Überlastung […], verliert der Sportler die Fähigkeit zur Einschätzung eventueller Schädigungsgefahren für sein gesundheitliches Wohl. Folglich büßt er einen Teil seiner Zurechnungsfähigkeit ein. Dies wirkt sich insbesondere auf die Zurechenbarkeit sportlicher Leistungen aus.«

Des Körpers Warnsignale werden ausgeschaltet, eigene Grenzen überschritten, weil sie nicht mehr spürbar sind. Was gemeint ist, weiß jeder Fernsehfan, der einmal in Zeitlupe einen um 90 Grad abgeknickten Knöchel sah, der nur einer kurzen Behandlung bedurfte, oder wie ein blutiger Schädel, ein aus den Fugen geratenes Gesicht am Spielfeldrand zusammengetackert werden. Schmerzmittelhemmer machen das möglich. Mit ihnen kann der Sportarzt voll und ganz in den Dienst seines Patienten treten. In den Dienst dessen Leistung, nicht dessen Gesundheit.

Tonis Tornado

Mehr bekannt über den endemischen Amphetaminmissbrauch wurde der Öffentlichkeit in den siebziger und achtziger Jahren. Hauptsächlich durch die Spieler selbst. Ging irgendwo eine große Klubära zu Ende, wurde Doping oft nachträglich zum Begleitthema. Auspacken können ja nur die, die Erlebnisse oder konkrete Kenntnisse haben, und das tun sie in der Regel erst nach ihrer Karriere. Es sind späte, oft sehr späte Beichten, durch die schmutzige Dinge ans Licht kommen. Über den *Caffè Herrera* etwa berichtete Ferruccio Mazzola, Bruder des Inter-Stars Sandro Mazzola. Herrera, Trainerlegende bei Inter Mailand, habe Pillen verteilt, und nachdem er herausgefunden hatte, dass manche Spieler das Präparat im Klo wieder ausspuckten, habe er es einfach im Kaffee aufgelöst. Das sei vom ersten Mal an »zur Gewohnheit bei Inter« geworden. Ferruccio Mazzola wusste nicht, was in den Pillen war, vermutete aber Amphetamine: Einmal hätten sie ihn »für drei Tage und Nächte in den Zustand kompletter Halluzinationen« versetzt. Seit er das erstmals publik gemacht hatte, sprachen die Brüder nicht mehr miteinander. Sandro, klagte Ferruccio, »findet, dass schmutzige Wäsche zu Hause gewaschen werden sollte. Aber ich denke, dass es klar ausgesprochen werden muss, vor allem wegen meiner früheren Teamgefährten, von denen viele krank oder sogar gestorben sind.«[43]

Bei Ajax Amsterdam erinnerte sich Abwehrspieler Barry Hulshoff, wie es vor einem Spiel gegen Real Madrid »weiße Pillen, die wir ›Schokostreusel‹ genannt haben [gegeben hat], und zusätzlich etwas in einer Kapsel. Keine Ahnung, was es war. Aber du hast dich sehr stark gefühlt, dir ging nie die Luft aus.« Das war Anfang der siebziger Jahre gewesen.

Am 17. Mai 1980 sah sich Ajax dem ewigen Rivalen Fejenoord Rotterdam gegenüber, der sich im niederländischen Pokalfinale schadlos dafür halten wollte, dass Amsterdam Meister geworden war. Rotterdam siegte nach einer aufwühlenden Rasenschlacht im Stadion de Kuip mit 3:1. Drei Jahrzehnte später beichtete Stürmer Jan Peters: »Vor wichtigen Spielen bekamen wir alles Mögliche. Einen Becher mit Drink; eine Pille; eine kurze Nadel, die unter die Haut des Oberarms ging. Die meisten Spieler kriegten das. Das Finale war so wichtig. Wir spielten im eigenen Stadion de Kuip. Prinz Claus saß auf der Tribüne. Wir wollten den Pokal gewinnen, und es gab eine saftige Prämie.« In wichtigen Erstligaspielen und im

Europacup sei das so gemacht worden. »Wir wussten, dass wir nicht darüber reden. Das ist nie passiert.«

Peters habe zwar »keine Ahnung« gehabt, was er bekam. Ihm sei es egal gewesen, bis auf die Schlafstörungen. Im Spiel, wie bei jenem Cup-Finale, sei die Wirkung jedenfalls großartig gewesen. »Nach zehn Minuten fühlte ich einen starken Energieschub. Nach dem Match, tief in der Nacht, konnte ich in der Diskothek noch Purzelbäume schlagen.« Immer wieder habe er das tolle Gefühl haben wollen: »Später, in Belgien, Spanien und Portugal, habe ich auch Zeug genommen.«[44] Fejenoord hat die aufwühlenden Dopingvorwürfe nicht kommentiert.

Hat nur Peters Spritzen und Pillen erhalten? Der niederländische Autor Guido Derksen schreibt in seinem Buch »Voetbal Mysteries«: »In den Sechzigern und Siebzigern nahmen Ajax, Fejenoord und FC Twente Tonnen von Amphetaminen zu sich.«[45]

1987 packte Toni Schumacher die trübe Wahrheit in Buchform: »In der Bundesliga hat Doping seit langem Tradition«, schreibt er in »Anpfiff«. Ein Werk mit Sprengkraft. Der Torwart beschreibt unter anderem eine Medikamenten-Überversorgung durch die DFB-Ärzte unter Heinz Liesen bei der WM 1986 in Mexiko. Und er schildert, wie er im Bundesligabetrieb in Eigenregie mit Captagon und Ephedrin furchterregende Wirkung erzielt habe. Aufschlussreich, dass er schon damals einen mörderischen Leistungsdruck empfand – Robert Enke, Andreas Biermann in memoriam –, der ihn erst zum Doping und schließlich an den Rand einer Depression getrieben habe.

Entschlossen plauderte Schumacher aus, wie bunt es die Szene trieb. Wie er als Jungspieler mit seinem R5 »viele bewährte Fußballstars des 1. FC« Köln umherchauffierte, wenn die auf eine Spritztour gingen, bei der sie lieber nicht gesehen werden wollten. Oft habe er »ein halbes Dutzend unserer großen Spieler zu einem Kölner Arzt gebracht. Bei dem hol-

ten sie sich vor wichtigen Spielen ihre Pillen und Spritzen [...]
Einige unter ihnen konnten sich ohne diese Spezial-Hoch-
form-Pillen eine Fortsetzung ihrer Karriere gar nicht mehr
vorstellen. Pillen und Leistung – das war für sie zu einer Glei-
chung geworden, die aus ihrem Leben nicht mehr wegzudenken war.« Schumacher ging beherzt dorthin, wo es anderen
weh tat. »Ein wichtiges Detail«, hält er fest, »dieser Arzt betreute berühmte Sportler zu einem Zeitpunkt, als Doping
Schlagzeilen machte. Ich nehme an, dass zu diesen Spezial-
mixturen Anabolika, Amphetamine und diverse andere Aufputschmittel gehörten. Damals wie heute.«[46]

Perfekt dazu passte das Geständnis des Mittelfeldspielers
Per Roentved, der seine Bundesligakarriere nach 194 Einsät-
zen für Werder Bremen 1979 beendet hatte. In seinem Buch
»Die Kehrseite« verriet der Däne: »Ich weiß, dass einige Spieler von Werder Bremen sich ständig dopen. Ich glaube aber,
dass sie diese Mittel nicht von unserem Vereinsarzt bekamen,
sondern aus anderen Quellen.«[47]

Auch Schumacher hielt seine Kölner Erfahrungen nicht für
ein Lokalphänomen. »Es gab Nationalspieler«, schrieb er,
»die waren im Umgang mit der Stärkungschemie regelrecht
Weltmeister. Unter ihnen ein Münchner Spieler, den wir als
›wandelnde Apotheke‹ zu bezeichnen pflegten. Er verstand
einiges von Medizin und probierte die Wirkung seiner Spezial-
präparate an sich selbst aus.«[48] Viel Prophetisches lag in Schumachers Outing: »Bei Lichte betrachtet, ist zwischen Doping
und Verletzungsquoten bei Spielern eine deutliche Verbindung festzustellen. Bei einem Feldspieler deuten häufig auf-
tretende Muskelfaserrisse darauf hin, dass er gedopt spielt.«
Denn, so seine fachmännische Folgerung, »man verliert ja das
Gefühl und den Maßstab für die eigene Leistungsgrenze. Das
Warnsystem des Organismus ist abgeschaltet.« Ein Phänomen, das schon der Freiburger Doktorand Wegener beschrieben hatte, und ein Effekt, den heute insbesondere der stete
Schmerzmittelgenuss bewirkt.

Die Branche reagierte mit dem typischen Abstoßreflex: Der Berichterstatter selbst, der DFB-Verbandsarzt Liesen angelastet hatte, die deutsche Elf mit »Hormönchen« präpariert zu haben, wurde zum Thema der Sportjournaille – nicht der eigentliche Aufreger, der Verdacht auf Hormondoping im Nationalteam oder der grassierende Missbrauch von Amphetaminen. Der Enthüller flog aus der Nationalelf, einen neuen Verein durfte sich Deutschlands bester Torhüter auch gleich suchen. Aber nicht im Kölner Umland, nein nirgendwo im Land. In der Türkei.

Paul Breitner gehörte zu denen, die damals nicht die »Nestbeschmutzer«-Version teilten, die etwa der DFB-Trainer Berti Vogts vortrug. »Das kann der Berti nicht ernst gemeint haben, denn er muss sich im Verlauf seiner langen Karriere mit dem Problem Doping beschäftigt haben«, meinte Breitner. »Das ist nun mal ein Thema in der Bundesliga – bei allen. Entweder die Profis machen es selbst, oder sie bemerken es bei Mitspielern und Gegnern.« Jeder wisse Bescheid, denn in der Bundesliga werde ja viel getratscht. Vor allem zu Saisonbeginn würden Spieler, die neu im Kader seien, reden: »Wie viel beim früheren Klub geschluckt und was beim neuen Verein bevorzugt wird. Es ist deshalb verlogen, Doping abzustreiten. Das Aufputschen ist im Fußball genauso an der Tagesordnung wie in anderen Sportarten.« Im Hinblick auf seine eigene Karrierebiografie »Kopf-Ball« verriet Breitner sogar, dass er selbst fast ein »zweiter Toni« geworden wäre: »Ich habe konkret begonnen, etwas zum Thema zu schreiben. Ich habe sogar schon Bänder besprochen und bin dabei einen Schritt weiter gegangen als Toni Schumacher. Ich habe Namen genannt, mir dann aber überlegt: Damit treibst du Leute möglicherweise in eine ausweglose Situation.«[49]

Schumachers Rauswurf aus dem Nationalkader sah Breitner nicht als angemessene Reaktion einer verunglimpften Branche, sondern als Rache des Profisystems an einem allzu

Aufrechten. »Franz Beckenbauer [Anm. d. A.: damals Team-chef] war in einer schwierigen Situation: Er weiß, der Toni hat recht. Er musste aber auch die Interessen des DFB berück-sichtigen. Denn so wie beim Skandal [Anm. d. A.: Bundes-liga-Bestechungsskandal Anfang der siebziger Jahre] mittels Bestechung Spiele verschoben wurden, so ist Doping auch eine Art von Schiebung, die untersucht werden muss.«[50]

Und das will keiner. Also weg mit dem Verräter.

Schumacher äußerte sich 2010 zu seinen damaligen Beweg-gründen so: »Es gab bei uns Amateurspieler, die auf dem Spielfeld tot umfielen, dann hieß es: Herzversagen. Aber da war mehr. Ich dachte, das darf nicht wahr sein! Was geht hier vor sich? Das war meine Motivation, das Buch zu schrei-ben.«[51]

Amphetamine wie das Derivat Captagon, das der DFB schon seit 1972 als verbotene Substanz führte, aber auch Ana-bolika und Blutdoping waren zu der Zeit weithin in Ge-brauch. Angst vor Entdeckung gab es nicht – so wenig üb-rigens, wie es heute Angst vor Entdeckung der modernen Dopinghämmer geben muss. Es war die Zeit, in der nicht nur Schumacher Fußballstars zum Dopingdoktor im Rheinland kutschierte, sondern in der auch der Freiburger Sportarzt-guru Armin Klümper Anabolika an Fußballklubs verschickte. Bis 1988 hatte der DFB keine verbindlichen Verbotsregeln, erst Tonis Tornado entfachte etwas Betriebsamkeit. Ein Kontrollsystem gab es dennoch nicht, obwohl der DFB schon zehn Jahre zuvor »Stichproben« angekündigt hatte. Im Windschatten leerer Drohungen machte die Branche, was sie wollte.

Schumacher erhielt zwanzig Jahre später Unterstützung durch Peter Neururer. Ende der achtziger Jahre seien Capta-gon und Ephedrin sehr verbreitet gewesen, sagte er gegenüber *SportBild*. »Es ist mir bekannt, dass früher Captagon genom-men worden ist. Viele Spieler waren verrückt danach. Das war überall bekannt und wurde praktiziert. Bis zu 50 Prozent haben das konsumiert. Nicht nur in der zweiten Liga.« Dem rituellen Abwehrreflex der Szeneschützer aus Verband und Sportmedizin – dass Doping im Fußball sinnlos sei – widersprach Neururer deutlich: »Der Spieler wird nicht mehr müde und neigt auf dem Platz zu Überreaktionen. Das war kompletter Wahnsinn, der da gemacht wurde.«[52] Und es gab Kollegen, die diese Worte bald bestätigen sollten.

Nationaltorhüter Jens Lehmann hatte »etwas mitgekriegt«, und auch der Ex-Schalker Günter Schlipper stützte Neururers Aussage. Die Trainer Benno Möhlmann und Jürgen Röber, einst Peer Roentveds Mitspieler in Bremen, schlossen sich an. Möhlmann befand, Captagon sei überall Thema gewesen, aber eher von talentlosen oder geschwächten Kickern konsumiert worden. Ende der achtziger Jahre sei das Stimulans nicht mehr aktuell gewesen. Hans-Werner Moors berichtete, Captagon sei seit den Siebzigern in Umlauf gewesen: »Das wurde uns damals zum Teil von offizieller Stelle als Multivitamin-Pille angeboten. Auch von Trainer Rudi Faßnacht, das ist kein Geheimnis.« Moors bestritt von 1974 bis 1980 insgesamt 154 Zweitligaspiele in Münster und Bielefeld, für die Arminia war er auch 34-mal in der Bundesliga aufgelaufen. »Es hieß: Probiert das mal, ihr braucht Vitamine. Es wird aus der damaligen Zeit viele, viele Spieler geben, die es probiert haben.«[53]

Dieter Schatzschneider hatte selbst »nichts genommen, aber ich weiß: Es wurde gedopt«. Der Torjäger von Hannover 96, Schalke und vom Hamburger SV sagte dem Radiosender »NDR Info«: »Ich weiß das noch ganz genau. Mir soll keiner erzählen, dass das nicht bekannt war mit dem Captagon. Da müssten ja alle im Westen völlig verblödet sein.« Schatzschneider beschrieb anhaltenden Konsum. »Das haben Fußballer halt damals genommen. Die [Pillen] flogen manchmal durch den Bus, die flogen unter der Toilette durch. Die waren überall, die Viecher. Das war gang und gäbe. Selbst die Ärzte haben das gegeben oder verschrieben.«[54]

Im Ausland war es nicht anders. Im Frühjahr 2015 meldete sich Österreichs früherer Nationalteamkapitän Werner Kriess zu Wort. Dem Wiener *Kurier* sagte er, es sei »schon davon auszugehen, dass diese Sachen flächendeckend genommen wurden. Alle haben gewusst, was los ist.« Der Verteidiger von Vienna Wien und Wacker Innsbruck nannte neben Captagon »ein zweites Mittel, das die Zuhälter genommen haben, damit sie in der Nacht munter bleiben«, als gebräuchliche Substanz. Und er beschrieb die Logik des Dopingbetriebs: »Das wurde ganz gezielt eingesetzt, hauptsächlich vor Europacup-Spielen und vor den richtig schwierigen und entscheidenden Spielen in der Liga.« Kriess zufolge hätten sich die Spieler die Aufputschmittel in Eigenregie besorgt, vorbei an Trainern und Ärzten.

In der Schweizer Nationalliga A war in den siebziger und achtziger Jahren Doping ebenfalls verbreitet. Der Winterthurer Profi Rolf Bollmann erhielt seine Feuertaufe im Cupfinale 1975. Doch der von Kollegen verabreichte Mix aus Schlankheitstropfen und Captagon führte dazu, dass er auf dem Platz hinterherhechelte, statt die Kreise von Basels Stürmer Ottmar Hitzfeld zu stören. Nach der Partie erkrankte Bollmann an Gelbsucht. Später, in St. Gallen, habe der deutsche Libero des Teams Captagon-Pillen verteilt. Importhilfe vom großen Nachbarn sozusagen. Bollmann schätzt, dass damals pro Team zwei bis drei Profis zulangten.[55]

Ein Schweizer Nationalspieler berichtete, dass der Aufputscher Coramin in den Achtzigern »wie Traubenzucker« genommen worden sei. Trotzdem habe er sich stets gewundert über die körperliche Dominanz der gegnerischen Kicker bei Europacup-Spielen, vor allem, wenn die aus dem Osten kamen. Ein anderer Profi, der durch die Topvereine jener Zeit tingelte, bekam alle paar Monate per Spritze in den Oberschenkel das »Anabolika-Depot« aufgefüllt. Und manche seien auch ins nahe Freiburg nach Deutschland gefahren, zu Armin Klümper.[56]

Auch Paul Breitner kramte nun wieder, zwanzig Jahre nach Schumacher, in seinem reichen Erfahrungsschatz. »Es wäre vermessen, wenn wir Fußballer so täten, dass nur die Leichtathleten, die Schwimmer diejenigen wären, bei denen es Doping gab. Nein«, sagte er beim österreichischen Sender Servus TV. Mittlerweile Chefberater des FC Bayern München, blieb er allerdings in der Halbdistanz. Er spreche von den Jahren 1986/87, aber »natürlich war auch in den Jahren davor, die ich überblicken kann, Doping ein Thema im Fußball. Wer das so wegwischt, ist ein Pharisäer.«[57]

Davor. Und was war danach?

Kein Pharisäer ist Peter Geyer, der 1994 ins Detail ging. Der Ex-Profi von TB Berlin, Dortmund und Braunschweig hatte Captagon über Jahre konsumiert. Die Pillen lagen herum, besorgt von Ärzten und Masseuren; Selbstbedienung am Arzneischrank. Er habe ein bis zwei vor jedem Spiel genommen, andere sechs bis acht – eine beängstigende Dosis. War während der sogenannten englischen Wochen der Spielplan eng getaktet, seien Probleme aufgetreten, weil die Captagon-Konsumenten zwei Nächte lang kaum schlafen konnten. »Dann fiel die Leistung in den Keller.«[58] Dem früheren Dortmunder Teamarzt Armin Langhorst zufolge brachte der Profi Sergej Gorlukowitsch zudem Pharmaka aus Weißrussland mit, die bei den Kollegen stark nachgefragt gewesen seien.[59]

Ein Profi schließlich ging für seine Enthüllungen sogar ins Gefängnis. Uwe Nester beichtete 2007, er sei 1980 bei Eintracht Braunschweig (ein Jahr bevor Peter Geyer dort anheuerte) gedrängt worden, Spritzen und Captagon zu nehmen. Der von Nester belastete Coach Uli Maslo zog den Spieler vor den Kadi. Nester verlor den Prozess wegen Beweismangels.

Das ist ein Kernproblem der Dopingaufklärung: Beweise gibt es praktisch nicht. Wie soll das auch gehen? Nester brummte lieber fünf Tage in der JVA Detmold ab, als die Ordnungsstrafe von 5000 Euro zu berappen: »Ich steh' zu meinem Wort!«[60]

Monate später bestätigten gleich zwei frühere Teamärzte
der Eintracht den verbreiteten Einsatz des Aufputschmit-
tels.[61] Es war, »wie offensichtlich bei vielen Fußballvereinen,
früher auch bei Eintracht Braunschweig gang und gäbe«,
sagte Peter Harms; es sei offen darüber gesprochen worden.
Und Kollege Jürgen Stumm, zuständig ab den Achtzigern,
präzisierte: »Es gab Spieler bei uns, die Captagon genommen
haben.«[62]

Schumacher hatte die Branche aufgescheucht wie einen Vo-
gelschwarm; die Aussagen von Geyer und Neururer verstärkten den Wellengang. Aber die zentrale Erkenntnis ist: Es melden sich in der Regel fast nur Zeugen aus der zweiten Reihe
zu Wort. Oder solche, die nicht mehr aktiv sind. Die Stars der
Branche halten dicht – oder dagegen.

Gewiss, zu den wenigen bekannten neben Breitner zählte
der Münchner Spitzenkicker Hans-Josef Kapellmann, genannt Jupp. Oder »Apotheke«. Im Herbst 1987 berichtete die
französische Zeitschrift *But*, dass er die Anwendung verbotener Praktiken eingeräumt habe. Der als Orthopäde tätige
Ex-Profi schätzte seinerzeit, dass sich circa 18 Prozent der
Profikicker in Deutschland und anderswo regelmäßig dopten.
Er selbst habe Blutdoping praktiziert, was aber für ihn »kein
Doping« gewesen sei. Denn: »Das ist allein mein Blut ohne
sonstige Zusätze. Und überhaupt, das sage ich als Mediziner,
ich mache mit meinem Körper, was ich will […] Ich bin nicht
gegen Anabolika, wenn die Verletzung schwer ist. Das ist
Therapie, und die Anabolika sind hilfreich. Besonders für
Sportler, denn sie verkürzen die Zeit der Heilung. Ich habe
übrigens welche genommen, wenn ich verletzt war.«[63]
Auch ein Teamkollege Kapellmanns, Kaiser Franz, besaß
zu seiner aktiven Zeit ein Fachwissen, das erstaunlich ist. Im
Stern berichtete Beckenbauer 1977, medizinisch sei in der
Bundesliga praktisch noch »alles erlaubt, was den Spieler zu
Höchstleistungen treibt. […] Nicht alles, was heute mit Fuß-

ballern gemacht wird, ist harmlos, die Grenzen zum Doping sind fließend.« Er selbst habe »eine besondere Methode, um auf Topniveau zu bleiben: die Injektion mit meinem eigenen Blut. Mehrmals im Monat entnimmt mir mein Freund Manfred Köhnlechner aus dem Arm Blut, das er mir wieder in den Hintern spritzt. Damit wird eine künstliche Entzündung hervorgerufen. Damit erhöhen sich weiße und rote Blutkörperchen sowie die Widerstandskräfte des Organismus.«[64]

Irgendetwas muss danach passiert sein. Denn als ihn im August 2013 im ZDF-Sportstudio seine frühen Aussagen samt dem Artikel einholen, den er selbst verfasst hat, mutiert Beckenbauer zum doppelten Kaiserchen: »Das habe ich gesagt? Kann es sein, dass ich einen Doppelgänger habe? Ich bin überrascht.« Glucksen im Publikum. »Ich war halt immer der Meinung, Doping im Fußball macht keinen Sinn«, verfällt Beckenbauer routiniert ins Branchen-Mantra, »weil jeden dritten, vierten Tag hast du ein Spiel.« Als ihm der Moderator entgegenhält, er habe doch seinerzeit selbst die entscheidende Frage aufgeworfen, ob nicht vor wichtigen Spielen gedopt werde – »wenn es um Millionen geht, da müsse man aufpassen, denn da könnten Vereine und Manager sagen, jetzt könnte es sich lohnen« –, weicht der Fußballkaiser elegant aus: »Ich war zwanzig Jahre Profi. Ich wurde von keinem irgendwie genötigt, was zu nehmen, von dem ich nicht wusste, was das ist.« Eine Aussage, die er im nächsten Satz ad absurdum führt: »Natürlich haben wir auch unsere Vitaminspritzen bekommen. Keine Ahnung. Doktor hat gesagt: ›Das ist eine Vitaminspritze.‹« Auf Nachfrage des irritierten Moderators, ob er sicher sein könne, dass da nur Vitamine drin gewesen seien, löst Beckenbauer Heiterkeit aus: »Ist eine Vitaminspritze leistungssteigernd, oder ist das Doping? Was ist denn Doping? […] Ich bin kein Arzt. Natürlich haben wir auch unsere Vitaminspritzen bekommen.«[65]

Als Unruhe im Publikum aufkommt, eilt Rudi Völler zu Hilfe, der mit in der Runde sitzt. Und jetzt rundet sich das

Bild, ein echter Fußballklassiker: Der Eindruck einer rigoro-
sen Omertà, einer Schweigebruderschaft. So, wie es zwei Jahre später in der ARD-Sportschau die Kollegen Robin Dutt,
Jürgen Klopp und Mehmet Scholl schafften, als sie treuherzig
beteuerten, Doping und Fußball ergäben so ziemlich die sinn-
loseste Kombination der Welt. Völler, der in Frankreich und
Italien spielte und in den Achtzigern in der Captagon-
verseuchten Bundesliga, er schildert nun, wie er und seine
Kollegen »permanent in der Kontrolle« gewesen seien: »Du
musstest ja schon aufpassen, gehst du irgendwo essen, tut dir
der Koch von der anderen Mannschaft was ins Essen rein – so
weit haben wir damals schon gedacht.«
    So weit wurde damals schon gedacht?
    Umso erstaunlicher dann, dass Doping für Völler ein Mys-
terium geblieben ist, ein Gerücht, bekannt nur vom Hörensa-
gen. Denn: »In den Mannschaften, in denen ich gespielt habe,
da gab's so was gar nicht.«[66]
    Diese Aussage ist nach Lage der Dinge falsch. Will man
Völler dabei Unwissenheit zugestehen, muss man allerdings
auch seine Reinheitsbeteuerungen entsprechend bewerten –
es sind dann die eines Ahnungslosen. Denn dass ein Spieler,
der Dopingkenntnisse verneint, nur für sich selbst sprechen
kann, das zeigt dieses Beispiel gut: Gegen Völlers Aussage,
dass es in seinen Teams »so was gar nicht gab«, stehen Dokumente von gleich drei Zeitzeugen, die seinerzeit mit ihm in
Marseille gespielt haben. Marcel Desailly und Jean-Jacques
Eydelie, jene Teamkollegen bei Olympique, mit denen Völler
im siegreichen Champions-League-Finale 1993 gemeinsam
auf dem Platz gestanden hatte, bezeugen in ihren Biografien,
dass die Mannschaft vor wichtigen Spielen – und ein Champions-League-Finale ist das Spiel der Spiele – zum Konsum
aufputschender Stoffe genötigt worden sei. Eydelie beschreibt
explizit einen Akteur, der sich als Einziger wütend dagegen
gewehrt habe: Rudi Völler. Er sei der Einzige gewesen, der
nichts bekommen habe.

Das ist, das wäre löblich. Umso bedauerlicher, dass sich der Leverkusener Manager, heute ein Urgestein auf der nationalen Fußballchefetage, kein bisschen an die Sache erinnern kann. Wenn er sich so vehement gewehrt haben soll – wie kann er dann nichts mitbekommen haben? Hat er auch nicht erlebt, wie Klubchef Bernard Tapie persönlich Pillen in der Kabine verteilte? Das schrieb, unwidersprochen, Frankreichs Kapitän Desailly. Der Rekordnationalspieler schildert in seinem Buch eine Szene vor dem Spitzenspiel gegen Paris St. Germain am 18. Dezember 1992: In der Kabine habe Tapie vor aller Augen selbst Tabletten geschluckt, um die Kicker zu ermutigen. In jener Schlüsselpartie wurde Völler spät eingewechselt, die halbe Mannschaft kassierte Gelbe Karten, aber sie gewann 1:0 und blieb auf Schlagdistanz zum Titel – den sie später tatsächlich gewann.

Und wie war das, als die Kollegen angeblich Schlange standen für die Spritzenvergabe, wie Eydelie beschreibt? Arsène Wenger, der zur Zeit von Eydelies Enthüllung im Jahr 2006 bereits Arsenal London trainierte, sagte zu den Behauptungen seines Landsmanns: »Er spricht aus, was damals jeder in Frankreich dachte.«[67]

Als Völler 1994 Marseille verließ, heuerte dort ein neuer Torjäger an: Tony Cascarino. Auch der irische Nationalspieler berichtete 2003 in einer vielbeachteten Biografie (»Full Time – Das geheime Leben Tony Cascarinos«) ausführlich über eine Injektionskultur bei Olympique. Klubchef Tapie habe die Spritzerei zelebriert: »Er feierte regelrechte Aufnahmezeremonien, wenn ein neuer Spieler seine erste Spritze bekam.«[68] Danach habe der sich »schärfer, energischer und hungriger auf den Ball« gefühlt. Cascarino beschreibt die typische Wirkung eines Stimulans. Bei OM soll es einen speziellen Raum für diese Form der Medikation gegeben haben. Cascarino wusste zwar nicht, was in den Spritzen war, war sich aber »zu 99 Prozent sicher«, dass es nicht legal war.[69]

Seine Schilderungen bestätigte noch ein weiterer OM-Akteur: Der englische Nationalspieler Chris Waddle, der von 1989 bis 1992 in Marseille gespielt hatte. Und einmal gab Tapie sogar selbst zu, dass bei Olympique vor allem »Spieler um die dreißig die Angewohnheit hatten, Captagon zu nehmen«.[70]

Völler, 2006 erstmals zu den Dopingumtrieben in Marseille befragt, wich aus. Er habe sich öfter mal mit Tapie angelegt, »aber was damals vor dem Finale passierte, weiß ich wirklich nicht mehr«.[71] So hat es gewissen Erkenntniswert, dass sich der ehemalige OM-Star über Neururers Enthüllungen und die »unsägliche Dopingdiskussion« im Fußball heftiger ereiferte als die meisten anderen in der Branche. »Mittlerweile hat man das Gefühl, jeder Professor irgendeines Instituts kann behaupten, im Fußball würde systematisch gedopt. Meine Güte, wer sich da alles zu Wort meldet und Kübel von Dreck über den Fußball ausschütten darf – da fehlt mir jegliches Verständnis«, schrieb der Bayer-Sportdirektor 2007 in seiner *kicker*-Kolumne. Völler griff zur Lieblingswaffe des Systems und verwies auf die Kraft der Dopingtests. Bis auf wenige Fälle, bei denen Profis durch die Einnahme von Appetitzüglern oder den Gebrauch von Haarwuchsmitteln »Opfer ihrer eigenen Naivität« wurden, seien »keine Sünder bekannt«. Woraus für den wackeren Betrugsbekämpfer folgt: »Wer es besser weiß, der soll Beweise auf den Tisch legen, Ross und Reiter nennen – oder die Klappe halten.«[72]

Hier zeigt sich, was Fußball mit dem Radsport, der Leichtathletik oder dem Wintersport verbindet: Es ist die erste Garde, es sind die Besten, die nie etwas mitgekriegt haben von Dopingumtrieben in ihrer Sportart. Großes Indianerehrenwort. Nie was gehört davon, alles Erfindungen von Miesmachern, und bringen tut es sowieso nichts. Was übrigens auch einen wissenschaftlichen Widersinn birgt: Es würde heißen, dass man von Doping deshalb dringend die Finger lassen muss, weil man in Wirklichkeit nur mit Wasser, Milch und Weißbrot

Weltklasse werden kann in diesem körperintensiven Milliardensport. Und das – immerhin – behaupten heute nicht einmal mehr Fußballärzte.

Doch wie erklärt es sich, dass gerade die Besten niemals gedopt und auch nie etwas mitgekriegt haben von den Pharmaexzessen um sie herum? Wer hier die Logik vermisst, dem sei ein Erklärungsmodell angeboten: Nach dem Drei-Affen-Prinzip zu verfahren läge gerade für die Besten auf der Hand. Die Stars der Kickerbranche sind (wie in anderen Sportarten) diejenigen, die sich neben dem Platz in der Sporthistorie ein gutes Auskommen auch nach der Karriere sichern können. Womöglich überkommt einen da gewisse Altersmilde beim Blick auf das, was den professionellen Leistungssportbetrieb anheizt; zumal, wenn man auf dessen Bühne weiterhin seine Brötchen verdient. Beckenbauer verfasste in den Siebzigern Artikel über die Leistungsmauschelei; als Teamchef in den Achtzigern machte er sogar den DFB-Boss auf Betrugstendenzen aufmerksam. Völler hat sich in Marseille im Auge eines Dopingorkans bewegt; es ist unwahrscheinlich, dass drei seiner Klubgefährten unabhängig voneinander Autobiografien verfassten, in denen sie alle dieselbe Dopinglüge auftischten. Wenn Völler also von alldem nie etwas mitgekriegt hat, dann mag er zwar de facto einer der wenigen Aufrechten gewesen sein, ist zugleich aber ungeeignet, über das Thema aus eigenem Erleben zu sprechen.

Womöglich erging es Klaus Allofs ähnlich, einer anderen Branchengröße. Der hatte als Manager in Bremen die schon geschilderten Captagon-Berichte Dieter Schatzschneiders schlichtweg als Lüge abgetan: »Ich bleibe lieber bei der Wahrheit, und die lautet: Es wurde nicht gedopt.«[73] Oder Matthias Sammer, heute Bayern-Sportdirektor, der, nach Doping im Fußball befragt, allen Ernstes auf dichte Kontrollnetze und die verhütende Wirkung der Dopingtests verwies, die er im DDR-Fußball erlebt habe.[74] Wem darf man in solchen Fragen Glauben schenken: Sammer – oder zum Beispiel seinem eins-

tigen DDR-Kollegen Dariusz Wosz? Der beschrieb in den
nuller Jahren, wie Doping im Fußball wirkt: In der DDR habe
er »einmal eine Pille« genommen, mit respektablem Effekt:
»Da hätte ich zwei Spiele durchspielen können.«[75]

Wohingegen Sammer sogar explizit auf seine DDR-Zeit
verwies, um die Reinheit des Fußballs zu verteidigen: »Es
spielt da, wo ich mich auskenne, und das ist in nicht ganz wenigen Bereichen, keine Rolle. Ich war auch in der DDR Spieler, auch da hat es bei uns überhaupt keine Rolle gespielt, als
ich in den Männerbereich kam, haben regelmäßig Dopingkontrollen stattgefunden. Ich bin nie damit konfrontiert worden.«[76]

Sauberer DDR-Fußball also? Oder nur Sammers Welt?

So berichtete der stellvertretende Direktor des Sportmedi-
zinischen Dienstes und Chefdoper Manfred Höppner alias
»IM Technik« in Stasi-Berichten von »Ausreisekontrollen«,
die im Herbst 1983 bei den Kickern des 1. FC Lok Leipzig
und von BFC Dynamo Berlin vorgenommen worden waren.
»Nach diesen Ergebnissen wurde bei fast allen BFC-Spielern
der Nachweis erbracht, dass diese zwei bis drei Tage vorher
mit dem Dopingmittel Amphetamin und teilweise zusätzlich
mit Methamphetamin behandelt wurden. […] Im Gegensatz
zum 1. FC Lok Leipzig, wo nur noch vereinzelt Spuren nachgewiesen werden konnten, müssen die Spieler des BFC mit
einer ziemlich hohen […] nicht zu verantwortenden Dosis
behandelt worden sein.«[77] *Das* war der Grund, warum die vielen Tests im DDR-Sport gemacht wurden: Nicht um Doping,
sondern um Doping-*Skandale* zu vermeiden.

Dem Stasi-Bericht verdankt sich das Geständnis, dass etwa
»im Olympia-Qualifikationsspiel gegen die Schweiz diese
Methode ebenfalls mit Genehmigung angewendet« wurde –
und mit Erfolg: 3 : 0 siegten die gedopten Ostdeutschen. Dennoch wollten die sozialistischen Chefdoper den Pharmabetrug lieber »nur bei wichtigen internationalen Vergleichen«
diskutieren – also bei Schlüsselspielen. Die zu der Zeit auch

Franz Beckenbauer in Verdacht hatte. Die zügellose Doperei im DDR-Ligabetrieb barg die Gefahr, dass man nicht sicher sein konnte, wer alles Bescheid wusste. Und ob nicht durch Republikflüchtige brisantes Wissen in falsche Hände geraten konnte: Geklärt werden müsse »auf jeden Fall, ob die beiden Republikverräter Götz und Schlegel Kenntnis von der Anwendung von Dopingmitteln haben und diese preisgeben könnten«, hält der IM fest. Falko Götz und Dirk Schlegel vom BFC Dynamo hatten sich gerade bei einem Spiel im Landesmeistercup in Belgrad abgesetzt, sie kamen bei Bayer Leverkusen unter.

Ein Analyseprotokoll des DDR-Doping-Labors in Kreischa vom 17. November 1983 weist gleich zwölf Spieler des Serienmeisters BFC Dynamo als positiv aus, darunter Götz und Schlegel. In den Büchern der DDR-Giftmischer standen neben den Kickern des BFC Dynamo Berlin auch die von Dynamo Dresden. Für deren Männerteam spielte übrigens Matthias Sammer von 1985 bis 1990. In der DDR wurde gern ohne Wissen der Athleten gedopt, gerade im Fußball – wo sogar mit hirnstimulierenden Substanzen experimentiert worden war. Dass Spieler mit dem Dopingthema nicht unbedingt »konfrontiert« wurden, wie es Sammer ausdrückte, geht ebenfalls aus dem Stasi-Papier hervor. »Es ist nicht unbedingt erforderlich, dass die einzelnen Sportler konkret über diese verabreichten Mittel Kenntnis haben«, erläuterte Höppner, »da diese teilweise illegal durch die Trainer und Ärzte in Getränken verabreicht wurden.«[78] Ein Prozedere, das auch im Fußball des freien Westens reichlich Anwendung fand, wie wir noch sehen werden. All das lässt sich nicht den betrogenen und verführten Sportlern anlasten. Aber müsste nicht jeder ehemalige DDR-Sportler, der sich zum Thema äußert, längst gewarnt sein und daher unbedingt vermeiden, die Vergangenheit als Beleg für etwas heranzuziehen, dessen Gegenteil zutrifft?

Fügt man all diese Bekenntnisse, Behauptungen und Widersprüche zusammen, ergibt sich ein klares Bild: Die Größen der Branche, die Stützen des Betriebs, geben dem System die nötige Stabilität. So ist es nur logisch, dass Beckenbauer im ZDF-Sportstudio seine frühen Aussagen ausblendet und einen Doppelgänger am Werk wittert. Den zweiten Franz, der noch als Teamchef 1987 bekundet hatte: »Ich habe DFB-Präsident Neuberger gesagt, Doping sei mehr ein Thema für die Uefa. In Europacup-Spielen laufe etwas. Ich habe es früher selbst beobachtet.« Und nicht nur da, sondern immer, wenn es um die Big Points geht: »Kann sein, dass im Kampf um die Bundesliga-Meisterschaft oder gegen den Abstieg von den Spielern heimlich was genommen wird.« Aber ein paar Captagon seien nicht die Welt, fand Beckenbauer damals, der bestens informiert war über die Risiken: »Der Weltmeister Tom Simpson, der tot vom Rennrad fiel, hatte 20 oder 25 Captagon geschluckt.«[79]

Der renommierte Dopingforscher Jean-Pierre de Mondenard hält fest, dass auch deutsche Teams Amphetamine wie Captagon häufig eingesetzt hätten. In seiner Schrift »Les Dopes du Foot« ruft der Franzose in Erinnerung, dass 1976 vier Spieler von Bayern München Trainer Dettmar Cramer beschuldigt hätten, ihnen Captagon gegeben zu haben. Er zitiert den damaligen Kölner Laborchef Manfred Donike, der gesagt hatte, er wisse, dass Bayern München Captagon anwende.[80] Das bestätigte auch Dr. Gerhard Raab. Der Duisburger Arzt gab während eines Seminars im November 1979 an, bei Bayern sei Captagon ebenso zum Einsatz gekommen wie Ephedrin und Codein in Form von Sirup.[81]

Was Cramer anging, behauptete sogar Torwartlegende Sepp Maier, dass »der Cramer kleine weiße Tabletten verteilt hat, mir aber keine geben wollte, weil ich sie nicht brauchte. Ich sei schon aufgedreht genug. Auf meine Frage, was das für Tabletten seien, antwortete er augenzwinkernd: ›Salztabletten. Die sollen bloß meinen, es wäre Doping.‹ Ein bisschen habe ich mich gewundert, warum ich dann keine bekommen habe.«[82]

Als Heinz Liesen viele Jahre danach zu den Erfolgsgründen für den WM-Gewinn 1990 befragt wurde, sprudelte der langjährige DFB-Teamarzt los. »Als wir vom Viertelfinalspiel ins Quartier zurückkamen, gab es eine Mannschaftsbesprechung. Franz [Beckenbauer] sagte: ›Jetzt wollen wir es packen und den Titel holen. Einer weiß ganz genau, wie wir das am besten hinkriegen. Und der sagt uns ab heute, wann und in welchem Umfang wir trainieren.‹ Dann rief er mich und sagte: ›Der macht das, und ihr habt alle zu gehorchen.‹« Auf die Frage, warum ihm der Teamchef so große Befugnisse zugestanden habe, erklärte Liesen: »Er hielt mich für kompetent. Er holte mich oft auf dem Trainingsplatz zu sich und sagte: ›Guck den mal genau an. Ich brauch den in zwei Tagen. Sieh zu, dass der wirklich fit ist.‹«[83]

Was für eine Aufgabe. Die angehenden Weltmeister anleiten auf den letzten Etappen zu einem Titel, dem das ganze Land entgegenfiebert, derjenige zu sein, der es »ganz genau« weiß. Ärztliche Kunst war auf demselben Niveau gefragt wie das Talent der Kicker.

Was bei der Italien-WM in der ärztlichen Betreuung abgelaufen war, bewertete der Hamburger Soziologe und Drogenexperte Günter Amendt drei Jahre nach dem Titelgewinn so: »Bei der Fußball-WM wurde der Mannschaftsarzt gefragt: ›Wie machen wir das jetzt, die Spieler sind fix und fertig!‹ Und der sagte: ›Die kriegen Regenerationsspritzen.‹ Bei der WM haben die 1500 Spritzen bekommen. Das ist für mich Fixen, das ist für mich Doping.«[84] Das ist es für viele Experten – aber nicht nach den Paragrafen des Regelwerks, sofern dabei keine verbotene Substanz angewendet wurde.

Was hätte Amendt erst gesagt, hätte er von den 3000 Spritzen gewusst, die Liesen vier Jahre zuvor in Mexiko in die Hoffnungskörper der Nation getrieben hatte? Zum Abschied von der Nationalelf, ein Weltmeister wie seine Klienten, gewährte Liesen Einblicke in die aufgewühlte Doktorseele. Er sei »einfach sportverrückt«, erklärte er, zum Gipfelpunkt aus Ärztesicht erhob er dieses »tolle Gefühl, wenn man dabeisteht und einer die Goldmedaille erhält, der eigentlich nicht so viel Talent hat«. Ein Sieger ohne Talent: Das ist der Kick des Mediziners, der – klar, nur mit Pflanzen-, Honig-, Kälberblutextrakten – einen Käfer zum Porsche tunt. Wie viel hat das mit einem Sport zu tun, der dem Publikum als Essenz aus Können, Willenskraft und Leidenschaft verkauft wird?

Dopingvorwürfe bezeichnete Liesen stets als »laienhaftes Geschwätz«. Sein Geschäft sei die Substitution, er ersetze nur die verbrauchten körpereigenen Stoffe. »Wenn wir schon das nicht mehr machen dürfen, den Sportler gesund und leistungsfähig erhalten, können wir doch gleich aufhören«[85], fand der Internist. Der in der Branche auch »Laktat-Liesen« hieß ob seiner Passion, ständig die Blutwerte seiner Eleven zu erheben. Die Nordischen Kombinierer hatte er so zwei Jahre vor dem WM-Sieg der Fußballer, in Calgary 1988, zu Gold gepflegt.

Als viele Jahre später die von Neururer angestoßene Captagon-Debatte lief, äußerte DFB-Teamarzt Tim Meyer die vage Vorstellung, es könne eine Art Dopinggefahr im Fußball geben. Na ja, hypothetisch. »Es ist sicherlich denkbar, dass die sportliche Leistung im Fußball durch Medikamente gefördert wird. Daher wäre es aus medizinischer Sicht nicht richtig zu sagen, das ginge nicht.«[86]

Die eher klassische Sicht auf das mit Händen zu greifende Dopingproblem vertrat indes der Mann, der die Brücke zwischen Liesen und Meyer bildete, Professor Wilfried Kindermann. Der langjährige DFB-Chefarzt dachte lieber über Konsequenzen für den Trainer Neururer nach, falls der Behauptungen aufgestellt habe, die er nicht beweisen könne. Harte Konsequenzen, was dessen Job anbetreffe.[87]

Gewiss lässt sich sagen, dass Vorgänge, die Jahre zurückliegen, nicht unbedingt die Gegenwart widerspiegeln müssen. Aber genau deshalb ist in einem komplett von der Körperleistung abhängigen Wirtschaftsbetrieb der offene Umgang mit dem Thema unabdingbar. Geschieht das nicht, bestreitet die Branche sogar wider besseres Wissen alle Schlüsse, die sich aus der Fülle von Ereignissen, Aussagen und Indizien ergeben – dann begründet das den starken Verdacht, dass der Missbrauch nie eingestellt wurde. Mag sich auch graduell manches geändert haben, Omertà und Mentalität sind altvertraut.

Massiv verändert hat sich definitiv etwas anderes über die letzten Jahrzehnte: die Effektivität der Pharmaka, die ständig verbessert, immer neu entwickelt werden. Auch die Ärzte im globalen Sportbetrieb streiten nicht ab, dass immer raffiniertere Substanzen in den Sport fließen. Zugleich haben Mediziner, Fitnesstrainer, Physios und andere Betreuer aus sogenannten klassischen Dopingsportarten von Rad- über Skisport bis zur Leichtathletik im Umfeld des Fußballs angedockt. Sind Fußballer also einfach bessere Menschen? Die einzigen Topathleten heute, die den enormen Verlockungen widerstehen?

Angestoßen hat die erste Captagon-Debatte um Toni Schumachers Enthüllungen eine Formalie: Der DFB führte ein Kontrollsystem ein. Natürlich keines, das den Namen verdient. Sehr sporadisch getestet wurde nun bei Spielen, mit mehrtägiger Vorwarnzeit für die betreffenden Teams. Die Trainingskontrolle aber blieb ein Fremdwort.[88]

Bis 1988 hatte der DFB, wiewohl auch für ihn als Mitglied im Deutschen Sportbund die Antidoping-Grundsatzerklärung galt, nicht mal ein Antidopingreglement mit Testsystem und verbindlichen Verbotslisten. Nun übernahm er die Dopingliste des IOC, blieb faktisch aber weitgehend untätig. Dem unabhängigen Dopingkontrollsystem des DSB schloss er sich nicht an, bastelte lieber sein eigenes Ding. Die Tests seit 1988 entlarven sich als Mogelpackung, das zeigt der Blick noch auf die Zahlen von 2006/07. In der Saison nach dem Sommermärchen gab es 964 – oft angekündigte – Wettkampftests, bei 241 Partien der Bundes- und Regionalligen, bei Spielen der A-Junioren, der beiden Damenbundesligen sowie im DFB-Pokal. Dazu kamen – mittlerweile – 87 Trainingstests. Wer so sinnfrei durch die Landschaft testet, kann stattdessen auch die Spielerfrauen aufs Klo bitten.

Im selben Zeitraum fanden allein in der Leichtathletik 1020 Trainingskontrollen statt. »Die Fußballtests sind lächerlich«, sagt Dopingexperte Werner Franke. Dazu passt der Befund der nationalen Antidopingagentur Nada: Unter hundert auffälligen Testosteronwerten in der Jahresbilanz 2006 rangiert der DFB mit neun Fällen auf Platz zwei – hinter der Leichtathletik (21 Fälle). Dort aber gab es zwölfmal so viele Trainingstests. Dass sich im Fußball selbst da noch Sünder fanden, spricht Bände.

Tatsächlich hatten Kicker in Deutschland, anders als in England, Frankreich oder Italien, bis vor wenigen Jahren gar nichts zu befürchten; ausgenommen Spiele unter Fifa- oder Uefa-Regie. Wobei auch hier von ernster Kontrolle kaum die Rede sein kann. In Deutschlands Profiligen konnten die Akteure tun, was sie wollten. Abschreckung gab es auch nicht – bis tief in die neunziger Jahre war für Dopingvergehen im Regelwerk sogar die läppischste Strafe vorgesehen, die es für gutbezahlte Profis gibt: »In allen Fällen […] kann neben Sperrstrafen auch auf Geldstrafen erkannt werden«, heißt es in § 5/2 der Rechts- und Verfahrensordnung.

So eine Regelung kann sogar als Einladung verstanden werden. Geht es in einem Match um alles, um Titel und Millionenprämien, um Qualifikation oder Klassenerhalt, so dürfte mancher Klub gern in die Portokasse greifen, falls ein Angestellter im Dienste des Erfolges geschnappt worden wäre.

Vermieden werden musste also niemals Doping, sondern etwas anderes: der Dopingfall und die öffentliche Debatte. Das, was Schumachers Outing und Neururers Nachschlag in

Gang gesetzt hatten; jeweils mit unangenehmen Folgen. Nicht nur, dass die Schlagzeilen geschäftsschädigend und die Fragen sogar der Medienschaffenden vorübergehend unangenehm waren: Die Branche musste etwas tun. 1988 einen Antidoping-kampf simulieren und wenigstens ein Reglement einführen. Und in den nuller Jahren musste die Kontrollintensität erhöht, ja sogar über Bluttests nachgedacht werden. Eingeführt wurden sie dann viele Jahre später.

Öffentlichkeit ist bis heute die letzte Schranke, die einzige Hemmschwelle. Allerdings eine enorme. Profifußball ist reines Publikumsgeschäft, es verträgt keinen Makel. Die Fallhöhe wird größer, je heftiger die Leistungsspirale nach oben dreht. »Die Öffentlichkeit ist auf solche Themen nicht vorbereitet. Wären wir in der Vergangenheit offener und ehrlicher gewesen, hätten wir das Problem jetzt nicht«, sagte Paul Breitner – schon 1987. Das trifft umso mehr das Problem.[89]

Kapitel 2

Die neunziger Jahre

> »Die Welt des Fußballs wird vom Geld beherrscht
> und von der Pharmaindustrie.«
> *Zdeněk Zeman, Trainer des AS Rom und*
> *anderer Serie-A-Vereine*

Schlange stehen für die Spritze

Die neunziger Jahre, das sei vorausgeschickt, brachten innovativen Schwung in die Dopingkultur. Epo, der Blutverdicker Erythropoetin, stieg zur Wunderdroge des Ausdauersports auf. Die Ausdauerleistung hängt von der Sauerstoffzufuhr in der Muskulatur ab. Diese erfolgt über die roten Blutkörperchen, Erythrozyten, deren Produktion das körpereigene Hormon Epo anregt. Je höher die Anzahl der Erythrozyten, desto größer die Sauerstoffkapazität des Blutes und damit die Ausdauerleistungsfähigkeit.

Das künstliche Hormon Epo war ab 1983 entwickelt worden, für Nierenpatienten, die an Blutarmut leiden. Doch unter Kerngesunden fand die neue Droge bald viel mehr Abnehmer. Sie landete unter Umgehung der klinischen Erprobungsphase durch kriminelle Kanäle im Sport. Die kommerziellen Hersteller freuten sich, bald reagierten sie auf den mysteriösen Mehrbedarf mit einer klaren Überproduktion. Mitte der nuller Jahre berichtete der italienische Dopingfahnder Sandro Donati an die Wada, dass die Epo-Jahresproduktion den therapeutischen Bedarf um ein Mehrfaches übersteige. Allein das Präparat Epogen zähle in amerikanischen Online-Apotheken zu den zehn meistverkauften Medikamenten. Fakten, die an die Nieren gehen.

Im Radsport brach das Epo-Fieber sofort aus. Bei der Skandal-Tour-de-France 1998 konfiszierten Zoll und Polizei bereits säckeweise Dopingmittel, vier Dutzend Personen aus der Veloszene wurde der Strafprozess gemacht. Damals begriffen große Teile der Fanscharen, was ihre Helden im Sattel antreibt. Bis auch die Halbgötter um Lance Armstrong, Jan Ullrich und Co. aufflogen, die nach dem Tour-Drogenfestival unbeeindruckt weitergedopt hatten, sollte es allerdings noch Jahre dauern.

Wenig später wurden auch Wintersportler und Leichtathleten als Epo-Sünder auffällig. Aber Epo im Fußball – gibt es das? Ist so etwas vorstellbar?

Zu den Teams, die den Fußball der neunziger Jahre dominierten, zählen die Champions-League-Sieger Olympique Marseille und Juventus Turin. Marseille stand zweimal im Finale (1991 und 1993), Juve war dort Dauergast von 1996 bis 1998. Es war die erfolgreichste Phase beider Teams – und der Zeitabschnitt, als in beiden Klubs eine flächig organisierte Dopingmedikation erfolgt ist. Parallel entwickelten sich die Nationalmannschaften beider Länder erfolgreich am Dopingverdacht entlang. Enthüllt, wie sich das im Fußball gehört, wurden die Manipulationen erst viele Jahre später. Nicht durch Tests. Durch die Beichten von Beteiligten, durch Vorwürfe von Brancheninsidern.

Frankreich und Italien zählen zur Avantgarde der Kickermedikation. Zunächst waren die Franzosen sportlich in den Vordergrund gerückt. Bernard Tapie war der Mann, der den internationalen Fußball an allen Fronten aufmischte. Er kaufte den havarierenden Sportartikelkonzern Adidas und stieg bei Olympique Marseille ein. Beides tat ihm Robert Louis-Dreyfus später gleich. Die zwei Franzosen hatten beste Drähte zur Crème der europäischen Fußballwelt, speziell nach München. Tapie lotste Beckenbauer, den frischgebackenen

WM-Teamchef, 1990 als Trainer nach Marseille. Louis-Dreyfus stieg mit Adidas eine Dekade später bei den Bayern ein.
Daneben vergab er großzügig Privatdarlehen und Millionen-
bürgschaften; auch an Bayern-Manager Uli Hoeneß.

Tapie und Louis-Dreyfus verband zudem eine Nähe zur
Halbwelt des Fußballgeschäfts. Louis-Dreyfus, der auch offen für die Dopingfreigabe plädierte, operierte bei Olympique
Marseille mit ebenso schillernden Leuten wie bei Standard
Lüttich, wo er auf Luciano D'Onofrio setzte. Beide wurden
später im Kontext mit illegalen Spielertransfers rechtskräftig
verurteilt. Bis zu seinem Tod 2009 blieb Louis-Dreyfus Ver-
waltungsratsmitglied in Lüttich, wo er fast 25 Millionen Euro
investiert haben soll, zugleich war er Großanteilseigner von
Olympique Marseille. In Marseille wird eine Investitions-
summe von 200 Millionen Euro kolportiert. Louis-Dreyfus
selbst hat dazu nur gesagt: »Ich bin fußballverrückt – was ich
hier mache, ist ziemlich irrational.«

Vorgänger Tapie verkörperte selbst die Halbwelt, er landete
sogar im Gefängnis. Marseille hatte er Ende der Achtziger
übernommen, obwohl er Fan des AS St. Étienne war. Doch
Olympique bot das Sprungbrett für seine politischen Ambi-
tionen: Tapie wollte Staatschef werden, als Zwischenstufe war
das Bürgermeisteramt der Hafenstadt vorgesehen – um dort
hineinzugelangen, sollte er den Klub an Europas Spitze führen. Tapie kaufte ein. Sogar Maradona hatte er an der Angel,
doch dessen Arbeitgeber, der SSC Neapel, spielte nicht mit.
Klubchef Corrado Ferlaino fürchtete die Rache der Fans –
und der Camorra. Stattdessen, alles eine Frage des Preises,
kam Beckenbauer nach Marseille. Erst als Trainer, dann als
Sportdirektor.

Eine Menge bezahlt hat Tapie auch im Sommer 1993 an US
Valenciennes: Schmiergeld. Er hatte ein Punktspiel gekauft.
Die Sache flog auf, Olympique wurde der französische Titel
1993 kurz nach dem Gewinn aberkannt, der Klub in die Zweite Liga zurückgestuft und Tapie selbst 1997 in zweiter Instanz

zu acht Monaten Freiheitsstrafe verurteilt. Wieder draußen, gönnte er sich für 47 Millionen Euro die Supervilla »Mandala« in St. Tropez. Verkäufer: Luciano D'Onofrio. Louis-Dreyfus' Mann in Lüttich hatte kurz zuvor zwei Spieler an den FC Porto verscherbelt und dabei zehn Prozent der Wirtschaftsrechte an den beiden behalten.[1] So sehen die wahren Big Player aus hinter dem Spiel, das Millionen in den Bann zieht.

Im Januar 2006 machte die Uefa eine nicht ganz ernst gemeinte Ankündigung: Sie wolle die Vorwürfe über Dopingvergehen beim Champions-League-Finale am 26. Mai 1993 zwischen Olympique Marseille und AC Mailand untersuchen. Der frühere Olympique-Profi Jean-Jacques Eydelie hatte der französischen Sportzeitung *L'Équipe* offenbart, er und Kollegen hätten vor dem 1:0-Erfolg auf Anweisung des Klubs Injektionen erhalten. »Wir mussten uns alle in einer Schlange aufstellen und bekamen eine Spritze ins Gesäß«, sagte Eydelie dem Blatt.

Milan wollte wissen, ob Eydelie mit der Story nur Werbung für seine Biografie machen wollte oder ob das Dopinggeständnis echt war. Tapie kündigte Verleumdungsklagen gegen Magazin und Eydelie an. Auch ein damaliger Mitstreiter Eydelies wehrte sich: Marcel Desailly. »Das ist nicht wahr«, sagte Frankreichs Rekordnationalspieler. »In allen Klubs werden Spieler mit Vitaminprodukten gespritzt, damit sie sich besser erholen können. Das ist kein Doping.«[2] Nur, warum sollte man Desailly glauben? Einige Jahre zuvor hatte er selbst in seiner Biografie ganz anderes gebeichtet. Nämlich dasselbe wie Eydelie, Chris Waddle (»Die Spieler bekamen in Marseille während der ganzen Zeit über Injektionen«[3]) und Tony Cascarino, der ebenfalls von einer ständigen Spritzerei geschrieben hatte, die der Klubchef selbst angeordnet habe. Jean-Pierre de Mondenard, Frankreichs renommiertester Dopingwissenschaftler, publizierte gar unwidersprochen, in der großen Ära von Olympique hätten die Spieler auf der Tafel in

der Umkleidekabine lesen können: »Heute Abend Spritzen
für die ganze Mannschaft.«

Aber hören wir Desailly: »Doping existiert im Fußball.
Dass ist so offenkundig, dass es dumm wäre, es abzustreiten.«
In seiner 2002 erschienenen Biografie »Capitaine« (Kapitän)
schildert er das ganze Elend des Profigewerbes: »Man ist bekannt, reich – und unfrei. Das ganze Jahr trägt man die
Zwangsjacke der Reglementierung vom Aufstehen übers Essen bis zur Schlafenszeit.« Alles in diesem Geschäft sei »über-
proportioniert: Geld, Ego, Neid, Angst«. Der Adoptivsohn
eines französischen Diplomaten hatte rasch Karriere gemacht,
rückblickend aber beklagt er, dass er selbst als Welt- und Europameister rechtlos wie ein Rekrut in der Kaserne gewesen
sei. Unter Marseilles Klub-Napoleon Tapie sei die Entmün-
digung total gewesen. Die Handlanger des Finanzjongleurs
hätten sogar die Hoteltelefonate abgehört. Als er einmal nach
22.30 Uhr mit seiner Frau sprach, zitiert ihn danach ein Aufpasser Tapies hinunter an die Rezeption: »Hier kommandiere
ich. Noch eine Bewegung, und du bist ein toter Mann. Du bist
nichts ohne mich.« Desailly duckte sich weg wie alle.

Und packte später noch mehr aus: Wie Tapie im Dezember
1992 vor einem wichtigen Match in Paris erschienen war. »Es
wurde ganz still. Tapie stand in der Mitte der Kabine und zog
eine Arzneipackung hervor. Eine, die ich nie zuvor bei den
Klubärzten gesehen hatte. Den Namen habe ich vergessen,
aber nicht das schlechte Gefühl, das mich bei Tapies Worten
beschlich: ›Dieses Spiel, Jungs, müssen wir unbedingt gewinnen.‹ Er hielt mir die Packung hin. Ich hätte mich nur zu bedie-
nen brauchen, aber ich zögerte. Das Einzige, was ich tun konnte, war, die Packung an Didier Deschamps weiterzureichen. Er
nahm sie, drehte sie um und las den Warnhinweis. Didier
wandte sich an den Boss: ›Hey, warten Sie, was ist das?‹ –
›Nehmt sie einfach, vertraut mir.‹ – ›Aber haben Sie gesehen,
was hinten geschrieben steht?‹ – ›Kein Problem, das ist eine
Frage der Dosierung.‹ Der Boss entnahm der Packung zwei

Tabletten und schluckte sie mit Mineralwasser hinunter. ›So, Jungs, nun macht schon. Ihr kennt mich, ich habe euch niemals belogen. Oder?‹ Ich habe sie genommen. Ob ein oder zwei, weiß ich nicht mehr.«[4] OM siegte 1:0, mit dem eingewechselten Stürmer Völler, der übrigens von solchen Dingen nichts gewusst haben will, und überholte PSG in der Tabelle. Die Dopingkontrolle nach dem Spitzenspiel war negativ für alle. Tapie, berichtet Desailly beeindruckt, sei ein mächtiger Mann.

Desailly beließ es in seiner Erinnerung bei Pillen. Eydelie, Cascarino und der Brite Chris Waddle beschreiben auch mysteriöse Injektionen, die sie bei OM erhalten hätten. Eydelie spricht sogar von Doping bei allen Klubs, in denen er spielte: »Ob in Tours, Laval, Bastia, Nantes, in der Schweiz bei Sion oder Zürich, überall sah ich Doping. Ich sah Blutdoping. Blut, das von Spezialisten aufbereitet war und in den Umkleiden den Spielern gespritzt worden war. Ich habe zwanzigjährige Jungs gesehen, die das akzeptierten.«[5]

Bei OM habe Tapies Arm auch in des Gegners Kabine gereicht. »Als ZSKA Moskau am 17. März 1993 gegen uns spielen musste, haben die alle Durchfall gehabt. Die konnten gar nicht mehr spielen«, berichtete Eydelie. Tapie soll den Auftrag gegeben haben, das Mineralwasser der Moskowiter zu manipulieren. Das Spiel gegen ZSKA gewann OM mit 6:0 und legte so – auch dank der hohen Trefferquote – die Basis für die Finalteilnahme. Der Dreh, den Gegner pharmazeutisch schachmatt zu setzen, war recht beliebt. Auch Argentinien, wie wir sehen werden, hatte ihn bei der WM 1990 angewendet.

Tapie wollte wohl sichergehen auf dem Weg an die europäische Spitze. Jedenfalls erhob ZSKA-Coach Genejdi Kostilljew Bestechungsvorwürfe gegen OM: Vor dem Rückspiel in Marseille sei ihm telefonisch Geld für eine Niederlage offeriert worden. Der frühere DDR-Profi Dieter Fietz, nach der Wende als Geschäftsmann eng mit ZSKA verbandelt, berichtete, dass die Russen mit 30 000 DM pro Kicker bestochen worden seien.

Die Entlohnung sei in Berlin erfolgt: Er habe »jedem Spieler –
wegen des Zolls – einen drei Jahre alten BMW aus der 3er-Rei-
he in Berlin gekauft.« ZSKA habe seinerzeit weite Reisen mit
einem großen Flugzeug absolviert. »Dann sind wir mit vier
Autokarawanen nach Wünsdorf gefahren, die Autos wurden
in unsere Maschine verladen. Weg waren sie.«[6]

Das Nachkarten der Uefa, die 13 Jahre danach sogar den
ZSKA-Vorstand nach Bern beorderte, blieb selbstverständlich fruchtlos.

Zu Fall brachte sich Tapie schließlich selbst. Er hatte Generaldirektor Jean-Pierre Bernès und Profi Eydelie beauftragt,
die Erstligapartie gegen Valenciennes zu regeln, die drei Tage
vor dem Champions-League-Finale stattfand. Deshalb hatte
OM ein Problem. Es brauchte die Punkte für den Titelgewinn, zugleich aber fitte Spieler für den Kampf um den Heili-
gen Gral. Bernès und Eydelie trafen am Abend vor dem Va-
lenciennes-Spiel drei gegnerische Spieler, darunter Jorge Bur-
ruchaga. Der Argentinier hatte im WM-Finale sieben Jahre
zuvor mit seinem Tor zum 3:2 die Niederlage der Deutschen
besiegelt. Diese Profis sollten ihr Team »zurückhalten«, dafür
gab es 250 000 Francs in bar. Eine Spielerfrau übernahm die
Viertelmillion im Teamhotel von OM.

Und es funktionierte. In der Halbzeit des Spiels litt Valenciennes' Präsident Michel Coelas derart unter der Passivität
seiner Profis, dass er drohte, ihnen mit seinem Jagdgewehr in
die Knie zu schießen, falls sie nicht alles gäben. Gleich nach
dem Abpfiff wurde OM der Bestechung geziehen, und einer
der Bestochenen vertraute sich Trainer Boro Primorac an.
Doch vorerst wurde die Sache auf kleiner Flamme gehalten.
Ganz Europa blickte ja auf das Champions-League-Finale in
München. Olympique siegte 1:0 gegen Milan.

Dann kam der Fall ins Rollen. Doch Tapie zog beim Vertuschen alle Register. Erst als die Viertelmillion im Garten der
Tante eines Spielers ausgebuddelt wurde, war die Sache klar –
und OM erledigt. Der Klub kassierte den Zwangsabstieg, Ta-

pie stieg Ende 1994 aus, ein paar Monate später meldete OM Konkurs an.

Tapie kämpfte. Im Mai 1995 lieferte er eine bemerkenswerte Show vor Gericht in Valenciennes ab, zog Zeugen auf seine Seite. Und Generaldirektor Bernès erzählte: »Er ist unschuldig, er hat nie jemanden betrogen.« Tapie erhielt zwei Jahre Gefängnis, 16 Monate auf Bewährung. Und Bernès, der nach einer Beugehaft zum Kronzeugen mutiert war, hatte plötzlich andere Erinnerungen. Etwa ein halbes Dutzend Ligaspiele pro Jahr habe OM auf Tapies Geheiß gekauft, gestand er nun, Referees und Gegner seien auch im Europapokal geschmiert worden. In den Büchern waren Ausgaben für Testspiele bilanziert, die es nie gegeben hatte. Dazu das vermutlich Branchenübliche: Transfers wurden teurer deklariert, als sie waren. »So sollen Millionen abgezweigt, über Briefkastenfirmen und Schweizer Konten gewaschen, schließlich zum Vereinssitz an der Avenue de Prado zurückgeschleust worden sein«, schreibt der Mafia-Experte Jürgen Roth in »Unfair Play«.

Bernès hat seine Vergangenheit in Südfrankreichs Fußballsümpfen nicht geschadet. Die Branche braucht offenbar Leute wie ihn, er stieg zum mächtigsten Spieleragenten des Landes auf. Auch Franck Ribéry hat er unter den Fittichen, Ikone des FC Bayern.

Was Marseille in Frankreich, war Juventus in Italien: Drehscheibe eines systemischen Fußballdopings. Turin hatte die Besten unter Vertrag. Zidane, Deschamps, Vialli, Vieri, Del Piero. Betreut wurden sie von Klubarzt Riccardo Agricola. Betrieben wurde ein enormes Erfolgsprojekt: drei Meistertitel in Italien, drei Finalteilnahmen hintereinander in der Champions League, einmal wurde Juve Klubweltmeister.

Aber Zdeněk Zeman war noch ein anderes »Wachstum« aufgefallen: Muskulatur und Physis von Europas Siegertypen erschienen dem Coach des AS Rom so beeindruckend, dass er dies in der Presse thematisierte: »Ich bin immer wieder erstaunt angesichts der muskulären Explosionen mancher Juventus-Spieler. Eine Verblüffung, die bei Gianluca Vialli beginnt und bei Alessandro Del Piero endet«, sagte er. Es werde Zeit, dass der italienische Fußball »aus den Apotheken rauskomme«.[7]

Zwar war zu der Zeit, Mitte 1998, bekannt, dass Italiens Fußballhistorie seit den Sechzigern medikamentös unterlegt war. Trotzdem geiferte die Branche los, drohte mit Klagen, forderte Beweise und ramenterte über die Wirkungslosigkeit von Doping im Kickergewerbe. Wie stets, wenn das D-Wort das Milliardengeschäft stört. »Er ist ein Terrorist, weil er Italiens Fußball zerstören will«, wetterte Vialli, es sei »Zeit, dass der Verband etwas gegen ihn unternimmt. Er sollte zwei Jahre gesperrt werden.« Del Piero leitete juristische Schritte ein. Sogar die Vereinigung der Vertragsfußballer attackierte Zeman. Und Juve-Trainer Marcello Lippi, später Nationalcoach, brachte die geballte Entrüstung mit dem ersten Branchen-Mantra so auf den Punkt: Wer im System des Fußballs mitmache, der dürfe es nicht kritisieren. Wie in jeder ehrenwerten Gesellschaft.

Mit dem zweiten Fußball-Mantra reagierte ausgerechnet Ugo Longi, der Chef der Dopingkommission im Nationalen Olympischen Komitee (Coni), auf Zemans Anklage: »Im Fußball gibt es kein Dopingproblem.« Er ließ ein paar Pseudotests bei Spitzenkickern machen, nach Zemans Vorstoß war das nötig geworden. Aber binnen weniger Wochen war die Untersuchungsakte geschlossen: Longis Leute hatten nichts gefunden.

Wenige Kollegen, wie Bolognas Trainer Carlo Mazzone, unterstützten den Trainer des AS Rom: »Zeman weiß, worüber er spricht. Jeder im Fußball weiß davon, sogar die, die so tun, als ob sie nichts wüssten. Wir brauchen eine Untersuchung.« Mazzone wusste offenbar besonders gut, wovon er redete, er ahnte nur nicht, dass ihm die Dopingfahnder selbst einmal nachstellen würden. Und noch jemand schenkte dem

Nestbeschmutzer Zeman Glauben: Raffaele Guariniello. Der Turiner Staatsanwalt leitete eine Ermittlung ein. Dass die Dopingfahnder gar nichts gesucht hatten, stellte sich im Zuge ausgiebiger Razzien heraus: Die Fußballkontrollen des Coni waren Luftnummern gewesen. Nur 30 Prozent, anfangs sogar nur zehn Prozent der Blutproben waren überhaupt untersucht worden. Obwohl die Federcalcio, wie der nationale Fußballverband FIGC genannt wird, stets für Vollkontrollen bezahlt hatte: zwei Millionen Mark pro Jahr, 400 Mark pro Test, davon 170 als Fixhonorar für den Arzt im römischen Labor Acqua Acetosa. Betrug unter Sportsfreunden – oder gut angelegtes Geld? Das Rätsel jedenfalls, warum Juve-Stars und andere Kicker in Italien nie aufflogen, fand eine einfache Lösung: Das Labor ließ die Proben einfach liegen.

Unter Druck, redeten sich Mediziner und Laboranten dann aber doch um Kopf und Kragen: Es sei historisch bewiesen, dass Anabolika im Fußball nichts brächten, also müsse man nicht danach suchen. Während zwei Jahre Aufbewahrungszeit für negative, fünf Jahre für positive Proben vorgeschrieben waren, deponierten die römischen Fahnder ihre Testergebnisse gleich dort, wo sie der Sport am liebsten sieht: im Mülleimer. Und zwar alle. Im Acqua Acetosa hatten sie auch dafür eine schlüssige Erklärung: »Wir haben weder Platz noch Personal für ein Archiv.« Im Zuge der Affäre verloren sie nun noch mehr Personal, angefangen mit dem Laborchef. Bei einer Razzia hatten sich Dokumente gefunden, gut versteckt in den Lüftungsschlitzen, die verrieten, dass Labortechniker gehalten waren, positive Tests nicht zu publizieren.[8] Andere Papiere enthüllten die sagenhafte Anzahl von 24 Spielern des AC Parma, die überhöhte Hämatokritwerte aufwiesen, klare Anzeichen für Blutdoping.

Coni-Präsident Mario Pescante mimte den Betroffenen. Half nichts, auch er musste abtreten, auch gegen ihn wurde ermittelt. Doch schon 2001 war er zurück, das neue Rechtsbündnis des Milan-Präsidenten Silvio Berlusconi machte den

Bock zum Gärtner und Pescante zum Sportminister. Für
Bunga-Bunga-Berlusconi war der Dopingskandal sowieso
nur ein Komplott der Linken. Sein Sportminister Pescante
überstand zahlreiche Affären und ist bis heute ein hoch re-
spektiertes, einflussreiches Mitglied im IOC. Dort gibt er
unter dem deutschen Wirtschaftsanwalt Thomas Bach sein
Bestes für die Sportjugend der Welt. Wie in seiner Rolle als
Wächter über die Turiner Winterspiele 2006, als er die Regierung namens des IOC wiederholt um eine befristete Ausset-
zung des Antidopinggesetzes bedrängte, was Gesundheitsmi-
nister Storace jedoch entschlossen unterband.[9]

Die Sportfamilie hält zusammen, sie glaubt eisern an den eigenen Unsinn. So prahlte Pescantes Coni 1997, dass es mit
10 680 Kontrollen weltweit die meisten Tests gemacht habe.
Ein toller Rekord, dem ein noch größerer gegenüberstand: Es
fanden sich dabei so wenige Dopingsünder wie in keinem anderen Land. So funktioniert die Blendgranate der Sportpoli-
tik: Moralgedöns, brutalstmögliche Selbstkontrolle – und null
Effekt. Die Wahrheit brachte erst die Staatsgewalt ans Licht.
Razzien quer durch Italiens Labore ergaben bald »eine Spur
des Missbrauchs, die Offizielle mit einschließt, die Dokumente fälschten und sich des Sportbetrugs schuldig gemacht hatten«, bilanzierte der Dopingjäger Sandro Donati.
    Als der Skandal 1998 ausgebrochen war, hatte die Regie-
rung durchgreifen wollen, Sportminister Walter Veltroni verkündete, dem Coni die Dopingtests abzuknöpfen und eine
unabhängige Instanz zu begründen. Angst griff um sich in der
Branche. Die Funktionäre jammerten und zeterten, das
Schlimmste drohte: der Verlust ihrer Unabhängigkeit. Dabei
ist die Verbindung von Sport, Geld und Politik in Italien noch
verfilzter als anderswo. Zwar stanken die Deals des Coni, dessen Lobbyisten in der Abgeordnetenkammer auch handgreif-
lich wurden, zum Himmel. Aber Figuren wie Berlusconi fanden die Dopingaffäre künstlich aufgeblasen, der Oppositions-

chef hatte »den Eindruck, dass die Politik sich auf einem Feld bewegt, das ihr gar nicht gehört«. Wer könnte das besser beurteilen als Berlusconi, der auch Boss des AC Mailand war?

Strafverfolger Guariniello hatte nach umfassenden Razzien und zwei Jahren intensiver Recherche dennoch genug beisammen, um etwas Neues in den Fußball zu bringen: Die erste Anklage gegen eine komplette Vereinsmannschaft wegen systematischen Arzneimittelmissbrauchs. Unter Hunderten geladenen Zeugen waren Zidane, Inzaghi, Del Piero, Vialli und Baggio. Ihre Darlegungen überzeugten die Richter nicht. Im Prozess gegen Juve-Manager Antonio Giraudo und Klubarzt Agricola wies die Gutachterin Lanterno auf »Abnormalitäten« wie bei Didier Deschamps hin, »der im Juni 1996 einen Hämatokriten von über 51 Prozent aufwies – zwölf Prozent mehr als ein Jahr zuvor!« Starke Schwankungen beim Hämatokriten gelten als Indiz für Epo-Doping.

Teamdoktor Agricola wurde für schuldig befunden, den Profis Substanzen verabreicht zu haben aus einem Arzneifundus, der laut Gutachter für die Versorgung einer Kleinstadt ausgereicht hätte: 281 Medikamente. Die zu 75 Prozent verschreibungspflichtigen Mittel, darunter etwa die nachgewiesene intensive Verabreichung von Eisengabe, stärkten den Verdacht auf Epo-Doping. Bei Prozessbeginn Ende Januar 2002 waren die Fachleute aufgrund der medizinischen Daten einmütig der Ansicht, dass bei Juve mit Epo-Kuren und Eisenunterstützung manipuliert worden sei. Im Radsport waren schon allerlei Fahrer mit verklumpten Adern aus dem Sattel gekippt – nun war klar, das Zeug hatte es flott in den Fußball geschafft. An die Spitze des europäischen Klubfußballs, in die Betreuung von Superstars. Zidane und Zeugenkollegen bestritten Doping; sie räumten nur ein, mit dem Kreatin Neoton versorgt worden zu sein. Auch Infusionen habe es gegeben, aber was ihnen gegeben worden war, wusste keiner genau.

Chefmanager Giraudo wurde aus Mangel an Beweisen frei-

gesprochen, wiewohl die Richter nicht glauben mochten, der
Klubarzt habe beim organisierten Doping auf eigene Faust
gehandelt. Verurteilt wurde nur Agricola, er bekam ein Jahr
und zehn Monate Gefängnis. Ihm hatte nicht einmal der persönliche Anwalt von Fiat-Boss und Juve-Eigner Gianni
Agnelli helfen können.

In der Berufung 2007 aber, das ist die Kehrseite italienischer
Sportprozesse, befanden die Richter, in der Zeit von 1994 bis
1998 sei Doping in Italien nicht strafbar gewesen, das neue
Gesetz trat ja erst 2000 in Kraft. Zwar sei nicht wegen Dopings zu verurteilen, aber das Kassationsgericht befand Giraudo und Agricola des Sportbetrugs für schuldig. Wegen des
Handels mit und Verteilens von illegalen leistungsfördernden
Substanzen wie Kortikoiden. Und: Das oberste Gericht bestätigte die These des Staatsanwalts, dass das Delikt Sportbe-
trug auch durch Erwerb und Anwendung legaler Mittel vorliegt, wenn diese »nicht bestimmungsgemäß, also anders als
vorgesehen, eingesetzt werden«.[10] Es sei darum gegangen,
»andere Ergebnisse zu erzielen als die, welche durch einen fai-
ren und sauberen Wettbewerb in Serie A und Coppa Italia
zustande« gekommen wären. Und darum, »substanzielle Be-
trugsaktionen durch Medikamentenvergabe an Fußballspieler
außerhalb von deren durch das Gesundheitsministerium vor-
gegebenen Indikation auszuführen mit dem Ziel, ihre Leistung zu verbessern«.[11]

Diesen Teil des obersten Richterspruchs hat der Fußball in
den hintersten Schubladen verräumt. Würde diese Denkweise
Schule machen, wäre das große Ganze gefährdet. Denn der
unsachgemäße Einsatz von zahlreichen Pharmaka, die zur
Gesundung und nicht zur Leistungssteigerung gedacht sind –
angefangen bei Schmerz- und Betäubungsmitteln –, das ist
längst Tagesgeschäft. Wir kommen darauf zurück.

Natürlich wurde bei Juve auch voll gedopt. Nach Auswertung klassifizierter Dokumente zu den Blutwerten der Kicker
bestätigten Dopingjäger Donati und der Hämatologe Giusep-

pe D'Onofrio, dass die Juve-Spieler, die 1996 die Champions League gegen Ajax Amsterdam gewannen, auf Epo gewesen seien. Die verräterischen Papiere waren bei Razzien im Juve-Lager 1998 konfisziert worden. Unter den Spielern war auch Frankreichs Nationalcoach Didier Deschamps.[12]

Das Schlusswort hat der Staatsanwalt: »Es ist leichter, einen Mafioso zu finden, der über Mafia-Verbrechen redet, als einen Fußballer, der über Doping auspackt.« Das ist eine Beobachtung, die auch Ermittler in deutschsprachigen Ländern machten. Und Whistleblower Zeman, der den Juve-Skandal ins Rollen gebracht hatte, lernte nun die brutalen Gesetze der Kickerbranche kennen. Luciano Moggi, Juve-Manager und später selbst ein verurteilter Pate des italienischen Fußballs, brachte Zemans Karriere zum Stillstand. Über viele Jahre, klagte Zeman, habe er Moggis diskreten Einfluss verspürt, wenn ihn ein Klub anstellen wollte. Moggi, der Spieler verhökerte und Spiele verschob, behielt seinen langen Arm auch nach der Knasterfahrung als Verantwortlicher im sogenannten Calciopoli-Skandal. Auch dazu später mehr.

Als die Ermittlungen gegen Juventus auf Hochtouren liefen, blieben die Verantwortlichen ein Stück weiter südlich gelassen – obwohl beim AC Parma fast der komplette Kader erhöhte Werte hatte. Sorgen machte sich allerdings Matías Almeyda, der dort von 2000 bis 2002 unter Vertrag war. »In Parma erhielten wir Infusionen vorm Spiel. Sie sagten, es seien nur Vitamine, aber auf dem Weg zum Rasen fühlte ich mich, als könnte ich zur Decke springen. Spieler stellen keine Fragen, aber in den Jahren danach starben manche Spieler an Herzproblemen, litten an Muskelproblemen und so weiter. Ich denke, das ist die Auswirkung von dem, was ihnen gegeben worden war.«[13] Dies enthüllte der argentinische Nationalspieler nach Karriereende in seiner Autobiografie »Almeyda: Leben und Seele«. Tatsächlich liegen die Infusionen beim AC Parma sogar als Filmmaterial vor. Fabio Cannavaro hat

sie gemacht, Weltfußballer des Jahres 2006, der Italien im
Sommermärchen zum WM-Titel führte. Vor dem Uefa-Cup-
Finale 1999 gegen Marseille filmte er sich bei der letzten Wett-
kampfvorbereitung: Cannavaro auf der Pritsche in einem
Moskauer Hotelzimmer, um ihn herum wuseln Teamärzte,
Betreuer, Spieler. »Vor dem Uefa-Cup-Endspiel«, witzelt er,
während sein Arm abgebunden wird, »so werden wir zuge-
richtet. Ich bin 25 Jahre, und sie machen mich fertig.« Die
Infusion läuft, und er stöhnt: »Si, che bello! Ancora!« (»Ah,
geil! Mehr!«) Es soll sich dabei um das herzstimulierende
Kreatin Neoton sowie, klar, Vitamine gehandelt haben. Im Finale, mit enorm viel Vitamin im Blut, überrannten die Italiener Olympique Marseille mit 3 : 0. Und klar: Alle Tests waren
negativ. Aber etwas Ähnliches hatte Marseilles Truppe sechs
Jahre zuvor ja selbst erlebt.

Weltmeister und Uefa-Cup-Sieger Cannavaro holte erst
später eine Dopingaffäre ein. 2010 wurde er positiv auf Corti-
son getestet. Das Coni sperrte zwei Juve-Ärzte für zwei Monate; sie sollen die Ausnahmegenehmigung für den Verteidiger zur Einnahme der verbotenen Substanz zu spät einge-
reicht haben.[14]

Was den Insiderbericht von Matías Almeyda aus Parma angeht, erinnert darin vieles an das Tapie-Regime in Marseille.
Almeyda behauptet sogar, dass die italienische Meisterschaft
in der Saison 2000/01 verschoben worden sei. Spieler des AS
Rom hätten zu Saisonende die Kollegen in Parma angesprochen, die sollten das letzte Spiel gegen sie abschenken. Rom
gewann 3 : 1 und sicherte sich den Titel vor Juventus. Einige
Teamkollegen hatten Almeyda erzählt: »Die Roma-Spieler
wollten, dass wir das Spiel verlieren. Dass wir da nicht alles
geben sollten.« Er selbst will abgelehnt haben, wie die Mehr-
heit der Mannschaft. »Aber auf dem Feld sah ich, dass einige
nicht so viel rannten wie sonst. Deshalb bat ich um meine
Auswechslung und ging in die Umkleide. Ob Geld im Spiel
war? Ich weiß es nicht. Sie nannten es einen Gefallen.«[15]

Als potenzieller Fall für Strafermittlungen eignet sich auch Almeydas Schilderung des damaligen Klubeigners Stefano Tanzi. Der Profi führt sogar einen Einbruch in seinem Haus auf ein Zerwürfnis mit dem Präsidenten zurück. »Ich hatte Streit mit Tanzi. Einige Tage später wachte ich auf, und mein neues Auto war aus der Garage verschwunden.« Almeyda versichert, er sei nicht der einzige Spieler gewesen, der um seine Sicherheit gefürchtet habe. Savo Milosevic sei nach einem Konflikt mit der Klubspitze »dasselbe passiert«. Auch sei es nicht bei Autodiebstahl geblieben. »Eines Tages kam meine Frau nach Hause und hörte Stimmen. Sie lief weg und rief die Polizei. An der Wand stand eine Nachricht mit Maschinenöl, eine Nachricht von der Mafia. Meine Frau erlitt eine Frühgeburt. Nach der WM 2002 kehrte ich nie mehr nach Parma zurück.«

Almeyda spielte auch für Lazio Rom, Inter Mailand und Brescia. Zugleich kämpfte er gegen seine Süchte. »Während meiner Karriere rauchte ich zehn Zigaretten pro Tag. Alkohol war auch ein Problem. Ich brannte im Training alles wieder raus, aber ich bewegte mich auf der Grenze.« Einmal, zu Hause in Argentinien, »trank ich fünf Liter Wein, einfach so wie Coca-Cola, und landete in einer Art Koma. Um es wieder aus meinem System rauszukriegen, lief ich fünf Kilometer, bis sich die Sonne zu drehen anfing.« Ein Arzt habe ihn fünf Stunden lang an den Tropf gehängt. Damals spielte er für Inter Mailand, die Sache »wäre ein Skandal gewesen«, wenn sie bekanntgeworden wäre. »Als ich aufwachte, sah ich meine ganze Familie um das Bett, ich dachte es sei meine eigene Beerdigung.«[16]

Bemerkenswert ist hier wie in anderen Fällen, dass Almeyda nie belangt wurde, obwohl er gegen namhafte Fußballvertreter kriminelle Vorwürfe erhob. Das erstaunt, stellt man die Klagefreudigkeit vieler Branchenangehöriger etwa bei Medienstorys in Rechnung. Wie hätte sich ein Strafprozess gegen Almeyda entwickelt? Der Profi hätte dann sicherlich Zeugen berufen – was hätten die vor dem Richter geäußert? Was hätten Spieler wie Weltfußballer Cannavaro, der sich selbst an der Infusionsnadel hängend filmte, oder der bedrohte Milosevic unter Eid gesagt?

Die Branche schweigt. Man kann nur spekulieren. Milosevic spielte auch in England bei einem einschlägig belasteten Klub: Aston Villa. Villa-Manager Ron Atkinson, der zudem bei Manchester United und Sheffield Wednesday war, behauptete, Drogen seien im Fußball verbreitet. In der Premier League hätten zu seiner Zeit mindestens ein Dutzend Spieler illegale Substanzen genommen, und »wir alle haben noch die Drogensucht von Paul Merson vor Augen. Aber er ist kein Einzelfall. Andere Stars haben das gleiche Trauma und ihre Erfahrungen mit unerlaubten Substanzen gemacht. Ich würde wetten, dass an jedem Wochenende mindestens ein Dutzend Spieler mit unerlaubten Substanzen gespielt hat«, schrieb Atkinson 1998 in seinem Buch »A Different Ball Game«. Der größte Dealer sei ein namhafter englischer Nationalspieler gewesen. »Er kaufte die Drogen, und egal, welche Substanz du brauchtest, sie war schnell greifbar.« Bei Aston Villa, wo er Anfang der neunziger Jahre beschäftigt war, schickte er Profis zu Bluttests, ohne ihnen zu sagen, weshalb. »Wir stellten fest, dass mindestens zwei Villa-Stars unerlaubte Substanzen zu sich genommen hatten.« Es soll sich um Marihuana und Kokain gehandelt haben.

Der Fluch der Fiorentina

Der Turiner Staatsanwalt Guariniello hatte bei Juventus tief in den Abgrund geleuchtet. Doch dem Verein kam im Dopingskandal ironischerweise die nächste Affäre zu Hilfe. Als die Pharmaermittlungen liefen, führte Luciano Moggi das Ruder bei Juve. 2006 flog der Patron dann selbst als Referee- und

Spielemanipulator auf. Den Ermittlungen zufolge soll Moggi Kopf einer mafiaähnlichen Vereinigung gewesen sein; insgesamt 26 Funktionäre und Schiedsrichter waren angeklagt. Im Strafprozess, den er selbst als »Witz« bezeichnete, wurde Moggi lebenslang im Fußball gesperrt, Juventus wurde in die zweite Liga hinabgestuft. Auch der schon im Dopingskandal schwer belastete Geschäftsführer Giraudo wurde nun zu drei Jahren verurteilt. Zwei Jahre kassierten der frühere Chef des Schiedsrichterverbandes AIA, Tullio Lanese, sowie ein Referee und ein Assistent.

Einmal mehr war für die Richter erwiesen, dass eine kriminelle Vereinigung im Sport tätig war – was nebenbei die Frage beantworten könnte, warum unter der Fuchtel des Sportbetrügers Moggi auch in Sachen Dopingaufklärung nichts vorangegangen war. Am Ende überstrahlte die Calciopoli-Bestechungsaffäre das andere hausgemachte Desaster, das Turiner Dopingsystem.

Staatsanwalt Guariniello blieb zunächst weitgehend sitzen auf seinen Erkenntnissen zum drogenverseuchten Fußball. Aber er hatte nun die kriminelle Mentalität begriffen, und nutzte das Wissen um mafiös vernetzte Betrüger- und Vertuscherstrukturen für weitere Ermittlungen.

Bei den Zeugengesprächen im Rahmen des Dopingskandals hatte er nicht nur Kickern als Beichtvater gedient, auch Dutzende Spielerfrauen hatten ihm die Dramen ihrer Gatten offenbart. Sie klagten über »verbotene Praktiken« in den Klubs, »den Zwang zum Spielen selbst bei Verletzung« und »Pillen, die vor den Spielen geschluckt werden mussten«. Guariniello verstand nun die Systematik des Spitzenfußballs: »Mehr Spiele, mehr körperlicher Einsatz, größerer Verschleiß – das Argument, im Fußball sei Doping überflüssig, ist lächerlich. Jedem einzelnen Spieler werden heute auf dem Platz Höchstleistungen abverlangt. Da kann sich keiner verstecken. Die Männer stehen unter Dauerbeobachtung.«[17]

2002 starb Sampdoria Genuas früherer Kapitän Gianluca Signorini an der Nervenkrankheit ALS. Bei seinem letzten Auftritt im Stadion von Genua schob Tochter Benedetta den 42-Jährigen im Rollstuhl über den Rasen, auch sprechen musste sie für ihn. »Ich möchte aufstehen und mit euch laufen«, verlas sie seine Abschiedsbotschaft, »aber ich kann es nicht. Ich möchte mit euch Fans schreien und singen, aber ich kann es nicht. Ich möchte, dass das alles ein Traum ist, aus dem ich glücklich aufwache, aber so ist es nicht.« Gianluca Signorini liefen Tränen übers Gesicht.

Seine Frau hatte Guariniello geschildert, wie massiv ihr Mann medikamentiert worden war. Sogar der Profi selbst hatte ihm einiges berichtet: »Sie injizierten mir viel Voltaren wegen der ständigen Schmerzen im Schienbein. Und vor den Spielen Neoton und Esafosfin direkt in die Vene.« Starke Kreatine, beide auch bei Juve und Parma gebräuchlich. Spieler von Zidane bis Cannavaro wurden damit versorgt. Andere, wie Sandro Mazzola von Inter Mailand, berichteten Guariniello von Amphetaminen und von Strahlentherapien.

Guariniello ging wieder in die Spur. Denn der Fall Signorini war nur einer unter Dutzenden. 51 ehemalige Spieler litten an diesem mysteriösen Syndrom, 48 starben daran: ALS. Das Kürzel steht für amyotrophe Lateralsklerose, eine fortschreitende Erkrankung des zentralen Nervensystems. Sie zerstört die für die Muskelkontrolle zuständigen Nervenzellen, was sukzessive zur Lähmung des Körpers führt. Die Opfer können nicht mehr gehen, sprechen, essen, atmen, sie sterben. ALS ist auch als Gehrig-Syndrom geläufig, benannt nach dem US-Baseballspieler Lou Gehrig, der 1941 mit 38 Jahren daran verstarb. Prominentes ALS-Opfer ist der Astrophysiker Stephen Hawking. Auch der frühere Wolfsburger Bundesligaprofi Krzysztof Nowak litt an der Nervenkrankheit; er starb 2005 mit nicht einmal dreißig Jahren.

Guariniello setzte eine Massenuntersuchung in Gang. Er erbat sich Unterstützung von der Firma Panini, die seit 1950

Alben zum italienischen Fußball herstellt, in die Kinder Spielerbilder der drei Profiligen Seria A, B und C kleben können. 24 000 Dossiers von Kickern wurden erstellt, die ab den sechziger Jahren bis 1996 in den höchsten drei Spielklassen aktiv waren. Nach der Auswertung der Dossiers weiteten sich die Funde inklusive Verdachtsmomente auf rund 200 Fälle aus. Hinzu kamen über 400 weitere Fälle an auffälligen Todesursachen, zuvorderst Leberkrebs und Leukämie.[18] Betroffen waren meist Abwehrspieler, was zu Hinweisen aus der medizinischen Literatur passen könnte, dass »die Entwicklung der ALS begünstigt wird durch Traumata und Verletzungen der unteren Gliedmaßen.«

Der Staatsanwalt wurde zum Mediziner. Er prüfte den Zusammenhang zwischen ALS und dem Stress, dem Fußballer ausgesetzt sind – etwa, wenn sie mit nicht ausgeheilten Blessuren zurück aufs Feld gehen. Das, was heute geschätzt mindestens die Hälfte der Branche betreibt: zügellosen Raubbau am Körper, den erfolgsorientierte Ärzte unterstützen statt unterbinden. Ein Raubbau, der bei Welt- und Europameisterschaften besonders krass zutage tritt. Diese Turniere werden sogar von der Fifa als veritable Schmerzmittelorgien beschrieben.

Aber nirgendwo trat und tritt ALS so gehäuft auf wie in Italiens Fußball. Viele andere Fußballnationen blieben völlig verschont. Im Rest Europas ist ALS sehr selten, in manchen Ländern des Pazifiks wie Guam oder Neu-Guinea dagegen recht häufig. »Wir hatten keine so beunruhigend hohe Zahl erwartet«, sagte Guariniello. »Sie liegt bei Fußballern um das Sechsfache höher als in der Normalbevölkerung.« Dort kommt die Krankheit bei einem von 100 000 Menschen vor.

Als Auslöser zog er diverse neurologische Faktoren in Betracht wie oxydativen Stress, herbeigeführt durch zu viele Antioxidanzien, Vitamine und Aminosäuren, die den Neurotransmitter Glutamat anregen; außerdem Wachstums- und genetische Faktoren, virale Infektionen. Doch all das erklärte nicht, warum italienische Fußballer besonders betroffen waren: »Warum sind Fußballer, zudem besonders junge (im Schnitt unter 39 Jahre), so häufig Opfer der ALS? Wurden sie gezwungen, mit Schmerzmitteln zu spielen, statt auszuruhen, mussten sie deshalb Verletzungen hinnehmen? Man muss diese Frage klären, denn ALS scheint eine Berufskrankheit des Fußballs zu sein.« Guariniello nannte seine eigenen Verdachtsmomente. »Die wichtigsten Hypothesen zur Erkrankung sind: Doping, fußballspezifische Verletzungen bei Kollisionen zwischen Spielern, Kopfbälle – oder sogar Giftstoffe, die zur Rasenpflege eingesetzt werden (Herbizide, Pestizide).«[19] Das Turiner Magistrat fand unter insgesamt 6000 Radprofis, die ja weder auf Rasen fahren noch häufig an Muskelverletzungen leiden, nicht einen ALS-Todesfall.

2007 stellte sich heraus, dass mindestens acht Spieler der kanadischen Football-Liga an ALS litten. Italiens Kicker waren also nicht die einzigen Betroffenen, im Ausland gab es einige wenige Fälle. 2006 war Celtic Glasgows Legende Jimmy Johnstone mit 57 Jahren an ALS gestorben, 2009 starb der türkische Abwehrspieler Sedat Balkanli mit 44 Jahren. Im gleichen Jahr erhielt der Trabzonspor-Profi Ismail Gökcek die Diagnose ALS.

Guariniello forschte in Richtung Doping. Dabei hatte er eine Untersuchung von 1961 im Blick, nach der »jeder fünfte Fußballspieler Aufbaumittel schluckte, viele nahmen Hormone oder gar Beruhigungsmittel«. Gerardo Ottani, Ex-Kicker aus Bologna und Professor an der dortigen Medizinfakultät, hatte eine Studie erstellt, wonach 27 Prozent der Erstligaspieler Amphetamine, 62 Prozent Stimulanzien für Herz, Kreislauf und Atmung, 68 Prozent Steroide und Drüsenextrakte nahmen. Der deutsche Pharmakologe Fritz Sörgel tippt heute sogar auf »Drüsenextrakte als Ansatz für die Ursachensuche der ALS«. Er verweist auf die Geschichte des Wachstumshormons, das vor der biotechnologischen Zeit aus den Hypophysen Toter gewonnen wurde. Was dann zur Übertragung der

Nervenkrankheit Jakob-Creutzfeldt führte – und zu Todes-
fällen. Weiter passe »das verstärkte Auftreten von Lebertu-
moren und Herzveränderungen zur Anabolikagabe, so wie
für die Leukämien die Gabe von Esafosfin, Wachstumshormonen oder anderen Arzneistoffen verantwortlich gemacht
werden können«, erläutert Sörgel.

Drei Jahre nach Ottanis Studie hatten sich die Zahlen noch
einmal erhöht. Sie belegen, dass sich 1964 bereits 88 Prozent
der Erstligaklubs und 70 Prozent der zweiten italienischen
Liga vor Spielen medikamentös stärkten. Guariniello fragte
sich, ob sich diese Drogenkultur Jahrzehnte später im immer
athletischeren Fußball verflüchtigt hatte. Ihn beschlich das
Gefühl, einem weiteren Kriminalstück dieser Showbranche
auf der Spur zu sein; einer Sache, für die es keine Strafgesetze
gibt. »Verletzten Fußballern«, sagte er, »werden Medikamente verschrieben, damit sie so rasch wie möglich aufs Spielfeld
zurückkönnen, obwohl sie nicht genesen sind. In der Welt des
Sports, insbesondere im Fußball, gibt es keinen Respekt vor
der Gesundheit. Das ist eine Form von Gewalt.« Zumal, wenn
die Medikamente verschreibungspflichtig sind. So wie 75
Prozent des Arzneidepots, das die Carabinieri in Turin sichergestellt hatten. Nicht nur das oberste Gericht hat darin
eine klare Betrugsabsicht erkannt.

Guariniello stellte bei seiner ALS-Untersuchung fest, dass
auch die Zahl der an Krebs erkrankten Kicker doppelt so
hoch war wie bei anderen Sportlern: »Bezogen auf Tumoren
ist es wahrscheinlich, dass die Einnahme von Dopingmitteln
eine ernstzunehmende Erklärung ist.« Er verwies auf die Verbindung von Anabolikakonsum und Leberkrebs und auf die
von Wachstumshormonen und Leukämie. Aber die direkte
Verbindung einer Dopingsubstanz zu ALS konnte nicht festgestellt werden. Es blieb die Frage: Warum fast nur italienische Fußballer, während Sportler in aller Welt dopen, darunter jede Menge Kicker? Wurde in Italien besonders aggressiv
gedopt?

Ein Verdacht, der sich als tragfähig erwies. Besonders in Florenz. Für Kicker der Fiorentina war Überleben Glückssache. Der Volksmund hatte sogar einen Begriff für das gruselige Phänomen geprägt: »Fluch der Fiorentina.«

Eine Witwe brachte die Sache ins Rollen. Gabriella Beatrice berichtete Guariniellos Amtskollegen in Florenz, wie ihr Mann Bruno sie in den siebziger Jahren oft aus dem Trainingslager anrief. Stets waren es eineinhalbstündige Gespräche, denn so lange dauerte es, bis die von Teamärzten gelegten Infusionen in die Venen des Profis geströmt waren. Wenn Bruno Beatrice nach Hause kam, brachte er haufenweise Arzneien mit, insbesondere das Herzmedikament Micoren und das Muskelstärkungsmittel Cortex. Nach Spielen, berichtete sie, habe er zwei Nächte lang nicht schlafen können. Zuckende Beine, rasendes Herz. Ein Thema sei das trotzdem nie gewesen, den Sportärzten habe man vertraut, und Bruno wollte ja spielen. »Kampfhund« war sein Spitzname. Nach Karriereende, mit 37 Jahren, erhielt Bruno Beatrice die Quittung: Leukämie. Zwei Jahre später starb er »mit Schaum vorm Mund«. Aber mit Doping und schwerem Medikamentenmissbrauch brachte Gabriella den Schicksalsschlag von 1987 erst Jahre später in Verbindung. Da hatte es bereits einen Ex-Kicker nach dem anderen hinweggerafft.

»Kampfhund« Beatrice hatte jener Siegertruppe angehört, die 1969 den Meistertitel und 1976 den Pokal für die Fiorentina errang. Drei Dekaden später war das halbe Team tot oder schwerstkrank: Herzinfarkte, Tumoren, Nierentransplantationen. Und ALS. Schon der erste verbriefte ALS-Tote des Calcio war aus Florenz gekommen: 1973 starb Stopper Armando Segato, Kapitän der Meisterelf von 1956. Er wurde 43 Jahre alt.

Im Jahr 2005 erstattete Gabriella Beatrice Anzeige gegen den damaligen Trainer Carlo Mazzone, eine Ermittlung wurde eingeleitet. Untersucht wurde, ob die Todesfälle von Beatrice und zwei früheren Teamkollegen, Nello Saltutti und

Ugo Ferrante, mit exzessiver Medikamentenvergabe zu tun hatten. Saltutti war 2003 mit 56 Jahren nach mehreren Herzinfarkten gestorben, Ferrante 2004 an einem Tumor. Mindestens weitere fünf Fiorentina-Spieler aus den Siebzigern waren schwer erkrankt.

So sollte es weitergehen: 2006 starb der bullige Verteidiger Giuseppe Longoni, eine Kreislaufkrankheit hatte ihn schon über Jahre an den Rollstuhl gefesselt. Ein Jahr später folgte Adriano Lombardi, wieder ein ALS-Fall. Dann erlag Torwart Massimo Mattolini einem Nierenleiden, das mit Cortex-Gaben in Verbindung gebracht wurde. Er hatte wie Longoni, Giancarlo de Sisti und Domenico Caso Herzinfarkte überlebt. Teamkollege Giancarlo Antognoni hatte sogar auf dem Rasen einen Herzstillstand erlitten. Der Weltmeister räumte bei seiner Vernehmung im Fall Beatrice ein, dass Cortex und Micoren in Florenz an der Tagesordnung waren. Und auch Saltutti hatte vor seinem Tod ausgepackt; er berichtete von einem Kaffee, den es in der Kabine gab und dessen Wirkung dem Getränk der Mazzola-Brüder bei Inter Mailand glich: dem Caffè Herrera. Die Abgabe roter Micoren-Pillen in der Kabine bestätigte Giancarlo Galdiolo den Ermittlern. »Zwei Pillen auf einmal, auf Anweisung des Masseurs. Er sagte mir, damit könne ich besser atmen und sofort ins Spiel kommen. Der Verein stellte die Medikamente bereit.« 2010 erhielt Galdiolo seinen Befund: ALS.

Und dann folgte Stefano Borgonovo, der von 1988 bis 1992 für Florenz gespielt hatte: Auch der Nationalspieler litt an ALS. Er starb im Jahr 2013 mit 49 Jahren, eine Stiftung für die ALS-Forschung wurde nach ihm benannt. Alle gehörten sie derselben Fiorentina-Generation an. Alle hatten sie öffentlich über ihre gesundheitlichen Probleme geschwiegen.

Die Häufung an Spätfolgen und die vielen Toten dieser Spielergeneration erschienen auch der Justiz suspekt. Mit Gabriella suchten nun auch die Witwen von Saltutti und Ferrante

Gewissheit. Die medizinischen Akten zeigen, dass die Profis
vor allem mit Cortex und Micoren behandelt wurden. Beides
stand damals nicht auf der Verbotsliste. So, wie heute viele
Hämmer, die im Spitzensport gebräuchlich sind.

Bruno Beatrice, das zeigten die Ermittlungen, war aber
nicht nur mit Arznei vollgestopft worden. Wegen einer
Schambeinentzündung war er über Monate hundertmal mit
Röntgenstrahlen behandelt worden; er sollte für das Pokalfinale 1975 gegen AC Mailand fit gemacht werden. Das gelang, die Fiorentina holte mit ihm den Titel. Seine Witwe Gabriella bestätigte gegenüber Guariniello, auch andere verletzte
Profis seien für wichtige Spiele über Wochen mit Röntgenstrahlen traktiert worden. Zu den Inhalten des ständig verabreichten Medikamentenmix ließ sich eruieren, dass Produkte
aus der Rindernebenniere, schwere Cortisonpräparate und
stimulierende Herzmittel eingesetzt worden waren – obwohl
die Ärzte von den Spätfolgen solcher Medikationen gewusst
haben müssen.

Witwe Beatrice verwies auch mit Nachdruck auf die über-
geordneten Verantwortlichen. Seit den siebziger Jahren führte
Franco Carraro den italienischen Fußballverband. Ein Mann,
der bizarre Affären überstanden hatte und auch im Vorstand
des IOC saß. In der Fifa galt er zu Zeiten, als sich ganz Europa gegen die Praktiken Sepp Blatters auflehnte, als kadaver-
treuer Gefolgsmann des Fußballherrschers. Erst 2007 gab
Carraro das Amt im Zuge des Calciopoli-Skandals ab (der
italienische Verband verhängte viereinhalb Jahre Berufsverbot
und reduzierte das wie üblich auf eine Geldstrafe von 80 000
Euro). Trotzdem blieb er bei der Uefa bis 2009 im Amt, die
IOC-Mitgliedschaft gab er 2008 ab. In Funktionärskreisen
sind Leute wie Carraro oder der bereits erwähnte Sportminister Pescante bis heute hoch geachtet.

Für die Witwe Beatrice hingegen war es schon schwierig
gewesen, einen Anwalt aufzutreiben, der die Fußballmächte
angreifen wollte. »Die Omertà, die Verschwiegenheit, ist

schlimmer als bei der Mafia!«, sagte sie. Wie viele. Wie so viele, die des Fußballs dunkle Seite kennenlernten.

Einer schlägt alle

Ausgepackt über diese dunkle Seite haben nur wenige. Der Mutigste war Ferruccio Mazzola. Der Bruder des berühmten Sandro, der auch beim AC Florenz spielte, berichtete von Infusionen bei Inter Mailand; vor allem aber über den berüchtigten Caffè Herrera. Den hatte der zur Trainerlegende verklärte Helenio Herrera, Erfinder des Catenaccio-Abwehrriegels, seinem damals als unbezwingbar geltenden Team zumindest in den Sechzigern verabreicht. Irritierend liest sich die Sterbetafel dieser großen Mannschaft: Kapitän Armando Picchi starb mit 36 an Krebs, Marcello Giusti an einem Hirntumor, Carlo Tagnin an Knochenkrebs, Mauro Bicicli an Leberkrebs, Ersatztorhüter Miniussi an Hepatitis C, Enea Masiero an Krebs. Pino Longoni starb 63-jährig im Rollstuhl.

Wie brutal sich trotz alledem die Mächtigen im Spitzenfußball gegen die Wahrheit stellen, demonstrierte der Präsident ebenjenes Renommiervereins. Giacinto Facchetti, der einst beste Verteidiger der Welt, wollte die Ehre von Inter Mailand und des übergroßen Helenio »Magier« Herrera gegen den kleinen Mazzola-Bruder verteidigen. Geld spielte dabei natürlich keine Rolle, in großen Klubs muss es ja auch nicht wirklich hart verdient werden – es fällt meist in dicken Bündeln vom Himmel; es rieselt aus den Wolkenträumen der Fans, um die sich Medienkonzerne und sponsernde Weltfirmen balgen – ganz wild sind sie darauf, Spitzenklubs und Großverbände mit Werbegeldern zuzuschütten. Schon deshalb sind solche Prozesse oft ein ungleicher, mieser Kampf.

Facchetti ging wider besseres Wissen gegen das Enthüllungsbuch »Das dritte Rad« vor, in dem Mazzola die skrupellosen Dopingpraktiken mit Amphetaminen beschrieben hatte. Das sei Rufschädigung, fand Inter und forderte im Jahr 2005 eine halbe Million Euro Schadenersatz. Das Problem nur: Ferruccio Mazzola knickte nicht ein. Er ließ alle Überlebenden vorladen, und – Bruder gegen Bruder in der Dopingfrage – auch Sandro musste vor dem Gericht in Rom antreten. Dort mauerten die Größen des Weltfußballs wie Mario Corso, Luis Suarez, Tarcisio Burgnich, Gianfranco Bedin, Angelo Domenghini noch einmal so eisern wie zu Herreras Zeiten. Aber die Wahrheit war diesmal stärker als die geschlossene Mannschaftsleistung: Ferruccio gewann. »Ich habe diesen Prozess nicht gewollt«, hatte er schon zuvor erklärt, »ich wurde da reingezogen. Aber jetzt muss die ganze Wahrheit raus.«

Und doch, auch hier trat nur ein Teil der Wahrheit zutage. Ebender Teil, der die brutale Medikation in Mailand betraf. Das Gericht glaubte Ferruccio Mazzola, dass er und andere Reservisten als Laborratten herhalten mussten. Es glaubte ihm, dass die Pillen in den Kaffee gemischt wurden, nachdem Herrera bemerkt hatte, dass manche Spieler sie heimlich ausspuckten. Aber befragt nach dem Prozesserfolg, ob er denke, dass Inters Erfolgsära jener Zeit durch seine Enthüllungen in ein anderes Licht gerückt sei, wies Mazzola auf das zweite stille Kernproblem des Fußballs hin. Eines, das ebenfalls bis heute virulent ist, das jedoch selbst ihm als zu gewaltig erschien, als dass er sich da herangetraut hätte: »Ich wollte nur die Schicksale vieler Kameraden aufklären. Hätte ich Inter in meinem Buch wirklich verletzen wollen, hätte ich über viele andere Dinge gesprochen: Über Spielmanipulationen und gekaufte Schiedsrichter, vor allem in Pokalspielen. Aber das ließ ich bleiben.«[20]

Der mächtige Giacinto Facchetti musste also nicht noch einmal klagen – Titel und Triumphe von Inter Mailand standen nie auf dem Spiel. Facchetti, Idol und Präsident von Inter Mailand, starb wenige Monate später an Bauchspeicheldrüsenkrebs; er wurde 64 Jahre alt.

Ferruccio Mazzola hat auch dargelegt, wie das System Profifußball bis heute wirkt. Befragt, warum sich die Geschädigten
nicht mal als Sechzigjährige zur Vergangenheit äußern wollen,
legte er dar, dass sie eben weiter im System Profifußball wirkten und »Privilegien nicht verlieren« wollten. Er sagte:
»Schauen Sie meinen Bruder Sandro an. Er wurde von Inter
auf übelste Art davongejagt, sie nahmen ihm sogar seine Eh-
renkarte fürs Stadion – aber selbst er hat Angst, etwas gegen
die Klubführer zu sagen. Er spricht immer sehr nett über Inter im Fernsehen.« Auspacken würden allenfalls Verwandte.
Frauen, Kinder, Hinterbliebene.[21] Wie überall in der Indus-
triemaschine Spitzensport.

In Florenz gründete Bruno Beatrices Tochter sogar einen
Dopingopfer-Hilfeverein für Fußballer. Es gibt so eine Institution auch hierzulande, für die Geschädigten des DDR-
Spritzensports und in der Zeit danach. Dort würden sich nun
auch öfter Fußballer melden, »mit Depressionen, Ödemen
oder Hodenkrebs«, sagte die DOH-Vorsitzende Ines Geipel
im April 2015 dem Autor. Sie fordert den DFB zur Beteiligung an einem Hilfsfonds für die Opfer auf. Dem Sender
»Sky Sport News« sagte Geipel, es sei auffällig, »dass unsere
großen Fußballstars sehr seltsame Märchen erzählen, wenn es
um ihre eigene Dopingvergangenheit geht«.[22]

Die Stars sind das Problem. Sie sind und bleiben die Stützen
des Systems. Wie die Catenaccio-Legende Helenio Herrera,
der noch einmal ins Fadenkreuz geriet: im Zusammenhang
mit dem Todesfall des Profis Giuliano Taccola von AS Rom.
Der Stürmer war 1969 in der Kabine nach einem Spiel in Ca-
gliari zusammengebrochen. Taccola hatte nach einer Mandeloperation gekränkelt, er sei ständig fit gespritzt worden, berichtete später der damalige Roma-Kapitän Giacomo Losi.
Jahrzehntelang hatte Taccolas Witwe vergeblich versucht, Ge-
hör zu finden. Das änderte sich erst nach Losis Statement. Im
Fernsehen beschrieb er die Reaktion des Traineridols angesichts seines toten Profis in der Kabine: »Herrera sagte den

Spielern, ›lasst uns gehen, nachdem er jetzt tot ist, können wir nichts mehr tun. Am Mittwoch haben wir das nächste Spiel‹.« Losi will die Kameraden, die ihm das berichtet hatten, schon damals zur Polizei geschickt haben. »Ich weiß nicht, ob sie es taten.« Taccola wurde 26 Jahre alt.

Es gibt mehr, viel mehr Zeugen für endemischen Dopingmissbrauch. Der ja angeblich heute beendet ist – nun, da es um mehr Geld und Ruhm als je zuvor geht und die Akteure kraftstrotzender denn je sind. Heute, da weit effektivere Substanzen für nicht nachweisbaren Konsum bereitstehen. Ein bedeutender Zeuge war Carlo Petrini, der bis in die achtziger Jahre für Klubs wie AC Mailand, FC Turin, Hellas Verona und AS Rom spielte. Auch er berichtete vom Amphetamin-Alltag, vom Zwang mitzumachen, von der dauerhaften Wirkkraft diverser Energiespender, von geschwollenen Zungen und »grünem Sabber«, der ihm im Spiel aus dem Munde rann. Auch er bezeugte Mitwisserschaft von Trainern, Ärzten, Masseuren – und von Profis, die sich teils selbst Spritzen setzten. Petrini schrieb acht Bücher, er starb 2012 an seinen offenkundigen Dopingspätfolgen, erblindet und nach Krebsoperationen. Was ihn angetrieben hatte, war der Blick auf eine immer fußballverrücktere Jugend: »Kürzlich zeigte eine Studie, dass jeder dritte Teenager bereit ist, illegale Drogen zu nehmen, wenn er damit Erfolg in der Fußballwelt hat. Noch verstörender ist, dass zehn Prozent bereit sind, für den Dopinggebrauch zu sterben, nur um so zu sein wie ihre Sportidole.«[23] Was auf das Goldman-Dilemma verweist und sich mit Erhebungen in den USA deckt, die vor Olympischen Spielen in anonymen Umfragen unter amerikanischen Teilnehmern wiederholt bei bis zu 15 Prozent die Auskunft erbrachten, sie würden für eine Medaille auch gern viele Jahre früher sterben.

Früher sterben: für die Unsterblichkeit.

Auch Petrinis Whistleblower-Kollege Ferruccio Mazzola hatte den Nachwuchs im Auge. Als Jugendcoach hatte er Dopingmissbrauch schon bei 14-, 15-Jährigen erlebt. Vor einem Mailänder Jugendgericht beschrieb er, wie Dutzende Eltern darüber klagten, dass ihre Kinder »verrückte Sachen« nähmen, beim Fußball wie irre übers Feld rennen und anderntags auf der Schulbank einschlafen« würden.[24] Vertraute Schilderungen. »Sie können sich nicht vorstellen, was schon Kinder schlucken, um gute Fußballer zu werden. Wir müssen dafür sorgen, dass Doping kein Kavaliersdelikt bleibt, sondern gesellschaftlich geächtet wird«, konstatiert auch der Turiner Ermittler Guariniello.

Wer durch Internetforen klickt, weiß, was der Staatsanwalt meint. Hier wird sich auf breiter Ebene über Doping ausgetauscht, im Training oder um in höheren Spielklassen mithalten zu können. Schon die Fachkunde zerstreut jeden Zweifel: Doping ist im Fußball verbreitet.

Auszüge aus deutschen Internetforen, die in einem NDR-Radiofeature zum Thema publiziert wurden:[25]

Hi, nach meiner Erfahrung als Fußballer gibt es ab der Verbandsliga nur wenige Ausnahmen, die auf Nahrungsergänzungen verzichten. Kreatin ist unter Fußballern das Standardprogramm. Darüber hinaus üblicherweise Ephedrin, Testo oder Epo.

Oder dieser Austausch:

Frage: Was ist denn mit Epo?
Epo ist IMMER eine Alternative. Aber an Epo würde ich nicht zu früh denken und dann auch NUR unter absoluter Kontrolle. Im Gegensatz zu Testo verzeiht Dir Epo Deine Fehler nicht. Aber wenn man ein gewisses Niveau erreicht hat, ist es eine nicht zu verachtende Option und bringt in puncto Ausdauerleistung Schübe, von denen ich vorher NIE gedacht hätte, so was mal erleben zu dürfen. Das ist der Punkt. Die Thematik wird bei Fußballern erst auf Profi-

ebene relevant, weil vorher das Geld fehlt. Außerdem muss Dein Hämatokrit-Wert bei Epo ständig gemessen werden, um die Grenzwerte nicht zu überschreiten. Ohne Laborzugang seh' ich da echt schwarz. Anyway: Wenn Du Profi wirst, kommt das Ganze auf DICH zu und nicht umgekehrt, glaub mir. Viel Erfolg.

Oder:

Frage: Hallo, in 3 Wochen fängt bei uns die Trainingsvorbereitung für die Fußballsaison an.
Welches Doping bringt mir am meisten, um mehr Ausdauer und schnelleren Muskelaufbau zu bekommen??? Muss mit Tests rechnen. Bitte, ist wichtig, beantwortet mir die Frage!!
Antwort: Wenn du getestet wirst, kannst du nur noch auf Wachstumshormon, Testo Base, und Insulin zurückgreifen. Das sind Dinge, an die auch ein normalsterblicher Athlet noch kommt und die mit Tests immer noch schwer nachzuweisen sind. Insulin nachzuweisen ist kein Problem, nur wird es einfach noch nicht gemacht.
Antwort: Na ja, ist ja schön, wenn man »nur« mit Testo, Wachs und Insulin erfolgreich sein kann. Aber mich würde schon interessieren, worauf Spitzensportler heutzutage zurückgreifen. Angeblich verlängert es die Bereitstellung von Energie für den Muskel.

Dopingfahnder gehen davon aus, dass alle benannten Mittel längst benutzt werden. Aber ist es im Spitzenfußball heute so, dass pharmazeutisches Fachwissen nur noch an der Basis interessiert, Jugendliche und Amateure? Hat sich die ausgeprägte Betrugsmentalität also von oben nach unten verdreht?

Der deutsche Weg

Auf den Fußballbetrieb hatten die medial zurückhaltend begleiteten Debatten in Italien, Frankreich oder anderswo kaum Auswirkungen. Bis heute reagieren die Funktionäre nur auf öffentlichen Druck; wird der mal zu groß, lassen sie sich winzige Schritte bei der Dopingbekämpfung abringen. Als etwa die Sommerspiele in Atlanta 1996 anstanden, unterwarf sich der DFB zur letzten Frist und eingeschränkt den Tests des Olympiakomitees NOK. Und kaum war die U21-Auswahl in der Qualifikation gescheitert, wurde die Kontrollerlaubnis zurückgezogen. Herrliche Sentenzen gibt es auch von DFB-Chefarzt Wilfried Kindermann, den die jahrzehntelangen Vorgänge in der Fußballwelt zu einer ganz anderen Erkenntnis gebracht hatten: »unsinniger Aktionismus«[26].

Der Ex-Leichtathlet, der 1962 mit der deutschen 400-m-Staffel Europameister wurde, führte gegen bestimmte Trainingstests sogar die Logik ins Feld: »Anabolika muss ich, um einen Effekt zu erreichen, mindestens zwei bis drei Wochen in Folge einnehmen. Dazwischen liegt aber immer wieder ein Spiel, selbst in den Vorbereitungszeiten, nachdem die Kontrollen auch auf Freundschaftsspiele ausgeweitet worden sind. Und kurzfristig wirkende Stimulanzien im Training einzunehmen ist nicht sinnvoll, wenn man ein Spiel gewinnen will. Natürlich kann es immer noch den Spieler geben, der was einwirft, um Trainingsweltmeister zu werden und sich so die Aufstellung zu erschleichen. Aber im Spiel wird er abbauen, und jeder Trainer merkt das. Man braucht nicht auch noch der Dummheit hinterherzukontrollieren.«[27]

Kindermann hat einen erstaunlichen Blick auf die Szene: Tatsächlich ging es beim Doping im Fußball nie darum, über ständigen Pharmakonsum allwöchentlich Bestleistungen herauszukitzeln – sondern um den gezielten Einsatz bei bestimmten, wichtigen Spielen. Um die Big Points. Und wer in Schlüsselpartien auftrumpft, dem verzeiht jeder Trainer gerne eine schwächere Phase, im Training sowieso. Und was Stimulanzien im Training angeht – die sind fast nur dort überliefert, wo sie intern gezielt zu Testzwecken eingesetzt wurden: Wenn die Reservisten gegen die Stammformation so richtig aufdrehten, wie es zumindest in Italien, Spanien und Portugal erprobt wurde, dann konnten Coach und Betreuer davon ausgehen, dass es die Stammspieler im Pflichtspiel auch nach vorne puschen würde.

Beistand erhielt Kindermann damals von anderen Experten: Fußball ist clean, versicherte Bundestrainer Berti Vogts: »Ich glaube, dass die Ergebnisse der permanenten Kontrollen beweisen, dass der Fußball ein sauberer Sport ist.« Anderslautende Aussagen früherer Kollegen wies Berti klar zurück: »Ich war 14 Jahre Profi, in Mönchengladbach hat es das nicht gegeben.«[28]

Alles ging seinen Gang in Westdeutschland, wo es seit Ende der siebziger Jahre eine breit angelegte Dopingmedikation im Umfeld des Sportärztegurus Armin Klümper gab. Die reichte nach Überzeugung der damaligen Ermittler und der Freiburger Doping-Evaluierungskommission weit über die paar dokumentierten Anabolikalieferungen an den VfB Stuttgart und einmal an den ortsansässigen SC Freiburg hinaus. In Klümpers Päckchen an Klubs und Verbände fand sich mit dem Wirkstoff Coramin auch eine verwandte Substanz zu jenem Cortex, das beim »Fluch der Fiorentina« eine bedeutende Rolle spielte.

Die ersten »Fällchen«, die es nun gab, erwiesen sich in der deutschen Fußballrealität stets als Versehen, geschuldet der Naivität einzelner Spieler oder als Verkettung schicksalhafter Umstände. Wie bei jenem Dopingverdachtsfall in Italien, der einen deutschen Kicker betraf. Bei Thomas Doll, just vom AS Bari aus der Serie A zum Hamburger SV in die Bundesliga gewechselt, wurden im Mai 1998 bei einer Überraschungskontrolle anabole Spuren nachgewiesen. Der Nationalspieler hatte sich beim Basler Professor Bernard Segesser einer Sehnenope-

ration unterzogen und das entzündungshemmende Mittel
Benzbromaron erhalten, ein anabolikahaltiges Medikament.
Segesser geriet öfter ins Gerede. So hatte er – wie er sagte, aus
therapeutischen Gründen – ab 1985 den Schweizer Kugelstoß-
Weltmeister Werner Günthör mit dem Anabolikum Stanozo-
lol behandelt (mit dem 1988 in Seoul Sprintolympiasieger Ben
Johnson aufflog). Eine Untersuchung ergab 1993, dass Seges-
sers Vergaben, die auch andere Sportler erhielten, »gegen die
damals gültigen nationalen und internationalen Dopingbe-
stimmungen« verstoßen hätten. Der Mann, der auch Olympia-
teamarzt der Schweiz war, berief sich auf ein »Therapiefens-
ter«, in dem Anabolikagaben angeblich korrekt seien. Dieses
Fenster erlaube Athleten, nach Verletzung in Absprache mit
Ärzten Produkte zu konsumieren, die auf der Verbotsliste
stünden. Die Kommission empfahl die Abschaffung dieses
Fensters, zumal es Unsicherheit schaffe.[29] Und nebenbei eine
Legitimation für Doping. Heute braucht es keine Therapie-
fenster mehr – heute gibt es Zeitfenster. Zeitspannen von wenigen Stunden, in denen sich Hightech-Dopingmittel nachweisen lassen; so winzig, dass sich verräterische Stoffe während
der Nachtruhe problemlos abgebaut haben.

Auch im Fall Doll griffen die bewährten Schutzmechanis-
men des Fußballs. Der Arzt des AS Bari wusste zwar gar
»nicht, was Thomas genommen hat, aber es war auf jeden Fall
eine medizinische Notwendigkeit und kein absichtliches Doping«. Auch der HSV benötigte nur ein Telefongespräch mit
dem Kicker, um alle Zweifel zu beseitigen. »Er hat uns versichert, dass er eine weiße Weste hat«, sagte Manager Bernd
Wehmeyer. Dann ist ja alles gut. Weniger nachsichtig waren
die italienischen Sportrichter mit dem Deutschen, der nun
nicht mehr in der Serie A spielte: Doll wurde gesperrt. Da
aber über allem die Fifa schwebt, setzte sie die letzte Pointe
und beschränkte die Dopingsperre auf Italien. Fall erledigt.

Auch im Ausland wurde weiter munter zugelangt, speziell
in Frankreich. Die Grande Nation fieberte auf die WM 1998

im eigenen Land hin. Nationalspieler Stéphane Paille (31) flog
1997 beim schottischen Erstligisten Hearts of Midlothian raus,
er hatte Amphetamine genommen. Allein im Herbst 1997
folgten acht weitere Fälle im angehenden WM-Land, fünf
Spieler wurden mit Anabolika erwischt – dem Bauchgefühl
und der Logik deutscher Fußballärzte zum Trotz. Im Februar
1998 sperrte der französische Verband Vincent Guérin (Paris
St. Germain) und Dominique Arribage (Toulouse) wegen
Dopings mit Nandrolon. Dies waren die ersten Meldungen
zu einem anabolen Wirkstoff, der nun auf breiter Front in die
Fußballwelt einzog und das gängige Salbutamol verdrängte.
Mit dem Stoff war zuletzt noch Stéphane Ziani beim FC Nan-
tes aufgeflogen.

Stetig, nur viele Dezibel leiser ging es auch in der Bundesliga
voran. Probleme bekam allerdings, wer zu viel plauderte. Der
Fußball-Zweitligist FC Homburg machte nicht einmal vor
dem eigenen Präsidenten halt: Manfred Ommer wurde »aufgrund anhaltender Dopingvorwürfe« seines Amtes enthoben.
Ausschlaggebend seien Ommers Aussagen in dem 1994 erschienenen Buch »Rote Karte für den DFB« von Edwin Klein
gewesen. Darin war Ommer mit heftigen Vorwürfen gegen
den VfB Stuttgart zitiert worden, die er alsbald selbst bestritt.[30]
Vergebens. Aber auch Autor Klein handelte sich viel Ärger mit
seinem Vorstoß ein. Er beklagte, er habe bei seinen Recherchen
Angst vor dem DFB festgestellt; mehrere seiner Kronzeugen
hätten ihre Aus- und Zusagen kurz vor Drucklegung des Bu-
ches zurückgezogen. Darunter angeblich ein Ex-Profi von
Eintracht Frankfurt, Stefan Lottermann – der war zu der Zeit
Präsident der Spielervereinigung VDV. Lottermann bestätigte
gegenüber dpa die Existenz von Tonbandprotokollen, wollte
aber »zu diesem Thema nichts sagen«. Auch nicht zu der angeblich verweigerten Freigabe der Niederschriften.[31]
     Zwei Jahre zuvor, nach dem Titelgewinn des VfB Stuttgart,
hatte Meistertrainer Christoph Daum nachts an der Bar aus-

geplaudert, dass verletzte VfB-Spieler zur Nachbehandlung mit dem Dopingmittel Clenbuterol therapiert würden. Der Stoff hatte in der Spitzensportbranche allmählich ein anderes Anabolikum abgelöst, Megagrisevit, das Ärzteguru Klümper einst an den VfB verschickt hatte. Aber davon war zum Zeitpunkt von Daums Äußerung öffentlich nichts bekannt.

Nun also Clenbuterol. Es war das Unwort der Saison, soeben war das gesamtdeutsche Sprintwunder Katrin Krabbe damit aufgeflogen. Daums Aussage sorgte für heftiges Rauschen im Blätterwald. Und sofort hagelte es Dementis. Natürlich sei ihm »alles nur in den Mund gelegt worden«[32], ruderte Daum zurück. Manager Dieter Hoeneß und Präsident Gerhard (»MV«) Mayer-Vorfelder eilten zu Hilfe. Wobei Letzterer den geregelten Anabolikaeinsatz für Rekonvaleszenten empfahl: »Darf ein langzeitverletzter Spieler in der Rehabilitation seine körperliche Leistungsfähigkeit, die durch üblichen, bei Verletzungen normalen Muskelschwund beeinträchtigt wird, auch mit anabolen Präparaten wieder aufbauen, die auf der Dopingliste stehen, wenn er sie vor Beginn der Trainingsphase absetzt, so dass kein Wettbewerbsvorteil entsteht?« Der Ligaausschuss-Vorsitzende und spätere DFB-Präsident sah die Sache damals so: »Für einen verletzten Spieler können keine anderen Maßstäbe gelten wie für den Nichtsportler.«[33]

Das ließ tief blicken. Über Anabolikaeinsatz bei Fußballern in der Regeneration wird seit je gemunkelt. Wer es tut, hält dicht; Tests gibt es nicht. Aber wer sollte verlässlich festlegen, wann die Reha-Phase zu Ende ist und das Training beginnt? Schon die innere Logik ist entlarvend: Ohne Training haben Anabolika keinen Effekt. Es braucht die Kombination von beidem. Hormonhämmer zu spritzen oder zu schlucken macht für einen, der sich kaum bewegen kann, wenig Sinn.

Auch andernorts konnte man für kurze Momente einen Blick in den Maschinenraum des Fußballs erhaschen – dann wurde die Tür hastig zugeknallt. Als zum Beispiel der Frankfurter Nationalspieler Uwe Bein andeutete, dass in der Bundesliga gedopt werde, geriet Bremens Manager Willi Lemke in Rage: »Unverschämtheit, so etwas zu behaupten, ohne Ross und Reiter zu nennen!« Ross und Reiter? Allein aus Werders Kader haben sich über die Jahre mindestens drei Ex-Profis sachkundig geäußert: Roentved, Röber, Möhlmann. Die ärztliche Versorgung bei den Hanseaten und der Fall Ivan Klasnic, dessen Niere wohl auch wegen endemischen Schmerzmittelkonsums streikte und ersetzt werden musste, wird später beleuchtet. Damals verwies Lemke, dem noch schöne Reisejahre als UNO-Sportbotschafter bevorstanden, auf einen unbestechlichen Garanten für die Reinheit des Fußballsports: die Dopingkontrollen in der Bundesliga.[34]

Ein paar Fälle gab es. Den Anfang machte Roland Wohlfarth, der als Profi des VfL Bochum beim Hallenturnier im Januar 1995 positiv auf das Stimulans Norephedrin getestet wurde. Der frühere Torschützenkönig des FC Bayern wollte einen Appetitzügler ohne Wissen des Vereins konsumiert haben, für die Schlankheitskur gab es zwei Monate Sperre. Es folgten die Keeper Holger Gehrke (Duisburg/Norephedrin) 1997, Thomas Ernst (Bochum/Kreislaufmittel) und Petr Kouba (Kaiserslautern/Anabolika) 1998.

Erhellendes bot der Fall Ernst: Der Torwart bekam nach einem Zusammenprall in der Halbzeitpause vom Teamarzt eine stabilisierende Substanz verabreicht, die Ephedrin enthielt. Deshalb wurde nicht der Spieler, sondern der Klub bestraft. Und der bezahlte. Alternative wäre gewesen, dem Trainer die Auswechslung seines derart angeschlagenen Spielers anzuraten.

Aufsehen erregte der Fall Thomas Ziemer. Dem Nürnberger Profi war 1999 ein erhöhter Testosteronwert nachgewiesen worden. Das DFB-Bundesgericht befand, er sei im Saisonfinale gegen Freiburg »gefährlich gedopt« gewesen. Von vorsätzlichem Doping ging es trotzdem nicht aus und legte die (in der Berufung verkürzte) Sperre über die Winterpause. Zwei der sechs Monate erledigten sich damit von selbst. Was aber das reduzierte Strafmaß betraf, so hatte sich das Bundesgericht für eine Argumentation erwärmt, die in erster Instanz glatt als »Hexenküchen-Theorie« verworfen worden war. Die Beweisaufnahme zielte auf einen Ernährungsberater des 1. FC Nürnberg, der nach dem Training Müsli, Pülverchen, Kapseln und Tabletten reichte. Der Autodidakt sollte mit Nahrungsergänzungen für Power im Abstiegskampf sorgen. Dabei gab er den Profis in den letzten zwei Saisonmonaten *Tribulus Terrestris* (Mäusedorn), ohne wie sonst den Klubarzt zu informieren. Das pflanzliche Mittel sollte für schnellere Regeneration und hormonelle Stimulanz sorgen. »Man fühlt sich besser«, meinte der Berater, der den Stoff als Langläufer selbst ausprobiert hatte. *Tribulus* ist kein Dopingmittel, galt aber schon als Geheimtipp in der Bodybuildingszene. In der Urteilsbegründung nahmen die Fußballrichter nun an, die *Tribulus*-Tabletten könnten mit Anabolika verschnitten gewesen sein, um sie wirksamer zu machen – ohne dass dies auf der Packung entsprechend kenntlich gemacht worden wäre. Die Herkunft der an fast alle Club-Spieler verteilten Tabletten aus verschiedenen Quellen würde auch erklären, warum andere beim Dopingtest negativ gewesen seien.

So wurde der Fall zum Unfall gemacht. Der Druck von Ziemers Anwalt dürfte auch eine Rolle gespielt haben, der gedroht hatte, bei einer längeren Sperre ordentliche Gerichte anzurufen, um die Rechtsbasis des Sportverfahrens zu überprüfen.

Was verwundert, ist die fehlende Auseinandersetzung mit den Klubverantwortlichen. Laut DFB-Spielordnung ist dem Verein das Handeln seiner Angestellten zuzuordnen. Es war zudem ein Fall, der bei einem Bundesligaklub offenbarte, was man aus der Pharmasystematik anderer Länder kannte: dass Pillen verteilt wurden, von denen die Profis nicht wissen können, was drin ist. Schluckt, es wird schon passen.

Weiter in der Liste: An Haschisch delektierte sich 2000 Quido Lanzaat (Mönchengladbach), Manuel Cornelius von TB Berlin nahm Nandrolon mit der Nahrungsergänzung auf, Marihuana fand sich bei Ibrahim Tanko (Dortmund/2000). Ein Pfullendorfer Regionalligakicker wurde 2003 mit Pseudoephedrin erwischt. Nichts Verbotenes konsumierte der Bochumer Erstligaprofi Raymond Kalla, er hätte es aber vorm Test anmelden müssen. Zweitligaspieler Daniel Gomez von Alemannia Aachen gab gleichfalls ein Kortisonpräparat nicht an, ebenso wenig Kai-Uwe Jendrossek von Erzgebirge Aue 2004. Marko Rehmer wurde ein Glukokortikosteroid nachgewiesen, das der Hertha-Profi nach einer Kieferverletzung genommen haben will. 2005 fällt Senad Tiganj von Rot-Weiß Erfurt mit Fenoterol auf. Er hatte seinem an Asthma leidenden Sohn ein neues Spray vorführen wollen. Dann geriet Nemanja Vucicevic ins Raster: Der Zweitligakicker von 1860 München applizierte ein Haarwuchsmittel, das Finasterid enthielt. Ein bisschen Sperre musste sein, schließlich hatte er nicht so ein unerschütterliches Standing wie Romário: Brasiliens WM-Held war mit derselben Substanz 2007 in der Heimat aufgeflogen, auch Romário plädierte auf Haarwuchsmittel, er kam frei. In Deutschland war 2007 noch einmal der Regionalligist SC Pfullendorf dran, diesmal hatte ein Akteur ein Asthmamittel inhaliert und nicht bei der Dopingkontrolle angegeben.

Daneben wurde immerzu ein Wirkstoff konsumiert, der die Fachwelt bis heute spaltet: Kreatin – Nahrungszusatzmittel oder Anabolikum light? Grundsätzlich ist es eine natürliche, im Körper gebildete Substanz, der menschliche Tagesbedarf liegt bei etwa zwei Gramm. Ein Gramm steuert die Nahrung bei, das zweite produziert der Stoffwechsel; im Muskel vermittelt es die nötige Energie aus Kohlenhydraten, Eiweißen, Fetten. Kreatinphosphat erhöht zudem die Aufnahmefähigkeit des Muskels für Zucker, was wichtig ist für schnelle und intensive Belastungen. Spitzensportler aber nehmen bis zu 30 Gramm Kreatin – so gewaltige Mengen sind nur künstlich zuführbar. Der Kölner Laborchef Wilhelm Schänzer vermutete schon 1999, dass »mindestens 70 Prozent der Athleten in Schnellkraftsportarten Kreatin nehmen«.

Neben der Förderung von Muskelwachstum und Schnellkraft verkürzt Kreatin die Erholungszeit nach Belastungen und zögert das Erschöpfungsgefühl hinaus. Ein heißbegehrtes Teufelszeug – das auch noch »legal« ist. Seit Mitte der neunziger Jahre wird Kreatin in deutschen Profiklubs verabreicht. Bei manchen, wie dem Zweitligisten Fortuna Köln, geschah es nahezu täglich. Auch bei Hertha BSC wurde viel geschluckt und wenig geredet. Teamarzt Ulrich Schleicher berichtete im Jahr 2000, seit Beginn seiner dreijährigen Amtszeit habe etwa die Hälfte des Kaders Kreatin bekommen: »Angefangen mit den Stars. Das kannten die aber schon vorher.« Es gebe »immer drei, vier Spieler«, die Kreatin nehmen würden.[35]

Die Wirkung indes ist unterschiedlich. Arminia Bielefeld schaltete einen Gang zurück, nachdem drei Profis Muskelbeschwerden im Oberschenkel hatten. Der 1. FC Köln, der Kreatin als Aufbauhelfer im Abstiegskampf sah, brach das klubinterne Projekt ab, nachdem zwei Kicker Faserrisse erlitten und Kollegen über »Verkürzungsgefühle« in der Beinmuskulatur geklagt hatten. Der Abstieg wurde damit nicht verhindert.

Andere dagegen schworen auf den künstlichen Energieschub – und tun es bis heute. Der FC Valencia hatte gar einen veritablen Feldversuch gestartet. Allmorgendlich erhielten zwanzig Reservespieler ein Pulvertütchen ausgehändigt. Nur in zehn war der Muskelmacher, die anderen beinhalteten ein Placebo. Ergebnis: Die Kreatinkonsumenten wurden ausdauernder und sprinteten im Schnitt 7,17 Meter pro Sekunde, die anderen nur 7,06. Fortan wurde der Muskelmacher auch den Stars verabreicht. In der Premier League feierte der *Guardian* die Einnahme: »Kreatin ist für führende Fußballspieler das, was Ecstasy für Clubgänger in den achtziger Jahren war: eine Modedroge.«

Volker Finke, der den Erstligisten SC Freiburg coachte, beklagte sogar, dass »viele längst psychisch abhängig sind von
dem Zeug – die kommen davon nicht mehr runter«. Gladbachs Co-Trainer Jörg Schmadtke verriet: »Viele nehmen das
permanent, aber niemand soll es mitkriegen.«[36]

Natürlich nicht. Kreatin steigert ja die Leistung – auch
wenn es nicht verboten ist. Die Frage nach Doping übrigens
wies der Hertha-Teamarzt damals empört zurück. Er hatte
ein aufschlussreiches Argument zur Hand: »Wie kann ich mit
Kreatin eine Dopingkultur eröffnen, wenn schon ganz andere
Präparate in Umlauf sind?«[37]

Die Kreatin-Debatte hält an, die Branche will daran festhalten. Obwohl unstrittig ist, dass es ein extern zugeführter
Wirkstoff ist, der keiner medizinischen Behandlung, sondern
allein der Leistungssteigerung dient. Unschöne Nebenwirkungen sind erwiesen, mögliche Langzeitschäden sind nicht
ausgeforscht. Man könnte also von einer Art erlaubtem Doping reden. Dass Profikicker das Zeug seit vielen Jahren in
sich reinpumpen, zeigt eine Haltung: Steht etwas nicht explizit auf der Verbotsliste, prallen alle Bedenken ab.

Herzrasen

Fußballerwitwen vernetzten sich nicht nur in Italien. Ende
der Neunziger fanden Ines Jüptner und Adriana Klein zusammen, der plötzliche Herztod ihrer Männer Axel Jüptner (28)
und Michael Klein (33) hatte sie zu Schicksalsgefährtinnen
gemacht. Beide Profis waren bei der Arbeit gestorben. Als
auch der Berliner Eishockeyspieler Stephane Morin (29) bei
einem Spiel in Oberhausen zusammengebrochen war, staun-
ten die Witwen nach dem Austausch ihrer Erfahrungen und
der medizinischen Bulletins: »In allen drei Fällen liegen iden-
tische Obduktionsergebnisse und ähnliche Krankheitsge-

schichten vor.« Demnach litten die Leistungssportler an chronischer Bronchitis und übergroßem Herzen. Die beiden Kicker hatten noch eine weitere Gemeinsamkeit: Klein wurde bis zu seinem Tod 1993 vom Vereinsarzt Bayer Uerdingens betreut. Jüptner starb zwar in Diensten des FC Jena, doch auch er hatte zuvor in Uerdingen gespielt – und war dort bis November 1997 in der Obhut desselben Arztes gewesen wie Klein. Was die Witwen zudem aufschreckte: Der Berliner Sportmediziner Willi Heepe hatte nach dem plötzlichen Herztod Morins öffentlich Anabolikadoping als denkbare Ursache für die »Pumpschwäche des Herzens« benannt. »Ich erinnere mich«, berichtete Ines Jüptner in einem Interview, »dass der Axel in Uerdingen die Tabletten lose in kleinen Tütchen mit nach Hause brachte, dass er nach Verletzungen oder einer Grippe auch Spritzen bekommen hat, von denen er nicht wusste, was sie enthielten.« Uerdingens Vereinsarzt bestritt alle Vorwürfe. Er habe keine losen Tabletten verteilt und »nur die üblichen Substitutionsmittel wie Vitamine« in Verpackung abgegeben.[38]

Ines Jüptner führte lange Jahre einen Schadenersatzprozess gegen den Klubarzt, am Ende vergeblich. Eine Folge hatte Jüptners Tod aber doch: Knapp ein Jahr später, im April 1999, verfügte der DFB auf Druck der Spielergewerkschaft VDV eine Art »Lex Jüptner«. Alljährliche umfassende internistische Checks sind für Profispieler seither Pflicht. Bis dahin waren alle Forderungen nach solchen Untersuchungen mit großem Blutbild, Ruhe-EKG, Belastungs-EKG und einer Ultraschallkontrolle ungehört verhallt. Aufwand pro Kicker für die Branche: 700 bis 1000 Mark.

Zu Jüptners Tod hatte sein Jenaer Teamarzt erklärt, es gebe »kein Check-up-System, das diese Dinge verhindern« könne. Und: »Außerdem stören Sie damit auch den ganzen Trainings- und Wettkampfbetrieb.« Das passt ins Bild vom Arzt als medizinischem Erfüllungsgehilfen des Trainers; Siegergespanne, die für den Erfolg auch mal Gesundheitsfragen zurückstellen. Das Branchencredo ist: Ein guter Sportarzt bringt kranke oder verletzte Kicker schnellstmöglich wieder ins Laufen. Frag nach bei Armin Klümper.

Die Todesfälle Jüptner, Klein und Co. sind vergessen. Geblieben sind auch hier viele Fragen. Schauen wir auf die Momentaufnahme vom 15. August 1992. Zur Bundesliga-Saisoneröffnung gegen Bayern München standen auf dem Rasen der Uerdinger Grotenburg-Arena: Axel Jüptner und Michael Klein im Mittelfeld. Für Klein nach 66 Minuten eingewechselt wurde Andreas Sassen. Er starb 2004 mit 36 Jahren an einem Gehirnschlag. Hinten rechts verteidigte Sergei Gorlukowitsch. Der Weißrusse, der aus Dortmund kam und über den Borussen-Teamarzt Armin Langhorst gesagt hatte, er bringe Substanzen aus der Heimat mit, die unter Kollegen heiß begehrt seien. Als Drehbuch angeboten, bekäme man das kommentarlos zurückgeschickt.

Allein von 2000 bis 2009 wurden 57 Herztode bei aktiven Profis gezählt. Experten auf dem Gebiet wie der Zellforscher Werner Franke haben genetische Vorbedingungen am Herzen nachgewiesen. Franke weist aber auch darauf hin, dass extensiver Medikamentengebrauch diese Vorbelastung stärker strapazieren könne.

Ende 1999 wurden in Rumäniens Fußball Dopingtests eingeführt, nach dem Schock über den plötzlichen Herztod des 23-jährigen Stefan Vrabioru in einem Erstligaspiel. Vrabioru war zuvor mit dem anabolen Steroid Methandienon geschnappt worden. Die Dopingtests wurden ziemlich bald wieder eingestellt, aus finanziellen Gründen.

Und der internationale Fußball nahm eine neue Seuche ins neue Jahrtausend mit: Nandrolon.

Kapitel 3

Die nuller Jahre

>»Ich bin Pep Guardiola.
Ich habe nie Nandrolon genommen.«
Zeitmagazin, 28.10.2013

Der Fußball wirft den Turbo an

Gerade erst hatte Carlo Mazzone, Trainer des AC Brescia, den Medien das Mantra vorgetragen: In der Serie A wird nicht gedopt. Ausgerechnet Mazzone. »Sor Carletto«, der Fans im ganzen Lande hatte, bis seine Verwicklung in den »Fluch der Fiorentina« ruchbar wurde. Als Coach in Florenz soll Mazzone Ärzte bedrängt haben, verletzte Profis schneller fit zu kriegen – mit brutalsten Maßnahmen bis hin zu exzessiven Röntgenbestrahlungen. Wegen der vielen Todesfälle unter seinen früheren Schützlingen hatte ihn die Carabinieri in die Mangel genommen. Und auch Hinterbliebene hatten geklagt. Am Ende aber war das Ermittlungsverfahren, in dem der Römer erklärt hatte, er habe auf der Trainerschule Taktik gelernt, nicht Medizin, wegen Verjährung eingestellt worden.

Nun also, im Herbst 2001, hat Mazzone wieder einmal beteuert, dass in der Serie A nicht betrogen werde. Kurz darauf ist er seinen Leistungsträger los, den Neuzugang aus Barcelona. Gleich zweimal in kurzer Folge positiv auf Nandrolon getestet wurde Josep »Pep« Guardiola. Der Befund vom 21. Oktober 2001 nach der Partie Piacenza–Brescia war fast derselbe, den eine Woche zuvor schon der holländische Lazio-Abwehrspieler Jaap Stam gehabt hatte – vormals Peps Kollege in Barcelona. Es waren offiziell die Nandrolon-Fälle zehn und elf innerhalb von 13 Monaten.

Jede Menge Stars hatten plötzlich ein Problem mit dem anabolen Steroid. Und bemerkenswert viele stammten aus dem Umfeld des FC Barcelona – und der niederländischen Nationalauswahl. Neben Stam hatte es auch Edgar Davids und Frank de Boer erwischt; die beiden Holländer hatten nahezu identisch überhöhte Werte. Die Achse Holland – Barcelona wurde verstärkt durch den ehemaligen Barcelona-Trainer und niederländischen Bondscoach Louis van Gaal.

Mit Andrea da Rold vom AC Pescara war die italienische Nandrolon-Welle im Herbst 2000 gestartet. Es folgten Baris Torwart Gillet, Stam und Couto von Lazio, Juventus-Spieler Davids, Kallon von Inter Mailand, Torrisi und Blasi in Parma, der Witzkicker und Wüstensohn Al Saadi Al Gaddafi, Bucchi und Monaco in Perugia, Sacchetti und Caccia von Piacenza, der Russe Shalimow vom SSC Neapel. In Frankreich hatte es bereits zahlreiche Fälle zwischen 1997 und 1999 gegeben, darunter die Auswahlspieler Cristophe Dugarry, Cyrille Pouget und Vincent Guérin.

Aber der Berühmteste war Pep Guardiola. Und der wurde nicht nur nach der Partie in Piacenza positiv getestet, sondern 14 Tage später erneut, nach dem Spiel Brescia gegen Lazio Rom.

Seit 2001 ist Doping ein Offizialdelikt in Italien. Doch die erhoffte Abschreckung wurde durch eine laxe Strafzumessung ausgehebelt. Gemessen an der zweijährigen Dopingsperre für Zweitligatorwart Angelo Pagotto, der Kokain geschnupft hatte, verkürzte sie sich mit Prominenz (und Marktwert) des Angeklagten. Strafmildernd griff zudem auch gern die Berufungsinstanz ein. So erhielt Davids nur fünf Monate Sperre, die auf vier reduziert wurde. Er hatte behauptet, den Hustensirup seiner Ehefrau eingenommen zu haben – ein Mittel, das gar kein Nandrolon enthielt. Bei de Boer fiel der Verdacht auf eine Salbe, die er seinem Kind verabreicht hatte. De Boer ließ sogar eine Haarprobe machen; die von der UEFA verfügte Ein-Jahres-Sperre schnurrrte auf elf Wochen zusammen. Den Rest erledigte die Sommerpause, in der die Strafe auslief. Bis heute beteuern alle Betroffenen, nicht wissentlich etwas Verbotenes getan zu haben.

Guardiola wurde 2002 wegen Dopings für vier Monate gesperrt, eine lächerliche Sanktion, verglichen mit den zwei Jahren, die Athleten anderer Sportarten für Nandrolon-Doping kassierten. Drei Jahre später wurde er allerdings im Strafprozess nach Artikel 9 des neuen Antidopinggesetzes in Italien erstinstanzlich zu sieben Monaten Gefängnis und 2000 Euro Geldstrafe verurteilt. Diese Entscheidung wurde in der Berufung anno 2007 aufgehoben: Seine Verteidigung hatte neue Erkenntnisse vorgelegt. Im Mai 2009 schloss sich der Sportgerichtshof des Fußballverbandes FIGC dieser Beurteilung an.

Doch welche neuen Erkenntnisse waren da vorgelegt worden?

Elf Spielzeiten hatte Guardiola in Barcelona absolviert. In seiner ersten Italien-Saison war er dann am achten und zehnten Spieltag positiv auf Nandrolon getestet worden. Seine Erklärung: »In Brescia nahm ich das, was ich in den letzten zehn Jahren in Barcelona erhielt: Vitamine. Es gibt heute keinen Spieler, der nicht Vitamin B nimmt.«[1] Mag sein. Aber was war mit seinen Barça-Kollegen Stam, de Boer, Davids und Couto? Hatten die auch anabole Vitaminschübe erlitten? Der Verdacht fiel auf Ramon Segura Carmona, Barças langjährigen Arzt und Ernährungsberater. Auf Pressefragen nach seinem Erfolgsgeheimnis erklärte er: »Keines, ich nehme nur Naturprodukte: Kohlenhydrate, Zucker, Vitamine, Proteine und Mineralstoffe, als Zugabe Fischöl. Die Stoffe können aus den USA, Deutschland, Spanien kommen, sind aber absolut legitim.« Produktnamen nannte er nicht, denn was er anrühre, sei so »nicht auf dem Markt. Das Rezept ist von mir, die Inhalte werden nach Wunsch gemischt.« Den Zweck der Cocktails beschrieb er so: »Für die Stärke und die Wiedergewinnung der Energie. Heutzutage sind die Spieler alle drei Tage im Einsatz, sie brauchen das. Die Dosierung variiert je nach Thema, wie die Zeit der Verabreichung.«[2]

Für die Dopingankläger war Guardiola nun auch deshalb schuldig, weil er Ergänzungsstoffe von Barça-Versorger Segura genommen hatte, die gegen den Verhaltenskodex verstießen. Die Cocktails waren freihändig gemischt, weder offiziell von einem Hersteller zertifiziert noch von einem Antidopinglabor überprüft worden. Und Segura hatte zugegeben, dass er Rohstoffe verwendete, die er in verschiedenen Ländern erworben und nie auf verbotene Stoffe überprüft hatte.

Bei beiden Tests hatten Guardiolas Nandrolonwerte klar über der zulässigen Norm gelegen. Laborexperten zufolge begründet dies einen eindeutigen Dopingverdacht – auch heute. Doch als die Verteidigung des inzwischen zum Startrainer mutierten Katalanen Jahre später ihre neuen Beweise vorlegte, fand sich darin eine sportpolitisch brisante Expertenmeinung. Sie stützte den Vortrag der Verteidigung, Guardiolas Körper könne von Natur aus mehr Nandrolon produzieren, als dies bei anderen Menschen der Fall sei. Die Expertise stammte von Professor Jordi Segura Noguera, Mitglied der Antidopingkommission des IOC und Chef des Wadaakkreditierten Dopinglabors in: Barcelona. Ein Fachmann von der Seite der Guten, ein Dopingjäger. Und damit einer, der auch die Schwächen der Dopingnachweisverfahren bis ins Detail aus der Innenansicht kennt; gerade bei komplexeren Verfahren wie dem Nandrolontest. Im Berufungsschreiben vom 28. Oktober 2005 bezieht sich Guardiolas Anwalt Tommaso Marchese wiederholt auf die Mithilfe sowie eine »komplette endokrinologische Studie« des katalanischen Laborchefs. Auf Seguras Darlegung wird auch im Urteil der Berufungskammer Brescia vom 23. Oktober 2007 verwiesen, das Guardiolas Freispruch verfügt.

Die späte Verteidigung stützte sich auf delikates Insiderwissen: eine Neuheit des Analyseverfahrens. Im Mai 2005, vier Jahre nach Guardiolas Positivtests, hatte die Wada ihre Nachweistechnik dahingehend modifiziert, dass Befunde unter zehn Nanogramm Norandrosteron einem Stabilitätstest unterzogen werden müssen, bevor sie für positiv erklärt werden. Diesen Test, eine theoretische Absicherung, hatte es noch gar nicht gegeben, als Guardiola aufgeflogen war. Für die italienischen Dopingankläger war der Revisionsantrag daher inakzeptabel – und unbegründet. Sie sahen überdies den Nachweis erbracht, dass Substanzen zum Zweck der Leistungsverbesserung angerichtet und zugeführt worden waren. Auch unbeabsichtigtes Doping falle in die Eigenverantwortung des Spielers.

Aber die Sportrichter des FIGC rangen sich 2009 zu einer Rehabilitation Guardiolas durch. Dabei hatten mehrere Studien, wie die des Pharmakologen Gianni Benzi von der Universität Pavia, in experimenteller Forschung nachgewiesen, dass »eine Konzentration von 19-Norandrosteron im Urin von mehr als 2 ng/ml als Beweis für die Einnahme von Nandrolon oder Prohormonen betrachtet werden« muss. Guardiolas 19-Norandrosteronwerte wurden im ersten Test mit »zirka 9 ng/ml« angegeben, im zweiten mit »zirka 5 ng/ml«, die jeweiligen B-Proben wiesen 8 bzw. 6 ng/ml auf.[3] »Solche Werte sind ein eindeutiger Hinweis auf Doping«, sagt der Nürnberger Pharmakologe und Antidopingexperte Fritz Sörgel.

Der Heidelberger Experte Werner Franke ist überzeugt: »Für diese Aktion und die Urteilsaufhebung gibt es keine physiologische Grundlage. Ein rein juristisches Spiel.« Zumal die Verteidigung nicht etwa einen wissenschaftlich fundierten Gegenbeweis vorgelegt, sondern lediglich die Hypothese aufgestellt habe, dass der menschliche Körper in der Lage sei, erhöhte Nandrolonwerte zu produzieren. Ein fadendünnes Fragezeichen also, lanciert über das intime Fachwissen eines Insiders – »auch noch aus der Heimatstadt stammend, das ist schon für sich dubios«, monierte Franke –, habe hier zu einem Freispruch verholfen.[4]

Italiens führender Betrugsfahnder Donati wollte in Bezug
auf die Hilfestellung des katalanischen Laborchefs für Guardiola wissen, wo die Grenze verläuft zwischen Dopingjägern
und solchen, die mit ihrem Königswissen Profis aus einer de
facto eindeutigen Bredouille helfen: Niemand kann einem
Dopingverdächtigen dienlicher sein als die Spitzenkraft eines
Dopinglabors. Donati erinnerte daran, dass Fachleute aus den
Laboren schon mehrfach den Hinweise gegeben hätten: Wenn
sie »auf der anderen Seite stünden, wären sie in der Lage, Athleten so zu dopen, dass sie nicht auffallen.«[5]

Fachleute wie Donati sehen nicht nur das Nachweissystem
des Sports durch den Fall stark erschüttert. Er rügte: »Das
unterstreicht die extreme Zerbrechlichkeit der Sporttests:
Sind sie schon wegen der geringen Wirksamkeit des Kontrollsystem zu umgehen, zeigte der Fall Guardiola das Risiko, dass
ein reicher Antragsteller internes Expertenwissen über die
Mängel des Analysesystems erwerben und damit die Auf-
hebung eines möglichen Positivbefundes durchsetzen kann.
Insofern können herausragende Vertreter des Antidopingsystems ebenso gefährlich wie professionelle Doper sein.«[6]

Der Spanier, der bald eine semireligiöse Erhöhung als Fuß-
balltrainer erfuhr, hat Doping stets vehement bestritten. Auf
einer Pressekonferenz im November 2002 rief er: »Ich bin
Pep Guardiola! Ich habe nie Nandrolon genommen!«[7] 2009
war alles ausgestanden, nach dem Fußballverbandsgericht bestätigte das italienische Coni den Freispruch. Coach Guardiola war da mit dem FC Barcelona bereits Meister, Pokal-
und aktueller Champions-League-Sieger.

Allerdings ist die doppelte Nandrolon-Causa nicht der einzige Verdacht, unter den der Meistertrainer geraten war. 2012
erschien in Spanien die Messi-Biografie »Ni rey, ni Dios«
(»Weder König noch Gott«). Für das Buch hatten die Autoren Alexandre Julliard und Sebastian Fest Barça-Teamarzt Josep Borrell zu den Wachstumshormonbehandlungen des »la
Pulga« (Floh) genannten Argentiniers befragt. Im Buch heißt

es: »Der Floh war nicht der Erste, der so eine Behandlung erfuhr. Pep Guardiola und Jordi Cruyff nahmen ebenfalls Wachstumshormone. Aber im Gegensatz zu [Messi] litten sie nicht unter einem Hormondefizit. In ihrem Fall sollte die Behandlung für mehr Masse sorgen.«[8] Eine sehr erstaunliche Passage. In der Fußballwelt ging sie völlig unter, obwohl das Buch in ganz Südamerika und auch Frankreich (»Le mystère Messi«) publiziert wurde. Guardiola habe nie darauf reagiert, erklärt Co-Autor Fest und verweist auf seine Tonbandaufnahmen der Gespräche mit Borrell.[9] Aber generell hat Guardiola Doping stets bestritten.

Auf Italiens Fußballgericht machten in den meisten Nandrolonfällen der nuller Jahre auch andere Vertreter der reichen Fußballzunft Druck. Das Gros wurde geräuschlos wegverhandelt. Die Aktiengesellschaft Lazio Rom, für die Dopingsünder Couto spielte, drohte im Falle einer Sperre sogar mit einer Klage wegen Geschäftsschädigung. Zudem hatte 2002, ein Jahr nach dem Dopingfund bei Guardiola, eine (nach der von 1998) erneute Razzia beim Coni und beim Fußballverband FIGC 120 nicht ordnungsgemäß deklarierte und versiegelte Dopingproben von Fußballprofis zutage gefördert. Die Staatsanwaltschaft Florenz vermutete Schlamperei oder vorsätzliche Manipulation. FIGC-Chef Franco Carraro, eine epische Skandalnudel, wies die Vorwürfe zurück und argumentierte: »Mit 5000 Proben im Jahr kontrollieren wir häufiger als jeder andere Verband in der Welt.«

Auch der Auslöser der damaligen Nandrolonschwemme blieb ungeklärt. Zum Beispiel wurde in den vom niederländischen Fußballverband KNVB verteilten Multivitaminpräparaten, auf die einige Kicker verwiesen hatten, kein Nandrolon gefunden. Die Firma, die den KNVB ausgestattet hatte, ließ ihre Produkte sogar rückwirkend bis zu den Chargennummern ab Anfang 2000 im Kölner Dopinglabor analysieren. Gegen den Verdacht von Nahrungspannen sprachen aber auch die teils hohen Werte. Trotzdem setzte sich beim Publikum der Eindruck fest, die Epidemie sei von verunreinigten Zusatzstoffen ausgelöst worden.

Der Turiner Staatsanwalt Guariniello tippte auf eine niederländische Schiene, über die der Stoff in den Betrieb gelangt war. Es war ja manches unbeachtet geblieben in der Nandrolon-Debatte. Zum Beispiel eine verräterische Auflistung, die 2002 in der Sporttageszeitung *L'Équipe* erschienen war. Sie umfasste alle Pharmaprodukte, die von den WM-Teilnehmern 1998 in Frankreich angemeldet werden mussten. Team Oranje war bei vielen Medikamenten dabei. Etwa mit dem verschreibungspflichtigen Trinitrin, das die Blutgefäße erweitert und die Herztätigkeit erleichtert. Das führten auch Spanier und Italiener mit. Doch unter den beeindruckenden 128 Medikamenten, die der KNBV deklariert hatte, waren auch: Nandrolon-Ampullen.[10] Stammspieler bei dieser WM waren Presseberichten zufolge Stam, Davids und de Boer. Die drei, die später fassungslos auf ihre Nandrolonbefunde blickten.

Wer Nahrungsergänzungsmittel für die Quelle der vielen Befunde hält, müsste erklären, warum Nandrolon just im Fußball so verbreitet war. Gerade eingedenk der wenigen Kontrollen war die Anzahl überwältigend. Zu all den Fällen in Frankreichs und Italiens Ligen gesellten sich 31 Profis, die binnen eines halben Jahres in Portugals Topliga aufflogen. »Das legt nicht nur den Verdacht nahe, dass es um Doping statt um Fehler bei der Nahrungsergänzung ging, sondern dass es organisiert und keine spontane Einzelaktion war«, befand dazu eine britisch-irische Universitätsstudie.[11]

Bleiben wir kurz in Portugal. 2003 wurden bei zwei Profis von Sporting Lissabon benutzte Spritzen im Hotelzimmer gefunden. Der Club gastierte wegen des Uefa-Pokal-Spiels in Malmö.[12] Wochen später geriet die U21-Auswahl in den Fokus. Nach einem Sieg im EM-Qualifikationsspiel in Frankreich verweigerten die Gäste eine behördlich verfügte Überraschungskontrolle. Als eine Spritze bei ihnen gefunden wurde, verwüsteten sie die Umkleide im Stadion von Clermont-Ferrand. Frankreichs Coach Raymond Domenech bezweifelte im TV-Sender RTL, »dass sich die Portugiesen in einem normalen Zustand befanden«. Portugals Teamarzt João Resende behauptete, die Spritze sei zur Verabreichung eines Entzündungshemmers benutzt worden. Und die Uefa? Sie beklagte, dass sie von Frankreichs Behörden nicht vorab über die Tests informiert worden war – die Portugiesen hätten die Zusammenarbeit mit Verweis auf die Uefa-Regularien zu Recht verweigert. Intern untersuchen wolle man die Sache trotzdem.[13] Bekannt wurde nichts mehr.

2005 flog der portugiesische Nationalspieler Abel Xavier auf; in Diensten des FC Middlesbrough stehend, wurde ihm das Steroid Dianabol nachgewiesen.[14] Vier Jahre später machte »Schmutziges Spiel« Furore, die Autobiografie von Fernando Mendes. Der Verteidiger, der als einziger Profi in den Achtzigern und Neunzigern für fünf verschiedene Landesmeister gespielt hatte, berichtet darin von einem namhaften Klub, der ihn mit Doping in Berührung gebracht habe. Die Chemie habe sein Leben ruiniert, es habe Pervitin, Centramine, Ozotin, Koffein und anderes gegeben. Die Dosierung sei dem Körpergewicht und Fitnessstand des jeweiligen Akteurs angepasst worden. Und es gibt noch etwas, das sich durch Betrugsschilderungen von Italien über Spanien bis Portugal zieht: Manchmal, schreibt Mendes, hätten Juniorenspieler mittrainiert, jedoch »nicht, weil sie so gut waren. Sie dienten als Versuchskaninchen für neue Dosierungen«.[15] Ein vertrautes Prinzip.

Im April 2013 packte der Brasilianer Walter Casagrande im TV-Sender Globo aus: Beim FC Porto sei 1986/87 gedopt worden. Auch er habe, wie viele Mitspieler, immer wieder Substanzen in den Muskel injiziert bekommen, die ihn »über die Normalverfassung gebracht« hätten. Das ist aus deutscher Sicht besonders bemerkenswert: Es war diese Porto-Mannschaft, die das Landesmeisterfinale 1987 in Wien gegen Bayern München gewann. Wie hatte Franz Beckenbauer Monate vor jener Partie gesagt? »Ich habe DFB-Präsident Neuberger gesagt, Doping sei mehr ein Thema für die Uefa. In Europacup-Spielen laufe etwas.«[16] Casagrande, heute TV-Kommentator bei Rede Globo, hatte nach der Karriere ein massives Drogenproblem. Nach einem Autounfall 2007 musste er sogar eine Zeit in einer Reha-Klinik für Drogenabhängige verbringen.[17]

Was aber war mit den niederländischen Nandrolon-Ampullen bei der WM 1998, über die *L'Équipe* auf Basis der Medikamentenlisten der Turnierteilnehmer berichtet hatte? Über deren Zweck war nie etwas zu erfahren. Die Kickerbranche deutete in der Nandrolon-Debatte eilig auf Pharmafirmen und tumbe Laboranten, die saubere Ergänzungsstoffe mit Nandrolon verseucht hätten. Es ließe sich aber noch ein anderes Erklärungsmodell in Betracht ziehen. Das stammt von einem überführten Dopinghändler.

Der Österreicher Stefan Matschiner, Ex-Leichtathlet und Sportmanager, berichtete 2011 über Nandrolonfälle, die aus verunreinigtem Testosteron herrührten. In seinem Buch »Grenzwertig!« schildert er, wie sich Athleten aus Sommer- und Wintersparten 2003 an einer falsch etikettierten Steroidlieferung aus dem Untergrund bedient hätten. Anstelle des angeforderten Hormons, das nach kürzester Zeit nicht mehr nachweisbar ist, konsumierten die Sportler ein mit Nandrolon versetztes Testosteronpräparat. Das war, schreibt Matschiner, »ein verhängnisvoller und nicht ökonomisch motivierter Fehler, weil Nandrolon der wesentlich teurere der beiden Wirkstoffe ist. Für jene von Jacks Kunden, die sich gerade einer Testosteron-Kur unterzogen hatten oder mittendrin steckten, bedeutete die Nachricht aus dem Labor in Budapest nichts weniger, als Opfer des größten anzunehmenden Dopingunfalls geworden zu sein. Positiv auf Monate!« Aber die Fachdoper fanden Auswege. »Um die Nandrolon-Speicher sukzessive zu leeren, mussten sich die Sportler(innen) einer regelmäßigen Blutwäsche unterziehen. In den zwei, drei Tagen danach, bevor sich die Speicher wieder zu füllen begannen, war sogar die Teilnahme an Wettkämpfen denkbar. Zur Sicherheit konnte man ja immer noch ein Dopinglabor schmieren.« Eben. Diese Strategie sei voll aufgegangen, »sämtliche Athlet(inn)en überstanden die nervenaufreibende Periode unbeschadet. Auch, weil ein eingeweihter Funktionär alle Hebel in Bewegung setzte, dass ein Besuch der Kontrolleure unterblieb.«[18]

Dopingdealer Matschiner versorgte nach eigener Aussage auch Fußballprofis, Namen nannte er nie. Für die enorme Persönlichkeitsveränderung, die in einem Doper vorgeht, führt er in seinem Buch aber ein überzeugendes Beispiel an. Die Triathletin Lisa Hütthaler hatte ihm aus ihrer Betrügerzeit berichtet: »Es gab nicht eine Lisa für die Öffentlichkeit, die nicht dopte, und eine andere fürs Privatleben. Es konnte nur eine geben, wenn man es glaubhaft rüberbringen will. Ich hab zum Teil meinen Freund angeschrien: ›Ich dope nicht!‹ Obwohl er es zum Teil war, von dem ich die Präparate bezogen hatte.«

Eine klare Zustandsbeschreibung zur Jahrtausendwende lieferte auch ein Mann, der bis zu seinem Tod 2009 wohl der Mächtigste im Fußball war: Robert-Louis Dreyfus. Besitzer des Adidas-Konzerns und Förderer Sepp Blatters, Eigner von Olympique Marseille und Miteigner zahlreicher anderer Klubs, darunter Standard Lüttich und Bayern München, an dem Adidas knapp zehn Prozent erwarb. Dem Franzosen war angesichts der Dopingschwemme Ende der neunziger Jahre der Kragen geplatzt, er forderte eine Freigabe. »Wir sollten die Heuchelei beenden und Drogen legalisieren«, so Dreyfus gegenüber dem Pariser Wirtschaftsmagazin *Capital*. »Es ist besser, Zusatzmittel zu tolerieren, die in der richtigen Dosis verschrieben und von seriösen Ärzten verabreicht werden, als ein geheimes Doping in Händen von Quacksalbern zu belassen.«[19] Unterstützung erhielt der Boss des Herzogenauracher Konzerns vom Klubarzt im benachbarten Nürnberg. Dr. Wilfried Schießler forderte die Anabolikafreigabe für die Regeneration nach Verletzungen – weil die Profis sonst nach »vermeintlichen Fitmachern« und »Viehmast-Mitteln« greifen würden.[20] Mit dieser Äußerung machte er Furore. Wobei er eine Überlegung anfügte, die aus ärztlicher Sicht besonders feinsinnig klingt: Spieler, Klubs und auch die Fans würden davon profitieren, wenn die Erholungsphase für blessierte Profis reduziert werden könnte.

»Du nimmst alles, was er anbietet«

Ein Verein, der selbst Bluttests durchführt, ist Arsenal London. Dort wunderte sich Trainer Arsène Wenger schon 2004 über hämatologische Auffälligkeiten bei manchen Neuzugängen: »Einige Spieler, die zu uns wechselten, wiesen eine abnorm hohe Anzahl roter Blutkörperchen auf.« Wenger schloss daraus, »dass manche Klubs Spieler ohne ihr Wissen dopen«[21]. Das wäre, sofern es ohne Wissen der Kicker geschieht, auch strafrechtlich relevant: Dann läge organisiertes Doping vor, kriminelle Bandentätigkeit und vorsätzliche Körperverletzung.

Der offen geäußerte Blutdopingverdacht weist Wenger als kritischen Szenebetrachter aus. Doch wird dieses Bild vom öffentlichen Vorwurf eines Ex-Spielers konterkariert: Nationalspieler Paul Merson berichtete in seiner Biografie von einer Tablette, die ihm bei Arsenal vor einem Spiel gegeben worden sei. Sein Herz raste wie nach zehn Tassen Kaffee, er habe aber nie Fragen gestellt. »Wenn du an den Trainer glaubst, nimmst du alles, was er anbietet.«[22] Wenger wies die Vorwürfe zurück, mit Verweis auf die reine Dopingbilanz seiner Ägide.

Bozener Dopingermittler steht. Der Mann hatte Alex Schwazer betreut; der 50-km-Olympiasieger im Gehen von Peking 2008 war als Epo-Konsument aufgeflogen und wurde zum Dopingkronzeugen. 2014 machten die Bozener Behörden Razzien in Meran, seither gehen sie Fragen nach, die sich unter anderem aus einem umfänglichen Mailverkehr ergeben und auch die Lieferung eines Blutmessgeräts von Südtirol nach Österreich betreffen. Ermittelt wird zudem um ein Hypoxiezelt, das Schwazer im Internet erworben haben soll. Mit solchen Zelten lässt sich zu Hause intensives Höhentraining simulieren. In Italien verstoßen sie gegen das Dopinggesetz.

Worüber in Europa getuschelt wird, gilt in Australien und den USA als neuer Umschlagplatz für Sportbetrüger. Insbesondere Anti-Aging-Kliniken stehen im Zentrum eines Drogenreports der australischen Kriminalkommission ACC. Sie hat ermittelt, dass die Zielklientel neben Eliteathleten und Bodybuildern nun auch Anti-Aging-Kunden umfasst. »Peptide, welche die Wachstumshormonbildung anregen, werden zunehmend beliebter als Anti-Aging-Produkte [...] Während Wachstumshormon und Testosteron ärztlicher Verschreibungspflicht unterliegen, gibt es derzeit keine solche Anforderung für die Versorung mit Peptiden. Deshalb wurden Anti-Aging-Kliniken zum Großverteiler von Peptiden in ganz Australien. Die Anti-Aging-Industrie in Übersee und in Australien wächst in den letzten Jahren signifikant, ebenso die Marktnachfrage nach solchen Produkten. [...] Anti-Aging-Kliniken verkaufen ein weites Sortiment leistungssteigernder Drogen wie Testosteron, Steroide, HgH, Peptide, IGF-1, MGF und SARMs. Einigen dieser Kliniken wurden Verbindungen zur organisierten Kriminalität nachgewiesen.«[33] Die Kriminalermittler haben zudem »laxe und betrügerische Verschreibungspraktiken« bei Ärzten festgestellt, die mit Klubs und Kliniken verbunden sind.

All das ist auch aus den USA bekannt. Dort hatte in den

nuller Jahren die Doping-Firma Balco Schlagzeilen gemacht, die viele Topathleten mit selbst designten Drogen belieferte. 2013 publizierte die *Miami New Times* eine Story über die örtliche Anti-Aging-Klinik Biogenesis. Die Baseball-Profiliga MLB hatte 14 Profis suspendiert, die sich dort versorgt hatten. Unter den prominenten Sündern war Alex Rodriguez, der Yankee-Superstar, der nach einem Sündenfall Jahre zuvor öffentlich dem Doping abgeschworen hatte. Auf der Kundenliste stand auch Tennisprofi Wayne Odesnik; der Amerikaner wurde als Wiederholungstäter 2015 für 15 Jahre gesperrt. Zwar bestritten diese und andere Sporthelden jede Verbindung zu Klinik und Doping.[34] Doch Tony Bosch, der Betreiber, räumte vor Gericht den Handel mit Testosteron ein. Im Februar 2015 wurde er zu vier Jahren Bundesgefängnis verurteilt. Alex Rodriguez teilte den Fans einmal mehr mit, er wolle »dieses Kapitel« hinter sich lassen.[35]

In den USA wurden im Kontext der Affäre Forderungen laut, das Augenmerk stärker auf die in Sportkreisen empfohlenen Kliniken zu legen. Zumal, wenn sie nicht von »echten« Medizinern betrieben werden.

Zurück zu Zidane, dem Mann mit den heißen Fitnesstipps, der mehr noch als Vorgänger Maradona den Blick auf einen seit Dekaden frequentierten diskreten Sportsprengel in den Meraner Alpen geöffnet hat. Das Buchprojekt rund um seine Karriere war ihm suspekt. Zidane weigerte sich, Autorin Besma Lahouri zu empfangen, eine Journalistin, die für das Wochenblatt *L'Express* arbeitet und ihn nach Karriereende bei der ersten Algerienreise begleitet hatte, in die Heimat seiner Eltern. Mit Bekanntwerden des Projekts, beklagte der Verlag, sei die Arbeit der Autorin schwierig geworden. Plötzlich hätten mehrere Gesprächspartner darauf gedrängt, ihre Aussagen müssten aus dem Manuskript getilgt werden. Dann geschah Erschreckendes. Das Manuskript war auf zwei Laptops gespeichert – der eine wurde am 1. April 2008 aus dem Haus des Lektors Christophe Deloire entwendet, der andere am 4. April 2008 aus dem einer Journalistin, die das Manuskript Korrektur las. Die Polizei, erklärte Deloire, glaube nicht daran, dass es sich bei den professionell durchgeführten Einbrüchen um Zufall handelte. Statt wie geplant im Mai 2008 erschien das Werk »Zidane – ein geheimes Leben« erst Ende September. In einer stark entschärften Version, wie es hieß.

Übrig blieb dennoch Schlüpfriges. Angeblich war Zidane bei der WM 1998 in Frankreich, unter Insidern als Epo-Festival bekannt, einer Dopingkontrolle entgangen; nach seinem Platzverweis im Spiel gegen Saudi-Arabien habe der Kontrolleur vergeblich auf den Spieler gewartet. Ein Vorgang, der sich wiederholt habe: nach dem WM-Finale 2006, als Zidane wegen eines Kopfstoßes gegen den Italiener Matarazzi die Rote Karte bekommen hatte und die Partie vorzeitig beenden musste.[36] Auf das Turnier 2006 und die Leistungssprünge reifer Real-Helden wie Zidane und Ronaldo wird im Kapitel über WM-Turniere detailliert eingegangen.

Der Fußball domestiziert die Fahnder

Die Lage an der Dopingfront spitzte sich zu in den nuller Jahren. Anfang des Jahrzehnts hatte sogar die Politik die Reißleine gezogen; sie zwang das Internationale Olympische Komitee (IOC) zur Gründung der Welt-Antidoping-Agentur (Wada). Der alte IOC-Boss Juan Antonio Samaranch musste abdanken nach 21 Herrschaftsjahren und einer Korruptionsaffäre, die den Olymp in den Abgrund blicken ließ. Mit dem Belgier Jacques Rogge kam 2001 ein Arzt ins Amt, der Doping etwas ernster nahm als der spanische Bankier und Franco-Gefolgsmann. Zugleich ging der Kanadier Richard Pound, der im Kampf um den IOC-Thron eine schwere Niederlage erlitten hatte, sozusagen in den Widerstand. All die Jahre hatte

Das mag stimmen, doch wenn ein Argument bar jeder Glaubwürdigkeit ist, dann ist es der Verweis auf Dopingtests. In solchen Fragen können Klagen hilfreich sein, im Zweifelsfalle müssten ja ganze Teams aussagen. Vor einem Gericht müssen strafrechtlich relevante Aussagen ganz anders abgewogen werden als gegenüber Fans und Journalisten; zumal Letztere eine große Schnittmenge aufweisen. Dramatisch verdeutlicht hat das der Fall Ferruccio Mazzola, der bei Inter Mailand erst öffentlich Doping unterstellt und Jahre später, nachdem er verklagt worden war, gerichtsfest bewiesen hatte. Der Klub hatte im Vertrauen auf sein Geld und seine geballte Gesellschaftsmacht versucht, die Wahrheit zu verbieten.

Einen Indizienprozess zur Dopingfrage bei Neuzugängen führte auch Emmanuel Orhant, Teamarzt des französischen Serienmeisters Lyon. »Gewisse Spieler, die aus dem Ausland nach Frankreich zurückkehren, erscheinen mir sehr kräftig.«[23] An dieser Anmutung hat sich wenig geändert. Der Eindruck stellt sich ein, wenn man Fotografien eher feingliedriger Neuzugänge bei Real Madrid anschaut, vorher und nachher.

Für andere gilt, was der Sportsoziologe Gerhard Treutlein aus dem Umfeld eines französischen Erstligaklubs berichtet: »Mich hat ein Vereinspräsident gefragt: Weißt du, warum französische Fußballer in der zweiten Halbzeit besser spielen als in der ersten? Weil die Dopingtests in der Halbzeitpause stattfinden!« Erst danach werde kräftig eingeworfen.

Diego Maradona, der erste medial geformte Superstar der Fußballwelt, ging wegen seiner Kokainaffären und seines Dopingfalls bei der WM 1994 als Sünder in die Historie ein. Jede Menge Merkwürdigkeiten ranken sich aber auch um jene Helden, die in Maradonas Fußstapfen traten und ein Jahrzehnt lang den Weltfußball überstrahlten: Ronaldo, über den im Kapitel zur WM berichtet wird. Und Zinedine Zidane.

Wie kam Frankreichs größter Kicker durch eine so dopingintensive Zeit? Der Mann, der in der Blütezeit des Turiner

Dopingprogramms bei Juventus spielte und der nach – von ihm strikt dementierten – Aussage des belgischen Radprofis Erwann Menthéour in italienischen Polizeiprotokollen auch als Besucher bei Michele »Dottore Epo« Ferrari benannt wurde, beim Leibarzt von Lance Armstrong: Kam er vom Regen in die Traufe, als er aus Italien nach Spanien wechselte?

Ruchbar wurde 2003, wie Zidane zu Blutpraktiken stehen soll. Damals behauptete Frankreichs Rocklegende Johnny Hallyday in einer Fernsehshow, dass er zur Regeneration regelmäßig eine Klinik in den Alpen aufsuche, wo ihm Blut entnommen, mit Sauerstoff aufgeladen und zurückgeführt werde. Den Tipp habe er von einem Freund, der sich das selbst zweimal im Jahr gönne: Zidane. Was der Kicker heftig und auch originell dementierte: »Ich habe mich noch nie mit Johnny in einer Klinik getroffen – nie im Leben!«[24] Zidane erklärte weiter, das Einzige, was er sich seit 2006 gönne, seien regelmäßige Entgiftungskuren in Meran. In einem Etablissement, das seit vielen Jahren als Geheimtip unter Sportgrößen gilt.

Ende 2007 berichtete *L'Équipe* von einer kritischen Zidane-Biografie, die in Vorbereitung sei. Der Flammarion-Verlag kündigte Enthüllungen über den Weltstar an; das Buch beleuchte seine Verträge und Geschäfte – sowie die Dopingfrage. Sollte hier ein Idol zerstört werden? Der Verlag beschwichtigte, es sei kein Buch gegen Zidane geplant, er solle nur von allen Seiten dargestellt werden. Immerhin habe der Held beim Turiner Epo-Klub gespielt. Auch sei die Frage spannend, was er früher zweimal pro Jahr in einem Hotel in Meran getrieben habe, wo ein Landsmann ein Gesundheits- und Fitnesscenter betreibt, das von Politikern, Show- und Sportstars frequentiert wird.

Ein treuer Gast in diesem Meraner Verjüngungs- und Vitalisierungs-Etablissement war Diego Maradona, seit 1987 kreuzte er regelmäßig dort auf. Betreiber Henri Chenot hatte ihn einst in Neapel kuriert, als er »ernsthaft verletzt« war.[25] Maradona hatte den Anfang gemacht, von nun an kamen die

Stars ohne Unterlass – bis heute. Im Sommer 2012 berichtete das Südtiroler Nachrichtenblatt *Stol*, dass Real-Superstar Cristiano Ronaldo und Teamkollege Karim Benzema beim Meraner Spezialisten die letzte Phase vorm Saisonstart verbrächten.[26] Auch andere Lokalmedien verbreiteten die aufregende Nachricht: Cristiano besuche dort seine Freundin Irina Sheik, und Benzema begleite ihn.

Gut informiert zum Thema ist die Fan-Website Real total. Laut dem Insiderportal absolvierte Benzema schon 2011 auf Empfehlung Zidanes im Kurhotel ein Diätprogramm, woraufhin er »seine beste Saison im weißen Trikot« spielte. Fitnessguru Henri Chenot nehme mit seiner »hypotoxischen« Diät nicht austrainierten Kickern sieben Kilogramm binnen sechs Tagen ab. Auch werde dort Muskelmasse aufgebaut. Aber »nachdem er 2012 auf das einwöchige Profi-Programm unter Spezialist Chenot verzichtet hatte, enttäuschte der Stürmer auf dem Rasen erneut«.[27] Im Sommer darauf besuchte der Franzose die Luxuseinrichtung wieder – aus eigener Initiative. Reals Co-Trainer Zidane habe ihm empfohlen, »jedes Jahr vor dem Start der Saison eine solche Diät zu machen«. Und nicht wie 2012 am Strand zu relaxen und dann eine schwache Saison zu spielen. »Von der Spezialbehandlung sollte man zwar keine ganze Spielzeit abhängig machen«, resümiert das Portal, »doch wenn mit Zidane einer der erfolgreichsten Spieler aller Zeiten seit 14 Jahren auf diese Methoden schwört, will das schon etwas heißen.« Im Juli 2014 postete Benzema ein Selfie von seiner Saisonvorbereitung. Aufgenommen im Kraftraum des Kurhotels.

Chenots Revitalisierungszentrum hat über die Jahre Gäste wie Pavarotti, Prinzessin Caroline, Jacques Chirac und Bernard Tapie angelockt, hier wird inkognito entspannt und der Akku aufgetankt. Im gemütlichen Südtirol erholten sich einst Freud und Kafka, heute genießen Stars und Finanzgrößen arabischer und osteuropäischer Provenienz das Angebot von fernöstlichen Anwendungen über Sauerstoff-Ozon-Therapie bis zur Botox-Behandlung. Zugange war und ist auch die Crème des europäischen Kickerbusiness; die Klientel reicht von Frankreichs Ex-Nationalspielern Tresor und Vieira bis zu Trainergrößen wie Wenger und Rolland Courbis.[28]

Warum der Guru nicht nur bei seiner teuren Stammklientel gefeiert wird, sondern auch als Geheimtipp in Spitzensportlerkreisen gilt? Eine Journalistin des *Nouvel Observateur,* die sich 2007 in Chenots Etablissement umtat, zitierte einen Arzt: »Wir praktizieren Eigenbluttransfusionen für sehr wenige Patienten, die besonders erschöpft sind.« Auch habe der Arzt eines großen Fußballklubs die Prominenz des Meraner Spas in Sportlerzirkeln bekräftigt; man wisse, dass dort auch manche »nicht sehr katholischen Dinge«[29] passierten. Ähnlich äußerte sich Frankreichs langjähriger Teamarzt: »Dort gibt es gute Dinge und weniger seriöse«,[30] beurteilte Jean-Marcel Ferret den Meraner Kurplatz, den Zidane dem Rocksänger Johnny Hallyday zum »Blutaustausch« empfohlen haben soll.

In der medizinischen Abteilung gibt es ein integriertes Labor für Bluttests. 2009 bestätigt der Arzt Maximiliano Mayrhofer, dass dort auch Blut-Ozontherapien angeboten werden. Die sind im Sport nicht verboten, doch sehr umstritten. 100 ml Blut würden entnommen, mit einem Mix aus Sauerstoff und Ozon versetzt und in den Körper zurückgeführt – »aber ich praktiziere das nicht mit Sportlern«, so der Arzt. Und einer wie Zidane sei in Sachen Doping sowieso sehr vorsichtig.[31]

Auch Chenot verwahrt sich gegen die steten Verdachtsmomente. »Es gibt viel Eifersucht. Bei uns ist alles sehr kontrolliert. Es ist nicht wie bei Doktor Eufemiano Fuentes in Spanien oder wie bei Victor Conte in den USA. Glauben Sie, dass es uns gelänge, ein solches Geheimnis zu bewahren, mit so vielen Mitarbeitern und all den Paparazzi draußen?«[32]

Während der Guru gar kein echter Mediziner ist, praktiziert in Meran auch ein Sportarzt, der seit einiger Zeit im Fokus der

Bozener Dopingermittler steht. Der Mann hatte Alex Schwazer betreut; der 50-km-Olympiasieger im Gehen von Peking
2008 war als Epo-Konsument aufgeflogen und wurde zum
Dopingkronzeugen. 2014 machten die Bozener Behörden
Razzien in Meran, seither gehen sie Fragen nach, die sich unter anderem aus einem umfänglichen Mailverkehr ergeben
und auch die Lieferung eines Blutmessgeräts von Südtirol
nach Österreich betreffen. Ermittelt wird zudem um ein
Hypoxiezelt, das Schwazer im Internet erworben haben soll.
Mit solchen Zelten lässt sich zu Hause intensives Höhentraining simulieren. In Italien verstoßen sie gegen das Dopinggesetz.

Worüber in Europa getuschelt wird, gilt in Australien und
den USA als neuer Umschlagplatz für Sportbetrüger. Insbesondere Anti-Aging-Kliniken stehen im Zentrum eines Drogenreports der australischen Kriminalkommission ACC. Sie
hat ermittelt, dass die Zielklientel neben Eliteathleten und Bodybuildern nun auch Anti-Aging-Kunden umfasst. »Peptide,
welche die Wachstumshormonbildung anregen, werden zunehmend beliebter als Anti-Aging-Produkte […] Während
Wachstumshormon und Testosteron ärztlicher Verschreibungspflicht unterliegen, gibt es derzeit keine solche Anforderung für die Versorung mit Peptiden. Deshalb wurden Anti-Aging-Kliniken zum Großverteiler von Peptiden in ganz
Australien. Die Anti-Aging-Industrie in Übersee und in Australien wächst in den letzten Jahren signifikant, ebenso die
Marktnachfrage nach solchen Produkten. […] Anti-Aging-
Kliniken verkaufen ein weites Sortiment leistungssteigernder
Drogen wie Testosteron, Steroide, HgH, Peptide, IGF-1,
MGF und SARMs. Einigen dieser Kliniken wurden Verbindungen zur organisierten Kriminalität nachgewiesen.«[33] Die
Kriminalermittler haben zudem »laxe und betrügerische Ver-
schreibungspraktiken« bei Ärzten festgestellt, die mit Klubs
und Kliniken verbunden sind.

All das ist auch aus den USA bekannt. Dort hatte in den

nuller Jahren die Doping-Firma Balco Schlagzeilen gemacht, die viele Topathleten mit selbst designten Drogen belieferte. 2013 publizierte die *Miami New Times* eine Story über die örtliche Anti-Aging-Klinik Biogenesis. Die Baseball-Profiliga MLB hatte 14 Profis suspendiert, die sich dort versorgt hatten. Unter den prominenten Sündern war Alex Rodriguez, der Yankee-Superstar, der nach einem Sündenfall Jahre zuvor öffentlich dem Doping abgeschworen hatte. Auf der Kundenliste stand auch Tennisprofi Wayne Odesnik; der Amerikaner wurde als Wiederholungstäter 2015 für 15 Jahre gesperrt. Zwar bestritten diese und andere Sporthelden jede Verbindung zu Klinik und Doping.[34] Doch Tony Bosch, der Betreiber, räumte vor Gericht den Handel mit Testosteron ein. Im Februar 2015 wurde er zu vier Jahren Bundesgefängnis verurteilt. Alex Rodriguez teilte den Fans einmal mehr mit, er wolle »dieses Kapitel« hinter sich lassen.[35]

In den USA wurden im Kontext der Affäre Forderungen laut, das Augenmerk stärker auf die in Sportkreisen empfohlenen Kliniken zu legen. Zumal, wenn sie nicht von »echten« Medizinern betrieben werden.

Zurück zu Zidane, dem Mann mit den heißen Fitnesstipps, der mehr noch als Vorgänger Maradona den Blick auf einen seit Dekaden frequentierten diskreten Sportsprengel in den Meraner Alpen geöffnet hat. Das Buchprojekt rund um seine Karriere war ihm suspekt. Zidane weigerte sich, Autorin Besma Lahouri zu empfangen, eine Journalistin, die für das Wochenblatt *L'Express* arbeitet und ihn nach Karriereende bei der ersten Algerienreise begleitet hatte, in die Heimat seiner Eltern. Mit Bekanntwerden des Projekts, beklagte der Verlag, sei die Arbeit der Autorin schwierig geworden. Plötzlich hätten mehrere Gesprächspartner darauf gedrängt, ihre Aussagen müssten aus dem Manuskript getilgt werden. Dann geschah Erschreckendes. Das Manuskript war auf zwei Laptops gespeichert – der eine wurde am 1. April 2008 aus dem Haus des Lektors Christophe Deloire entwendet, der andere am 4. April 2008 aus dem einer Journalistin, die das Manuskript Korrektur las. Die Polizei, erklärte Deloire, glaube nicht daran, dass es sich bei den professionell durchgeführten Einbrüchen um Zufall handelte. Statt wie geplant im Mai 2008 erschien das Werk »Zidane – ein geheimes Leben« erst Ende September. In einer stark entschärften Version, wie es hieß.

Übrig blieb dennoch Schlüpfriges. Angeblich war Zidane bei der WM 1998 in Frankreich, unter Insidern als Epo-Festival bekannt, einer Dopingkontrolle entgangen; nach seinem Platzverweis im Spiel gegen Saudi-Arabien habe der Kontrolleur vergeblich auf den Spieler gewartet. Ein Vorgang, der sich wiederholt habe: nach dem WM-Finale 2006, als Zidane wegen eines Kopfstoßes gegen den Italiener Matarazzi die Rote Karte bekommen hatte und die Partie vorzeitig beenden musste.[36] Auf das Turnier 2006 und die Leistungssprünge reifer Real-Helden wie Zidane und Ronaldo wird im Kapitel über WM-Turniere detailliert eingegangen.

Der Fußball domestiziert die Fahnder

Die Lage an der Dopingfront spitzte sich zu in den nuller Jahren. Anfang des Jahrzehnts hatte sogar die Politik die Reißleine gezogen; sie zwang das Internationale Olympische Komitee (IOC) zur Gründung der Welt-Antidoping-Agentur (Wada). Der alte IOC-Boss Juan Antonio Samaranch musste abdanken nach 21 Herrschaftsjahren und einer Korruptionsaffäre, die den Olymp in den Abgrund blicken ließ. Mit dem Belgier Jacques Rogge kam 2001 ein Arzt ins Amt, der Doping etwas ernster nahm als der spanische Bankier und Franco-Gefolgsmann. Zugleich ging der Kanadier Richard Pound, der im Kampf um den IOC-Thron eine schwere Niederlage erlitten hatte, sozusagen in den Widerstand. All die Jahre hatte

er als Samaranchs Kronprinz gegolten – nachdem Rogge ihn
bei der Wahl ausgeknockt hatte, sattelte Pound auf das neue
Weltgremium um und wurde Gründungspräsident der Wada.
Es wurde ungemütlicher im Sport, sogar für den Fußball.
Hier und da flogen ja nun Betrugsstrukturen auf, die Systematik nahelegten. Die Entwicklung nahm eine aus dem Radsport vertraute Richtung, das Geraune um gefallene Helden
schwoll an. Natürlich gab es weiterhin keine harten Tests im
reichen Fußball. Aber die Öffentlichkeit wurde sensibler. Irgendwann merkt sie, dass etwas nicht stimmen kann, wenn zu
viele Gerüchte, Fragen oder Prozesse um namhafte Kicker
wabern – und die Antwort stets lautet: Doping im Fußball
bringt nichts.

Zugleich wurden staatliche Instanzen auf das Problem generell aufmerksam. Dass sich die globale Drogenkriminalität
dem Dopingmarkt zuwandte, war eigentlich nur eine Frage
der Zeit gewesen. Im Spitzensport sind Riesenmargen zu
verdienen, genauso wie in all den Muckibuden rund um den
Globus. Das Ideal des wohlgeformten Körpers hatte längst
die Werbung erobert, klar definierte Sixpacks, Bizeps und
Quadrizeps setzten die neuen Gesellschaftstrends.

Schon um die Jahrtausendwende blühte das Geschäft. Im
Mai 2000 wurden in Nikosia vier Millionen Ampullen Epo
gestohlen. »Fest steht, dass dieses Epo in Europa im Umlauf
ist«, sagte Dopingexperte Sandro Donati mit Verweis auf Po-
lizeiquellen. 2001 wurden in Mailand 35 Kilogramm Testosteron beschlagnahmt; eine Menge, mit der man zehn Tage lang
60 000 Menschen dopen könnte oder tausend Tage lang 600.
Mitte der nuller Jahre erreichte der globale Dopingmarkt eine
Dimension wie der Drogenmarkt, Tendenz: wachsend. Auch
professionelle Dealer mögen es lieber, in Ruhe Dopingmittel
zu verhökern, statt auf dem Drogenmarkt gejagt zu werden.
Drogenhandel ist mit harten Strafgesetzen belegt; ständig bewegt man sich im Sumpf des Kapitalverbrechens, von der
Herstellung über den Handel und Transport bis zum Verkauf

an die Endabnehmer. Geschäftspartner sind Schwerkriminelle, auf die im Notfall kein Verlass ist.

Dagegen ist der Dopingmarkt familiär: Verdeckter Arzneihandel mit Leuten in Pharmafirmen und Privatlaboren, stille Experimentierfreude mit verpeilten Wissenschaftlern und Ärzten – und am Ende der Verwertungskette warten nicht abgedrehte Junkies oder koksende Geschäftsleute, sondern glanzvolle Sporthelden. Vorbilder, die der Welt Halt geben. Und das Tollste: In dieser Grauzone fehlt jede klare gesetzliche Bestimmung – und jede Kooperation innerhalb der Justiz. Was hier verboten ist, ist dort erlaubt. Ermittlungen über Grenzen hinweg sind unmöglich oder scheitern am Aufwand. Aus Sicht der Dopinggeschäftswelt eine paradiesische Situation. Es ist dieselbe, die den Match-Fixern das Berufsleben versüßt.

Im Fußball kommt hinzu: Die Milliardenbranche hat selbst kein echtes Interesse daran, dass Dopingfälle auffliegen. Egal, was ihre Marktteilnehmer erzählen: Der Schaden, der durch prominente Dopingfälle entstünde, wäre gewaltig. Womöglich irreparabel – die Fallhöhe hat der Fußball durch seine Omertà selbst bestimmt. Wehe. Wehe, es gäbe einen Fall.

Die Art, wie sich die Verbände unter Leitung der Fifa in Trippelschritten an etwas straffere Kontrollen herantasteten, offenbart eine Mentalität der fast totalen Verweigerung, des Negierens und Ablehnens. Kontrollen, zumal überfallartig im Training, sind eine ständige Schikane: von der im Fußball aufgelockerten Praxis der Verfügbarkeit des Athleten, ausgenommen in Nacht- und frühen Morgenstunden, bis zur realen Gefahr, dass man wegen einer Lappalie, wegen eines Hustensafts oder Shampoos über Nacht tatsächlich zum Dopingsünder werden könnte. Das ist der Alptraum. Denn effektiv sind Dopingtests durchaus: was die bekannten, nachweisbaren Substanzen angeht. Vor allem die banalsten.

Keine Bedrohung hingegen stellen Dopingkontrollen für den Fachdoper dar. Denn der greift zu hochwirksamen und nicht nachweisbaren Hightech-Pharmaka. Wie die Erfahrung lehrt, auch gern zu solchen, die nicht einmal klinisch ausgetestet sind. Für die Anwendung gibt es Beratungs- und Hilfspersonal. Ein Amateur oder Halbprofi besitzt dafür gar kein Budget. Und genau hier befindet sich für das Publikum der ewige blinde Fleck: Die Öffentlichkeit lässt sich von Funktionären und Ärzten, von Trainern und Spielern, aber auch von Dopingfahndern und Laborexperten, die mit der Absenz von Positivbefunden gern ihre Daseinsberechtigung erklären, eine hohe Effektivität von Kontrollen vorgaukeln. Fachleuten in weißen Kitteln nimmt nicht nur der Profi, sondern auch der Fan gerne eine Menge ab. Das Gros des Publikums glaubt naiv, Dopingtests seien ungefähr so aussagekräftig wie das Alkoholmessgerät der Verkehrspolizei: ein rechtssicherer Indikator, ob jemand etwas gespritzt, geschluckt oder getrunken hat.

Das ist Unfug. Bleibt man im Bild mit dem Alkoholmessgerät, muss man sich vorstellen, dass dieser Apparat nur wenige Alkoholmarken erkennen könnte: Einige Weißbiersorten und Weine, beim Schnaps den klaren und beim Whiskey den Bourbon. All diese Stoffe werden explizit auf einer Verbotsliste vermerkt. Nun wird das Haus, in dem das große Event steigen soll, von Verkehrsstreifen umstellt. Was hieße das für alle, die feiern und trotzdem nicht unter zwei Promille nach Hause fahren wollen? Richtig: Finger weg! Aber nur von den Produkten auf der Verbotsliste. Am Tresen werden Pils, Helles und Starkbier gezapft, die Bar bietet sämtliche Weine an bis auf die paar auf dem Index; zudem gibt es Cognac, dunklen Rum und feinen Scotch. Wer genug hat, krabbelt ins Auto und fährt dem Ring blinkender Blaulichter entgegen. Man absolviert gelassen den Alkoholtest, der Polizist kämpft mit Übelkeit ob der Fahne des Getesteten und schaut zweifelnd auf seinen Alkomat: 0,0 Promille.

Klar schwant dem Ordnungshüter, dass der Kandidat, den er hier vor sich hat, tüchtig getankt hat. Aber wo ist der harte

Beweis? Das Alkoholmessgerät kann den Täter nicht überführen, es ist nicht dafür ausgerichtet. Vermutungen aber, selbst die härtesten Verdachtsmomente reichen nicht aus. Und wer riskiert schon seinen Job, wenn der Verdächtige genug Geld für teure Advokaten hat, die jeden Winkelzug kennen?

Das ist die Ausgangssituation. Und sie lässt viele Betrugsvarianten unberücksichtigt. Da gibt es allerlei Verschleierungsmöglichkeiten; beliebt war zum Beispiel der Einsatz winziger Spuren von Protease: Ein paar Körnchen Waschpulver, die beim Wasserlassen von der Fingerspitze in den Urin geschwemmt werden, schon ist dieser unbrauchbar für den Test. Im Labor, wo alle Proben anonym ankommen, lässt sich nicht mal feststellen, von wem der unbrauchbar gemachte Urin stammt. »Polvo rojo«, rotes Pulver, heißt der Trick auf Spanisch, Jan Ullrich bekam das Zeug von Dopingdoktor Fuentes in Rechnung gestellt. Insofern wären die Hunderttausende Dollar, die das Testsystem des Sports allein in die drei Sünder Ullrich, Lance Armstrong und Marion Jones gesteckt hat, viel sinnvoller in einem Kinderhilfswerk oder der Krebsvorsorge aufgehoben. Überführt werden Stardoper nur durch das, was der Sport genuin scheut: staatliche Ermittlungen.

Wie der Sonderweg des Fußballs aussieht, ist seit der WM 2002 zu bestaunen. Von Beginn an lehnte es die Fifa ab, Beobachter der neuen Welt-Antidoping-Agentur beim Turnier zuzulassen. Auch dem Trainingstestprogramm der Wada schloss sie sich nicht an. »Unser Erscheinen hätte der Glaubwürdigkeit der Fifa gutgetan«, stichelte Wada-Chef Pound. Fifa-Chefmediziner Jiri Dvorak verteidigte die Abschottung. »Wir verfügen über ein transparentes System«, erzählte er. Unabhängige Beobachter seien nun einmal nicht vorgesehen, warum auch: »Zudem besteht kein Zweifel an der Integrität unserer Mediziner.« Schöner lässt sich nicht plädieren für fromme Selbstkontrolle. Die genügt vollkommen unter Geschäftsleuten, die alle derselbe Herzenswunsch antreibt: dass ihr Produkt nicht beschädigt wird.

Schon vor Beginn jener WM in Fernost hatten Dvorak und
Co. auf ganzer Linie Entwarnung gegeben: »Wir haben keine
Hinweise, dass Epo im Fußball eine Rolle spielt.«[37] Wie auch?
Auf Epo im Fußball war bis dahin so gut wie nie getestet wor-
den.

Bei der WM in Asien sorgte Co-Gastgeber Südkorea für
starke Irritationen. Die Nationalkicker offenbarten atembe-
raubende Ausdauerkraft und wetzten so hasenartig übers
Spielfeld, dass sich die Teamleitung konkreter Dopingfragen
erwehren musste.

Nach der WM brachten professionelle Dopingbekämpfer das
Thema Kontrollen zaghaft auf die Agenda. Sogar die deutsche
Nada muckte auf, deren Vertreter den einflussreichen Kicker-
funktionären sonst gern tiefe Hingabe an das Dopingthema
bescheinigen. Sie fand nun, dass »verstärkte Kontrollen im
Bereich des DFB ratsam« seien.[38] Zu der Zeit nahmen die Na-
da-Fahnder jährlich rund siebzig Tests im Fußball vor, und
das in allen Profibereichen. Anders ausgedrückt: keine. Ebenso bedeutungslos waren die insgesamt rund 600 Wettkampftests unter DFB-Regie.

Der DFB, lobte trotzdem 2006 eine Nada-Vertreterin, »ist
einer unserer engsten und strengsten Mitstreiter im Antidopingkampf«. Beeindruckt teilte die Sportpresse mit, der deutsche Fußball sei nun mit 886 Wettkampftests »im Vergleich zu
anderen Sportarten deutschlandweit vor den Leichtathleten
(306) führend«. Wow!

Welchen Unsinn sie kolportierten, merkten die Fachkräfte
für Frei- und Eckstöße nicht einmal bei ihrer eigenen Auflistung: dass nämlich »stichprobenartig« von der Bundesliga
bis runter zur A-Junioren-Bundesliga und rüber bis zur zweiten Frauenbundesliga kontrolliert werde. Zigtausende Akteure also in zigtausenden Spielen – das bedeutet auch Mitte der
nuller Jahre: Kontrolle gab es de facto nicht. Die Zahl der
Trainingstests bei deutschen Kickern, das musste sogar die

Nada zugeben, habe noch Potenzial nach oben. Tatsächlich wurden im WM-Jahr 2006 stolze 87 Profis – aus allen genannten Ligen – im Training getestet. Das ist nichts im Vergleich zur Leichtathletik, wo 1020 Athleten auf Anweisung der Nada antreten mussten.

Im Herbst 2003 schlug Wada-Chef Pound auf den Tisch und versuchte, eine Angstvision heraufzubeschwören: Er plädierte für die langjährige Aufbewahrung von Dopingproben zwecks Nachtests auf Betrugsvarianten wie Wachstumshormongaben oder Gendoping. Aber wer könnte dem superreichen, nur von der Gunst seiner Fans abhängigen Fußball so etwas diktieren? Pound konnte es nicht und versuchte es mit einem anderen Dreh: Tapfer drohte er dem Fußball den Rauswurf aus dem Olympiaprogramm der Spiele in Athen 2004 an, sofern die Fifa nicht den Antidoping-Code unterzeichne. Die Fifa habe wie der einschlägig bekannte Radverband UCI noch »Probleme mit der zweijährigen Sperre nach einem positiven Dopingfall«, sagte er, »aber seien Sie gewiss, bis Athen werden sie unterschreiben, sonst wird Fußball und Radsport aus dem Programm genommen«.[39]

Wieder lachte die Branche herzlich: Was will er denn jetzt? Wollen diese Möchtegerne von Wada und IOC tatsächlich auf Fußball verzichten, einen der TV-Renner auch bei den Spielen – und das, obwohl sowieso nur die U21-Teams zugelassen sind? Nur zu. Die Fifa profitiert kaum davon. Und die Ronaldos und Robbens, Messis und Neuers spielen erst gar nicht bei Olympia. Natürlich unterschrieb die Fifa nicht – und spielte trotzdem. Fußball sitzt immer am längeren Hebel.

Dabei offenbarte auch zu jener Zeit ein Großer der Branche die wahre Dimension des Dopingproblems. Meistertrainer Fabio Capello forderte als Coach des AS Rom, die Einnahme von Dopingsubstanzen zu liberalisieren. Denn: »Es ist extrem schwer, Doping zu bekämpfen.« Und schlimmer, beichtete der Szenekenner der Mailänder Zeitung Il Giornale: »Die Dopingkontrollen hinken Meilen hinterher!« Weiter enthüllte der Coach: »Die Gesundheit interessiert weder die Spieler noch die Ärzte, die bestimmte Mittel verschreiben.«[40]

Den Wada-Code adaptierte die Fifa erst zwei Jahre nach den Athener Spielen, beim 56. Kongress vor dem WM-Anpfiff in München. Und sie ließ Zusatzregeln einbauen, die das Ganze gleich wieder aushöhlten. Der schottische Fifa-Vize David Will beschrieb den Dreh so: »Prinzipiell haben wir eine Zweijahresstrafe. Allerdings – und das ist ein sehr großes Allerdings – haben wir die Einzelfallprüfung.« Gratulation! Die Einzelfallprüfung sieht so aus, dass es bei Dopingverstößen, bei denen sich der Sünder »keine Leistungsvorteile« verschafft hat, eine geringe oder gar keine Strafe gibt. Ärzte, Trainer oder Spieler müssen nur erzählen, eine Substanz sei zur Genesung des Ertappten eingesetzt worden – schon ist der Leistungsvorteil vom Tisch. Müßig zu erörtern, welche Möglichkeiten das eröffnen würde, ginge es um einen Millionenstar. »Es sind alle Sanktionen möglich«, erzählte Will dennoch beim Kongress und ergänzte, ohne rot zu werden: »Damit befindet sich die Fifa nun in völliger Übereinstimmung mit dem Wada-Code.«

Auch in der Bundesliga gab es fortan kaum noch Aufregung. Aber wenn mal was durchsickerte, war es entlarvend. Im Februar 2009 erschienen zwei Hoffenheimer Profis nach dem Match in Mönchengladbach zu spät zum Dopingtest. Der DFB ermittelte gegen Andreas Ibertsberger und Christoph Janker, die nach dem Abpfiff nicht direkt in den Dopingkontrollraum spaziert waren, sondern erst einer Kabinenansprache von Trainer Ralf Rangnick gelauscht hatten. Dass beide Dopingproben später negativ ausfielen, wollten Rangnick und Mitstreiter im Zuge der folgenden DFB-Ermittlungen prompt als entlastend gewertet haben. Absurd – weil es ja während einer zehnminütigen unbeaufsichtigten Abwesenheit problemlos möglich gewesen wäre, alle Vorkehrungen für negative Testergebnisse zu treffen.

Der lockere Umgang mit der Sache brachte die Affäre erst richtig ins Rollen. Rangnick geriet selbst ins Visier des DFB-Kontrollausschusses, nachdem er dem Südwestfernsehen erklärt hatte: »Bei uns war es des Öfteren so, dass sogar der Dopingbeauftragte gesagt hat, die Spieler können noch mal kurz in die Kabine gehen und sollen sich ein frisches Trikot anziehen. Ich habe jetzt mit einigen Trainerkollegen gesprochen. Es ist auch in anderen Vereinen so, dass es die Möglichkeit gibt oder sogar dazu aufgefordert wird, noch mal kurz ein Trikot anzuziehen.« Der DFB verlangte, Rangnick solle seine Aussage konkretisieren – die lege schließlich nahe, dass es in der Vergangenheit regelmäßig solche Verstöße gegen die Antidopingrichtlinien des Verbands gegeben habe.

Als dann auch der Tabellenletzte Gladbach die Chance witterte, über eine Sperre für die Hoffenheim-Kicker Einspruch gegen die Punktevergabe einzulegen (die Partie hatte 1 : 1 geendet), regte sich Empörung im Fußballlager. »Ein Unding«, sagte Leverkusens Sportdirektor Rudi Völler; Kollege Dietmar Beiersdorfer beim Hamburger SV analysierte: »Das hat mit Solidarität nichts zu tun. Beide Spieler wurden negativ getestet, das Ganze hat also mit dem Spiel nichts zu tun.« Selbst die Abstiegsrivalen von Energie Cottbus appellierten an den Zusammenhalt des Gewerbes. »Es wäre unglücklich«, sagte Manager Steffen Heidrich, »wenn wegen zehn Minuten eine neue sportliche Entscheidung für das Spiel herbeigeführt würde.« Wegen zehn Minuten? Oder wegen der Möglichkeit, den Test zu verfälschen? Das zeigt die Denkart von Funktionären, denen bestenfalls bodenlose Ahnungslosigkeit zu unterstellen ist.

Rangnick jedenfalls hatte seine Aussage, die laxe Aufsicht vor Dopingtests sei Brauchtum in der Liga, gewaltig unter Druck durch den DFB gebracht. »Sollten nicht bekannte Vorfälle durch die Antwort von Herrn Rangnick bekannt werden«, dozierte DFB-Vize Rainer Koch, »werden wir sofort sportgerichtliche Ermittlungen einleiten.« Wieder empörten sich viele Klubvertreter. Nicht einmal Gladbachs Sportdirektor Max Eberl war hier eine Hilfe. Der erklärte zwar, »zu meiner Zeit haben wir teilweise vorher noch geduscht« – aber natürlich hätten sich die Zeiten »geändert: Es gibt die klare Vorgabe, dass die Spieler sofort zur Dopingprobe gehen müssen.«[41] Die gibt es in der Tat. Bleibt nur die Frage, ob sie umgesetzt wird.

Nach aller Lebens- und Fußballrealität zu urteilen, war Rangnicks Aussage kein Hirngespinst, sondern eine Tatsachenbeschreibung. »Es hätte jedem von uns passieren können, nun hat es Hoffenheim erwischt«, sagte ein Bundesligatrainer, der nicht genannt werden wollte, der *Süddeutschen Zeitung*. Und aus Sicht des damaligen Nada-Chefs Armin Baumert war der Fall Hoffenheim »ein Dopingfall, ganz klar! Da kann es null Toleranz geben, das unangemessene Verhalten der Spieler ist zu sanktionieren, sie haben die Regeln gebrochen.«[42]

In der Not rottet sich die Liga nun einmal zusammen. Wieder überstrapazierte sie ihre Glaubwürdigkeit, indem sie Dopingtests zu Marginalien erklärte, zu denen sich die Helden des Spiels bequemen dürften, wann sie wollen. Wie sich das gehört, eilten auch Antidopingexperten zu Hilfe. Matthias Kamber, Direktor von Antidoping Schweiz, verbreitete die Kunde, dass es »für einen Urinaustausch etwa zwanzig Minuten« brauche. Das mag das eidgenössische Tempo sein.

Im dopinganfälligen Milliardenbusiness Profifußball ist offenbar unbekannt, dass es zur Verfälschung von Urinproben nur Sekunden braucht, in denen der Spender unbeaufsichtigt ist – beispielsweise, wenn er unter der Jacke einen Urinbehälter zum flinken Austausch transportiert; das ist laut Wada in Russland sehr beliebt. Oder im Vorbeigehen in ein für solche Fälle vorgehaltenes Tütchen mit Enzymen greift, die das Epo im Urin zerstören. Es genügt, über Pulverreste am Finger zu pinkeln. Allein zwischen 2003 und 2006 wiesen 17 Prozent der 3050 Urinproben, die im Labor in Lausanne untersucht wurden, keinerlei Epo-Spuren auf. Das sind mehr als 500 Proben. Wohlgemerkt: gar kein Epo! Typisch Sport, er steckt voller biochemischer Rätsel: Ohne Erythropoetin, das ja auch der menschliche Körper selbst produziert, bilden sich keine roten Blutkörperchen. Und ohne diese findet kein Sauerstofftransport im Blut statt. Man mag die 500 Sportler fast bedauern für ihre Unterversorgung. Einen Proteasetest gibt es erst seit 2009, es habe auch schon Positivfälle gegeben, teilt ein Laborexperte inoffiziell mit. Aber »natürlich gibt es alternative Strategien, Proben zu manipulieren«.[43] Kann hier der Betrugsnachweis nicht geführt werden, gelten sie als negativ.

In Sachen Hoffenheim geriet der DFB zunehmend unter Druck. Immerhin hatte er eine verbindliche Maßnahme des Wada-Codes, an der sich Sinn oder Unsinn der Dopingtests bemessen, gar nicht in seinem Regelwerk appliziert: Laut Regel 3.2.2 darf das Kontrollpersonal »in keinem Interessenkonflikt zum Ergebnis der Probenahme« stehen. Es braucht also unabhängige Begleitpersonen für die zu Testenden, sogenannte Chaperons. Diese informieren die ausgewählten Sportler und weichen ihnen bis zum Test nicht mehr von der Seite. Das soll sicherstellen, dass nicht in letzter Sekunde doch manipuliert wird. In der Bundesliga aber suchten bis dahin die Klubs selbst diese Begleitperson aus, eigene Ärzte und Betreuer begleiteten die zu kontrollierenden Profis. Mit anderen Worten: ihre eigenen Kicker, denen der Betreuerstab letztlich den Job und manchmal sogar Prämien zu verdanken hat. Wer wollte, konnte also jederzeit den Bock zum Gärtner machen. Wie absurd ist es, anzunehmen, eine Überwachungsperson aus dem eigenen Team würde im Ernstfall einen Verschleierungsversuch stoppen – oder gar melden?

Zum Vergleich: Wäre Lance Armstrong, begleitet vom eigenen Betreuer, vor dem Test erst einmal im Teambus verschwunden, wäre die Aufregung enorm gewesen. Bei der

Tour de France 2008 war der Spanier Manuel Beltran den
Chaperons ausgebüchst und auf einem Feld wieder eingefan-
gen worden. Beltrans Probe an diesem Tag war positiv auf
Epo.

Der DFB war in der Zwickmühle, würde er Hoffenheims
Kicker belangen. Dass es keine neutralen Chaperons gab, war
ja unter dem Kontrollaspekt viel schwerwiegender als die
Trödelei der beiden. Weicht ein echter Aufpasser dem Profi
nach dem Spiel keine Sekunde von der Seite, könnte der sich
ruhig Zeit lassen; Hauptsache, er nimmt in der Zeit nichts zu
sich – schon gar nichts von Dritten.

Fragen warf zudem das Sanktionssystem des DFB auf.
Ibertsberger war trotz der Affäre am folgenden Spieltag im
Einsatz. Laut Wada-Code gehören Akteure, die mit Do-
pingrichtlinien in Konflikt geraten, bis zur Urteilsfindung
suspendiert. Aber dann war rasch die Lösung gefunden: Sie
fand sich in einem »schweren Pflichtenverstoß« der Hoffenheimer. Der Klub habe die Spieler »nicht über die Kontrolle
informiert und nicht in den Kontrollraum geführt«, teilte der
DFB mit. Die 75 000 Euro Strafe berappte der Klub aus der
Portokasse. Eher nebenbei korrigierte der DFB sein eigenes
Versäumnis. Fortan müssen Chaperons die zu testenden Spieler in Manndeckung nehmen.

Manchmal stoßen Dopingfahnder in der Bundesliga ganz ins
Leere. Am 23. September 2011 bereitete sich Bayer Leverkusen auf das Auswärtsspiel beim FC Bayern vor, als beim
Abschlusstraining die Dopingkontrolleure vorbeischauten.
Ungewöhnlicherweise marschierten gleich zwei Abordnun-
gen auf: eine von der Nada, eine von der Uefa. Zehn Akteure
wollte die Uefa-Delegation testen. Doch einer fehlte, obwohl
er laut Meldesystem hätte da sein müssen: Michael Ballack.

Der hatte nach einer Grippepause unbedingt am Abschlusstraining teilnehmen wollen. Aber auf halber Fahrt Richtung
Leverkusen war er auf telefonisches Geheiß der medizini-

schen Abteilung wieder heimgeschickt worden. Zu groß sei die Ansteckungsgefahr für den Rest der Mannschaft, hieß es. So ein Zufall. Einer, der erst mehr als ein Jahr später ans Licht kam. Die Uefa hatte Bayer wegen eines Verstoßes gegen die Dopingmeldepflicht mit 25 000 Euro Geldstrafe sanktioniert. Der Klub zog dagegen bis vor den obersten Sportgerichtshof Cas – der das Urteil bestätigte. Egal, Portokasse her. Immerhin, so stellte Geschäftsführer Wolfgang Holzhäuser klar, habe der Cas bestätigt, dass der »Fall Ballack« kein Dopingvergehen sei. Das stimmt: Wo nicht getestet wird oder werden kann, kann es kein Resultat geben. Nur Fragen. Von der, wie oft es vorkommt, dass ein Spieler bei der Anfahrt zum Training per Ferndiagnose wieder heimgeschickt wird, bis zu der, warum Fußballkontrolleure in so einem Fall nicht tun, was Kollegen in anderen Sportarten ständig tun: einfach mal beim Star zu Hause auf einen Test vorbeischauen.

Auch in Frankreich tat sich was. Mindestens vier Profikicker gehörten zum Kreis von 22 Sportlern, denen die französische Antidopingagentur AFLD im Frühjahr 2009 in Haarproben Spuren anaboler Steroide nachwies. All diesen Vorfällen zum Trotz waren sich die Funktionäre beim 33. Uefa-Kongress in Kopenhagen im Frühjahr 2009 einig. Als Blatter die seit Jahresbeginn von der Wada übernommene Meldepflicht geißelte, nach der Athleten auf drei Monate hinaus täglich angeben müssen, wo sie für Kontrollen erreichbar sind, brandete Beifall auf. »Wir kämpfen zusammen gegen Doping, aber dürfen nicht plötzlich eine Hexenjagd veranstalten«, mahnte der Schweizer und forderte, die Wada-Regeln auf die Basis von Vertrauen zu stellen: »Wir brauchen Privatsphäre für unsere Spieler. Wir sind Pioniere bei der Dopingbekämpfung und wahrscheinlich der Verband, der am meisten gegen Doping unternimmt.«

Fifa, Uefa und auch der DFB hielten die Wada-Regel der ständigen Verfügbarkeit für nicht praktikabel bei Fußballern,

die doch sowieso dauernd im Stadion seien. Dass Wada-Kon-
trolleure auch im Urlaub der Profis aufkreuzen könnten, fanden Fifa und Uefa per gemeinsamer Erklärung aus »Respekt
vor dem Privatleben« der Kicker besonders verwerflich. Sie
regten Tests vor allem auf dem Trainingsgelände an. Die Wada
war entsetzt. Generaldirektor David Howman sagte: »Das ist
ein bedeutender Angriff auf das System.« Als Konsequenz
drohte er erneut mit dem »Ausschluss von Olympischen
Spielen«. Diesmal stellte Uefa-Chef Platini endlich und ganz
offiziell klar: »Wenn sie uns ausschließen, wären viele Verbände glücklich darüber.« Keiner kann dem Fußball was.

Am Ende kuschte die Wada. Via Website teilte sie mit,
dass der Fußball die Sonderregelung für eine kollektive Meldepflicht seiner Teams erhalte. So werden über Begriffe wie
Urlaub, Regeneration, Privatleben jede Menge Hintertüren
aufgestoßen. Tatsächlich wären nur unangemeldete, gezielte
Tests die Basis für ein intelligentes Kontrollsystem. Im Wettkampf fliegen nur Trottel auf, geschluckt und injiziert wird in
der Vorbereitung oder in nächtlichen Zeitfenstern.

Die Karawane zog weiter. Jean-Michel Aulas, Präsident des
französischen Erstligisten Olympique Lyon, stellte 2010 in
der Champions League wiederholt Spekulationen über die
stramme Verfassung deutscher Teams an. Als Lyon den Bayern im Halbfinale mit 0:3 unterlag, raunte Aulas, er würde
den dreifachen Torschützen Ivica Olić gern mal am Tag einer
Dopingkontrolle sehen. In der Saison darauf gewann Schalke
3:0 über Lyon, und Aulas monierte, ohne das D-Wort zu benutzen: »Sie waren uns derart überlegen, dass es etwas zu viel
war.«[44]

Virulent war das Thema auch bei der Frauen-WM in
Deutschland 2011. Nordkoreas Fußballerinnen betrieben
Systemdoping, zu dessen Vertuschung herrliche Geschichten
aufgetischt wurden. Die Damen waren in der Gruppenrunde
mit Steroiden aufgeflogen, aber Auswahltrainer Kim Kwang-

Min kämpfte bis zuletzt. Ein großer Teil seiner Spielerinnen, erzählte er, sei bei einem Testmatch am 8. Juni in der Hauptstadt Pjöngjang vom Blitz getroffen worden: Torhüterin Hong Myong Hui, die komplette Abwehrreihe und einige Mittelfeldspielerinnen. »Mindestens fünf mussten ins Krankenhaus«, ergänzte Kim. Seine Akteurinnen hätten sich – gegen den ärztlichen Rat, wie das in Nordkorea so üblich ist – entschlossen, bei der WM fürs Vaterland aufzulaufen.

Die Funktionäre grinsten, als Fifa-Chefarzt Jiri Dvorak diese Details preisgab. Schräge Storys hören sie öfter bei der Fifa, die schrägsten fabrizieren sie selbst, aber bei dieser Geschichte fiel es jedem schwer, sich zusammenzureißen. Tatsächlich wurden fünf Spielerinnen des Dopings überführt und 14 verschiedene Steroide gefunden. Das stellte auch den Fall der kolumbianischen Torhüterin Yineth Varon in den Schatten, die mit Hormonen aufgeflogen war. Team Nordkorea hinterließ bei der WM in Deutschland Befunde, die Dvorak beeindruckt so beschrieb: »Das Labor war konfrontiert mit einer Kombination von Steroiden.«

Im Tal der Ahnungslosen

Ein kurzes tektonisches Beben erschütterte im März 2015 den deutschen Profifußball. Die Evaluierungskommission der Freiburger Sportmedizin, befasst mit der Dopingvergangenheit am Universitätsklinikum, legte Beweise für eine Anabolikaversorgung bei den Bundesligisten VfB Stuttgart und SC Freiburg vor. Sie fanden sich in rund sechzig Ermittlungsakten, die sich im Rahmen eines Betrugsverfahrens in den achtziger Jahren gegen den Chef der Sporttraumatologischen Spezialambulanz angesammelt hatten. Besagter Chef war der langjährige Sportärztedoyen Armin Klümper. Kommissionsmitglied Andreas Singler teilte mit, nun sei der sichere Befund möglich, dass Anabolikadoping auch im Profifußball eine signifikante Rolle spiele. Prompt kam es zu internen Verwerfungen, wenig später setzte die Kommission Singler vor die Tür – er hatte die Details im Alleingang und ohne Rücksprache mit den Kollegen veröffentlicht.

Der DFB und Vertreter beider Klubs rückten zum Krisengipfel in Freiburg an; eine Partei brachte gleich den Repräsentanten einer namhaften Medienkanzlei mit. Klar, nichts ist schlimmer in der Dopingfrage als Öffentlichkeit. Die Kommission entschuldigte sich für den Alleingang ihres Ex-Mitglieds und bewertete dessen Rückschlüsse hinsichtlich einer Systematik gerade im Hinblick auf den SC Freiburg zurückhaltend. Nicht zu rütteln aber war an der Kernerkenntnis: dass Klümper Ende der siebziger, Anfang der achtziger Jahre wiederholt Arzneimittelfuhren an den VfB Stuttgart verschickt hatte. Mindestens dreimal war das Anabolikum Megagrisevit dabei; einmal die verbotenen Substanzen Primobolan und Testoviron. Eine Sendung Megagrisevit war auch an den ortsansässigen SC Freiburg gegangen.

François Caneri, damals Masseur beim VfB, räumte gegenüber den *Stuttgarter Nachrichten* ein, dass Megagrisevit möglicherweise benutzt worden sei, »aber sicher nicht permanent«. Gezieltes Doping beim VfB schloss er aus, allenfalls sei das Mittel zum Muskelaufbau in der Rehabilitation benutzt worden. Caneri war Empfänger von Klümpers Lieferungen – hat er VfB-Klubchef Gerhard Mayer-Vorfelder diesbezüglich angelogen? Der damalige Landesminister hatte bei einer Vernehmung durch das Landeskriminalamt in den Achtzigern nicht nur Absprachen mit Klümper bestätigt, auch sollte sein Name auf Arzneirechnungen auftauchen. Ihm sei aber wichtig gewesen, gab er zu Protokoll, dass es sich nicht um Dopingmittel handelte – und das habe ihm Caneri auch versichert. Umso pikanter ist in dem Kontext die Enthüllung, dass Klümper auf Mayer-Vorfelders Fürsprache seinen Professorentitel erhielt. Ein Radiologe revolutionierte den Spitzenbereich der deutschen Sportmedizin. In Spanien tat das mit Fuentes ein Gynäkologe.

Wer wusste was im Ländle – und darüber hinaus? Den LKA-Beamten hatte Klümper schon damals gesagt, dass er ihre Ermittlungen als aussichtslos erachte: »Schriftliche Aufzeichnungen über die Vereinbarungen habe es nicht gegeben, da dies bei Sportvereinen nicht üblich sei«, vermerkten die Kripobeamten.[45] Wohl wahr. Etwas Licht ins Dunkel brachte Alois Hornung. Seit 1980 Teamarzt der 2. Mannschaft des VfB Stuttgart, sagte er in der ARD-Sportschau, dass Substanzen verabreicht wurden, »die auch illegal waren, kann man sagen«. Doch wer den VfB nenne, der müsse »die Bayern dreimal dazunehmen. Nürnberg, Karlsruhe, die sind alle zum Klümper« – und der habe munter gespritzt.[46] Thorsten Rarreck, Teamarzt bei Schalke, ergänzte: »Megagrisevit war damals in Nordrhein-Westfalen ganz breit im Einsatz, zur Regeneration. Da war das Bewusstsein noch anders.«

Im ZDF-Sportstudio saß wenige Stunden später Perikles Simon; der Dopingexperte war gerade in die Freiburger Aufklärungskommission eingerückt. Er erinnerte daran, dass Doping eine »ganz Menge« brächte, und trug spannende Zahlen vor: Profis liefen in einem Jahr rund 15 Marathonläufe; im Schnitt würden 648 km absolviert. Da seien Ausdauerdrogen interessant. Und was Kraft und Regeneration anbelangt: »Warum soll, was damals wichtig war, heute nicht mehr gelten?« Seine Forderung: Der Fußball habe »aufgrund seiner gesellschaftlichen Bedeutung die Pflicht, mehr zu tun, als sich selbst einen Freifahrtschein auszustellen«.[47]

Wenig später äußerte sich Joachim Löw. Der hatte zur fraglichen Zeit für beide Klubs gespielt. Der Bundestrainer bestätigte Besuche bei Klümper. »Natürlich war ich das ein oder andere Mal da«, aber was er dort bekam, sei ihm selbst nicht klar gewesen. Denn er habe sich »mit 18, 19 Jahren nicht getraut, nachzufragen und zu sagen, ich möchte das im Labor prüfen lassen«. Sein Vertrauen in Ärzte sei »immens groß«

gewesen, aber garantiert habe er keinen – auch er benutzte das Wort – systematischen Aufbau mit Mitteln betrieben. Damals habe es »kein Bewusstsein für Doping« im Fußball gegeben, anders als heute. Immerhin verwarf Löw die Schutzbehauptung, dass Doping im Fußball nichts bringe: »Das verstehe ich nicht. Heute weiß man, dass vor allem Anabolika im Fußball schon etwas bringen könnten. Für den Einzelnen bringt das wahrscheinlich schon was.«[48]

Das begriffliche Spiel mit der Systematik – es hat System. Wird ein prominenter Fußballvertreter zu Doping befragt, versichert er, es gab oder gebe kein »systematisches« Doping. Obwohl danach oft gar nicht gefragt wird. Und was heißt Systematik im Fußball? Nicht mal im jahrzehntelang systematisch verseuchten Radsport dröhnen sich Doper bei jedem Rennen voll. Jeder tat und tut es nach seiner Façon: die einen bei Tagesrennen und kleinen Rundfahrten, die anderen bei Frühjahrs- und anderen Klassikern, die Stars bei Tour, Giro und Vuelta. Bezeichnet man mit Systematik also die Situation, dass mehrere Wettbewerbsteilnehmer zum jeweils adäquaten Zeitpunkt mehr machen, als erlaubt ist, dann ist der Begriff treffend. Packen zum Beispiel einige Spieler eines Teams in ein, zwei Schlüsselspielen, in denen es um Meisterschaft, Champions League oder Abstieg geht, etwas drauf – dann hat das eine Systematik. Denken wir an die Spritzkuren vor den Europacupsiegen von Porto, Marseille, Juventus oder Parma: So zeigt sich das mehrfach erwähnte Big-Points-System.

Schwimmen, Reiten, Auto- und Motorsport. Das sind die Sportarten, mit denen sich Armin Klümper nie befasst hat, was aber »Zufall gewesen sein« kann, wie er in seinen Memoiren sinnierte. Ende 2000 musste er seine Praxis in Freiburg räumen, es waren wieder Tage, die ihn an die Kräfte des Himmels appellieren ließen: Ihn, Deutschlands schillerndsten Sportarzt, der als Radiologe in der Breisgauer Uni-Klinik begonnen, über den Radsport Eingang in die Leistungsmedizin gefunden und dann über drei Jahrzehnte die Formel vom »Halbgott in Weiß« verkörpert hatte. Ihn, Professor Klümper, den von einer missgünstigen Konkurrenz unerreichten Heiler, der bestens vernetzt war in Sport, Politik und Kirche. Und den nun trotzdem die Würdenträger im Ländle aus seiner Klinik raushaben wollten.

Klümpers letzte Affäre war eine zu viel: Die Hürdenläuferin Birgit Hamann hatte unter Eid erklärt, dass sie von ihm »in Freiburg zwischen 1994 und 1996 fünfmal das Wachstumshormon Genotropin intramuskulär gespritzt« bekommen habe. Ohne ihr Wissen. Der Deutsche Leichtathletik-Verband warnte seine A-Kader-Athleten vor weiteren Besuchen bei Klümper, der stets jedes Fehlverhalten bestritt.

2015 sorgte ein weiterer Fall für Schlagzeilen. Die Freiburger Staatsanwaltschaft bestätigte im April Ermittlungen gegen Klümper wegen des Verdachts auf fahrlässige Tötung. Das war bis dahin unbekannt. Und auch, dass diese Causa bereits 2003 vor Gericht gelandet war. Eine Verurteilung war nicht erfolgt. Die Akten waren dann, so schnell es das Gesetz erlaubt, ausgesondert und vernichtet worden. Dieser Fall habe ja keine Sportler betroffen, begründete die Staatsanwaltschaft lapidar, weshalb keine Archivwürdigkeit festgestellt worden sei. Zwar ist es üblich, dass Justizbehörden Akten nur gewisse Zeit aufbewahren. Vor dem Schreddern müssen sie aber laut Landesarchivgesetz »alle Unterlagen, die sie zur Erfüllung ihrer Aufgaben nicht mehr benötigen«, dem Landesarchiv anbieten. Das mysteriöse Klümper-Verfahren sei 2006 abgelegt worden, erklärte die Staatsanwaltschaft, die Aufbewahrungspflicht sei Ende 2011 ausgelaufen. Hingegen teilte das Landesarchiv Freiburg mit, dass die Staatsanwaltschaft erst Ende 2012 angekündigt habe, gerichtsanhängige Verfahren aus jenem Zeitraum (2003 bis 2006) aussondern zu wollen, in den auch die Causa Klümper wegen fahrlässiger Tötung fiel. Wenig später genehmigte das Archiv die beantragte Aktenvernichtung mit der Auflage, dass solche Unterlagen, die ob ihrer historischen Bedeutung aus Sicht der Staatsanwaltschaft interessant sein könnten, separat aufgelistet und dem Staatsarchiv angeboten werden müssten.[49] Und diese Auflage soll das Todesfallverfahren um den berühmtesten deutschen Sportarzt nicht erfüllt haben?

Offenbar gab es hier unterschiedliche Dienstwege. Zur Zeit der »Aussonderung« waren bereits die Freiburger Dopingaufklärer hinter allen Klümper-Akten her – seit April 2012 hatten sie die Behörden um die Herausgabe aller verfügbaren Klümper-Akten gebeten. Was noch da war, blieb aber offenbar erst einmal zweieinhalb Jahre verschollen, bevor es plötzlich in einer Außenstelle auftauchte. Und die brisante letzte Klümper-Ermittlung wäre nie bekanntgeworden, hätte sich nicht in den spät aufgetauchten Tausenden Seiten ein kurzer Hinweis gefunden, dass es dieses Verfahren wegen fahrlässiger Tötung gab.

Das diskrete Verschwinden des Klümper-Verfahrens mit der Begründung, es sei ja nicht um Sportler gegangen, wirkt bizarr vor dem Hintergrund der juristischen Materialien zu diesem Arzt – der überdies eine Person der Zeitgeschichte war. Eine, die wiederholt mit Strafgesetzen in Konflikt kam. Zudem hatte sich im Zuge diverser Ermittlungsverfahren herausgestellt, dass er an seiner Klientel herumexperimentiert hatte. Wovon nicht nur der berüchtigte »Klümper-Cocktail« zeugt, offiziell ein Eigengebräu aus Frischzellen, Aminozucker und Pflanzenextrakten, das sich die Crème des deutschen Sports über Jahrzehnte injizieren ließ, Fußball-Nationalspieler vorneweg. Klümper selbst sagte dazu, dass er und sein Team »permanent nach neuen Wegen auf dem Gebiet der Diagnostik und Therapie suchten und somit die jeweils effizientesten Wirkstoffe miteinander vermengten«.[50]

Auch ließ er oft sein Faible für kreative Medizin anklingen – nach dem Credo, das er in seiner unveröffentlichten Autobiografie so formulierte: »Der Hochleistungssport, seine

Organisationen und ihre Repräsentanten müssen den Mut zum Schuldigwerden haben. Hohe Gesinnung alleine oder rigorose Unterlassung sind keine gangbaren Wege, um zur Verantwortungsethik im Leistungssport zu finden.« So dachte der bis heute einflussreichste deutsche Sportguru. Über Dekaden hat eine Ärztegeneration von »Klümperianern« die nationale Sportmedizin in neue Dimensionen gepuscht. Ärzte, die bis heute nichts auf ihren Lehrmeister kommen lassen. Auf den Guru, der Dopinggegner als »Anabolika-Hysteriker«[51] empfand.

Dass das in den nuller Jahren versickerte Ermittlungsverfahren wegen fahrlässiger Tötung als nicht archivwürdig befunden wurde, verwundert insbesondere vor dem Hintergrund des Falls Birgit Dressel. 1987 war die Klümper-Patientin an einem toxisch-allergischen Schock gestorben. Im Körper der ambitionierten Siebenkämpferin fanden sich bei der Autopsie Rückstände von 78 Medikamenten. Klümper geriet mal wieder in den Dunstkreis von Ermittlungen, die gegen unbekannt liefen, vor allem aber ins Zentrum einer gewaltigen Dopingdebatte. Er räumte die Vergabe von Anabolika »aus medizinischen Gründen« ein, bestritt aber jede Mitschuld am Todesfall. Die Ermittlungen zur Todesursache hatten ergeben, dass Dressel allein in ihren letzten 16 Monaten rund 400 Spritzen erhalten hatte – und jede Menge Anabolika. Megagrisevit setzte sie wegen Unverträglichkeit bald wieder ab, Stromba aber nahm sie bis zum Ende ein; in der Höchstdosis von sechs Tabletten pro Woche.

Dass ihm der Fall Dressel so wenig anhaben konnte wie Verurteilungen wegen Rezeptbetrugs 1989 und falscher Abrechnungen 1997, deutet auch auf Kräfte hinter diesem Sportmediziner hin. Professor John Hoberman, international renommierter Dopingexperte an der Texas-Universität in Austin, hat eine irritierende Beobachtung so beschrieben: »Deutschland ist die einzige Nation, die neben berühmten Sportlern auch berühmte Sportärzte kreierte.«

Klümper, ein hervorragender Diagnostiker, besaß nicht nur Charisma. Er war selbst überzeugt, mit himmlischen Kräften im Bunde zu sein – und dass seine Widersacher Gottes Strafe treffen werde. Leute wie Gerhard Strittmatter: Dem Bahnradfahrer hatte er 1983 nach einer Sturzverletzung das anabole Primobolan gespritzt, das er auch an den VfB schickte. Der Fall Strittmatter weitete sich vor den Sommerspielen in Los Angeles zur Dopingaffäre aus, Klümper geriet ins Zwielicht. »Aber der liebe Gott schaute ebenfalls zu«, hielt er in seinen Erinnerungen fest, »als es um die Wurst ging, stürzte der Vierer, und die Medaillenchance war dahin. Auf der Erde wird bezahlt und nicht im Himmel.«

Tausende Spitzensportler drängten in Klümpers Sporttraumatologische Spezialambulanz. Die Spezialbehandlung des Doktors mit dem Kinnbart lockte Minister und Ministerialräte, Scheichs und Bischöfe in den Mooswald. Und als Klümper wieder mal am Boden war, angeknockt durch den Fall Dressel und im Würgegriff des Finanzamts, das auf eine Steuernachzahlung in Millionenhöhe pochte, starteten Deutschlands Topathleten eine einzigartige Hilfsaktion. In der *FAZ* schalteten sie eine ganzseitige Anzeige »Für Professor Klümper«. Darin verurteilten sie »mit Unverständnis und Verärgerung« die Angriffe bösartiger »Neider« auf den Mann ihres Vertrauens. Klangvolle Namen finden sich unter den Unterzeichnern, darunter die Fußballprofis Hansi Müller, Wolfgang Overath und Stefan Engels.

Spektakulärer noch war das finanzielle Engagement, das die nationale Kickergilde leistete, um ihren Schwarzwald-Doktor vor dem Konkurs wegen horrender Steuerschulden zu retten. Klümper selbst nennt »ganz vorne« die Fußballprofis Hansi Müller, Uli Hoeneß, Karl-Heinz Rummenigge und Paul Breitner, »die tief in die Tasche« gegriffen hätten und ihre Beiträge durch den Turnweltmeister Eberhard Gienger hätten einsammeln lassen. Die Fußballer, sie waren ständig auf Spritztour in den Breisgau. Zu seinen Patienten zählte Klümper neben Profis des VfB Stuttgart und des SC Freiburg auch solche von Bayern München, 1. FC Nürnberg, HSV, St. Pauli, Wattenscheid, Fortuna Düsseldorf und dem Karlsruher SC.[52]

Paul Breitner attestierte per Autogrammkarte, dass ihm der Doc »Zuversicht und Vertrauen in die eigene Leistungsfähigkeit gegeben« habe. Karlheinz Förster sagte dem SWR: »Wenn's Spitz auf Knopf ging, haben wir gesagt: ›Mensch, Professor, ich muss am Samstag wieder ran.‹ Da hat man auch mal was Unvernünftiges gemacht.« Später präzisierte er, dies nicht etwa auf Dopingpraktiken bezogen zu haben. Damit habe er nie zu tun gehabt: »Wir haben damals beim VfB nicht über das Thema Doping gesprochen, und es hat mich auch nicht interessiert.« Förster war Dauergast bei Klümper, vor allem wegen seiner Sprunggelenke; die musste sich der schwäbische Schmerzensmann nach seiner Karriere versteifen lassen. Auch andere Meister-Kollegen von damals gingen früh am Stock. Torwart Helmut Roleder bekam schon mit Anfang vierzig ein künstliches Hüftgelenk.

»Er hat viel zur Entwicklung der modernen Sportmedizin beigetragen«, sagt Thorsten Rarreck über Klümper. Der langjährige Schalker Mannschaftsarzt, der im Herbst 2014 nach zwei Dekaden hinwarf, ist selbst Fürsprecher eines Klümper-Schülers, den er sehr schätzt: Hans-Wilhelm Müller-Wohlfahrt. »Klümper hat die Infiltrationstherapie begründet und auch naturheilkundlich viel gemacht«, so Rarreck. Wobei er auch die Schattenseiten nicht verschweigt: »Dank seiner kurzfristigen Therapieerfolge hielt er Menschen mit kaputten Knorpeln im Sport. Obwohl solche Gelenke schon zwei Jahre vorher aus dem Leistungssport hätten rausgenommen werden müssen.« Das harte Therapieren sei auch ohne Doping gegangen, da hätten »Analgetika eine große Rolle« gespielt.[53]

Fakt für all die Höchstleister war nun einmal: Wer Klümper besuchte, stand meist schneller wieder auf dem Trainingsplatz als andere. »Die lachen nur darüber, dass andernorts acht Wochen und länger pausiert werden muss«, rühmte sich der

Meister. Anders als das Gros der Kollegen machte er kein Geheimnis daraus, dass er Anabolika gab, wenn er es für medizinisch geboten hielt. Dann juckten den Radiologen die Dopinglisten »überhaupt nicht«. Dabei ist bekannt, dass Anabolika die Verknöcherung von Sehnen und Bändern bewirken; sie reißen schneller. Sie steigern zudem die Aggressivität und lösen Glücksgefühle aus. Oder Depressionen, wenn sie abgesetzt werden. In seinen Memoiren schreibt Klümper, die »Gegner einer freien Leistungsgesellschaft« seien immerzu bemüht, den Leistungssport als »Symbol des freien Leistungsstrebens zu diffamieren, um seine Vorbildwirkung in Frage zu stellen«.

Klümper hatte seit Anfang der sechziger Jahre daran mitgewirkt, dass Freiburgs Uni-Sportmedizin zur Medaillenschmiede des nationalen Spitzensports wurde. Das von tiefer Abneigung geprägte Duell mit seinem Universitätskollegen Joseph Keul trug wohl zu allerlei Innovationen im Bereich von kreativer Sportmedizin und Dopingforschung bei. Keul war geschickter, sportpolitisch besser verdrahtet, er trat gern öffentlich auf und war viele Jahre Olympia-Chefarzt, später Präsident des Deutschen Sportärztebunds. Schon in den Siebzigern hatte er Anabolika an Gewichthebern erprobt, mit dem Plazet der Politik, die zur Aufrechterhaltung der nationalen Medaillenchancen offen Dopingforderungen erhoben hatte: »Was in anderen Staaten erfolgreich als Trainings- und Wettkampfhilfe erprobt worden ist und sich in jahrelanger Praxis bewährt hat, kann auch unseren Athleten nicht vorenthalten werden«, sagte 1976 Gerhard Groß, Ministerialrat im Bundesinnenministerium. Nicht nach Mitternacht auf dem Herrenklo, sondern bei einer Festrede in Freiburg an Keuls Adresse.

Kein Wunder, dass anabole Steroide wie Nandrolon bereits 1976 von Doyens wie Keul oder dem späteren DFB-Teamarzt Wilfried Kindermann erforscht und für tauglich erklärt worden waren. Die Erkenntnisse bezogen sich auf männliche Anwender: »Ein Verbot von anabolen Hormonen mit dem Hinweis auf eine Schädigung, die nicht bewiesen ist, lässt die ärztliche Beratung bzw. den Arzt selbst fragwürdig erscheinen und ist daher nicht empfehlenswert.« Wohlgemerkt: ein Arzt, der ein Verbot nahelege, erscheine fragwürdig, nicht etwa die Vergabe von Anabolika an sich. In der damaligen Studie waren die Befunde von 57 Sportlern, die Anabolika genommen hatten, auf Schädigungen hin überprüft worden. Zwar stellten die Autoren solche bei 34 Personen fest. Weil die Schädigungen aber nach Absetzen des Steroids wieder zurückgegangen waren, wurden die Dopinghämmer für »wahrscheinlich« unbedenklich erklärt: »Diese Befunde [...] lassen den anabolen Steroiden keine allgemeinschädigende Wirkung zuordnen.«[54]

Kindermann, dem keine aktiven Dopingvergehen angelastet werden und der sich Jahre später nach Ansicht des Dopingexperten Franke »vom Saulus zum Paulus« wandelte, gab in den Siebzigern bemerkenswerte Interviews: »Im Osten kommen Frauen auch mit tiefen Stimmen durch den Alltag. Dort sind sie sozial abgesichert.«[55]

Heinz Liesen, sein Vorgänger als DFB-Teamarzt, hatte damals ebenfalls erhellende Aussagen gemacht. Bei einer Bundestagsanhörung erklärte er: »Wir wissen zum Beispiel aus dem Radsport [...], dass viele Athleten nach mehreren Tagen einen Einbruch der Leistungsfähigkeit und auch der körperlichen Gesundheit dergestalt haben, dass sie gegenüber Infekten anfällig werden oder manifest erkranken. Die Empirie der Athleten zeigt uns, dass sie sich aus dieser Erfahrung heraus vorher ein anabol wirksames Hormon spritzen lassen, zum Beispiel Testoveron, und dann diese Erkrankungen, diese Abfälle in der Leistungsfähigkeit nicht auftreten.« Ein Plädoyer für anabole Vorsorge.

Was hatte Dopingenthüller Toni Schumacher berichtet? Dass Liesen Tausende Injektionen und Pillen verabreicht habe, darunter »ein paar Hormönchen«. Noch 2011 antwortete der Sportarzt auf die Frage, ob er für die Freigabe von

Testosteron sei: »Ja. Ich sehe es als Mittel zur besseren Regeneration an.«[56] Zugleich sah er den Konflikt, dass das Hormon bessere Trainingsleistungen ermögliche. Eine keineswegs branchenübliche Geradlinigkeit muss man Liesen zugutehalten. Seinen Rückzug aus dem Leistungssport nach dem WM-Gewinn 1990 begründete er damit, dass er die »verlogene Antidopingpolitik« nicht mehr ausgehalten habe. Es sei nur um Geld und Macht gegangen, in der IOC-Medizinkommission habe er miterlebt, »wie man vor allem Proben von Amerikanern unter den Tisch kehrte, um nicht die Fernsehgelder von US-Sendern zu riskieren«. Und es gab schlichte Lösungen für echte Probleme: »Damals waren die Fläschchen mit den Urinproben noch aus Glas. Wenn aus Versehen eine B-Probe auf den Boden fiel, war die weg. Und der Athlet konnte nicht mehr gesperrt werden.«[57]

Liesen propagierte die künstliche Zufuhr körpereigener Stoffe – kein Doping, fand er, weil es sich um körpereigene Stoffe handelte. Dank solcher Methode war die Fitness der deutschen Mannschaft die beste von allen, wie sich (neben 1982 und 1990) bei der WM 1986 zeigte, gerade im Halbfinale gegen Frankreich. In jenen Jahren wurde der Begriff von den »German tanks« geprägt, von deutschen Panzern, die hüftsteif daherkamen, aber im Turnier alle Gegner niederwalzten.

Liesen stand nicht allein. Noch 1988, Anabolika waren generell verboten, teilte der Deutsche Sportärztebund »zur medikamentösen Behandlung von Sportlern« mit: »Die zeitlich limitierte Gabe von Anabolika zum Wiederaufbau atrophierter Muskulatur nach Immobilisierung oder langdauernden Verletzungen stellt eine therapeutische Maßnahme dar und erfüllt nicht den Tatbestand des Dopings.«[58] Eine den Antidopingregeln und wohl auch dem Standesethos zuwiderlaufende Behauptung. Die Sportärzte kannten ihre Pappenheimer: Anabolika und Testosteron seien zwar verboten, werden »aber von einem Teil der Sportler praktiziert. Diese Selbstmedikation beinhaltet eine erhöhte gesundheitliche Gefährdung.

Deshalb sind abschreckende Maßnahmen wie Kontrollen im Training notwendig. Andernfalls bliebe zum gesundheitlichen Schutz des Athleten nur die legalisierte Einnahme unter ärztlicher Kontrolle übrig.« Also auch das – Anabolika für Gesunde – wäre aus Sicht nationaler Sportärzte akzeptabel, gäbe es die Dopingverbote nicht.[59] Einschätzungen, von denen die Branche heute, da alles schneller, stärker, ausdauernder abläuft, nichts mehr wissen will.

Klümper aber schwebte über allen. Seine Spezialambulanz, die ihm auch ob der chronischen Unverträglichkeit mit seinem Rivalen Keul eingerichtet worden war, wurde zum Wallfahrtsort der Prominenz. Er war der Liebling der Athleten und vieler Kollegen. Über manche plaudert Klümper in seiner Biografie. Über Liesen, den er schätzte und der Anabolika »Marathonläufern zur Regeneration« verabreicht habe. Oder über Kindermann, der vor den Seoul-Sommerspielen »plötzlich für eine Freigabe der Anabolika« plädiert habe, aus Resignation über die untauglichen Tests.[60] Zum damals schon verbreiteten Wachstumshormon notiert Klümper, es »werde halt heimlich viel gespritzt und geschluckt ohne ärztliche Kontrolle. So ruinieren viele ihre Gesundheit. Die ›Szene‹ hält dicht, wie beim Rauschgift.«[61] Dichthalten, das tut die Szene des Sports seit je.

Die ehrfürchtige Hingabe von Deutschlands Topkickern an ihren Guru verwundert auch deshalb, weil selbst ein Gericht in der Bezeichnung »Doping-Rezepteur« keine Beleidigung gegen Klümper erkennen wollte. Auch blieb der Name hartnäckig mit dem Tod der Patientin Dressel in Verbindung, wenngleich Ermittlungen gegen unbekannt eingeleitet, aber eingestellt worden waren. Egal. Viele teilten die Denkart von Klümper und Kollegen, Anabolikakuren nach Verletzungen hätten mit Doping nichts zu tun.

1994 wurde gar ein Gremium zur Unterstützung von Klümpers Arbeit gegründet, der Verein »Osteologie und

Sporttraumatologie«, die VfB-Urgesteine Hansi Müller und Karlheinz Förster waren Gründungsmitglieder. Ende 2000 verließ Klümper seine Klinik und siedelte nach Südafrika um; der Unterstützerverein löste sich erst 2004 auf, in der Kasse war noch immer ein erklecklicher Betrag.[62]

Auch aus seiner Zeit als Radverbandsarzt verriet Klümper Wegweisendes für die moderne Dopingbranche: »Wenn wir unsere Amateure erwischt haben, haben wir das nicht an die Öffentlichkeit getragen, sondern verbandsintern reglementiert. Er hatte dann die Wahl, sein Fehlverhalten öffentlich zu gestehen – oder sich eine dreimonatige Grippe zuzulegen.«[63] So lief das schon damals, der Königsweg ist es bis heute. Wie etwa ein Fall aus der britischen Premier League von 2011 zeigt. Der Trick mit der als Verletzungspause getarnten Sanktion regelt gleich zwei Probleme auf geschäftsschonendem Wege: Einerseits muss Strafe ja sein für einen Dopingsünder, sonst kann man die Sache gleich freigeben. Der Betroffene wird also für einige Monate aus dem Verkehr gezogen; wobei der Fußball seinen eigenen Strafenkatalog pflegt. Andererseits lässt sich auf diesem Weg der Skandal vertuschen, den ein prominenter Fall ja provozieren würde. Über eine längere Verletzungspause wundert sich niemand im Fußballgeschäft. Hat jemals ein Journalist angeblich Langzeitverletzten hinterherrecherchiert?

Klümpers Abschied aus dem Dunstkreis des SC Freiburg soll sich in der Saison 95/96 standesgemäß vollzogen haben. SC-Schlüsselspieler Jörg Heinrich war vor einem Uefa-Cup-Spiel mit einer Muskelverletzung außer Gefecht, Klümper soll ihn fit gespritzt haben. Trainer Volker Finke habe daraufhin den Arzt kontaktiert, und der räumte angeblich die Gefahr eines Muskelbündelrisses mit anschließender Auszeit für sechs Wochen ein. Mit dem feinen Zusatz: Der Profi habe unbedingt spielen wollen, dafür habe er gesorgt. Alles andere sei kein Thema gewesen. Heinrich spielte nicht. Es soll Klümpers letzte Hilfe für SC-Profis gewesen sein.[64]

In Deutschlands Dopinghochburg im Breisgau dauerte es lange, bis sich die Wahrheit Bahn brach. Den Stolz der Stadt, den frechen SC Freiburg, betreute in Andreas Schmid ein ausgewiesener Dopingarzt von der Uniklinik. Aber selbst als Schmids Manipulationen im Team Telekom aufgeflogen waren, schworen die Breisgau-Kicker auf ihren Doktor. »Wir machen mit ihm auf jeden Fall weiter«, sagte SC-Präsident Achim Stocker, er halte Schmid für einen »Toparzt, der bei uns Toparbeit geleistet hat. Er ist ein angenehmer und fairer Typ. Die Dopingvorwürfe sind für uns unvorstellbar und haben mit Fußball nichts zu tun.«[65] Der und Doping? Quatsch. Ist doch so ein netter Kerl.

Vergessen war auch der Dopingfall des einstigen SC-Ersatztorhüters Gerd Sachs. Dem waren Anabolika gespritzt worden, in der Behandlungsphase nach einer Verletzung, wie es in der Saison 1991/92 hieß. Ohne Wissen der Funktionäre, klar. Am Ende musste sich der SC doch von Dr. Schmid trennen. Inzwischen war aufgekommen, dass er dem Radprofi Sinkewitz in der Uniklinik Blut verabreichte, das geklumpt haben soll – lebensgefährlich, wie die Freiburger Untersuchungskommission festhielt. Trotzdem ließ sich größerer Schaden vom nationalen Sport abwenden. Die Arbeit der unabhängigen Uni-Untersuchungskommission wurde über Jahre mit Methoden torpediert, die für jede Seifenoper zu platt wären. Beispielsweise schlummerten fünf Kisten Geschäftskorrespondenz des Sportdoyens Keul im Privatdomizil einer Uni-Juristin, statt den Ermittlern ausgehändigt zu werden – die Keuls Arbeit durchleuchten sollten. Auch die Freiburger Staatsanwaltschaft arbeitete mit dosiertem Eifer. 2012 stellte sie die Ermittlungen gegen Schmid und dessen Kollegen Lothar Heinrich ein. Obwohl beide zugaben, in den Neunzigern am Doping im Radsportteam Telekom mitgewirkt zu haben. Die Strafverfolger sahen keinen »hinreichenden Verdacht konkreter Verstöße gegen Strafbestimmungen«, zudem seien die Vorwürfe nach fünf Jahren verjährt. Überhaupt, was soll

die Aufregung: Die Radprofis seien ja nicht zu Schaden gekommen.

Experten wie der Antidopingaktivist Werner Franke sehen
im Breisgau »südbadisches Mittelmeerrecht« obwalten; was
er zu begründen vermag: »Als es um das Verjährungsproblem
der Ärzte aus der DDR ging, hat man die Frist zweimal verlängert, weil Doping nicht vom Staat verfolgt worden war.«
1998 wurden Sportärzte aus der DDR wegen Körperverletzung verurteilt. Im Westen gab es hin und wieder Strafbefehle
gegen Ärzte, aber nie eine Verurteilung vor Gericht. In einem
Land, das sportärztliche Berühmtheiten kreiert, wie Hoberman sagt. Franke lacht: »Ausgerechnet diese Staatsanwaltschaft, die das Verfahren zu den Telekom-Ärzten eingestellt
hat, ist nun die Schwerpunktstaatsanwaltschaft zur Dopingbekämpfung in Baden-Württemberg.« Eine, die glaubt, dass
eine Ermittlungsakte gegen den Kreativmediziner Klümper
wegen Verdachts auf fahrlässige Tötung aus den nuller Jahren
nach Verfahrenseinstellung keinen Archivwert habe. Weil es
im konkreten Fall nicht um Sportler gegangen sei.

Gut organisiertes, von oben geduldetes, teils gewünschtes
und abgesichertes Doping – das ist eine Spezialität aus
Deutschland. In anderen Ländern wird es weniger akribisch
betrieben. In Ermangelung von Know-how, landesweiter
Netzwerke oder einfach, weil nationale Sporterfolge eine
mindere Bedeutung besitzen. Perfekt organisiertes Doping ist
sogar eine deutsche Erfindung – dokumentiert im Doping-
Staatsplanthema 14.25 der DDR. In der Summe verdeutlicht
die zähe, allseits boykottierte Aufklärungsarbeit wissenschaftlicher Stäbe, dass es im Westen massive Bestrebungen
gab, über praxisnahe Forschung und windelweich begründete
Anwendungen eine eigene Erfolgssystematik zu erarbeiten.
Gezeigt hat das die abgewürgte Berliner Studie zur deutschen
Dopingvergangenheit ab 1950 ebenso wie der Kampf der
Freiburger Aufklärer gegen filmreife Widerstände – geleistet

auch von einer Institution des Geistes, die sich Exzellenz-universität nennt.

Allerdings trübte in den neunziger Jahren erste interne Kritik die konzertierte Verherrlichung der Sportmedizin im Ländle. Zu den Skeptikern zählte Klaus Steinbach, später Präsident des NOK. Steinbach hatte als Mannschaftsarzt des FC Homburg hingeschmissen, jenes Klubs, dessen Präsident Manfred Ommer wider die Scheinheiligkeit der Branche predigte, Klümper den »größten Doper des Planeten« nannte und für die Freigabe chemischer Keulen war. »Es stinkt zum Himmel, wenn im Fußball behauptet wird, es werde nicht gedopt«, sagte Steinbach, Chefarzt einer saarländischen Reha-Klinik. Er berichtete, »wie die Spieler zu mir gekommen sind und gesagt haben: Doc, ich brauch' was ganz Starkes«.[66] Es sei »unglaubwürdig und heuchlerisch« vom DFB, wenn er behaupte, seine Kicker seien sauber. Der Verband habe doch nur Angst, dass die Zuschauer wegbleiben, »wenn klar wird, dass auch im Fußball munter gedopt wird«. Steinbachs Fazit: »Ich setze mich auf keine Bundesligabank mehr, das kann ich mit meinem ärztlichen Eid nicht vereinbaren!«[67] Der DFB biss auf die Zähne und diskutierte wieder einmal die Einführung einer exotischen Übung: Trainingstest. Dabei hielten seine Fachleute wie Mayer-Vorfelder das DFB-Kontrollsystem für »effizient genug«. Zu der Zeit wurden pro Saison etwa 1,7 Prozent der Profis einmal getestet, mit Vorwarnzeit. »Alibikontrollen«, so Steinbach.

Neben Freiburg und Köln bietet auch das Saarland eine bewegte sportmedizinische Umgebung. 2012 flog dort der »Pumping Professor« auf, ein Mediziner, der an der Hochschule für Prävention und Gesundheitsmanagement in Saarbrücken lehrte. Diese Einrichtung für Fernstudiengänge residiert direkt neben dem Olympiastützpunkt Rheinland-Pfalz/ Saarland und dem Institut für Sport- und Präventivmedizin der Universität des Saarlandes, das Tim Meyer leitet. Der

»Pumping Professor« war Kunde eines Doping-Dealers, der in einem Untergrundlabor in seinem heimischen Keller Injektionslösungen und Tabletten mit Steroiden herstellte. Das Geschäft brummte. Gegen den Medizinprofessor, der sein Know-how als Ernährungsexperte auch gut drei Jahre lang am Olympiastützpunkt weitergab, wurde ermittelt; das war auch das Ende seiner Vorträge für Bundeskaderathleten und Trainer. Nicht bekannt ist, wie es jene Kaderathleten hielten, die er individuell in Ernährungsfragen beriet. 2015 erhielt der Mediziner vom Amtsgericht Rosenheim eine zweijährige Bewährungsstrafe wegen Handels mit Dopingmitteln; er soll sie an Amateursportler weitergegeben haben. Die Recherchen hatten zudem gezeigt, dass er mit einer Schweizer Firma kooperiert hatte, die auch Profifußballteams betreute.[68]

Mediales Interesse weckte des Professors Nähe zu einem Aushängeschild der deutschen Sportmedizin. Er hatte in früheren Jahren gemeinsam mit Wilfried Kindermann geforscht und publiziert, inwieweit durch den Missbrauch anaboler Steroide erlittene Schädigungen zu begradigen seien. Und auch die Promotion des Mannes unter Kindermanns Leitung am Uni-Institut hatte sich mit den Langzeitfolgen des Steroidgebrauchs befasst. Kindermann, der Jahre zuvor berufliche Konsequenzen für den Dopingkronzeugen Peter Neururer angeregt hatte für den Fall, dass der seine Zeitzeugenberichte nicht beweisen könne, geriet unter Druck. Er erklärte, er sei dem Kollegen gegenüber »stets kritisch eingestellt« gewesen, der Mann sei schließlich Bodybuilder gewesen. Allerdings habe es »während seiner Zeit als Arzt im Praktikum keinerlei Auffälligkeiten« gegeben. Für seine Dissertation hatte der »Pumping Professor« sogar den Wissenschaftspreis des Saarlandes erhalten.[69]

Kapitel 4
Doping bei WM-Turnieren

Wir sollten nicht mehr über Doping reden.
Fifa-Präsident Sepp Blatter
während der WM 2010

Goldene Zeiten

Viele rote Fäden ziehen sich durch die Dopinghistorie des Fußballs. Durch die großen Zeiten von Inter Mailand, Ajax Amsterdam, von Olympique Marseille bis Juventus Turin. Der Umstand, dass hauptsächlich vor wichtigen Spielen gedopt wurde, ob in Frankreich oder Österreich, Italien oder Deutschland, ist so ein Faden. Ein anderer das Prinzip, Profis aus dem zweiten Glied als Versuchskaninchen für die Wirkweise stärkender Substanzen heranzuziehen. Und dann sind da all die »ahnungslosen Fußballstars«, die, oftmals selbst mit harten Verdachtsmomenten belegt, die Omertà hartnäckig pflegen. Und die Mitteilsameren aus der zweiten Reihe übertönen.

Neben diesen roten Fäden aber verläuft ein goldener. Es sind und waren ja meist »goldene Generationen«, die über die Jahrzehnte den WM-Titel eroberten oder Spitzenplazierungen für ihren Kulturkreis. Diese Goldgenerationen setzten auch die Maßstäbe im Vereins- und Länderspielbetrieb; sie prägten ihre Zeit. Brasilianer und Argentinier waren stets dabei, alljährlich brechen Hunderte Novizen aus Südamerika nach Europa auf; die Korruptions- und Drogenhistorie in diesen Ländern ist aberwitzig. Als im Sommer 2015 die Wada eine Fußball-Dopingstatistik für das Jahr 2013 mit 86 Sündenfällen vorlegte, rangierte dort Brasilien mit zehn Fällen auf Rang eins vor Portugal (7) sowie Italien, Frankreich, Belgien, Griechenland und Iran mit jeweils fünf.[1] Frankreich hatte eine Goldgeneration, die 1998 Weltmeister wurde, Europameister 2000 und um ein Haar 2006 erneut Weltmeister, es unterlag erst im Elfmeterschießen Italien – das über Dekaden eine goldene Klubgeneration nach der anderen feierte. Dann kam die erstaunlichste Goldgeneration von allen. Erblüht in einem Land, das keiner auf dem Zettel hatte: Spaniens *generación de oro*. Sie beherrschte fast eine Dekade lang den globalen Spitzensport – vom Tennis über Basketball bis zum Radrennsport. Vor allem aber beherrschte sie die Sportart Nummer eins in nie erlebter Dominanz: Fußballeuropameister 2008, Weltmeister 2010, Europameister 2012; Barcelona gewann die Champions League 2015 und der FC Sevilla, wie schon im Vorjahr, die Europa-League; 2014 hatte das Champions-League-Finale erstmals ein Stadtduell zwischen Real und Atletico Madrid (4:1) erlebt. Dass im Dunstkreis des kollektiven Körperwunders häufig der legendäre Blutdoper Eufemiano Fuentes und andere belastete Ärzte auftauchten, wurde in der Sportnation Spanien nie als Indiz dafür betrachtet, dass es neben dem Generationenglück ein paar weltliche Gründe geben könnte für die wundersame Dominanz.

Fußballweltmeisterschaften bieten die größte Bühne – des Sports und der Welt. Wer Eindruck hinterlässt in den paar Turnierwochen, hat in der Regel ausgesorgt. Der Wert des WM-Titels ist enorm, schon mit einem guten Abschneiden wird man in vielen Ländern zur Legende. Das ist so seit der ersten global ernstzunehmenden WM: 1954, als sich die deutsche Elf eines übermächtigen Gegners erwehrte, der 32 Spiele lang ungeschlagen war und der sie Tage zuvor noch mit 8:3 vom Platz gefegt hatte. Mit einem Fußballspiel wurden die Berner Helden nationales Kulturgut. Die Nebengeräusche sind bekannt.

Die WM 1958 war geprägt von Emotionen. Vor allem im Halbfinale der Gastgeber gegen das verhasste Deutschland, das mehr eine Tätlichkeit war als Fußball. Diese WM blieb, was klare Hinweise auf pharmazeutische Begleitung anbelangt, ein blinder Fleck; überstrahlt wurde sie vom Aufstieg der brasilianischen Seleção und ihres ersten Superstars Pelé. Dass der Wunderknabe in Schweden Spritzen erhielt (was immer man einem 17-Jährigen injizieren musste), ist auf vergilbten Fotos festgehalten. Zu sehen ist, wie Masseur Mário Américo die Kanüle tief im Oberarm des Teenagers versenkt. Américo, der Glatzkopf, war von 1950 bis 1974 stets dabei und bald so legendär wie der Ledergürtel, in dem er geheimnisvolle Salben und Tinkturen bei sich trug. Verbotene Substanzen, Wunderdrogen, geheimnisvolle Pillen wurden darin vermutet, was der deutsche Sportphysiotherapeut Dieter Hochmuth ins Reich der Fabel verwies. Alles pflanzliche Produkte, versicherte der Mann, der eine Weile selbst beim Zauberdoktor gelernt hatte und eine von dessen Salben vertrieb. Offiziell ist nichts bekannt über pharmazeutische Vorgänge in Schweden 1958 oder zum erstaunlichen Aufstieg der Seleção. Nur, dass sie medizinisch und psychologisch ganz massiv aufgerüstet hatte.

Fragen gab es natürlich. Auch wieder zu Herbergers Team, das zur Verzweiflung des Trainers im Halbfinale an den entfesselten Schweden gescheitert war; hatte man diesmal keine Spritzenkuren wie vier Jahre zuvor verabreicht? Im Hinblick auf Brasiliens enormen Aufstieg sei erinnert, dass die Aufputschorgien im südamerikanischen Fußball schon in den fünfziger Jahren so legendär waren, dass Helmut Rahn von einer Testspielreise 1954 unselige Anregungen mitgebracht hatte. Jahre später ergaben Dopingtests im brasilianischen Fußball, dass 1969 in zwölf von 13 Topteams regelmäßig Stimulanzien genommen wurden. Wurde nur im Nationalteam nicht gedopt?

Im professionellen Umfeld der WM 1962 waren Aufputschdrogen nachweislich verbreitet, der Brennstoff, der über Jahrzehnte nicht mehr wegzudenken war. Die Annahme, dass das gerade beim Turnier in Chile anders gewesen sein könnte, erfordert ein Höchstmaß an Gutgläubigkeit. Das Spiel Chiles gegen Italien in der Gruppenphase ging als »Schlacht von Santiago« in die Geschichte ein. Und durch die von mehreren Teilnehmerländern gesammelten Verdachtsmomente wurde die Fifa dazu gedrängt, bei der folgenden WM 1966 in England Dopingtests durchzuführen. Es waren die ersten überhaupt bei einem internationalen Spitzenevent des Sports, noch vor den Olympischen Spielen.

Was die WM 1966 anbelangt, förderten deutsche Dopingforscher ein Zeitdokument zu Ephedrinspuren bei drei deutschen Nationalspielern zutage. Befruchtet hat der Fund, wie gesehen, nur die Debatte über Nasensprays.

Auch die WM 1970 im fernen Mexiko brachte wenig neue Erkenntnisse; das Thema Pharmagebrauch war einfach noch keines für Medien und Publikum. Beim WM-Vierten Uruguay spielte Julio Cortés, der soeben eine Dopingsperre abgebrummt hatte. Und was Brasilien angeht, den überragenden Weltmeister, der Italien im Finale mit 4:1 schlug: Paulo César, der fünf Spiele bestritt und auch bei der WM 1974 mitspielte, war 17 Jahre lang schwer kokainabhängig. Die Sucht führte so weit, dass er seine goldene WM-Medaille von 1970 für das weiße Pulver verscherbelte.[2]

Einen Weckruf gab es erst bei der WM 1974 in Deutschland: den offiziell ersten Dopingfall bei einer Weltmeisterschaft. Jean-Joseph Ernst aus Haitis Nationalteam wurde nach der achtbaren 1:3-Niederlage gegen Italien positiv getestet. Es blieb sein einziges Länderspiel, und der Abwehrspieler hatte Glück, dass er es überlebte. Nach der Verkündung des Befundes zerrten ihn Teamoffizielle aus dem Trainingscamp in der Sportschule Grünwald, schlugen ihn und setzten ihn ins nächste Flugzeug Richtung Haiti. Die Kameraden waren traumatisiert: Mit der Aktion hatte ihr größter

Förderer, Haitis Diktator »Baby Doc« Duvalier, seine dunkle Seite gezeigt, »vor der wir als erfolgreiche Fußballer immer geschützt waren. Vor dem Match gegen Polen hatten wir eine schlaflose Nacht, ich dachte nur an Ernst und nicht ans Spiel«, sagte ein Mitspieler später. Gegen Polen ging das angsterfüllte Haiti mit 0:7 unter, weshalb der zwangsrepatriierte Jean-Joseph Ernst im Teamquartier im fernen Deutschland anrufen und Kapitän Philippe Vorbe versichern musste, dass er noch am Leben sei.

Ein armer Schlucker aus den Banlieus von Port-au-Prince hatte also den Anfang gemacht. Was war wirklich geboten an der Pharmafront bei jener WM, bei der Deutschland den zweiten Titel klarmachte? Die Spieler sprachen vom Üblichen: Vitaminspritzen. Aus der Berliner Universitätsstudie indes ist neuerdings bekannt, dass auch in Westdeutschland eine Form staatlich geförderter Dopingsystematik existierte.

Mit Fördermitteln des dem Bundesinnenministerium unterstellten Bundesinstituts für Sportwissenschaft (BISp) forschten Ärzte in den Siebzigern zu leistungssteigernden Effekten von Anabolika und Testosteron. Der Berliner Studie zufolge hatte das BISp eine zentrale Rolle als »lukratives Finanzierungsinstrument« für die Sportmediziner inne. Aus dem Innenministerium seien klare Signale gekommen, alle Mittel zu nutzen, um bei den Olympischen Sommerspielen in München 1972 Medaillen zu gewinnen. Vor allem die Abteilungen für Sport- und Leistungsmedizin am Uni-Klinikum Freiburg sowie das Institut für Kreislaufforschung und Sportmedizin an der Deutschen Sporthochschule Köln sollen profitiert haben. Medaillen für München 1972 – aber was war mit dem Titel, der viel mehr als jede Goldmedaille wiegt? Was war mit der Fußballweltmeisterschaft zwei Jahre später? Sollten da nicht auch alle Mittel genutzt werden?

Erst die im Jahr 2015 publizierten Justizakten aus den achtziger Jahren belegen, dass die Systematik versteckter Pharmavergaben im Spitzensport West vertieft wurde. Und die Akten des Falls Armin Klümper zeigen, dass der Fußball mit einbezogen war.

Wie so oft im Sport und stets im Fußball kam erst Jahrzehnte später ans Licht, was damals die Runde machte. Der französische Sportarzt Jean-Marcel Ferret, Mannschaftsarzt von Zidane, Deschamps und Co. beim WM-Gewinn 1998 und von 1993 bis 2004 für die Équipe Tricolore zuständig, machte vor einem Doping-Untersuchungsausschuss des französischen Senats 2013 eine delikate Aussage: Länder wie Italien würden ihre Spieler »aggressiver« medizinisch versorgen, auch Deutschland sei so ein Fall. Ferrets konkreter Vorwurf: »Bei der WM 1974 gaben die Deutschen ihren Spielern Infusionen, das war für uns eine Verirrung.«[3] Infusionen 1974? Gegen die Hitze im Nordseebad Malente? Doping in DFB-Teams wurden immer bestritten.

Eine Menge mehr ist von den heimlichen Helden jener WM bekannt: Ein Teil des Oranje-Teams um Johan Cruyff war verbotenen Substanzen nicht abgeneigt. Johnny Rep und andere beichteten Jahrzehnte später, wie verbreitet der Dopingkonsum war: »Ich habe wohl mal vor einem Europapokalspiel so ein Amphetaminpillchen geschluckt«, sagte Rep 2013 dem TV-Sender RTV Noord-Holland, das sei völlig normal gewesen: »Fußball und Doping? Das war kein Geheimnis. Damals taten es alle.«[4] Besonders erhellend ist die Aussage von Frits Kessel, von 1968 bis 1999 Teamarzt der Oranje-Auswahl. Über Dekaden hatte er wie seine internationalen Kollegen die Mär »Fußball und Doping passen nicht zusammen« verbreitet. Nun gab er zu, dass Doping bei den WM-Turnieren 1974 und 1978 üblich gewesen war. Der Autor Guido Derksen beschreibt 2013 in seinem Buch »Voetbalmysteries. Opgelost« (»Fußballmysterien. Entzaubert«), wie nach einem wichtigen Spiel in den achtziger Jahren mehrere Feyenoord-Spieler so vollgedröhnt gewesen seien, dass sie ohnmächtig wurden. Ab den neunziger Jahren, so der Autor, sei die Dopingvergabe dann besser organisiert worden. Was auch die Bilderbuchaffären von Juventus Turin bis zum größten Mysterium, der Dopingakte Fuentes, zeigen.

Johnny Rep gab mehr Dinge preis. Er berichtete aus anderen Ländern: Beim französischen Spitzenklub AS St. Étienne seien vor der Europacuppartie gegen den PSV Eindhoven am 1. November 1979 alle Spieler an den Tropf gehängt worden – auch der Kapitän. Der hieß Michel Platini und ist heute Uefa-Präsident. Was immer Rep und Co. vor jener Partie verabreicht worden sein mag, es wirkte Wunder. Gegner Eindhoven war Titelverteidiger und hatte das Hinspiel 2 : 0 gewonnen. Im Rückspiel ging St. Étienne völlig entfesselt auf den Platz und führte nach nicht einmal fünf Minuten mit 3 : 0. »Niemals, niemals hat man so etwas im Europacup gesehen«, japste der französische TV-Reporter. Am Ende siegte das Team um Doppeltorschütze Platini mit 6 : 0.

Reps Bericht bestätigen viele Zeugen. Mitspieler Dominique Rocheteau berichtete von Aufputschmitteln und schrieb: »In Saint-Étienne verschrieben uns die Mediziner von Zeit zu Zeit Vitaminspritzen als Energieschub vor wichtigen Spielen.«[5] Klubarzt Pierre Poty gestand offen Dopingmaßnahmen, er habe Profis mit »die Psyche stärkenden Mitteln« versorgt […]. Denn: »Die Spieler werden mit den Aufputschmitteln besser, aufmerksamer, intelligenter, zielgerichteter, selbstbewusster. Wenn zwölf sie nehmen, profitieren sie alle von dieser Verbesserung.«[6]

In Bezug auf das WM-Finale 1974 sagte Rep fast vierzig Jahre später im holländischen Fernsehen, er habe damals keinen Dopingverdacht gegen deutsche Spieler gehegt. Aber: »Später denkt man dann, da war möglicherweise etwas.« Allerdings seien die Deutschen dafür bekannt, »dass sie immer weitermachen, auch wenn sie 0 : 3 zurückliegen«. In Verdacht hatte Rep eher die Profis aus Brasilien und Uruguay. »Die waren total wild.« Eindeutig gedopt, behauptete er im holländischen Fernsehen, hätten jedenfalls die südamerikanischen Gegner von Ajax Amsterdam im Weltpokal in den siebziger

Jahren: »Die waren steif durch Amphetamine.« Solche Beob-
achtungen bestätigte auch Arie Haan. Und Johan Cruyff?
Der Anführer des Oranje-Teams hatte im Finale 1974 nichts
Auffälliges bemerkt, schlug in seiner Zeitungskolumne bei *De
Telegraaf* aber sarkastische Töne an: Die westdeutschen Ki-
cker seien ja »immer größer und stärker gewesen – aber das
kam, so wurde immer gesagt, weil sie mehr Bier tranken«.[7]
Allerdings dürfte sich auch Johan der Große in Pharmafragen
auskennen. Sein Sohn Jordi soll in den Neunzigern beim FC
Barcelona mit Wachstumshormon behandelt worden sein.[8]

Bei der WM-Persiflage 1978 in Argentinien war alles durch-
getaktet, die Gastgeber wurden zum Titel gemauschelt. Der
Arm der Juntabosse reichte bis in die Umkleidekabine. Sieht
man die korrupten politischen Deals mit WM-Gegnern, sieht
man den getürkten WM-Spielplan und die offenkundig ge-
kauften Spieler von Peru, ist die Vermutung absurd, dass just
im Pharmabereich alles sauber abgelaufen sein sollte. Selbstverständlich gab es keinen argentinischen Dopingfall. Drei
Jahre später aber gestand der Teamarzt Ruben Oliva, dass in
der Zeit, als er die WM-Helden unter seinen Fittichen hatte,
»Drogen eingesetzt wurden, um die Spieler anzuregen«[9].
Auch zählten Argentiniens Ligen stets zu den dopinginten-
sivsten. Insofern bildet hier der zweite offizielle Dopingfall
der WM-Historie – erwischt wurde der Schotte Willie Johns-
ton – nur den zweiten Treppenwitz der Wirklichkeit.

Sehr viel konkreter wird die Pharmaproblematik im Hinblick auf die WM-Turniere 1982 und 1986. Bekannt ist, dass
Weltmeister Italien besser drauf war, je länger das Turnier
dauerte und nachdem ein manipulationsumwittertes Gruppenspiel absolviert war: Das merkwürdige Vorrunden-1:1
gegen Kamerun sei erkauft worden, berichtete die internationale Presse zwei Jahre später. Es reichte zum Weiterkommen – und Kamerun zum ehrenhaften Aus. Vereinbart gewesen sei eigentlich ein 0:0, doch weil Kameruns Torwart vor

dem 1 : 0 ausgerutscht war, gab es halt ein 1 : 1 – der Ausgleich
fiel nur 50 Sekunden später. Fünf Kameruner Spieler gaben
Kontakte zu Italien zu.[10] Bekannt ist ebenso, dass sich die
Profis der Serie A zu jener Zeit durch eine weitere Hochphase
des Dopings bewegten – oder wurde für die WM ein Pharma-
päuschen gemacht? Das weiß man nicht, es sind ja keine Positivfälle zur Hand.

Als gesichert gilt, dass die schlimmsten Dinge in der deutschen Gruppe abliefen. Allerdings wirkt die Schande von Gi-
jón, der deutsch-österreichische Nichtangriffspakt, bei dem
ein ausgekungeltes 1 : 0 beiden Teams das Weiterkommen zum
Nachteil Algeriens sicherte, heute als weitaus kleineres Übel,
zieht man den Dopingaspekt bei den um einen enormen Pres-
tigeerfolg betrogenen Nordafrikanern heran. Algeriens Auswahl hatte von der WM 1982 über die WM 1986 bis zum Gewinn des Afrikacups 1990 ihre erfolgreichste Phase. Heute
muss gefragt werden: Wer hat damals eigentlich nicht betrogen? Hat der hingeschummelte Gruppen-K.o. die Maghrebi-
ner womöglich vor Schlimmerem bewahrt?

Algeriens »goldene Generation«, die es 1986 ins Achtelfinale schaffte und dort (erneut) an den Deutschen scheiterte,
diese Generation umflort ein dunkles Schicksal. Viele, zu
viele Teilnehmer dieser beiden WM-Turniere zeugten Jahre
später behinderte Kinder. Mindestens acht von ihnen. Der
wahrscheinliche Grund dafür: Dubiose Ärzte sollen die Nationalspieler ohne ihr Wissen mit gefährlichen Dopingmitteln
versorgt haben.

Ein ungeheuerlicher Verdacht. Sollte man den nicht zerstreuen? Die Spieler fordern seit vielen Jahren eine Untersuchung, wollen wissen, ob die Schicksale ihrer Kinder mit den
Wirkstoffen zu tun haben könnten, die ihnen, den Vätern, damals verabreicht worden waren. 2010, vor dem Anpfiff der
Fußball-WM in Südafrika, äußerte einer der Betroffenen jenen Verdacht. Doch weil es um Doping ging, die dunkle Seite
des schönen Spiels, wurde sein Hilferuf nicht gehört. Schon

zuvor war es seinen Mitspielern nicht anders gegangen. Den Anfang hatte Mohamed Kaci Saïd gemacht, Mittelfeldspieler des algerischen Teams 1986 in Mexiko. Der Vater einer geistig behinderten Tochter erklärte öffentlich: »Wir fragen uns, ob uns die sowjetischen Mediziner damals mit gesundheitsgefährdenden Mitteln vollgestopft haben!« Null Reaktion. Ein Jahr später meldete sich Mittelstürmer Djamel Menad zu Wort: »Wir sind mehrere Nationalspieler, jeder hat mindestens ein behindertes Kind. Das ist kein Zufall, und es ist an der Zeit, dass die Verantwortlichen eine Untersuchung einleiten, um das Phänomen zu erklären. Wir wollen wissen, was wir gekriegt haben.«[11]

Saïd hegte denselben Verdacht wie Menad, dessen Tochter an einer Hirnerkrankung und Muskelschwund leidet: dass unter dem verstorbenen russischen Trainer Ewgenij Rogow, der in der Achtzigern in Algerien unter anderem als Nationalcoach wirkte, hochriskante Arzneien verabreicht wurden und dass sie vermutlich als Versuchsobjekte für sowjetische Präparate dienten. Saïd sagte, Rogow »arbeitete mit einem Arzt namens Sascha Tabartschuk zusammen«, und Menad ergänzte: »Der gab uns bei jeder Zusammenkunft der Nationalelf gelbe Pillen. Ich fand ihre Form seltsam, aber damals hat man das unbesorgt geschluckt. Heute würde ich ihm gerne Fragen stellen.«[12]

Menad, der 1980 bei den Olympischen Spielen in Moskau für Algerien spielte, sagte gegenüber der *taz,* in den damals politisch unruhigen Zeiten habe sich sein Heimatland dem sozialistischen Teil Europas geöffnet, es seien viele Trainer aus Osteuropa, der Sowjetunion, Tschechoslowakei gekommen – und mit ihnen medizinische Berater, die Vitamine, Stärkungsmittel und Ähnliches vergaben. Das Zeug sei in der WM-Vorbereitung, vermutlich auch während des Turniers 1982 genommen worden.

Mohamed Chaïb wurde 1987 Vater. Seine Tochter litt an einer Muskelkrankheit, sie starb 2005. Das Ehepaar Chaïb konsultierte einen DNA-Experten, der ihnen prophezeite, die nächsten Kinder würden gesund sein. 1999 kamen Zwillinge zur Welt, mit derselben Behinderung. Da war für Chaïb klar: »Unsere Sportkarriere ist der Grund für unsere behinderten Kinder.« Er forderte über einen Anwalt die Herausgabe der alten Medizinakten an. Die gebe es nicht mehr, teilte der Verband mit. Chaïb wundert das. »Haben sie etwas zu verbergen?« Eltern und Kinder warten bis heute auf eine Untersuchung.

Im Herbst 2011 gingen Chaïb, Menad und Saïd an die Öffentlichkeit, das französische Fernsehen sendete eine große Reportage. Alle drei waren bei der WM in Mexiko dabei gewesen und beim Gewinn des Afrikacups 1990, alle drei teilen dasselbe Los. So dachten sie zumindest. Aber dann stellte sich heraus, dass sie nicht allein betroffen waren. Auch Tej Bensaloua, Mehdi Cerbah, Abdelkader Tlemçani und Salah Larbès sowie ein weiterer aus der Generation Gold haben behinderte Kinder. Insgesamt mindestens acht Spieler – das macht den Verdacht überwältigend, dass es eine Gemeinsamkeit geben muss. Auch Rachid Hanifi sieht das so, als Teamarzt war er Vorgänger des Sowjetmediziners. Er hält die Abgabe von gefährlichen Dopingstoffen für »möglich«. Und erinnert sich an den Russen Gennadi Rogow, der bis kurz vor der WM 1982 algerischer Nationaltrainer war – und nach der WM 1986 bis 1988. Rogow habe einen Sowjetarzt mitgebracht, der sein Wirken streng abgeschottet habe. »Ich erhielt keinen Zugang mehr zu den medizinischen Dossiers.« Als Hanifi eine Beschwerde ans Sportministerium schrieb, wurde er angewiesen, »Rogow und seinen Arzt arbeiten zu lassen. Also trat ich zurück.«[13]

Jede Menge Pillen und Pulver habe es gegeben, sagen die Betroffenen. Ihre Fragen nach dem Inhalt bleiben seit Jahren unbeantwortet. Und schlimmer. Mahieddine Khalef, Algeriens Trainer von 1982, hat die goldene Ära – die in eine Zeit heftiger politischer Unruhen fiel – völlig anders in Erinnerung. Er und andere, die jene Phase schadlos überstanden, vertreten die klassische Position der Fußballmächtigen: »Doping«, erzählte Khalef, »gab es damals in Algerien nicht.« Auch Rabah Saâdane, der Algeriens Auswahl von 1984 bis zur WM 1986 (und erneut bei der WM 2010) coachte, bezweifelt, was die leidgeprüften Spieler vortrugen. Er verstehe ja »den Schmerz der Familien, aber eine Verbindung zwischen den Behinderungen und Doping müsste von einer wissenschaftlich begleiteten Untersuchung geklärt werden«. Auch habe in seiner ganzen Zeit als Nationaltrainer kein europäischer Arzt das Team betreut. Diese Beobachtung teilt Ali Fergani. Der Kapitän der 1982er Auswahl behauptete sogar, die Nationalelf habe nie mit ausländischen Betreuern gearbeitet.

Das sind glasklare Aussagen. Aber der französische TV-Sender France 2 widerlegte sie ebenso glasklar. Die Fernsehleute trieben den mysteriösen Sascha, russische Kurzform für den Namen Alexander, in einer Klinik in Tscheljabinsk auf, 1500 Kilometer östlich von Moskau. Und tatsächlich räumte Professor Tabartschuk ein, dass er Algeriens Nationalteam seinerzeit behandelt habe. Allerdings – wahre Kenner des Fußballs ahnen es – mit Vitaminen. Genauer: »Mit Vitaminen aus französischer und Schweizer Produktion.« Bezahlt habe das der algerische Verband.

Die Bande zur Sowjetunion waren eng. Die in Algier bis 1988 unangefochtene Einheitspartei FLN unterhielt glänzende Kontakte zu den Ostblockführern. Fußball war ihr Kerninstrument im Kampf um gesellschaftspolitische Akzeptanz: Schon während des Algerienkriegs von 1958 bis 1962 trug eine »Unabhängigkeitself« der FLN rund achtzig Länderspiele in fast allen Warschauer-Pakt-Staaten, Asien und Afrika aus. Viele aus dem linken Rebellenkreis fanden im 1963 gegründeten algerischen Verband eine Zukunft. Wegen der personellen Kontinuität gilt die FLN-Auswahl sogar als legitimer Vorgänger der »Fennecs«, der »Wüstenfüchse« genannten Nationalauswahl. Nationaltrainer Rachid Mekhloufi, der

Algeriens Team bei der WM 1982 betreute, war Spielmacher der sozialistischen Propagandatruppe, die in der Sowjetunion ein halbes Dutzend Mal aufspielen durfte; 1988 war er für kurze Zeit Verbandschef. Neben Mekhloufi fungierten nach 1963 sechs weitere FLN-Mitstreiter als Nationaltrainer.

Zugleich ist es so, dass in den achtziger Jahren, im Zenit des Kalten Krieges, die Sportgroßmächte UdSSR und DDR brutalste Pharmaexperimente betrieben. Unter Athlethen begann sich Widerstand gegen die Zwangsvergabe von Substanzen zu regen, auch bis zu 20 Prozent der Sportärzte sollen sich in dieser Zeit nach anderen Betätigungsfeldern umgesehen haben. Stasiakten belegen, warum. Die Suche nach der Wunderwaffe hatte eingesetzt, der Sprung in die nächste Betrugsdimension: Gendoping, Versuche am Menschen mit ungeprüften Mittelvergaben und Kombinationen, Blutdoping, Amphetamine und Weckamine, die nur zu Dopingzwecken entwickelten Oral Turinabol und die Experimentalsubstanz *STS 646*, Vitamin B_{12}, reines Testosteron, psychotrope Substanzen, Nasensprays mit Androstendion, Opiate, Wachstumshormone – ein diabolischer Pharmaexzess.

»Einsichten in die russischen Archive könnten klarstellen, mit welchen sowjetischen Präparaten das verdreckte DDR-Sportsystem in den achtziger Jahren herumhantierte«, schrieb Ines Geipel, selbst ein DDR-Dopingopfer und Vorsitzende des deutschen Dopingopfer-Hilfevereins, in einem politischen Essay 2012.[14] »Nach dem Fall der Mauer«, berichtete der hohe DDR-Sportmediziner Manfred Höppner, »wurde die Parole ausgegeben, sämtliche belastenden Papiere zu vernichten. Der nur mündlich weitergegebene Befehl kam von ganz oben. Zwischen November 1989 und April 1990 wanderten fast alle Dokumente in den Reißwolf.«[15]

Die Sowjetunion, ihre Rote Armee und der DDR-Anabolika-Produzent Jenapharm (Hauptprodukt: Turinabol) betrieben sogar gemeinsam ein Genforschungsprojekt. Es soll um Manipulationen am menschlichen Gencode gegangen sein. In einem internen Schreiben vom 11. Juni 1991 will der Deutsche Sportbund (DSB) den Deutschen Skiverband (DSV) darüber unterrichtet haben. Auch in den Wirren der Vereinigung gingen jede Menge Materialien verloren – und manche ärztliche Existenz.

Kurz vor dem Untergang hatten die Blockdiktaturen die größte vorstellbare Lügenkulisse gezimmert, um die gesellschaftliche Überlegenheit ihres Systems zu simulieren. Bei den Olympischen Sommerspielen 1988 in Seoul ließen die Bruderstaaten im Medaillenspiegel die Welt weit hinter sich; die Sowjetunion gewann mit 132 Medaillen, 55 goldenen, vor der DDR (102/37) mit ihren nur 17 Millionen Bürgern – abgeschlagen folgten die USA (94/36), Westdeutschland (40/11) und Gastgeber Südkorea (33/12). Ebenso klar war Monate zuvor das Ranking bei den Winterspielen in Calgary gewesen.

Hat »der Osten« einfach besser trainiert?

Blödsinn.

Die Stasiakten enthüllen, dass der DDR-Sport unter radikalem Druck einen Auftrag von ganz oben umsetzte. Staatsplanthema 14.25 forderte Doping in allen Bereichen (bis auf Segeln und Rhythmische Sportgymnastik), mit oder – gerade im Minderjährigenbereich – ohne Wissen der Athleten. Unausrottbar auch die Mär, im Ostblock sei besser trainiert worden. Es wurde viel intensiver geochst, richtig – und das war nur dank Doping möglich. Bei den Wettkämpfen selbst waren die Athleten clean – zur Gewährleistung gab es eigene Ausreisekontrollen. Mechanismen, die es auch im Fußball gibt: Teste ich mein Millionenpersonal selbst, zumindest auf Partydrogen und die paar Blut- und Urinparameter, die kurzfristig abzurufen sind, bin ich ziemlich auf der sicheren Seite.

Die immer neuen Praktiken, für die im Osten wie im Westen eigene Pharmaka entwickelt wurden, wurden aber nicht an Spitzenathleten ausprobiert. Für so etwas gab es Versuchskaninchen. Ferruccio Mazzola von Inter Mailand hat das offen-

bart, auch andere: Profis aus der zweiten Reihe. Und es gab
ärztliche Austauschprogramme, bei denen geheim geforscht
und probiert wurde, es gab sie auch zwischen Sowjets und
den sozialistischen Brüdern in Algerien. Wie überall blieben
nach dem Blockzerfall viele Schlüsselfiguren am Ruder. Gerade im Sport, der überall dort besondere Bedeutung hat, wo
eine stramme Führung auf Brot-und-Spiele-Effekte setzt. Im
systemstabilisierenden Sport kriegen alte Kameraden stets
eine weitere Chance. Manche Fachdoper mussten ins Ausland
verschwinden. Andere fanden nach einer Karenzzeit Wieder-
aufnahme im Westen, sogar Ärzte, die nach der Wende als
Minderjährigendoper verurteilt wurden. Einige tauchten im
Umfeld neuer Dopingskandale auf, wie den österreichischen
Wintersportaffären. Manche üben bis heute zentrale Rollen
aus, im Dunstkreis steil aufstrebender Fußballkreise unter
Kuratel von ehrgeizigen Zeitgeistfirmen.

Spürbar blieben die Nachwirkungen der Dopingprogram-
me Ost auch direkter. Roland Augustin, früherer Chef der
deutschen Nada, vermutete klandestine Labore, die Dopingmittel herstellen, »im Umfeld der russischen Kosmonauten«.
Chemisch sei da »relativ einfach was zu machen«[16]. Tatsächlich wurde der gezielt für Sport und Rote Armee entwickelte
Wirkstoff Carphedon noch zwanzig Jahre nach der Wende
gefunden, bei russischen Athleten und anderswo. Als der
deutsche Radprofi Danilo Hondo 2005 als Führender der
Murcia-Rundfahrt im Team Gerolsteiner positiv auf Carphedon getestet wurde, kam heraus: tätig für den deutschen
Rennstall war bei jener Tour Alexander Jablonowski, Mediziner aus St. Petersburg. Der hatte in der Heimat als Stabsarzt
der Luftwaffe gearbeitet.[17]

Stürmer Djamel Menad sagt, in den Achtzigern habe es in
Algerien jede Menge Sportpersonal aus der UdSSR gegeben.
Und das Schicksal mit dem Nachwuchs habe nicht nur Fußballer ereilt – »sondern auch andere Athleten, Handballer aus
den achtziger Jahren«[18].

Im Falle dieser Goldgeneration hat die Frage, was Doping im Fußball bringt, die traurigste Antwort gefunden: behinderte Kinder. Gibt es vernünftige Zweifel daran? Es läge an der Milliardenbranche Fußball, wenigstens einmal für Klarheit zu sorgen. Wenn aber selbst solche Tragödien kalt beiseitegeschoben werden, zeigt sich, dass die Branche ein Systemproblem mit der Dopingfrage hat. Genauer gesagt: mit Doping.

Hormönchen, Kaffee und K.-o.-Tropfen

Das weitverbreitete Doping im deutschen Fußball der achtziger Jahre hatte Toni Schumacher nach der Mexiko-WM 1986 aufs Tapet gebracht. Zigtausende Spritzen seien der DFB-Auswahl gesetzt worden, der medizinische Stab unter Chefarzt Heinz Liesen habe auch »Hormönchen« verabreicht. Eine Aufarbeitung gab es selbstverständlich nie, dafür wurde der Verräter Toni sofort außer Landes gejagt. Dabei weiß man heute, dass der Freiburger Ärzteguru Armin Klümper in den Siebzigern und Achtzigern Fußballklubs mit Anabolika versorgte. Ein Mann, der medizinische Anlaufstelle war für zahlreiche deutsche Nationalspieler.

1986 in Mexiko war die WM, bei der Diego Maradona – vielfach belasteter Drogensünder – im Zenit seiner Leistungskraft stand und sogar ungestraft die »Hand Gottes« ins Spiel bringen durfte. Und es war die WM, bei der Algeriens Auswahl ihre Topplazierung erreichte. Die Dopingstatistik aber war: clean.

Was bei der WM 1990 in Italien ablief, steht ebenfalls in keiner Dopingstatistik. Dass diese pseudowissenschaftliche Erhebung auch hier nur Blendwerk ist, lässt sich allerdings aus Aussagen und konkreten Vorfällen ablesen, die später bekannt und selbstverständlich nie nachuntersucht wurden. Aus deutscher Sicht war die WM 1990 ein Triumph. Sie war auch einer für die Sportmedizin, damit hat sich die ärztliche Entourage selbst gerühmt. Ein tausendfach blitzendes Spritzenfestival, das aber nur der »Substitution« dienen sollte. Und dafür sorgte, dass sich mancher Ackergaul als Rennpferd aufführte – so beschrieb Teamchefarzt Heinz Liesen seine Kunst im Allgemeinen. Man muss annehmen, dass er sein Bemühen nicht drosselte, als es darauf ankam. Liesen verstand seine Arbeit so, dass auch mal einer Gold gewinnt, der es vom Talent alleine her nicht schafft. Womit er vielleicht nichts über Doping gesagt hat, gewiss aber alles über dieses Zauberwörtchen: Substitution. Das bedeutet etwas völlig Harmloses: dass dem ausgelaugten Körper sofort wieder zugeführt wird, was ihm durch Leistungssportanstrengungen entzogen worden ist. Nur eben auf künstlichem Wege. Womit sich letztlich eine spannende sportjuristische Frage verbindet, die es so nicht gibt: Wo ist der Unterschied zwischen einem ausgelaugten Körper, der per Substitution in einen Zustand gebracht wird, den er auf natürliche Art nicht hat – und einem Körper, der mit Dopingstoffen hochgetunt Leistungen vollbringt, die er sonst nicht bringen könnte?

Tatsächlich langten auch anderswo in der Fußballwelt die Großen ihrer Zeit tüchtig zu. Zico und Maradona waren das Maß aller Künste, und beide haben ihre Dopinggeschichte. Der Brasilianer Zico, dessen Spiel alles Schöne an diesem Sport symbolisierte, räumte 1987 Doping ein: Er habe schon als Teenager Injektionen erhalten. »Sehr früh in meiner Karriere, mit 16, 17 Jahren, erhielt ich in einmonatigen Abständen zwei bis drei Spritzen, unter ärztlicher Aufsicht und nicht an Spieltagen. Ich gewann an Masse, wobei weder Geschwindigkeit noch Beweglichkeit beeinträchtigt wurden.« Die Substanzen hätten ihm »mehr Kraft, um zu trainieren« gegeben. Zico gestand auch, mit Steroiden gedopt zu haben.[19]
    Was Maradona angeht, sollte sein Dopingfall erst die fol-

gende WM 1994 prägen – der zugleich das offizielle Ende allen Dopings im Königsturnier des Weltsports markiert. Seither war kein Kicker mehr bei einer WM gedopt. Kein Witz! Wer das sagt? Na, die Fifa-Statistik. Seit 1994 ist Doping bei Weltmeisterschaften abgeschafft. Das ist fußballwissenschaftlich abgesichert. Und nicht nur für Branchenkenner so glaubwürdig wie die Feststellung, dass der Klapperstorch die Babys bringt.

Maradona, der in seiner Zeit als Volksheld beim SSC Neapel wachsende Kokainprobleme hatte, ging offensiv mit dem Betrugsthema um. So offensiv, dass er späte Einblicke in die WM 1990 gewährte. Ein Glanzlicht jenes Turniers war das Achtelfinale. Ein Klassiker, in dem Argentinien den Erzfeind Brasilien mit 1 : 0 besiegte und gleichzeitig die Dopingpraxis revolutionierte: Warum nicht einfach mal den Gegner medikamentös außer Gefecht setzen? In Brasilien tauften sie die Affäre, die Maradona 2004 im argentinischen Fernsehen enthüllte: Watergate.

Was war geschehen?

Bei jenem WM-Achtelfinale herrschten 40 Grad im Turiner Stadion. Maradona litt unter der Hitze und den Tritten seiner Gegner. Als er am Spielfeldrand behandelt wurde, kam Argentiniens Masseur Miguel di Lorenzo mit einer Ladung Wasserflaschen aufs Feld. Zwei davon hatten andersfarbige Verschlüsse. Maradona beobachtete, wie seine Mitspieler dankbar zugriffen. »Nein, Vasco, nein!!«, stoppte er Mitspieler Julio »el Vasco« Olarticoechea, als der zur falschen Pulle griff. Die Brasilianer hingegen ermunterte er: »Trink, Valdito, nimm und trink doch, es ist furchtbar heiß!« Einen, den Defensivspieler Branco, habe er gar nicht erst anfeuern müssen: »Der leerte die ganze Flasche.« Und stand fortan völlig neben sich.

Angeblich war in den markierten Pullen je eine Tablette Rohypnol aufgelöst. Dieses Medikament senkt den Blutdruck, vermindert aber auch Seh- und Urteilsvermögen und führt schlimmstenfalls zu Gedächtnisverlust. Laut US-Antidrogenbehörde DEA wird es von Vergewaltigern benutzt, um Opfer gefügig zu machen. »Branco«, berichtete Maradona über das brasilianische Opfer, »traf keinen Ball mehr.«

Als Carlos Bilardo, Argentiniens WM-Coach 1986 und 1990, von der Zeitschrift *Veintitrés* zu dieser Sache befragt wurde, war seine Reaktion entlarvend: »Ich weiß von nichts, aber hey: Das heißt nicht, dass es nicht passiert ist.« Der Coach hat einen Ruf als »Schurkentyp«, es gibt üble Geschichten über ihn. Etwa die, er habe in seiner Zeit als Trainer des FC Sevilla den Klubarzt des Vereins aufgefordert, keinen gegnerischen Profis mehr zu helfen: »Den Feind musst du treten!« Und das von einem Coach, der selbst Doktor der Medizin ist.

Mit Bilardos Plazet 2011 zu Maradonas Enthüllungen war für die Brasilianer klar: Sie waren betrogen worden. Doch eine Untersuchung gab es nicht. Verbandschef Julio Grondona, ein Spitzenfunktionär der Fifa, und der Masseur stritten alles ab. Das war's. Das ist Fußball: Nichts passiert.

Verteidiger Branco war trotzdem glücklich, dass die Sache ans Licht gekommen war. »Ich stand auf dem Platz und sah das Stadion davonfliegen«, hatte er damals berichtet, aber niemand hatte das hören wollen. Dabei war der Effekt des »Negativdopings« enorm gewesen: Argentinien gelang gegen Brasiliens nun merklich nachlassende Defensive neun Minuten vor Schluss durch Caniggia das Siegtor – und der müde Branco geriet massiv in die Kritik. Stets hatte er eine Vergiftung geargwöhnt; nach der Partie war er bei der Rückfahrt ins Trainingsquartier sogar tief eingeschlafen. Den Presseleuten, die ihn danach bedrängten, hatte er erklärt: »Ich wurde von Argentiniens Personal gedopt!« Niemand nahm ihm das ab – auch nicht die Fifa, die aufgrund der Aussage eine Zielkontrolle hätte machen können. Erst Maradonas späte Enthüllung erlöste Branco: »Ich bin erleichtert, damals wollte ja niemand auf mich hören.« Noch mehr zu seiner Erleichterung dürfte das Glück beigetragen haben, das er im Unglück hatte. »Was mir angetan wurde, ist völlig unverantwortlich. Was wäre passiert, wenn man mich einem Dopingtest unterzogen hätte? Meine Karriere wäre ruiniert gewesen!«

Nach dieser Affäre, die keine war, dopten sie beim dreifachen Weltmeister Argentinien wieder tüchtig selbst. Auch das Wissen darum verdanken wir Maradona. Dessen Karriere war vorbei nach dem Sündenfall bei der WM 1994 in den USA. Er war mit insgesamt fünf Aufputschmitteln im Urin überführt worden. Ein ganzer Cocktail also, womit die branchenübliche Reaktion, auf Nasenspray oder Hustensaft zu plädieren, ausgeschlossen war. Erstaunlich allerdings, dass der Fehltritt auch in Argentinien ein Aufreger war. Immerhin gingen damals nach einer Umfrage der italienischen *Gazzetta dello Sport* 64 Prozent von 209 befragten Erstligakickern davon aus, dass gedopt werde; 22 Prozent kannten mindestens einen Kollegen, der gedopt gespielt hatte. Und Ephedrin galt damals als »Zweite-Halbzeit-Droge«.

Der Fußballer Maradona also war Geschichte, er konnte nun freimütig plaudern. Das tat er bezüglich der Qualifikation für besagte WM, in der sich Argentinien äußerst schwergetan hatte, wie schon zuvor in der Südamerikagruppe, wo das letzte Heimspiel 0:5 gegen Kolumbien verlorengegangen war. Dieses Desaster hatte Coach Alfio Basile bewogen, den übergewichtigen Maradona nach seiner Kokainsperre wieder zu berufen. Im Hinspiel gegen die Socceroos in Sydney (1:1) hatte die Auswahl größte Probleme, im Rückspiel durfte nichts mehr schiefgehen – ein Sieg über Australien musste her.

Der wurde so vorbereitet, wie es 25 Jahre zuvor der Argentinier Helenio Herrera bei Inter Mailand exerziert hatte, mit seinem berüchtigten »Caffè Herrera«. Stunden vor dem Spiel saßen alle beim Kaffee zusammen, und dem »war etwas beigemischt, damit wir schneller laufen konnten«, sagte Maradona 2011. Natürlich habe auch Grondona davon gewusst, der allmächtige Verbandschef. Der höchstselbst habe dafür gesorgt, dass Dopingtests nach dem Spiel unterblieben – obwohl es die bei jedem wichtigen Länderspiel gab. »Argentinien hätte sonst die Qualifikation nicht geschafft«, erklärte Maradona, »es war Betrug, und Grondona wusste davon.« Letzterer verriet sich selbst beim Dementieren: Dass es nach dem Spiel keine Dopingtests gegeben habe, sei mit den australischen Funktionären abgesprochen worden – und zwar nur wegen Maradona, weil der schon damals Drogenprobleme gehabt habe. Grondonas Umgang mit der Betrugsproblematik setzt den Maßstab. »Don Julio«, wie er genannt wurde, war 16 Jahre lang Blatters Stellvertreter in der Fifa und über ein Jahrzehnt lang Finanzchef des Weltverbands. Er starb kurz nach der WM in Brasilien – und kurz bevor seine schmutzigen globalen Geschäftsaktivitäten das FBI auf den Plan riefen.

Im Mai 2011 hatte Maradona, der Argentiniens Auswahl nicht nur als Anführer, Weltmeister und Vizeweltmeister kennt, sondern bei der WM 2010 gecoacht hatte, noch mehr Enthüllungen angekündigt: Er werde auspacken und der Justiz alles über die Dopingpraktiken im Nationalteam erzählen. Dazu kam es nicht. Das ist Fußball.

Der Spaziergänger von St. Denis

Eine Menge mehr ruchbar in Sachen Doping wurde rund um die Frankreich-WM 1998. Das erste Epo-Jahrzehnt des Weltsports neigte sich dem Ende zu, Analyseverfahren lagen in weiter Ferne; wobei der Fußball mit hämatologischen Grenzwerten wie im Rad- oder Wintersport auch heute noch nicht arbeitet. Klar, Blutdoping bringt hier ja nichts. Allenfalls den Tod: Der hatte sich schon 1991 den Torschützenkönig der zweiten belgischen Liga geholt. Luc de Rijck vom KFC Turnhout hatte sich von einem Arzt Blut abzapfen lassen, das mit

Sauerstoff angereichert werden sollte. Die Dopingmaßnahme endete fatal: De Rijck erlitt eine Embolie, das angereicherte Blut war zu schnell reinfundiert worden. Der Profi starb, der Arzt erhielt ein halbes Jahr auf Bewährung plus Geldstrafe.[20]

Von Belgien nach Italien, wo Epo spätestens im WM-Jahr 1998 bei manchen Klubs zur Grundnahrung gehörte. Abgesehen vom Fall Juventus war da die Apotheke in Bologna, in der Unterlagen konfisziert wurden, die über abnormale Hämatokritwerte von Spielern des AC Parma Zeugnis ablegten. Parma? War da nicht was? Richtig, das ist der Klub, wo sich Fabio Cannavaro, der Weltfußballer des WM-Jahres 2006, vor dem Europacup-Finale 1999 beim Infundieren selbst gefilmt hat: »Ah, geil! Mehr!« In dieser Apotheke wurden nach polizeilichen Erhebungen nicht nur Dopingmittel verkauft, sie wurden dort bis Ende der neunziger Jahre auch en gros fabriziert – für Klubs der Serie A, der ersten italienischen Liga.[21]

Womöglich waren es die Zeichen der Zeit, die nach dem WM-Turnier in Frankreich den belgischen Fifa-Chefmediziner Michel D'Hooghe auf die Palme brachten: »Die WM 1998 war die WM des Epo!«[22] Der Funktionär zog die explosive Aussage flott wieder zurück. Und die Fifa sorgte, gleich nach Abpfiff des WM-Finales, mit bemerkenswerter Gründlichkeit dafür, dass ja keine überprüfbaren Spuren zurückblieben. In Windeseile schickte sie einen Abgesandten ins Pariser Labor, unter dessen Aufsicht alle vorhandenen Proben der Spieler zerstört werden mussten. Zwar bestand keine unmittelbare Entdeckungsgefahr, es gab ja weit und breit noch kein Nachweisverfahren für Blutdoping. Allerdings war klar, dass man Epo in wenigen Jahren würde nachweisen können, Labore wie das in Paris arbeiteten schon eifrig daran. Hinzu kam eine aus Sicht des Fußballs bedrohliche Forderung, vorgebracht von intelligenten Dopingjägern: eine zehnjährige Lagerungspflicht für eingefrorene Proben.

Frankreichs Équipe Tricolore stand 1998 mächtig unter Erfolgsdruck. Nicht nur, weil das Team bei dieser Heim-WM endlich den ersten Titel holen sollte. Les Bleus, die Blauen, waren vier Jahre zuvor zu den Trotteln der Nation geworden. Das Ticket zur WM in den USA hatten sie eigentlich schon in der Tasche, nur ein Punkt musste aus den letzten Heimspielen gegen das bis dahin sieglose Schlusslicht Israel und Bulgarien noch her. Die Discothek für die Feier nach dem Israel-Spiel war gebucht. Aber dann erwies sich der Gast von der südlichen Mittelmeerküste als unbezwingbar: Das Spiel ging 2:3 verloren. Nicht so schlimm, nun musste der Punkt eben gegen Bulgarien her. Nach 90 Minuten stand es 1:1, der Punkt schien sicher. Als alle auf den Schlusspfiff warteten, brachen die Gäste über die rechte Spielhälfte durch, und Emil Kostadinov traf zum 2:1. Aus, vorbei, das nationale Desaster war perfekt. »Ich schäme mich«, klagte Mittelfeldmann Didier Deschamps, »wir sind Esel!«

Nun, vier Jahre später, sollten die Esel das größte Rennen aller Zeiten gewinnen. Denn statt wie bis dahin 24 Teams rangen in Frankreich zum ersten Mal 32 Mannschaften um den Titel. Ein Glück, dass die Gastgeber endlich auch so etwas hatten: eine goldene Generation, von der man vor dem Turnier noch gar nichts geahnt hatte.

Im Vorfeld brodelte es gewaltig. Im Ligabetrieb wurden auffällig viele Profis positiv getestet, darunter Nationaltorhüter Fabien Barthez. Dann kam das weihnachtliche Trainingslager. Am 26. Dezember 1997 kreuzte dort ein Dopingkontrolleur des Sportministeriums auf: das Morgengrauen im Camp in Tignes. Nationaltrainer Aimé Jacquet war außer sich: »Es gibt Zeiten, da will man seinen Koffer packen und gehen!« Stunden vergingen, bis die zur Kontrolle erwählten sechs Spieler erschienen. Aber Volk und Presse waren mit den Blauen, die öffentliche Meinung war einhellig gegen diesen Versuch einer echten, intelligenten Zielkontrolle. Die damals verantwortliche Sportministerin Marie-George Buffet war entsetzt. »Die Medien fielen auf sehr gewalttätige Weise über mich her«, berichtete sie am 20. März 2013 vor einer Untersuchungskommission des Pariser Senats. Und sie taten es mit Erfolg: Bis zum WM-Triumph am 12. Juli 1998 wurden die Blauen keiner unangekündigten Kontrolle mehr unterzogen. Also gar keiner Kontrolle mehr, denn was man ankündigt, kann man gleich bleiben lassen.

Was die Tests in Tignes angeht: In einem späteren Enthüllungsbuch – »Zidane, ein geheimes Leben« – teilt einer der damals befassten Teamärzte mit, dass es »bei einem Test in erster Instanz einen Verdacht auf Testosteron gegeben« habe.[23] Was nicht gut klingt, wenn man bedenkt, dass der Testpool auf sechs Personen limitiert war, die wiederum von der Teamleitung selbst bestimmt worden waren.

Im Senat gab Madame Buffet, die von 1997 bis 2002 Sportministerin war, spannende Einblicke in die Dopingrealität des Sports. Gegen harte Kontrollen habe es stets »Druck von vielen Seiten gegeben«, enthüllte sie, insbesondere von den Medien. Im Zuge des (direkt nach der WM aufgeflogenen) Tour-de-France-Skandals 1998 sei ihr von Abgeordneten sogar gedroht worden, sie werde »nicht mehr lange im Amt sein, die öffentliche Meinung werde sich gegen mich drehen«[24]. Speziellen Druck habe es in der Weihnachtstestaffäre gegeben. Dem Vorgang in Tignes seien diverse TV-Beiträge gewidmet worden, sie habe sich »komplett isoliert gefühlt und von der öffentlichen Meinung verdammt, dass wir die Vorbereitung der französischen Auswahl gestört hätten«[25].

Ebenso brutal sei der Druck im Zuge der Pariser Olympiabewerbung für 2012 gewesen. Hohe IOC-Mitglieder wie Jean-Claude Killy und Guy Drut, dazu der Chef des Radweltverbandes UCI, Hein Verbruggen, hätten Druck beim Premierminister gemacht: Die Sportministerin solle schriftlich zusichern, dass das harte nationale Antidopinggesetz »nicht in vollem Umfang für den Zeitraum der Spiele angewendet« werden dürfe. Dieser Freibrief sei nicht nur ausgestellt, sondern passenderweise auf dem Eiffelturm an IOC-Leute übergeben worden.[26] Das IOC, heute angeführt von dem deutschen Wirtschaftsberater Thomas Bach, geriert sich ebenso gern als Speerspitze der Betrugsbekämpfung wie die Fifa-Familie.

Die Senatsanhörungen in Paris förderten vieles zutage, das zu anderen Vorgängen aus jener Zeit passt: über Dopingfälle und -geständnisse, vor allem aber über die handfesten Verdachtsmomente, die es rund um Frankreichs Goldgeneration gab. Da waren vor allem die Schlüsselspieler Didier Deschamps und Zinedine Zidane, die Ende der Neunziger ihr Geld bei Juventus Turin verdienten. Dort wurde Epo-Doping betrieben. Die beiden Kicker hatten als Zeugen vor dem Richter in Turin nur den Genuss von Kreatin – wobei das injizierte Mittel Neoton in ihrer Heimat Frankreich verboten war – und Eisenpräparaten eingeräumt. Eisen, das bei insgesamt 13 Juve-Profis mit einem deutlich zu hohen Gehalt im Blut gemessen wurde, ist in hohen Dosen erforderlich, wenn man den Blutverdicker Epo anwendet. Aber klar, man darf nicht vorschnell urteilen: Vielleicht haben die Juve-Stars einfach nur täglich kiloweise Spinat gemampft, da steckt auch viel Eisen drin.

Jean-Pierre Paclet, Ferrets Nachfolger als Teamarzt der Blauen von 2004 bis 2008, bietet in seinem Buch »L'Implosion« eine schlüssigere Version an: Vor der WM zu Hause hätten »Führungsspieler, die in Italien beschäftigt waren, abnormal hohe Hämatokritwerte entwickelt«. Der Hämatokritwert zeigt die Anzahl der roten Blutkörperchen an. Sie transportieren Sauerstoff in die Organe, sorgen für die Ausdauer. Im Turiner Verfahren war herausgekommen, dass Kapitän Didier Deschamps einen Hämatokritspitzenwert von 51,9 Prozent hatte; im Rad- oder Wintersport hätte er schon mit 50 nicht mehr starten dürfen. »Dieser Wert legt eine Stimulation von außen nahe«, heißt es im Dopingreport des Pariser Senats.

Ferret, der amtierende WM-Teamarzt 1998, räumte im Se-

nat lediglich ein, dass der Nationalverband FFF Sportministerin Buffet wegen der Weihnachtskontrolle in Tignes unter
Druck gesetzt habe. Der Nachfrage, ob dahinter »Staats-
räson« gestanden haben könnte, wich er aus. Im Übrigen be-
mühte er sich, jeden Dopingverdacht zu zerstreuen. Zu Pa-
clets Mutmaßungen über hohe Hämatokritwerte sagte er:
»Sportler zeigen immer abnorme biologische Profile.« Ebenso originell wiegelte er den Verdacht auf Bluttransfusionen
ab, die nicht nachweisbar sind: »Dafür brauchen Sie ein großes Labor und eine Menge Geld!«

Im Radsport sind solche Transfusionen etabliert wie Helm
und Trinkflasche – was kann sich erst der superreiche Fußball
leisten?

Die Senatsmitglieder mokierten sich über das Idyll, das
Ferret zeichnete: Sie seien nicht naiv. Aber was konnten sie
tun? Antworten wie die von Ferret sind heute von sehr vielen
Sportärzten zu hören. Dass Spitzenspieler 1998 im Schnitt
41 Partien pro Jahr absolviert hatten, heute aber bis zu 70
Spielen, mit viel höherem Tempo und mehr Laufwegen? Man
habe die Energiereserven besser im Griff, erzählte Ferret.
Und versicherte, konfrontiert mit seiner früheren Aussage,
dass er 1998 »biologische Anomalien« bei einigen Spielern
korrigiert habe, dies habe sich nur auf Ernährungsfragen bezogen. Ferret betete den Senatoren das Mantra der Branche
vor: Fußball sei sauber, zumal verglichen mit »energetischen«
Sportarten; die Kunst eines Zidane sei nicht mit Pharmazie zu
erreichen.

Natürlich nicht. Aber Rock-Barde Johnny Halliday erhielt
von Zidane keine Trainingstipps, sondern die Adresse einer
Klinik zur Blutauffrischung. Zidane-Biografin Besma Laouri
stieß Jahre später auf eine Mauer des Schweigens; mysteriöse
Kräfte waren hinter ihrem Manuskript her und schreckten
nicht vor Diebstahl zurück. Sie fand zumindest heraus, dass
der Held nach seiner Roten Karte im WM-Spiel gegen Saudi-
Arabien 1998 ebenso wenig zur Dopingkontrolle erschienen

war wie nach dem Platzverweis im WM-Finale 2006 gegen
Italien, wobei letzterer Vorgang sehr »sorgfältig« vonstatten-
gegangen sei.[27] Und dann ist da noch Erwann Menthéour.

Der dopinggeständige Ex-Radprofi war Kunde bei »Dottore Epo«, dem berüchtigten Italiener Michele Ferrari, der lebenslang gesperrt wurde, nachdem seine Betrugsdienste an
Lance Armstrong aufgeflogen waren. Zu Ferrari rannte alles,
was Rang und Namen hatte, er gilt in Italien als das, was Klümper in Deutschland und Fuentes in Spanien waren: Super-Dot-
tore. Die Justiz hatte ihn öfter am Wickel, zuletzt ging es um
einen Doping- und Drogenring, der 30 Millionen Euro umgesetzt haben soll. Es könnte also diesmal ernst werden.

In Ferraris Praxis im italienischen Ferrara, erzählte Menthéour 1999 den Ermittlern, habe er auch Zidane gesehen.
Diese Aussage, die Zidane und Ferrari bestreiten und die auch
Menthéour bald wieder erschrocken zurückwies, hat ein flo-
rentinischer Ermittler protokolliert. Leider hatte der Radprofi sie nicht bei der Anhörung gemacht, sondern später beim
Bier. Dem französischen Untersuchungsrichter Bruno Le Be-
cachel wollte Menthéour keine Namen nennen, weil er massive Drohungen erhalten hatte, er sprach nur von einem »Dottore«. Später in einem Restaurant mit den aus Italien angereis-
ten Ermittlern bestätigte er, dass »der Doktor Michele Ferrari
ist und Zidane unter den Fußballspielern war«[28].

Ferrari hingegen behauptet, er habe nie Fußballer betreut.
Dasselbe hatte er auch von Lance Armstrong und Konsorten
behauptet – bis Lance auspackte. Eine Million will der Amerikaner in den Fachdoper investiert haben. Italiens Dopingjäger Sandro Donati will erfahren haben: »Sportler, die bei Ferrari waren, haben ausgesagt, dass dort auch berühmte Fußballer waren. Sie hätten auch Bilder von Fußballern gesehen.«[29]
Die kriminelle Bande um Ferrari soll »mindestens« 30 Millionen Euro umgesetzt haben, berichtete Ende 2014 die *Gazzetta dello Sport*. Den Beteiligten wird Bandentum, Steuerdelikte
und Geldwäsche vorgeworfen. Ihr Ziel sei es gewesen, mit

Hilfe von Doping den Marktwert der Athleten zu erhöhen. Das Schwarzgeld sollte anschließend in Großprojekte im Immobiliensektor investiert werden.[30]

Dopingzeuge Menthéour dementierte später seine in Ermittlungsberichten protokollierte Aussage zu Ferrari und klagte über massive Bedrohungen. Bei der Dopinganhörung im Pariser Senat 2013 war er aber wieder kämpferisch und rügte die Sonderbehandlung für den Fußball: dass der Zeuge Deschamps seine Befragung hinter verschlossenen Türen absolvieren durfte und kein Protokoll öffentlich gemacht wurde. Die Hintergründe des WM-Triumphes – letztlich doch ein Staatsgeheimnis.

Die Fifa hat nicht nur nach der als Epo-Festival etikettierten WM 1998 »alle Proben gewissenhaft zerstört, die einmal für negativ erklärt worden waren«, trug der Pariser Laborchef Pierre Bordry im Senat vor. Sie habe schon vor der WM alle Weichen gestellt. João Havelange, der der Korruption überführte Fifa-Chef, der nach der WM das Präsidentenamt an seinen langjährigen Generalsekretär Sepp Blatter übergab, hatte sich gegen die Absicht von Sportministerin Buffet verwahrt, Trainingstests durchzuführen. Die Fetzen sollen geflogen sein, Havelange soll gesagt haben: »Madame, wir haben Ihnen die WM gegeben, also nerven Sie uns nicht länger mit Ihren Kontrollen und Ärzten.«[31] Buffet, vor der Senatskommission zu konkreten Problemen bei Trainingstests befragt, wich aus: Sie stelle sich Fragen, die nach vorne zeigten. Warum wollte sie hierzu nichts sagen?

Es ist entlarvend, wenn jeder ernste Kontrollversuch sabotiert wird. Die Fifa war das erste und einzige Mal in einem Land mit einem effektiven, harten Antidopinggesetz. Auch war ihr das für seine detektivischen Alleingänge gefürchtete Pariser Labor suspekt. Also wurden Auflagen diktiert: Keine Trainingskontrollen – und alle Ergebnisse mussten direkt an die Fifa gehen, die sie dann anonym ans Ministerium weiterreichte. Ständig war ein Fifa-Aufpasser im Labor zugegen, während Bordry und seine Vertrauten in der Behörde versuchten, über Telefonate sicherzustellen, dass auf dem Dienstweg über die Fifa keine Resultate »verloren«gingen. Grenzenloses Misstrauen. Schon bei den Vorbereitungstreffen mit den Fifa-Fachleuten hatten die Franzosen das Gefühl, dass diese Verfahrensfehler begingen. Was im Ernstfall zur Nichtigkeit positiver Proben geführt hätte.

Als endlich auch die Restproben in Paris vernichtet waren, konnte die Fifa der Welt das Übliche erzählen: Kein Doping in Frankreich, alles picobello! Wie realitätsnah dieser Befund war, zeigte die folgende Razzia bei der Skandaltour um den französischen Festina-Rennstall. Kistenweise wurden Dopingmittel konfisziert, nicht von Sportkontrolleuren, sondern von Zöllnern und Polizisten. Sechzig strafrechtliche Verurteilungen folgten – die Realität einer Tour, die offiziell keinen einzigen Dopingfall zu verzeichnen hatte. Eine Bankrotterklärung des Antidopingsystems. Auch bei der WM der Fußballer hatte es keine Positivbefunde gegeben – aber halt eben auch keine Razzien.

Patrick Keil, der Richter im Festina-Prozess, zerstörte endgültig das Bild vom sauberen WM-Fußball. Er berichtete, alle von ihm vernommenen Fahrer hätten ausgesagt, dass vor allem Fußballer dieselbe Pharmabehandlung in Anspruch genommen hätten wie sie selbst. Keil konkretisierte: »Die Vorwürfe betrafen hauptsächlich Spieler aus den Nationalteams von Frankreich und Italien.«[32] Eine Reihe Zeugen hätte ausgesagt, »dass diejenigen, die den Radsport mit Doping belieferten, auch Fußballer versorgten«. Keil bedauerte, dass er die Möglichkeit, eine entsprechende Untersuchung einzuleiten, nicht genutzt habe. Die Ermittlungslage habe dies erlaubt: »Rückblickend denke ich, ich hätte es durchziehen sollen.« Allerdings hätte er mit enormen politischen Widerständen rechnen müssen: Weil die Équipe Tricolore Weltmeister geworden war, »konnte diese Komponente nicht untersucht werden«[33].

Die Schutzglocke um die goldene Generation, die im Jahr 2000 den EM-Titel gewinnen und 2006 ums Haar erneut Weltmeister werden sollte, war aus sportpolitischem Titan. Als WM-Stürmer Christophe Dugarry bei Olympique Marseille im April 1999 positiv auf Nandrolon getestet wurde, sprach ihn die Dopingkommission des Nationalverbandes FFF frei. Es hatte sich herausgestellt, dass der kontrollierende Arzt keine FFF-Lizenz für Dopingtests hatte. Womit der Test »null und nichtig« war. Geht doch.

Allerdings wäre es irreführend, sämtliche Auffälligkeiten beim Turnier in Frankreich allein beim Titelgewinner abzuladen. Es gibt kaum eine schrägere Story als die um Ronaldo, Brasiliens Fußballhelden, der als wandelnde Leiche am Pariser WM-Finale teilgenommen hatte.

Sieben Stunden zuvor: Ronaldo ruht mit Zimmerkollegen Roberto Carlos im »Château de Grande Romaine« in Lesigny, als ihn das, was später als anaphylaktischer Schock diagnostiziert werden sollte, an den Rand des Todes bringt. Roberto Carlos hört Musik über Kopfhörer, es dauert, bis er den Kampf des Kollegen im Nebenbett wahrnimmt. Der zuckt, röchelt, hat Schaum vor dem Mund. Roberto Carlos stürzt auf den Gang: »Hilfe, Ronaldo stirbt!« Spieler eilen aus ihren Zimmern, César Sampaio gelingt es, dem Tobenden die Zunge aus dem Hals zu ziehen. Mehrere Profis müssen Ronaldo festhalten, der nach Minuten in einen tiefen Schlaf fällt. Als er zwei Stunden später erwacht, muss er von den Teamärzten Lídio Toledo und Joaquim da Matta überzeugt werden, dass jetzt die Klinik in Les Lilas angesagt ist, nicht das WM-Finale. In Lilas wird Ronaldo gecheckt, EKG, EEG, Tomografie, Kardiologie. Es hätten sich keine Anzeichen für einen Krampf gefunden, sagt Chefarzt Philippe Krief später. Ronaldo habe »normal« gewirkt, als er gekommen sei; gegangen sei er »mit einem Lächeln«. Für alles Weitere gelte die Schweigepflicht, alle Befunde seien den Teamärzten übergeben wor-

den. Die Klinik wird gern frequentiert von Fußballstars. Als
sich Zidane bei der WM 2002 in Südkorea verletzt, werden
auch seine Befunde aus Fernost in Lilas ausgewertet.

Gab es tatsächlich einen entspannten Ronaldo an diesem
Abend? Waren die Lilas-Ärzte exakt unterrichtet worden?
Das komplette Team Brasiliens jedenfalls war außer Kontrolle, Stunden vor dem Endspiel hatte Panik geherrscht. »Eine
Zeitlang hieß es: Er ist tot, tot, tot« – berichtete Hoteldirektor
Paul Chevalier der Radiostation France Info. »Der Vorfall hat
die Mannschaft in eine furchtbare Stimmung versetzt, die
später auf dem Spielfeld klar zu sehen war.« Chevalier, der die
fröhliche Seleção acht Wochen lang beherbergt hatte, sagte
auch: »Als sie das Hotel um halb sieben abends Richtung
Stade de France verließen, herrschte völlige Stille im Bus. Da
wir sie schon persönlich gut kannten, begriffen wir in dem
Moment, dass es keinen Zusammenhalt mehr gab – und dass
die WM für sie verloren war.«[34]

Die Rede war fortan von Stressfaktoren, die Ronaldo über-
mannt haben könnten, auch die Ärzte in Lilas äußerten sich
so. »Athleten tolerieren den Stress unterschiedlich, je nach
dem, was in den Tagen zuvor passiert ist. Dieses Problem ist
in Sportkreisen gut bekannt«, sagte Radiologe Bernard Roger
der Presse.[35]

Stress?

Den hat die Seleção, als der vor Stunden Totgeglaubte
plötzlich in der Kabine steht. 40 Minuten vor dem Anpfiff. In
der offiziellen Mannschaftsaufstellung hat Edmundo den
Stürmerplatz eingenommen, Ronaldo ist nicht einmal bei den
Ersatzspielern gelistet. Der Star weint und bittet, spielen zu
dürfen. Seine Mannschaftskameraden umarmen ihn. Trainer
Mario Zagallo, Ärzte und Betreuer sowie Sportkoordinator
Zico beraten hektisch, was zu tun sei. Verbandschef Ricardo
Teixeira stößt hinzu. Der Mann ist eine wandelnde Affäre,
auch jetzt hat er andere Sorgen: Schwiegerpapa Havelange,
mit dem er zweistellige Millionensummen an Schmiergeld

kassiert hat, wird ab morgen nicht mehr Fifa-Präsident sein. Und Teixeira muss hoffen, dass sich der neue Boss Blatter an das hält, was er als ausgemacht betrachtet: Zwei Amtszeiten Blatter, dann übernimmt Teixeira. Blatter wiederum war vor dem WM-Anstoß nicht nur vor dem weltweit diskutierten Hintergrund mysteriöser Geldkuverts aus dem arabischen Raum, die in der Nacht vor der Wahl an afrikanische Wahlleute gegangen waren, sondern auch dank politischer Anschubhilfe aus dem Veranstalterland Frankreich auf den Fifa-Thron gehebelt worden: WM-Organisationschef Michel Platini war die erste namhafte Größe der Fußballwelt, die sich an die Seite des angeknockten Kandidaten Blatter gestellt und die Uefa als bösartige Brunnenvergifter geschmäht hatte.

Doch Teixeira wäre nicht Teixeira, hätte er nicht noch mehr Interessenkonflikte. Sein Verband CBF, vor allem aber er selbst ist wirtschaftlich eng mit Hauptsponsor Nike verbunden. So eng, dass Parlament und Senat in Brasilia der Verflechtung bald mit Untersuchungsausschüssen nachgehen werden. Haben Nikes Leute, die sogar das WM-Quartier mit der Seleção teilen, nicht ein überragendes Interesse daran, dass das Team den Titel mit Ronaldo gewinnt statt ohne ihn? Schließlich verkörpert der Superstar allein den halben Werbewert und hat zudem einen Einzelvertrag mit Nike. Könnte diese Wundertruppe nicht auch mit einem geschwächten Ronaldo gewinnen?

Die Entscheidung fällt in der Kabine: Ronaldo spielt, nur Zico ist dagegen. Zagallo zweifelt, traut sich aber nicht, dies zu äußern. Pelé gegenüber erklärt er später sein Dilemma: »Hätten wir ohne ihn verloren, wäre ich zu Hause geköpft worden.« Um Ronaldo nachträglich ins Team zu hieven, lässt Teixeira routiniert eine Lüge ins Antragspapier schreiben: Der Star sei lediglich »zum Röntgen des Sprunggelenks«[36] in der Klinik gewesen.

Dann das Finale im Stade de France, Stadtteil St. Denis. Schon die Kameraführung während der Hymne verrät, wie bedeutend dieser Mann ist, dessen Gesicht in Großaufnahme länger gezeigt wird als die ganze restliche Mannschaft. Das Spiel offenbart dann, dass der Einsatz von Ronaldo Brasilien den Titel kostet. Er ist zu keiner vernünftigen Aktion imstande. Nach 27 Minuten trabt er auf der linken Seite Roberto Carlos entgegen, der ihn anspielt. Aber hinter ihm eilt Thuram heran, schnappt sich locker den Ball und sprintet davon, wird von Roberto Carlos noch einmal gestellt, Brasiliens Verteidiger klärt zur Ecke und tritt zornig die Fahne um. Als ob er etwas ahnt. Eckball. Ronaldo schleppt sich in den Strafraum, schaut nach Frankreichs schwächstem Kopfballspieler, dem er zugeteilt ist. Der heißt Zidane. Als der Ball hereinfliegt, startet Zidane an der Strafraumgrenze und rennt so eng an Ronaldo vorbei, dass er ihn fast berührt. Unbehindert köpft er zum 1:0 ein. Ronaldo hat keinen Fuß bewegt.

Der Spaziergänger von St. Denis bekommt auch das 0:2 aus nächster Nähe mit. Kapitän Dunga hat Ronaldo nach dem Gegentor von der Deckungsarbeit an Zidane befreit; Dunga übernimmt selbst. Zidane, der einen Kopf größer ist als sein neuer Bewacher, läuft wieder an und köpft das 2:0, Dunga kugelt wie ein Flummi über den Rasen. Das WM-Finale ist zur Pause entschieden. Das gab es nie zuvor, nie mehr danach.

Brasilien tobt. Spekulationen kochen hoch. Hat Nike, das mit dem CBF den bis dahin höchsten Sponsorvertrag der Fußballgeschichte abgeschlossen hatte und seit 1996 rund 330 Millionen Dollar für zehn Jahre zahlte, Ronaldo ins Team diktiert? Die Vertragsklauseln sind geheim; bekannt ist allerdings, dass der Konzern fünf Testspielgegner pro Jahr aussuchen und bei der Nominierung von acht Stammspielern mitreden darf. Stürmerkollege Edmundo, den Ronaldo im Finale aus der Startelf drängte, behauptet Wochen später in Brasilien, Nike habe die Macht in der Seleção, die direkte Verbindung zu Teixeira. Und Ronaldo einen Vertrag, in dem stünde, dass er »jedes Match spielen müsse, 90 Minuten«. Edmundo sagt auch, die Spieler seien nach Ronaldos Kollaps

sauer auf Teamarzt Lídio Toledo gewesen, weil der immer nur
»Das wird schon wieder« gesagt habe. Nike dementierte, Ronaldo reagierte vorsichtig: »Man kann nicht einfach etwas behaupten, ohne Beweise.« Teixeira tat das Übliche: drohen –
diesmal Edmundo mit einer Klage.

Der Kongressabgeordnete Aldo Rebelo setzte eine Untersuchung des Nike-Vertrags in Gang, er sah »Souveränität,
Autonomie und nationale Identität« des Landes verletzt.
Aufgedeckt wurde eine Fülle von Korrupution und Rechtlo-
sigkeit in Teixeiras heiler Fußballwelt. Dreizehn Straftaten
wurden ihm selbst angelastet, die Justiz ging am Ende keiner
von ihnen nach. Teixeira, der während der Nike-Untersu-
chung ein Haus mit willigen Damen in Brasilia unterhielt, in
dem auch Abgeordnete gerne entspannten, hat im Bedarfsfall
ganze Richterkammern mit WM-Freikarten versorgt. Der
Mann, mit dem er bei Nike kooperierte, ist Sandro Rosell.
Der war von 1993 bis 1996 Chef der Spanienfiliale der Schweizer Skandalagentur ISL, die unter anderem Havelange und
Teixeira Bestechungsgelder in zweistelliger Millionenhöhe
bezahlt hatte. Bis 2002 ist Rosell Nikes Marketingmann für
den CBF. Er kehrt nach Spanien zurück, präsidiert dem FC
Barcelona ab 2010 bis zum erzwungenen Abgang 2014. Er
setzt Katar als Sponsor auf die bis dahin allzeit werbefreien
Trikots von Barça; günstigerweise ist Trainer Pep Guardiola
selbst eine hochbezahlte Werbeikone Katars. Ab 2013 wird
im Zuge des Transfers des brasilianischen Superstars Neymar
und damit verbundener millionenschwerer Nebenzahlungen
gegen Rosell ermittelt, der Staatsanwalt fordert sieben Jahre
Haft. Zugleich sind die Geschäftsbande, die Rosell mit Teixeira unterhält, so eng, dass auch die Bundespolizei in Brasilia
Korruptionshinweisen nachgeht. Zum Beispiel der Frage, warum Rosell 2011 einen Millionenbetrag auf das Konto von
Teixeiras minderjähriger Tochter überwies. Die vertraglichen
Flechtwerke mit Nike und mit Rosell, in denen sogar ein Pri-
vatflugzeug eine Rolle spielt, sind so obskur, dass sie ab 2015

auch das FBI intensiv untersucht. Daneben hat Rosell mit den Schwarzgeldzahlungen, die beim Neymar-Transfer aus Brasilien nach Barcelona flossen, bald ein weiteres massives Problem.

Wenn es um Betrugs- und Dopingfragen im Fußball geht, muss man sich diese fragwürdigen Figuren vor Augen führen: Denn solche Leute regieren seit Jahrzehnten den Fußball, und der kontrolliert sich wiederum selbst. Das hat sich erst 2015 ein wenig geändert, nun ermitteln US-Justiz, Polizeibehörden und Bundesanwälte in mehr als dreißig Ländern gegen zahlreiche hohe und höchstrangige Mitglieder der ehrenwerten Fußballfamilie.

Ronaldo übrigens schwieg vor dem Untersuchungsausschuss in Brasilia, obwohl ihm sogar Beugehaft angedroht wurde. Nike habe ihn nie zu etwas gezwungen, versicherte der Mann, der einen Vertrag auf Lebenszeit hat. Und zur Finalstory sagte er lapidar: »Es gibt viele Wahrheiten. Es liegt an Ihnen, die richtige Wahrheit herauszufinden.«

Nicht gestellt wurde damals eine andere Frage: War Ronaldos lebensbedrohlicher Anfall eine Reaktion auf ständige Kortisongaben und das starke Schmerzmittel Xylocain, mit dem sein kaputtes Knie laut Berichterstattung immerzu betäubt worden war? Die letzte Injektion hatte er eine Viertelstunde vor dem Kollaps bekommen. 2002 ließ Ronaldo durch den CBF dementieren, dass er jemals Xylocain erhalten habe. Klar. »Das wäre ja Doping gewesen«, stellte Teamarzt Lídio Toledo fest.

Ronaldo war schwer angeschlagen zu jener WM angereist, die ihm erstmals die große Weltbühne bieten sollte. Der »Ro-Ro-Supersturm« war da schon auseinandergebrochen, sein Angriffspartner Romário hatte verletzt nach Hause reisen müssen. Nun lag alle Last auf Ronaldo, sein Knie war während des gesamten Turniers Dauerthema. Meistens drehte er abseits seine Runden, das Gesicht aufgedunsen, wenn die

Kollegen trainierten. Zu den Spielen wurde er fit gespritzt. Im Halbfinale war die Wirkung sensationell, der Stürmer traf gegen Holland zum 1:1 und verwandelte auch im späteren Elfmeterschießen. Teamarzt Toledo, ein Teixeira-Vertrauter, lag derweil im Dauerclinch mit Ronaldos Physiotherapeuten Nilton Petrone, der auf eine extreme Erweiterung der Beinmuskulatur hinwies und vor Gefahren für das überstrapazierte Knie warnte.

Am Tag nach dem Endspiel erzählte Toledo der Presse, Ronaldo habe nur einen Schwächeanfall erlitten, auch sei er keineswegs zur Untersuchung in die Klinik gebracht worden.[37] Dummerweise erging kurz darauf ein Fifa-Statement mit genau dieser Erklärung. Warum hatte der Teamarzt dieses falsche Statement abgegeben?

Hätte Ronaldo nicht gespielt und das Finale wäre verlorengegangen, wären alle medizinischen Fragen auf den Tisch gekommen. Auch ein Thema, das Dr. Bernardino Santi, der Antidoping-Beauftragte des CBF, Jahre später an der Universität São Paulo enthüllte: Ronaldos Verletzungen seien auf intensives, frühzeitiges Doping zurückzuführen. Er sei gedopt worden, seit der dürre Junge mit den Hasenzähnen als 17-Jähriger zum niederländischen Topverein PSV Eindhoven gewechselt war. Wo er bis 1996 in 57 Pflichtspielen 54 Tore schoss. »Ich habe mit Kollegen in Holland gesprochen«, so Santi, »und sie sagten mir, dass Ronaldo, der sehr verletzungsanfällig war, in der Zeit bei PSV mit Steroiden gestärkt wurde. Mit dem Resultat, dass seine Muskeln stärker wuchsen, als die Sehnen aushalten konnten.«[38] Es sei schwierig, so disproportional heranzureifen wie Ronaldo nach der Pubertät – »wie ein Ferrari im Chassis eines Fiat«, umschrieb es die italienische Presse. Dieses »disproportionale Heranreifen« ist just das Problem, auf das Ronaldos Physiotherapeut Petrone Teamarzt Toledo immer wieder hingewiesen hatte. Dass Bänder die Belastung durch eine zu starke Muskulatur nicht mehr halten können, tritt nicht nur im Bodybuilderbereich auf, sondern immer häufiger auch im Profigeschäft der Kicker. Allerdings: Wer vermag bei Bänder- und Sehnenverletzungen die Ursache klar zu definieren? Sie können stets auch durch Fremdeinwirkung oder Fehlbelastung verursacht werden.

Laut Santi erfolgte die Anabolikabehandlung bei Ronaldo in der Wachstumsphase. »Das Gerüst ist stark gewachsen, aber nicht das Innere. Der anfänglichen Verbesserung folgt dann die Verschlechterung.«[39] Tatsächlich war Ronaldos Anfälligkeit für Sehnenrisse bizarr. Dreimal riss allein die Patellasehne im Knie, eine höchst seltene Verletzung. Kaum aber hatte die Tageszeitung *Folha de S. Paulo* über Dr. Santis Darlegungen berichtet, feuerte Teixeira den Teamarzt. Originelle Begründung: »Die Person Ronaldo verdient mehr Respekt!«

Fünf Jahre später legte Santi nach. Er verwies auf den Profi Daniel Carvalho, der dieselben Gewichtsprobleme hatte wie Ronaldo gegen Ende seiner Karriere. Carvalho, der von 2003 bis 2010 für ZSKA Moskau spielte, erhielt nach eigenen Aussagen beim russischen Spitzenklub Anabolika zum Muskelaufbau. Danach hatte er enorme Probleme mit dem Abnehmen. Santi beobachtete, dass es brasilianischen Profis, »die in Europa spielten bei Klubs, die weniger im Fokus und damit nicht im Blickpunkt von Dopingkontrollen« stehen, öfter so erging. Vor allem in Osteuropa.

Gewichtsprobleme hatte nun auch Ronaldo. Der spielte mit 34 Jahren für den brasilianischen Spitzenklub SC Corinthians Paulista und hieß nicht mehr »Fenomeno«, sondern »O Gordo«, der Dicke. Er weigerte sich strikt, auf die Waage zu steigen, sein Gewicht wurde auf 100 Kilogramm geschätzt.

Zuvor hatte Ronaldo einen weiteren Dopingverdacht überstanden: 2007, in Diensten des AC Mailand, hatte er eine Transfusion mit behandeltem Eigenblut vornehmen lassen, angeblich, um eine Verletzung im Oberschenkel zu kurieren. Die Behandlung mit Wachstumsfaktoren sei verboten, befand das italienische Coni und ermittelte. Daraufhin korrigierte Ronaldos brasilianischer Vertrauensarzt José Luiz Runco

flott die eigenen Angaben – Ende des Falls.[40] Schmerzmittel-
junkie Ronaldo, dessen Körper der Leistungssport ruiniert
hatte, trat mit den Worten ab: »Der Kopf will weitermachen,
aber der Körper hält das nicht mehr aus.« Er erklärte, er leide
inzwischen an einer Schilddrüsenerkrankung. Und zur Therapie benötige er Hormone, die leider auf der Dopingliste
stünden.

Das ist keine plausible Erklärung. Schilddrüsenhormone
standen nie auf der Liste; erst im Juli 2015 drängten Antidopingagenturen der USA und Englands die Wada, das Hormon
Thyroid zu verbieten.[41] Eine Hormonbehandlung, wenn sie
klar therapeutisch indiziert ist, hätte nicht gegen die Anti-
dopingregel gestanden. Ronaldo wäre der Erste, dem eine
Hormongabe trotz sportärztlicher Atteste verweigert worden
wäre. Liegen diese Atteste allerdings nicht vor, gibt es also
keine medizinische Indikation, sieht die Sache anders aus. Jos
Hermens, einer der einflussreichsten Leichtathletikmanager
der Welt, der auch Katrin Krabbe und Grit Breuer betreute,
beklagte, dass in der Branche weithin mit einem mysteriösen
Stoff gedopt werde: »Ich glaube, viele nehmen Schilddrüsen-
hormon. Seit Monaten frage ich beim Weltverband nach, warum das nicht auf der Dopingliste steht. Es heißt, weil es nicht
nachweisbar sei.« Schilddrüsenfehlfunktionen können tatsächlich für starkes Übergewicht sorgen. Und Anabolika-
missbrauch wiederum kann zu starken Fehlfunktionen der
Schilddrüse führen. Auf Ronaldos Leidensweg kommen wir
später noch einmal zurück; auf eine erschreckend vertraute
Situation, bei der WM 2006 in Deutschland.

So kommt Licht in jenes bizarre Fußballspiel, bei dem Brasiliens Team ohne Warm-up und mit einem Spaziergänger aufs
Feld kam. Ein absurder Kick, der als WM-Finale 1998 in den
Annalen steht. Einer WM, bei der es das krampfhafte Bemühen der Fifa unter ihrem scheidenden Boss Havelange gab, die
französischen Behörden an Trainingskontrollen zu hindern.

Und bei der hinterher sofort alles Beweismaterial zerstört werden musste.

Ergänzt sei noch, dass bei jener WM auch andere kräftig hinlangten. Ein Schauspiel, das fünf Jahre zuvor Eydelie bei Marseille beobachtet hatte, beschrieb nun der englische Nationalspieler Gary Neville in seiner Biografie »Red«: »Als die WM 1998 begann, empfingen einige Spieler Injektionen von Glenn Hoddles Lieblingsarzt, einem Franzosen namens Dr. Rougier. Nachdem einige Kumpels sagten, sie würden einen echten Energieausbruch fühlen, war ich bereit, jede Hilfe anzunehmen. Vor dem Argentinien-Spiel entschieden sich so viele Spieler dafür, dass es eine Schlange auf dem Weg zum Doktor gab.«[42] Das packende Achtelfinale gegen die Gauchos verlor England im Elfmeterschießen, zuvor hatte es David Beckham bereits nach einem Foulspiel per Platzverweis verloren. »Was in den Spritzen war, werden wir wohl nie erfahren«, schrieb Neville.

Liegt es daran, dass schlicht kein Schindluder mehr getrieben wird im Fußball, wie es alle immerzu beteuern – aber wie erklärt sich dann, dass die Spieler seit jenen wilden, teils todesmutigen Zeiten immer höheren Belastungen ausgesetzt sind? Schon nach dem Finale 1998 hatte Emmanuel Petit, der Torschütze zum 3:0, offen über die steigenden Belastungen geklagt: »Es wird immer schwieriger, es wird noch dazu kommen, dass gedopt werden muss. Einige tun es jetzt schon.« Frank Lebœuf pflichtete dem Teamkollegen bei: »Heute werden die Spieler verheizt. Mir machen die Jungen Sorgen. Bei diesem Tempo halten sie nur fünf oder sechs Jahre durch.« Das ist nun gut 15 Jahre her.

Mit Hollands Stürmerstar Marc Overmars und dem Italiener Gianluca Vialli äußerten weitere Weltklasseprofis den Verdacht, dass Spitzenspieler mit leistungssteigernden Mitteln gegen die wachsenden physischen Anforderungen durch immer mehr Spiele angehen würden.[43]

Es ist eine unglaubwürdige Situation entstanden. Jeder Parameter – steigende Belastung, wachsende Intensität, anschwellende Spielkalender – weist darauf hin, dass pharmazeutische Hintergrundarbeit geleistet wird. Wobei starke Leistungsschübe heute auch über viele Mittel erzeugt werden können, die nicht explizit auf der Verbotsliste stehen. Es gibt Substanzen, die im Zusammenwirken mit anderen, aber auch in der Intensität und Intention der Verabreichung auf künstliche Leistungssteigerung zielen. Perfekt für Spieler, die solche Leistungen nicht ohne Pharmahilfe abrufen können. Hinzu kommen erstens die Motivlage – es geht um irrsinnig viel Geld – und zweitens der Umstand, dass es all diese pharmazeutischen Hilfsmittel nun einmal gibt. Und das, was am besten hilft, findet die Dopinganalytik gar nicht im Körper. Auch die Geldfrage ist kein Hindernis im Fußball, wo selbst Durchschnittskicker in Europas Spitzenligen zwei, drei Millionen nach Hause bringen. Plus Einsatz-, Plazierungs- und Erfolgsprämien. Wenn Erfolge erzielt werden. Es gibt also eine Menge Gründe für die Branche, das Thema offensiv anzugehen – wenn sie um Glaubwürdgkeit bemüht wäre. Und eine Menge Gründe, das Thema defensiv zu fahren – wenn es Dinge zu verbergen gibt.

Was hat sich geändert im Fußball, seit die letzten großen Fälle den Sport bewegten? Jede Menge. Die Omertà – auch im Pariser Senat wurde der Fußball als besonders »geschlossenes System« gerügt – müssen Spieler, Ärzte und Funktionäre heute nicht mal mehr allein pflegen. Die Sportmedien helfen kräftig mit, der Platz nah am Star ist für viele attraktiver als der nah an der Wahrheit. Gesprächstermine mit den Helden der Ballschieberei zu erhalten wird für immer mehr Journalisten aussichtslos. Was noch vor 15 Jahren Berufsalltag war, ist heute ein persönliches Lebensereignis. Wenn Interviews mit dem Star zustande kommen, sind sie fast immer gehaltlos. Die Branche legt Wert auf Rhetorikschulung der Spieler, inhaltlich steht die Null. Es gibt kaum einen journalistischen, schon gar keinen authentischen Zugang zu dieser Welt, im Zweifel blockiert ein Jurist. Die paar Meinungsmacher, die weniger leicht abzuspeisen sind als der 95-prozentige Rest, werden zur Not ins Boot geholt: Gelegentliche Exklusivinformationen über eingeklemmte Menisken und ein bisschen was Privates von den Göttern – den Vorsprung erhechelt man sich gerne. Den Rest regelt die Werbeindustrie mit ihren gesellschaftspolitischen Heilsbotschaften zu jungen Männern, die eines gut können: mit einer Plastikkugel umgehen – und die dank dieses Talents Einfluss auf die Psychologie der Massen nehmen können.

Marie-George Buffet, fünf Jahre lang Frankreichs Sportministerin, hat auf die Gefahren der öffentlichen Hysterie und der politischen Vereinnahmung hingewiesen. Wer sieht, wie sich politische und wirtschaftliche Größen hier und anderswo an ihre Kickerhelden heranwanzen, begreift die ins Absurde entschwebte neue Bedeutung dieses Sports. Angela Merkel hatte im Sommer 2014 zwei dringende Überseetermine. Beide führten sie nach Brasilien zu ihren Herzbuben, der deutschen Nationalmannschaft. Und klar, es muss nicht immer WM sein: Beim EM-Qualifikationsspiel 2010 gegen die Türkei in Berlin drang sie mit ihrer Entourage ohne Absprache mit dem DFB in die Nasszelle der Kicker vor, wo ein mitgeführter Fotograf fabelhafte Werbefotos schoss von der strahlenden Kanzlerin und dem ausgelaugten Deutsch-Türken Mesut Özil, der nur ein Handtuch um die Hüften trug.

Dass es keine größere gesellschaftspolitische Nutzkraft gibt in unseren Zeiten und Breiten als den Fußball, hatte Merkel schon als Amtsnovizin beim heimischen Sommermärchen herausgefunden: Da ließ sich, zwischen Viertel- und Halbfinale, sogar mal rasch die Mehrwertsteuer um nie da gewesene drei Punkte anheben, von 16 auf 19 Prozent. Eine Steuererhöhung um knapp 20 Prozent – das Volk akzeptierte klaglos, es war gerade feiern auf den Fanmeilen der Republik. Die seither besser besucht sind als der Petersplatz in Rom.

Ruhig Blut

2002 fand die Weltmeisterschaft in Japan und Südkorea statt. Hier war der Verdacht auf eine »Epo-WM« so markant, dass sich die Betroffenen offen dagegen zur Wehr setzen mussten. Co-Gastgeber Südkorea wurde mit allen Mitteln bis ins Halbfinale gepeitscht, die Schiedsrichterleistungen in Achtel- und Viertelfinale waren so absurd, dass man sie in liebevoll kompilierten Clips im Web bestaunen kann. Hier lässt sich klar von manipulierten Spielen sprechen. Zu den Fehlpfiffen zugunsten der Hausherren addierte sich ein Faktor, der viel Gesprächsstoff lieferte – und ebenso rasch wieder vergessen war: das beeindruckende Laufpensum der Südkoreaner. Nach ihrem stark begünstigten Sieg im Achtelfinale über Italien brach eine Dopingdebatte aus. So weit ging die Empörung, dass italienische Journalisten zum WM-Quartier der Gastgeber zogen, um Raymond Verheijen zur Rede zu stellen. Der Niederländer war der Fitnessexperte im Stab von Landsmann und Nationalcoach Guus Hiddink und hatte Südkoreas Team für die Heim-WM auf Vordermann gebracht. »Es ist das größte Kompliment, das ich je Leben bekommen habe. Damit wird gesagt, dass es unglaublich ist, was wir erreicht haben«, sagte Verheijen zu den Vorwürfen – und bestritt, dass die enorme Ausdauer der Spieler auf verbotene Mittel zurückzuführen sei.[44] Südkoreas Kraftakten – zwei erfolgreiche 120-Minuten-Spiele in Folge – habe sein überlegenes Trainingskonzept zugrunde gelegen. Eines, das sich so verknappen lässt: Weniger ist mehr. Spielspezifische Fitness werde nicht über sture Konditionsbolzerei, sondern vor allem über Fußballspielen vermittelt. Verheijens Konzept sieht statt Waldläufen und Medizinballübungen verschiedene Spielformen vor: Elf gegen elf, sieben gegen sieben, vier gegen vier. Sein Zauberwort lautet »Periodisierung«, es meint die optimale Balance zwischen Belastung und Erholung. »Nach einer Trainingseinheit von 90 Minuten muss der Spieler sich erholen.

Kann er das nicht, akkumuliert sich die Müdigkeit. Passiert das über Wochen, spricht man von ›Übertraining‹, die Folge ist irgendwann eine Muskelverletzung, meist auf der Rückseite des Oberschenkels.« Viele Konditionstrainer hätten eine »fußballfremde« Ausbildung, beklagt Verheijen, Fitnessarbeit werde zu häufig vom Balltraining abgekoppelt. Falsches Training sei oft der Grund für Verletzungen. 80 Prozent der Blessuren seien vermeidbar.[45]

Für Hiddink, der in Südkorea »als Messias kam und als Gott ging«, wie Asiens größtes Fußballmagazin jubelte, machte Verheijen einige Jahre später auch die Auswahl Russlands fit. Zudem arbeitete er mit Frank Rijkaard, der die große Ära des FC Barcelona einläutete und den Stab an Pep Guardiola weitergab. Er wirkte mit Dick Advocaat bei Zenit Petersburg, das 2008 den Uefa-Pokal gewann. Und arbeitete wieder mit Hiddink, als der den FC Chelsea coachte.

Lauschen wir Verheijen: »Jeder Mensch hat schnell und langsam zuckende Muskelfasern. Tendenziell sind Erstere bei Sprintern und Letztere bei Ausdauersportlern. Diejenigen mit den schnelleren Fasern sind explosiver; ihre Sprints brauchen aber mehr Energie und daher mehr Erholung. Darauf muss man als Trainer Rücksicht nehmen. Schauen Sie bei Arsenal: Ramsey, Walcott, Wilshere, Oxlade-Chamberlain – vom Naturell alles explosive Spieler. Sie erleiden immer wieder Muskelverletzungen. Da läuft etwas strukturell falsch.« Er selbst, so Verheijen, habe dies Problem für einen der Größten der Branche gelöst: für Arjen Robben. »Arjen hat bei Chelsea immer gleich viel trainiert wie seine Kollegen, er verletzte sich immer wieder, die Leute verpassten ihm den Namen ›Mann aus Glas‹. Ich sprach mich dafür aus, dass er individuell und vor allem weniger trainiert. Das haben sie bei Bayern verinnerlicht. Schauen sie: Arjen ist kaum mehr verletzt.«[46] Wenn man von einer Verletzungsserie in den zwei ersten Münchner Jahren absieht, trifft das zu. Wobei der natürliche Sprinter Robben sich mit der Zeit auch im Ausdauerbereich profilier-

te: Im höheren Alter hat er bis in die Schlussminuten, selbst in
der Verlängerung kraftraubender Champions-League- oder
WM-Matches, genügend Kraft für kurze und langgezogene
Sprints.

Nicht alle Fachleute teilen Verheijens Philosophie. Es gibt
substanzielle Einwände wie den, dass sich aus periodisiertem
Training die Gefahr falscher Bewegungsmuster ergebe, die
noch aufwendiger korrigiert werden müssen. Oder den, dass
es doch auch spezieller Übungen für Kraftaufbau und Flexi-
bilität bedürfe. Gravierend erscheint etwas Grundsätzliches:
dass es ein Riesenunterschied ist, ob sich Profis im Training
messen – oder ob es in großen Stadien vor tobendem Publikum und vielen TV-Kameras um Punkte, Prämien, Titel geht.
Nicht gegen Teamkollegen, sondern gegen eine andere, ebenso hochmotivierte Mannschaft. Skeptikern hält Verheijen hier
entgegen, es komme auf die Qualität des Coaches an, die Spieler im Training entsprechend anzuheizen. Spätestens da franst
die Weniger-ist-mehr-These heftig aus.

Zurück zur WM 2002, wo der Fitmacher aus den Niederlan-
den das geballte Misstrauen gegen Südkorea als Kompliment
begriff. Auch Hiddink wies alle Spekulationen über die enormen Kraftreserven seiner Jungs zurück: »Wir arbeiten hart.
Wenn jemand Beweise hat, soll er sie vorlegen, denn wer an-
klagt, braucht Beweise. Wir werden dann nachweisen, dass
die Person vollständig unrecht hat. Die Grundschnelligkeit
verbessert man nicht mit Medikamenten.«[47] Schon das ist Unsinn. Auch Grundschnelligkeit lässt sich mit medikamentöser
Hilfe auftunen; Fasern, Bänder und Sehnen lassen sich pharmazeutisch stärken. Abgesehen davon werden aufreibende
K.-o.-Spiele bei großen Turnieren nicht über die Grundschnelligkeit gewonnen. Sondern über Energie und Ausdauerkraft. Nichts zeigte das dramatischer als Südkoreas Triumphe im Achtel- und im Viertelfinale. Gegen Italien gelang
Hiddinks Elf der Ausgleich zwei Minuten vor Abpfiff der

regulären Spielzeit, nach 117 Minuten schoss sie in der Verlängerung das Siegtor. Das Viertelfinale gegen Spanien gewannen sie im Elfmeterschießen. Im verlorenen Halbfinale gegen Deutschland, vor dem der Referee zwecks Betrugsvermeidung kurzfristig umbesetzt wurde, fiel das einzige Tor erst nach 75 Minuten. Und schon in den Gruppenspielen hatte Südkorea nur von der Physis profitiert. Gegen das lange führende US-Team reichte ein Tor zwölf Minuten vor dem Abpfiff zum 1:1; das Siegtor zum 1:0 über Portugal war nach 70 Minuten gefallen. Es war diese Zähigkeit, die das Heimteam ins kleine WM-Finale trug – weiter denn je.

Erstaunlich, wie der südkoreanische Ehrenbürger Hiddink es im überschaubaren Nationalteambereich schaffte, farblose Außenseiter in energetische Turnierwölfe zu verwandeln. Bei der folgenden WM 2006 in Deutschland betreute er Australiens Auswahl; schon Monate zuvor hatte er so ein Gefühl: »Wir werden in Deutschland eine gute Rolle spielen. Einige werden sich noch mächtig wundern, wie gut Australien sein wird«, orakelte er.[48] Und sollte recht behalten. Erstmals überstand ein Team Ozeaniens die Gruppenphase, die Socceroos wurden Zweiter in einer veritablen Todesgruppe mit Brasilien, Kroatien und Japan. Gegen Letztere lag Hiddinks Team früh zurück, kurz vor Schluss warf es den Turbo an und traf ab der 84. Minute dreimal. Den 0:2-Endstand gegen Brasilien kassierten sie erst in der Schlussminute, bis dahin war alles offen gewesen. Und beim 2:2 gegen Kroatien schoss Australien das Ausgleichstor, das die Tür zur K.-o.-Runde aufstieß, elf Minuten vor Schluss.

Im Achtelfinale machte erneut ein Team von Hiddink Italien die Hölle heiß. Ab der 50. Minute spielte der spätere Weltmeister nach einem Feldverweis für Materazzi nur noch zu zehnt, eine Verlängerung hätte er kaum überstanden. Der Strafstoß zum 1:0-Sieg der Azzuri nach 95 Minuten war der späteste der WM-Geschichte in einer regulären Spielzeit. Zufall oder nicht, trug der Last-second-Pfiff den Ruch einer

Wiedergutmachung für all die Fehlpfiffe bei der WM 2002, die zum K.o. für Italien geführt hatten.

Tim Cahill, Starstürmer der knapp gescheiterten Socceroos, die im Viertelfinale auf eine ausgelaugte Ukraine und im Halbfinale auf Deutschland gestoßen wären, erklärte das erneut umraunte Laufwunder der Hiddink-Truppe so: »Wir haben einfach verdammt hart geschuftet.«[49] Demnach habe Hiddink in Abwesenheit Verheijens das Gegenteil von dem getan, was der Fitnessguru so erfolgreich mit den Südkoreanern angestellt hatte und wenig später auch wieder mit den Russen: Trainingsperiodisierung nach der Devise »Weniger ist mehr«. Nicht schuften, sondern mehr Trainingsspiele und gezielte Erholung.

Gemeinsam am Start war das Duo Hiddink/Verheijen wieder bei der EM 2008 in Österreich und der Schweiz. Wieder warf ihre Außenseiterauslese den Turbo an. Zwar kam Russland zum Auftakt gegen den späteren Europameister Spanien 1:4 unter die Räder, erlangte dann aber Bärenstärke. Das Team schlug Titelverteidiger Griechenland sowie Schweden. Und im Viertelfinale gegen Holland gelang ein sensationeller Auftritt. Dass der 3:1-Sieg erst in der Verlängerung sichergestellt wurde, sagte nichts über den am Ende peinlichen Spielverlauf; Holland sehnte nur den Abpfiff herbei. Andrej Arschawin, der in der Verlängerung zahlreiche Tempodribblings hinlegte, taumelte vom Platz, die Augen tief im Gesicht, die Lippen ausgetrocknet: »Ich bin völlig erledigt.« Die Presse beschrieb ihn als »Radfahrer, der gerade die schwerste Bergetappe bei der Tour de France absolviert hat«.[50]

Die Branche rätselte, wie es die Sbornaja geschafft hat, nur drei Tage nach dem schweren letzten Gruppenspiel gegen Schweden (gemeinsame Laufleistung in 90 Minuten: 112,8 km) im Viertelfinale gemeinsam 143,7 km zurückzulegen. Holland kam auf gleichfalls sehr beachtliche 141,2 km, hatte vorher aber ganze »fünf Tage länger Zeit zum Regenerieren«, wie Marco van Basten giftig anmerkte. Der Bondscoach war

sauer: »Es ist eine Schande, dass man das nicht gesehen hat!«
Wollte van Basten seine Spieler rüffeln – und damit die eigene
Trainingsarbeit? Oder einen Verdacht andeuten?

Wieder war die Verwunderung über Hiddinks Dauerrenner
groß, wieder wurde sie international zum Thema. »Dass es so
etwas überhaupt gibt – drei Tage nach dem 2:0 über die
Schweden laufen die Russen 120 Minuten, dass die Gegner,
die Holländer, mit Krämpfen zusammengebrochen sind. Da
frage ich mich: Was trainieren die?«, sagte Willi Ruttensteiner,
Technischer Direktor des Österreichischen Fußballbundes,
dem Wiener *Standard*. Irritiert war auch Sportmediziner
Günther Penka von der Bundeswehr-Uni in München; namentlich der Russe Schirkow faszinierte ihn: »Er läuft unglaubliche Strecken in einem unglaublichen Tempo und zeigt
erstaunliche konditionelle Fähigkeiten, vor allem in der
Schnelligkeitsausdauer.« Er wolle keinen Verdacht erheben,
aber: »Der Laufumfang und die konditionelle Belastung sind
deutlich gestiegen. In dieser Form ist das eine neue Qualität.«[51]

Die russischen Einzelwerte stachen ebenso heraus. Sergej
Semak legte gegen Holland 15 km zurück, Konstantin Syrjanow 14,63 km, Juri Schirkow 14,58 km. Selbst Starspieler Arschawin, laut Hiddink nicht topfit, schaffte 14 563 Meter. Die
Liste der laufstärksten Spieler im Viertelfinale führte drei
Russen unter den ersten fünf; die der höchsten Turnierlauf-
leistung vermerkte Semak, Syrjanow und Schirkow als Spit-
zentrio plus zwei weitere russische Akteure unter den Top elf.
Warum hat so ein durchschlagendes Erfolgsmodell nie lang-
fristig Schule gemacht?

»Meine Spieler sind wie Soldaten«, erklärte Hiddink. Russen seien kaum zu bremsen. Ist das so? Zuvor und danach war
das nie die Kerntugend der Sbornaja. Als die Mannschaft bei
der EM 2012 saft- und kraftlos in der Vorrunde scheiterte,
empfahl Waleri Golubew, Vize-Chef von Gazprom, sogar die
Deportation Arschawins außer Landes.[52]

Und wie kommt es, dass Coach Hiddink überall diese offenbar militärische Bereitschaft zur Körperdisziplin vorfand, in so unterschiedlichen Kulturkreisen wie Russland, Australien, Südkorea? All diese Fußballteams hatten vor ihm jahrzehntelang nichts gewonnen. O-Ton Hiddink zur Fitness seiner Kicker: »Sie hatten eine akzeptable Ausdauer. Aber das reicht nicht. Wenn du so ein Turnier spielst, musst du an der Explosivität arbeiten und daran, die Erholungszeit möglichst kurz zu halten. Jetzt haben die Spieler, was sie brauchen.«

In Russland wurde die internationale Irritation ignoriert. Die Presse legte dar, dass sich die russische Liga als einziger der Teilnehmerverbände am Kalenderjahr orientiert: Die Premjer-Liga startete Mitte März, kein Team habe mehr als elf Ligaspiele absolviert. Zenit St. Petersburg, mit Hiddinks Landsmann Dick Advocaat als Coach, habe wegen des erfolgreichen Abschneidens im Uefa-Cup sogar nur sechsmal antreten müssen. Hier ließe sich anmerken, dass die Uefa-Cup-Spiele den neuen Titelträger nicht allzu sehr gefordert hatten. Eine Erklärung dafür, die sich aus Telefonabhörprotokollen der Madrider Staatsanwaltschaft (sie hatte Mitglieder der Petersburger Mafia-Gruppierung Tambowskaja in Südspanien belauscht) ergab, ist die, dass Spiele gekauft worden sein könnten. Schon weil diesem harten, auch von anderen Indizien gestärkten Verdacht weder von deutschen noch von russischen Ermittlungsbehörden entschieden nachgegangen wurde, bleibt die Möglichkeit, dass der Titel gekauft wurde, nicht völlig ausgeschlossen.

Bis zum EM-Halbfinale hatten die Russen jede Partie in gelaufenen Kilometern klar gewonnen. Allerdings zählt nicht nur reine Distanz, entscheidend sind Tempo und Intensität dieser Laufwege. Auch in der Sprintwertung bewegten sich Russlands Kicker ganz vorne. Schirkow war Dritter mit einem Spitzentempo von 31,32 km/h. Das hebt ihn als neuen Typus hervor, als Kreuzung, die es im Topfußball nun immer häufiger gibt: einer der ersten Ausdauersprinter der Sportwelt.

Dann das Mysterium: der Kollektiveinbruch der Sbornaja im Halbfinale gegen Spanien. Im Duell der zwei Teams, die die Fitnessstatistiken der EM mit exorbitanten Brennwerten deutlich anführten, implodierte Russland regelrecht, kein Spieler brachte Durchschnittsleistung, Hiddinks Elf ging 0 : 3 unter. Nicht zwei oder drei, praktisch alle standen neben sich – ein Phänomen, für das es eingedenk der Daten und Darbietungen zuvor kaum eine schlüssige Erklärung gab.

Die Spanier hingegen, das zweite hochenergetische Team bei dieser EM, besaßen noch immer mehr als genug Kraft. Ihre Dominanz über die deutsche Auswahl im Endspiel wirkte so, als hätten sie nicht 1 : 0, sondern mindestens 3 : 0 gewonnen.

Die EM 2008 in der Schweiz und Österreich warf eine Menge Fragen auf. Nicht im Fußball, wo mit Spaniens Dominanz eine neue Ära begann, sondern in den Laboren, wo Blut (Lausanne) und Urin (Wien) getestet wurden. Zum Turnierstart hatte sich die Uefa auf ihrer Internetseite selbst bejubelt: Ein »beispielloses« Antidopingprogramm sei in Betrieb, mit Tests und allen Schikanen inklusive der Fahndung nach Epo, weil das ja nun dank der Bluttests möglich sei.

Ende 2009 legte die Uefa tatsächlich einen Testbericht zur EM 2008 vor. Darin sind Werte vermerkt, die die beteiligten Wissenschaftler weitgehend unkommentiert ließen, unabhängige Fachleute aber stark irritieren. Praktischerweise gelten im Fußball keine Blutgrenzwerte; anders als in der Leichtathletik, im Rad- oder Wintersport. Die Grenzwerte des Hämoglobins von 17 g/dl und des Hämatokriten von 50 Prozent scheinen Fifa und Uefa aber im Grunde zu akzeptieren.

Bei der EM 2008 waren Profis mit Hämoglobinwerten über 17 g/dl unterwegs. Gemessen wurden diese überraschenderweise bei den Wettkampfkontrollen nach dem Match. Noch erstaunlicher: Generell waren die Hämoglobinwerte während des Turniers höher als davor. Wie ist das möglich? Belastung

treibt die Werte normalerweise nach unten; neben der allge-
meinmedizinischen Erfahrung zeigt das auch jede andere
Sportstudie. Etwa eine Dissertation unter Betreuung des
DFB-Teamarztes Tim Meyer von 2012. Darin wurde ein Mit-
telwert von ca. 15 g/dl ermittelt, der sich, was gleichfalls interessant ist, über die Saison nicht veränderte; jedenfalls aber
ging er nicht nach oben. Aus anderen Sportarten ist bekannt,
dass ständige körperliche Belastung zu einem Verbrauchspro-
zess an roten Blutzellen führt. Es ist gerade dieser stete Verlust, den Radprofis bei der Tour gern durch nächtliche Mikro-
gaben von Epo ausgleichen.

Insofern erstaunt, wie orientierungslos sich die Blutexperten des internationalen Fußballs durch die Wunderwelt ihrer
Werte tasten – denn bei der EM 2008 nahmen die Hämoglobinwerte im Turnierverlauf sogar deutlich zu. Zurückgeführt
wurde das kurzerhand auf eine Dehydration: Vermutet wurde, dass die Spieler bei der EM 2008 in den gemäßigten Klima-
zonen Schweiz und Österreich so viel Flüssigkeit verloren
und durch Wassertrinken nicht ersetzen konnten, dass die
Hämoglobinwerte zunahmen. Das zeigt, nebenbei, wie weit
voraus der DFB-Arzt Liesen seiner Zunft schon 1986 war. Er
hatte ja bei der WM in Mexiko vorgemacht, wie mit Infusions-
orgien ausgeschwitztes Wasser flott ersetzt werden kann.
Wassertrinken allerdings hätte gereicht, Infusionen braucht es
nicht.

Vollends merkwürdig nimmt sich die EM-Studie 2008 aus,
vergleicht man sie mit den Daten, die die Fifa im Mai 2015 zur
Vorjahres-WM in Brasilien vorlegte. Dort hatten Temperatu-
ren teils über 30 Grad geherrscht. Die Fifa-Medizinmänner
schrieben: »In dieser großen Spielerpopulation fanden wir
keine signifikanten Unterschiede im Hämoglobinwert der
Proben vor und nach den Spielen.«[53]

Wie passt das zu den Werten von 2008? Liegt Salzburg näher am Äquator als Manaus?

Es gibt mehr Fragwürdiges. Die Fifa-Experten reiten eine

regelrechte Attacke auf diese EM-Befunde, die sich in der Konsequenz als leiser Dopingverdacht interpretieren ließen. Denn in ihrem Report zur Brasilien-WM 2014 halten die Wissenschaftler einen prekären Widerspruch fest: Ihre Resultate wiesen »im Gegensatz zu dem, was bei der EURO 2008 gezeigt wurde, keinen signifikanten Effekt des Wettkampfes auf die Werte dieser kritischen Blutparameter auf«.[54] Die WM-Werte stünden »im Gegensatz« zu den EM-Werten. Die Hämoglobinresultate als kritische Masse – das wirkt wie eine Ohrfeige für die Uefa-Studienbetreiber.

Wie kann das sein? Was verursachte diese schwerwiegenden Diskrepanzen? Fest steht, dass sich die Physiologie der Blutbildung bei der Spezies Mensch, angezeigt durch Hämoglobin- und Hämatokritwert, kaum über die paar Jahre geändert haben dürfte. Das nährt den Verdacht, dass bei der EM 2008 etwas anders gewesen war als bei der WM 2014.

Warum hat es so lange gedauert, bis diese Ungereimtheiten – wenigstens fachintern – diskutiert werden?

Oder ist dieser ganze Denkansatz falsch? Müsste in Rechnung gestellt werden, dass die Verbände vor der WM 2014 ja gewarnt waren – und dass man für dieses Turnier ein möglichst »cleanes« Bild abliefern wollte? Das jedenfalls liegt vor, siehe Fifa-Abschlussbericht. Wobei dort interessanterweise auch gleich die Testosteronquotienten günstiger ausfielen. Dazu passt, wie's der Zufall will, dass heute in Zeiten des Blutpasses sehr genau auf die Schwankungsbreite der Werte geschaut wird. Und siehe da, sie schwanken kaum noch. Vor diesem Hintergrund darf schon wieder als auffällig gelten, dass die WM-Werte 2014 sowohl bei Hämoglobin als auch bei Testosteron weniger verdächtig aussehen als beim Vergleichsturnier 2008, der Fußball-EM in Mitteleuropa.

Wie wichtig den Fifa-Medizinern die perfekten Hämglobinwerte waren, illustriert der Umstand, dass sie damit die gesamte WM-Publikation beschlossen.[55] Die Fragen lauten also: Was war los bei der EM 2008? Oder: Warum sind die Werte bei der WM 2014 so perfekt, wie man sie sich nur wünschen kann? Irgendwas ist faul.

Einige Unregelmäßigkeiten sind auch für diese WM vermerkt – in Bezug auf Steroide, Clenbuterol, Wachstums- und Sexualhormon. Und in einem Urin wurde das Maskierungsmittel Formestan gefunden. Von Sanktionen wurde nichts bekannt.

Manche Fußballärzte fürchten hohe Hämoglobinwerte wie einen Kreuzbandriss. Sie versuchen auffallende, sich widersprechende Ergebnisse so hinzubügeln, dass ein Dopingverdacht gar nicht erst aufkommt. Wie raffiniert das Problem gehandhabt wird, zeigen die ebenfalls veröffentlichten Ergebnisse von der EM 2012 in Polen und der Ukraine. Diesmal ließen die Fußballforscher die Hämoglobinwerte nach den Spielen ganz weg. Begründung: Wegen der Dehydrationssache. Man habe ja schon 2008 erlebt, dass es Anstiege gibt – die auf Austrocknung zurückzuführen sind. Was im Gegensatz zu den Resultaten im heißen Brasilien steht: Dort hatte das Spiel in puncto Austrocknung keinen Einfluss auf die Werte. So bleiben allerlei Mysterien im Raum. Was ist los mit dem Kicker-Hämoglobin? Fallen die Werte im Zuge der Turnierbelastung, steigen sie, bleiben sie gleich? Und warum werden sie statistisch immer unauffälliger, je genauer die Fahnder hinschauen?

Interessant überdies, was der Pharmakologe Sörgel durch eine eigene Analyse der Uefa-Daten herausfand: Bei der EM 2008 lagen rund 14 Prozent der Spieler zwischen 16 und 17 g/dl, viele Werte tendierten Richtung Obergrenze: ein Potenzial von bis zu vierzig Profis. Der Durchschnittswert gesunder Freiwilliger liegt in einem pharmakologischen Schaubild klar unterhalb dieser Werte, bei knapp 15 g/dl. Liegt den Stars von heute das Kicken dermaßen im Blut? Wenn im Schnitt markant höhere Werte als in der Normalbevölkerung vorliegen – könnte dies nicht auf ein, wie es im Sport heißt,

»Herandopen« an die Grenzwerte hindeuten? Fünf Prozent der Spieler, bis zu 14 Profis, lagen sogar über dem Grenzwert 17 g/dl – in anderen Sportarten wären sie mit Sperren belegt worden. Dazu kamen überhöhte Hämatokritwerte. Selbst Spitzenathleten mit weit stärkerer Körperbelastung wie Lance Armstrong hatten trotz starker »Dehydration« keine annähernd so hohen Werte.

»Merkwürdig«, sagt Sörgel. »Während eines Turniere sollte der Hämoglobinwert abnehmen. Wenn ich bei solchen Werten einfach spekuliere, wie es sein könnte, aber nicht kläre, was wirklich war, ist das wissenschaftlich nicht überzeugend.« Für den Pharmakologen sind die von der Uefa vorgelegten »Abbildungen über die Verteilung von Hämoglobinwerten 2008 zumindest verdächtig«. Auch Dopingexperte Franke findet: »Das ist ein anormales Ergebnis. Man hätte ihm nachgehen müssen.«[56]

Das diffuse Bild könnte aber heute noch bereinigt werden. Es brauchte ja nur eine Frage geklärt werden: Lässt sich der signifikant hohe Teil der Blutwerte bestimmten Teams zuordnen? Sind die rund vierzig Spieler mit hohen Werten auf alle 16 Teams verteilt, ergibt das ein eher unverdächtiges Bild. Aber was, wenn die höheren Werte klar auf nur zwei oder drei Mannschaften verteilt waren? Womöglich auf Teams mit besonders energetischen EM-Auftritten? Glaubwürdige Dopingstudien müssen genau solchen Fragen nachgehen. Aber das geht natürlich nicht, wenn sie nur zur Beruhigung des Publikums gedacht sind.

Der Ball bringt nicht nur Spielerblut in Wallung. Auch in einem anderen Grenzwertbereich tummelten sich viele Profis am oberen Limit: bei der Testosteronmessung. Im Erwachsenenalter weisen gesunde Europäer in der Regel ein Testosteron-zu-Epitestosteron-Verhältnis von 1:1 auf, das ist der sogenannte T/E-Quotient. Er liegt natürlicherweise bei 1 bis 1,1, im Sport wird er, um etwaige Anomalien juristisch abzusichern, auf den Grenzwert 4 festgelegt. Alles darüber ist ein klarer Dopingverdacht. Nimmt man nun die grenzwertnahen Werte, also ab dem ungewöhnlich hohen Quotienten von 3, fanden sich kurz vor der EM 2008 (aus insgesamt 154 Werten) elf Prozent (17 Spieler) in diesem Bereich. Bei den Spielen waren es nur noch drei Profis (2,4 Prozent).

Bei der EM 2012 wiesen in der Vorbereitung sogar 19 Spieler (11,9 Prozent) einen Quotienten um die 3 auf. Acht (6,1 Prozent) waren es noch in den Turnierspielen – wobei ein Spieler sogar einen Wert von 6 bis 6,5 aufwies. Ein Positivfall wurde nicht vermeldet, auch sonst wurde nichts bekannt.

Kann denn Liebe Sünde sein?

Power, Ausdauer und ein selbsterklärter Testosteronbüffel entschieden bereits die EM 2004 in Portugal. In Griechenland gewann das technisch schwächste, aber deutlich kraftvollste Team des Turniers. Aber nun ja, 2004 war ohnehin das Jahr des hellenischen Sports, es war das Jahr der griechischen Generation Gold. Wenige Wochen nach dem sensationellen EM-Triumph der harten Jungs von Nationalcoach Otto Rehhagel gingen in Athen die Olympischen Sommerspiele über die Bühne. Hier trieb das staatlich tolerierte Systemdoping so bizarre Blüten, dass sich die globale Sportberichterstattung tagelang ganz den Kapriolen der griechischen Goldhoffnungen in den Sprintdisziplinen widmete: Konstantinos Kenteris und Ekaterini Thanou. Die zwei waren vor einer Überraschungskontrolle im Olympiadorf ausgebüchst, es folgte ein inszenierter Motorradunfall – der wache Teil der Sportwelt lachte Tränen über diese Seifenoper, die im Lazarett endete. Der Coach und Dopingversorger des Duos, Christos Tsekos, hatte beste Drähte in die Politik, wo er mit Geld und Genehmigungen alimentiert wurde – und in den Fußball.

Unter dem internationalen Druck nach der olympischen Posse bildete das Athener Parlament 2005 einen Ausschuss für Dopingfragen. Der brachte, ganz nebenbei, ans Licht: Bis zuletzt hatten Hellas' angehende EM-Fußballhelden um ihren wichtigsten Mann gebangt. »Erst fünf Tage vor der EM 2004 gab uns die Uefa grünes Licht für die Teilnahme von Kapitän Theodoros Zagorakis«, sagte Vassilis Gagatsis, Chef des nationalen Fußballverbandes mit dem schönen Kürzel EPO. Zagorakis waren bei Reihentests vor dem Turnier in Portugal unzulässig hohe Testosteronwerte nachgewiesen worden. Man sei »auf glühenden Kohlen« gesessen, berichtete Gagatsis den verblüfften Abgeordneten.

Der Mittelfeldstar hatte öfter Ärger mit den Hormonen. 2001 bei AEK Athen waren seine Werte schon einmal positiv, doch vor der fälligen Zwei-Jahres-Sperre bewahrte ihn die griechische Sportjustiz mit einer absurden Volte: Sie glaubte einfach, Zagorakis' Körper produziere mehr Testosteron als andere. Und folgte damit einem AEK-Berater, der vor Gericht erzählt hatte: »Als Zagorakis unterschrieb, offenbarte er mir zwei Probleme: erstens eine zystische Akne. Zudem seine Befürchtung, sein intensiver Sexualverkehr könnte seine Karriere beeinträchtigen.« Na bitte!

Von Untersuchungen der Drüsenfunktionen beim Kicker-Lover sahen die Richter vorsichtshalber ab. Und das, obwohl Zagorakis nach Bekanntwerden der A-Probe damals herausgerutscht war, dass den AEK-Profis diverse Substanzen verabreicht würden.[57] Am Ende empfingen der saubere Fußball made in Hellas und das Plappermaul Zagorakis den gerechten Lohn: Griechenland wurde Europameister, der Testo-Produzent wurde zum besten Spieler des Turniers gekürt.

Zum Thema Dopingbekämpfung in Griechenland fand der Ausschuss auch heraus, dass ein Großteil der spezifischen Finanzhilfe der Europäischen Union (immerhin 7,36 Millionen Euro) »verlorengegangen« war. Und dass nicht nur Zagorakis Gnade vor den Sportrichtern des EPO gefunden hatte. Monate nach seinem Fall hatte Justitia den nächsten Profi mit bizarren Testosteronwerten laufenlassen. »Ich danke der griechischen Justiz«, sagte der Brasilianer Rodrigo Ferusem, »sie glaubt an meine Unschuld.«[58] Im Frühjahr 2015 wollte die Regierung Alexis Tsipras die Unabhängigkeit des Griechen-Verbands aufheben, sie wollte Berufsrichter mit der Lösung von Fußballproblemen beauftragen anstelle der bisherigen Juristen, die vom EPO eingestellt werden. Sofort drohten Fifa und Uefa, alle griechischen Teams unbefristet international zu sperren – der übliche Reflex, wenn eine Regierung Missstände des Fußballs beleuchten oder gar beheben will.[59]

Was nun das andere Epo angeht, das Wundermittel für die Ausdauerkraft, war es in den nuller Jahren so, dass viele gebräuchliche Varianten nicht nachweisbar waren. Das bestätigte bei der EM 2008 das beauftragte Labor in Seibersdorf bei Wien. Und auch, dass es für andere beliebte Stoffe wie Insulin noch kein valides Testverfahren gab. Dabei ist es bis heute geblieben. Es wäre also naiv, auf negative Wettkampftests bei solchen Großevents zu verweisen, um die Sauberkeit dieses Sports zu belegen. Zumal – wie erwähnt – nur selten in den Wettkampf hineingedopt wird, und wenn, dann mit Peptidhormonen, die nicht zu fassen sind, oder mit winzigen Epo-Gaben, die über Nacht abgebaut sind. Ansonsten findet Pharmazie unter Kennern in den Trainingsphasen statt, wenn der Körper aufgebaut wird, und in winzigen Zeitfenstern zwischen Wettkampfeinsätzen. Dass keiner vollgedröhnt ins Spiel geht, dafür könnten Klubs wie Verbände selbst sorgen – durch intern durchgeführte Tests. Schnelltests, deren Ergebnisse in der Familie bleiben. Sie taugen auch als Absicherung, denn ein Dopingfall, verursacht durch Unachtsamkeit oder Partydrogen in wilden Nächten, führt zu Skandal und Sperre. Das kann auf einen Schlag Millionenwerte vernichten.

Das Phänomen der institutionalisierten Negativtests bei WM- und EM-Endrunden sowie Olympischen Spielen erklärt sich im Wesentlichen so, dass diese Events besonders im Fokus der Weltöffentlichkeit stehen. Anzahlmäßig intensive Doping-kontrollen sind daher schon aus politischen Gründen geboten. Schließlich denkt das Gros der Öffentlichkeit, dass die Tests effektiv seien – und dass viel testen auch viel helfe. Hingegen raten Betrugsexperten, die demonstrativen Massentests intelligent einzugrenzen – und das Geld lieber für hartnäckige Reihen- und Zielkontrollen bei wirtschaftlich logischen Verdachtsfällen in pharma-logischen Zeitintervallen einzusetzen.

Was die körperliche Dominanz gewisser Teams in den nuller Jahren angeht, als berüchtigte Blutpanscher aus Spanien und Italien ihre internationalen Netzwerke betrieben, ist dreierlei festzuhalten: Erstens, das gilt auch für die Hiddink-Teams, gibt es nicht einen offiziellen Dopingfall. Insofern darf selbst bei Betrachtung der erstaunlichsten Körperleistungen keine Betrugsbehauptung aufgestellt werden; man darf sich allerdings schon wundern über Dinge, die ungewöhnlich sind und doch ein Bild ergeben. Zweitens gab es auffällig erhöhte Blut- und Testosteronwerte bei großen Turnieren; so stark erhöht, dass sich die begleitenden Forscher untereinander beharken. Drittens markiert diese Zeit den Sprung in die Moderne: Seit den nuller Jahren spielen Aufputschmittel, die Fitmacher eines halben Fußballjahrhunderts, keine zentrale Rolle mehr. Nach den Antidoping-Statistiken und den Beteuerungen der Branchenangehörigen ist Doping in den nuller Jahren ausgerottet worden. Einfach so. Gerade als der spanische Fuentes-Skandal die aktuellen Topteams des Weltfußballs massiv zu bedrohen begann. Dass seither zugleich das Leistungsvermögen in der Profibranche nochmals explodiert ist, hat also schlicht trainingsdidaktische Ursachen.

Kann man das glauben? Waren bis dahin Trottel am Werk?

In einem Temposport mit so multipler Muskel- und Sauerstoffbelastung muss der feinste Techniker einpacken, wenn ihm die nötige Athletik fehlt. Wie diese heute erreicht wird, legt die Branche keineswegs überzeugend dar. Der eine plä-

diert für mehr Belastung, der andere für weniger. Solange am
Ende einer weitgehend abgeschotteten Arbeit phänomenale
Kraftleistungen stehen, solange in wichtigen Spielen immer
mal wieder ein Team komplett das andere überrollt, ist große
Skepsis angebracht. Wird nicht gerade in der Wissenschaft der
Spitzenathletik nur noch um winzige Energievorteile gerun-
gen?

Vor Hiddinks Zeit war in Russland sogar der Verdacht auf
organisiertes Fußballdoping aufgekommen – und das auf der
Basis von Testergebnissen. Nationalspieler Jegor Titov war
nach dem EM-Qualifikationsspiel gegen Wales im November
2003 mit Bromantan erwischt worden. Ein Stimulans und
Maskierungsmittel, das es wie Carphedon aus den Beständen
der Sowjetarmee ins moderne Dopingzeitalter geschafft hat.
Russische Medien brachten den Verdacht auf Systemdoping
auf, sie erinnerten daran, dass schon zwei Monate zuvor am
Vorabend eines Länderspiels gegen Irland die Spieler von
Spartak Moskau zurückgezogen worden waren. Im Zuge der
Debatte bezeugten zwei frühere Spartak-Profis – Maxim Demenko und Wladislaw Waschchiuk – die Teilnahme an einem
Dopingprogramm. Demenko erinnerte sich an weiße Pillen,
die an die Stammspieler vergeben worden seien, Waschchiuk
sagte, die Ärzte hätten häufig verbotene Substanzen per Tropf
verabreicht.[60]

Was die russische Fußballkultur angeht, steht vielleicht Erhellendes zu erwarten vor der nächsten WM: Die findet 2018
in Russland statt, dort, wo Doping offenkundig ein fester Bestandteil im Spitzensport ist. Die Umtriebe in Klubs wie
ZSKA Moskau sind weithin von ausländischen Spielern geschildert worden. Und abseits des Fußballs ließ erst Ende
2014 eine ARD-Dokumentation die Dimension eines nationalen Betrugssystems aufscheinen, inklusive der Absicherung
durch käufliche Fahnder; über korrupte Funktionäre bis zu
Spitzenpolitikern, die auch mal ein Gesetz machen, das den
Sport vor ausländischen Kontrolleuren schützt.

Als im Februar 2015 der Skandaldruck zu massiv wurde, trat Sportminister Witali Mutko die Flucht nach vorne an. Er beklagte, russische Nachwuchsathleten müssten schon in der Schule verbotene Substanzen nehmen. Ein Überbleibsel aus der Sowjetzeit, zu der man wie die DDR zahlreiche Kindersportschulen unterhielt, in der alle olympischen Sommer- und Wintersportarten trainiert wurden. Das System, dass Jugendtrainern gute Boni gezahlt werden für die Erfolge ihrer Schützlinge, gehöre beendet: »Wir werden diese Trainer suchen und ihnen auf die Finger klopfen«, sagte Mutko.[61] Zugleich sehe er Russland natürlich keineswegs tiefer im Dopingsumpf »als die USA, England und andere Länder«. Mutko sitzt seit 2008 in Blatters Fifa-Vorstand und gehört der Kommission »Für das Wohl des Spiels« an.

Es erscheint recht realitätsfern, dass Mutkos oberster Chef Wladimir Putin der Welt beim Turnier 2018 zu Hause (das noch wegen Korruptionsverdachts bei der WM-Vergabe untersucht wird) eine Verlierertruppe präsentieren will. Zwar sind russische Fußballtalente knapp drei Jahre vor dem WM-Anstoß weit und breit nicht in Sicht. Auf eine neue Goldgeneration darf trotzdem jeder wetten, der ein paar Rubel übrig hat.

Märchenzeit

Willkommen bei der WM 2006 in Deutschland. Eine Episode aus dem »Sommermärchen«-Film illustriert die ganze Ernsthaftigkeit der Dopingkontrollen. In der nationalen Teleromanze wird Oliver Neuville zum Test gebeten. Und mit dem Satz, er könne nicht pinkeln, wenn jemand zuschaut, verschwindet der Stürmer hinter der Klotür. Der Kontrolleur? Wartet brav draußen, bis die Testperson wieder auftaucht und ihm etwas aushändigt. Ohne dem Spieler nun etwas Unlauteres unterstellen zu wollen, sei die Frage erlaubt: Was ist da drin? Neuvilles Urin? Ein anderer Urin? Ein unbrauchbar gemachter Urin? Man wird es im Labor nie herausfinden. Dort könnte allenfalls festgestellt werden, ob etwas Verbotenes drin ist oder nicht. Nicht aber, von wem der Urin stammt. So ein Kontrollverfahren ist keines. Es ist ein Witz.

Dann gab es bei dieser WM ein paar grau gewordene Helden, die schon 1998 für Aufsehen gesorgt hatten. Jetzt waren sie Teamkollegen bei Real Madrid und planten den großen Abgang von der Weltbühne. Zinedine Zidane, 34, der das WM-Finale 1998 ebenso mit zwei Toren entschieden hatte wie Ronaldo, dreißig, das nachfolgende im Jahr 2002.

Ronaldo war in besorgniserregendem Zustand nach Deutschland gereist. Hinzu kam nun diese rätselhafte Körperfülle, die nicht von Fressgelagen herrührte und sogar Lula da Silva so beunruhigte, dass der Staatschef öffentlich über des Kickers Speckröllchen sprach. Ronaldo konterte: Er frage den Präsidenten ja auch nicht nach dessen Trinkgewohnheiten. Wofür sich der Kicker umgehend bei Lula entschuldigen musste.

Schwach war der Star ins Turnier gestartet, genauer gesagt: unterirdisch. Die Zeitung *Folha de S. Paulo* schrieb: »Brasilien gewinnt mit einem toten Ronaldo auf dem Feld.« Der Scheintote schaffte gegen Kroatien ganze 14 Ballkontakte, darunter war ein Anstoß. In den 70 Minuten, die er über das Feld zuckelte, wirkte er wie sein eigener Wiedergänger aus dem Pariser Finale 1998. »Er war völlig kraftlos«, befand Gegenspieler Robert Kovac. ARD-Experte Günter Netzer diagnostizierte »Arbeitsverweigerung«, DFB-Späher Urs Siegenthaler sah einen Freizeitkicker auf dem Platz: »Wurde ein langer Pass auf ihn gespielt, hat er sich manchmal weggeduckt. Bei den Alten Herren sagt man: Gib ihm das Shampoo.«

Das Trikot spannte, die Presse textete Abgesänge. Ronaldo selbst beichtete nach dem Kroatien-Spiel Freunden telefonisch, er habe sich sehr schlecht gefühlt, wie betäubt. Der brasilianische Medienkonzern Globo hatte mitgehört. Nur, warum hatte er sich so schlecht gefühlt? Und warum sollte sich das bessern? War da noch irgendwas zu retten?

Aber sicher, jede Menge: Am Abend nach der Kroatien-Partie litt Ronaldo im Teamquartier unter vertrauten Symptomen – Übelkeit, Schwindelgefühle. Wieder ging es zum Rundumcheck in die Klinik, inklusive Endoskopie, wie es hieß. Und siehe, der Besuch in einem Frankfurter Hospital, das nicht näher benannt wurde, erwies sich als Volltreffer. Ronaldo kam in Tritt. Rasant. Im dritten Gruppenspiel traf er zweimal beim 4:1 über Japan. Im Achtelfinale gegen Ghana sorgte er für die Führung. Im Viertelfinale wartete wieder Frankreich, wieder war Schluss für die Seleção und Ronaldo. Die Frage, was der von den Toten auferstandene Ronaldo bei dieser WM noch hätte reißen können, wird leider keine Antwort finden. Sicher ist: Manchmal kann ein Besuch beim Arzt Erstaunliches bewirken.

Noch ein alter Bekannter feierte in der K.-o.-Runde jener Weltmeisterschaft jähe Wiederauferstehung: Ronaldos Vereinskollege Zinedine Zidane. Der 34-jährige Franzose hatte in den Gruppenspielen wie ein Seniorenkicker agiert, gegen Südkorea musste er vom Rasen und trat frustriert eine Kabinentür im Leipziger Stadion ein. Aber Frankreich blieb im Rennen. Zidane, will der französische Journalist Stephane Mandard aus guter Quelle erfahren haben, soll nach der Gruppenrunde einen Tag lang abwesend gewesen sein. »Niemand wusste, wo er war.«[62] Es ist nicht bekannt, ob das zutrifft. Sicher ist nur, dass Zidane in der K.-o.-Runde aufdrehte. Er traf gegen Spanien im Achtelfinale, im Halbfinale gegen Portugal verwandelte er ebenso einen spielentscheidenden Strafstoß wie im Finale gegen Italien. Seine grandiose Abschiedsgala konnte er am Ende nur noch selbst stoppen: Ohne den Kopfstoß gegen Bewacher Materazzi, der zum Platzverweis führte, hätte er Frankreich wohl zum zweiten WM-Titel geführt – und sich selbst auf die höchste Stufe, neben Pelé und Maradona.

Das Thema der welkenden Superstars von Real Madrid, die bei der Deutschland-WM aus dem Formtief zu prallem Leben erwachten, könnte auch in einem anderen Kontext noch einmal aufscheinen. Mitten hinein ins Sommermärchen-Viertelfinale platzte damals eine Hiobsbotschaft: In Spanien war einer der angesehensten Hämatologen des Landes festgenommen worden – der Chef des Transfusionszentrums der Stadt Madrid – und mit ihm ein Ring von Blutpfuschern. Professor José Luis Merino Batres, polizeibekannt als »Obelix«, und Dr. Eufemiano Fuentes, Codename »Asterix«, waren die Köpfe einer Dopingmaschinerie, die die spanische Guardia Civil aufgedeckt hatte. Nun wanderte eine Reihe von Medizinern und Radmanagern in Haft, und die spanische Justiz filterte auf Bitten Frankreichs jenen Teil aus ihrem Beweismittelfundus heraus, der den Radsport betraf. Die Tour de France, die in wenigen Tagen losging. Die Tourorganisation leitete das Wissen an die Rennställe weiter, damit diese ihre Sünder heimschicken konnten. So kam das Ganze ans Licht. Und trübte auch in Deutschland die Feierlaune, denn Jan Ullrich war unter den bösen Buben. Ullrich, der Doping doch immer so eisern abgestritten hatte. Wer hätte das gedacht?

Groß war der Schock im Märchenland. Vom Fußball aber schien die Sache ganz weit weg, was hatte der damit zu tun? Oder gar die WM, die hier gespielt wurde?

Die Branche war dosiert entsetzt. Noch war ja nicht bekannt, dass Fuentes neben Radprofis auch ganze Fußballteams betreut hatte. Dass er ein internationales Netzwerk unterhielt, das seine schmutzigen Dienste über Konten in der Schweiz abwickelte, bei der HSBC-Bank in Genf. Auch war noch nicht bekannt, dass Fuentes in Deutschland einen tüchtigen Statthalter hatte. Einen, der mobil arbeitete und Transfusionen und andere Aufträge erledigte, die umständehalber in Deutschland abzuwickeln waren. Ein Mann, der selbst im Fußballbereich tätig war und dank Fuentes zeitweise einen talentierten Jugendspieler von Real Madrid bei sich zu Hause im Harz beherbergte. Dieser Teenager soll sogar einige Wochen bei den Männern eines örtlichen Amateurklubs mittrainiert haben.

Als der Fuentes-Kunde Jörg Jaksche, der von Fuentes' Deutschland-Statthalter in diskret gebuchten Hotelzimmern zwischen Karlsruhe und Hannover wiederholt Bluttransfusionen erhalten hatte, seine Dopinggeständnisse beim Bundeskriminalamt machte, musste er sich nach eigener Aussage nur einmal richtig wundern, über eine einzige Frage: Das war, als ihn die BKA-Ermittler zu Fuentes' deutschem Statthalter befragten und plötzlich wissen wollten, ob Fuentes' Ring »auch im Sommer 2006 in Deutschland tätig gewesen sei [...] Das hat mich gewundert. Die haben mir 199 fundierte Fragen mit Sachbezug gestellt, sie waren sehr gut vorbereitet und informiert, und dann kommt so was.« Jaksche wurde hellhörig, weil das Gerücht, Fuentes habe möglicherweise beim Sommermärchen seine Finger im Spiel gehabt, auch schon in der Radsportszene herumgegangen sei. Jaksche will selbst noch einmal bei den Beamten nachgehakt haben. »Aber da hieß es, das sei ein Gerücht gewesen, dem sie nachgingen. Geht das BKA Gerüchten nach?« Alle anderen Fragen, die ihm gestellt worden seien, hätten »stets sehr konkrete Hintergründe« gehabt.[63] Der damals federführende Beamte war zu keiner weiteren Aussage zu bewegen.

Fuentes und Komplizen praktizierten vor allem Bluttransfusionen, die bis heute nicht nachweisbar sind. Sie sind nach wissenschaftlichen Erhebungen »die mit Abstand häufigste Blutdoping-Methode«.[64] Solche Transfusionen wirken wie eine enorme »Verjüngungskur«, schilderte Jaksche dem BKA. Vor wichtigen Events zapften die Herren ihren Kunden Blut ab und froren es ein. Kurz vor den Wettkampfterminen wurde das Eigenblut reinfundiert, oft in dafür angemieteten Hotelzimmern in der Nähe des Veranstaltungsortes. Eine garantiert entdeckungssichere Sache. Es darf nur niemand plaudern.

Grauzone

Der Fall Fuentes war ein Fanal. Die Verdachtsmomente erreichten binnen weniger Tage die spanischen Spitzenklubs. Nur die Justiz konnte noch Rettung bringen: Das Königreich und mit ihm die ganze Fußballwelt blickte in den Abgrund. Denn die Enthüllungen sollten auf die Besten der Zunft zielen.

Doch nun zeigte sich, warum die Fachwelt gerade Spanien seit je an der Spitze jener Länder führt, in denen Doping de facto als schützenswerter Teil der Hochleistungssportbranche gilt. Im Königreich halfen absurde juristische Entscheidungen dem Fußball aus der Patsche, die im folgenden Kapitel genau beleuchtet werden.

Der Fuentes-Schock bildet die Bruchlinie in der Fußball-doping-Historie. Von nun an gab es keine nennenswerten Vorfälle mehr. Allen gegenteiligen Anzeichen zum Trotz. Der Pariser Senatsausschuss beispielsweise legte seinem Bericht 2013 Statistiken bei, deren jüngste für das Sportjahr 2012 Fußball auf Platz zwei der auffälligen Funde führte. Also nicht bei Doping – aber bei dem, was »von der Norm abweicht«.[65]

Für die Analyse waren acht Disziplinen herangezogen worden, für die mindestens 400 Proben vorlagen. Mit einem Anteil von 4 Prozent abnormalen Ergebnissen führte Rugby die Rangliste an vor Fußball (2,74), Leichtathletik (2,41) und Triathlon (2,31). Aufschlussreich ist, was die Kommissionäre aus technischer Sicht zu Dopingtests festhielten: dass in einer Probe nur gefunden werden kann, wonach auch gesucht wird. Landläufig wird der Irrglaube gepflegt, in jeder Dopingprobe werde alles erforscht, was auf der Verbotsliste steht. Tatsächlich ist es nur ein Bruchteil. Teure Tests wie der auf Epo erfolgen nur auf Wunsch des Auftraggebers. Was umso mehr für den quasi nutzlosen Test auf Wachstumshormone gilt, der mit bis zu 1500 Euro pro Probe zu Buche schlägt. »Deshalb«, so die Pariser Senatskommission, »bedeutet die Absenz von Blutproben im deutschen Fußball bei der nationalen Antidopingagentur, dass in der Bundesliga gar nicht auf Wachstumshormon getestet wird. Jedenfalls ist diese Suche sehr komplex: auch das französische Labor hat nur hundert Tests im Jahr 2012 gemacht.«[66]

Zwei Jahre später tat sich immer noch nichts, die deutsche Nada teilte aber mit, dass sie die Wettkampftests vom DFB übernimmt. So sieht es der Wada-Code vor. Auch die gerade mal 1720 Wettkampftests in allen Profiligen organisierte der DFB bis dahin in Eigenregie. Mitte 2015 übernahm die Nada – und beauftragte dieselben Kontrolleure, die schon bisher den Fußball testeten. Was starke Irritation bei anderen Agenturen hervorrief. Denn auf eine breite Ausschreibung für die neue Aufgabe hatte die Nada verzichtet; alles bleibt beim Alten.

Im Jahrzehnt nach dem Sommermärchen wurde die Leistungskurve noch einmal steil nach oben gezogen. 2006 waren die Sterne von Lionel Messi (19), Cristiano Ronaldo (21) oder Arjen Robben (22) ja erst aufgegangen. Vor dem Hintergrund, dass Doping endlich abgeschafft ist, sind die Weltmeisterschaften 2010 und 2014 rasch erzählt. Keine Funde, sagen die Statistiken, alles sauber. Zugleich stiegen die Bestleistungen im Schnellkraft- und Ausdauerbereich kontinuierlich an. Und in Brasilien fand eine WM statt, die brutaler denn je gespielt wurde.

In Südafrika 2010 wie in Brasilien 2014 blieb die Betrugsbekämpfung im Intimbereich der Fifa-Familie verborgen. Während das IOC und andere ihre Kontrollprogramme bei den Spielen von der Wada überwachen lassen und eng mit ihr kooperieren, sind WM-Proben ein Fall für die Fifa-Ärzte. Wada-Generalsekretär David Howman war in Südafrika von der Fifa nur als Beobachter eingeladen worden. Er lehnte ab. Fußball gucken kann er am Fernseher.

Natürlich pfeift der Weltverband auch auf andere Möglich-

keiten, die der Wada-Kodex bietet, Betrüger zu überführen.
Etwa, indem Dopingproben acht Jahre lang aufbewahrt werden und Sünder vor einer verbesserten Analytik zittern müssen. Interessante Sache. Aber wer soll so etwas im Fußball
wollen – wo die Stars von heute die Manager von morgen
sind?

Bei der WM 2010 war, neben einem Institut in Tunesien,
das Labor im südafrikanischen Bloemfontein das einzige von
der Wada akkreditierte in ganz Afrika. Und auch das musste
erst aufgerüstet und mit einem Kühlraum ausgestattet werden. Die Frage, ob mit Laborchef Pieter van der Merwe ein
echter Fahndertyp unterwegs war, beantwortete der gleich
selbst. Zu der Überlegung, Sportler rückwirkend für vergan-
gene Dopingvergehen zu bestrafen, meinte er: »Ich weiß
nicht, was das für einen Sinn haben soll. Das bringt nichts.«
Athleten würden oft unschuldig unter Verdacht geraten, etwa
über verunreinigte Ergänzungsmittel.[67]

32000 Dopingproben wurden 2009 im Fußball genommen.
Nur 0,3 Prozent davon waren positiv. Meist waren es Gesellschaftsdrogen wie Kokain oder Marihuana. Solche Zahlen
spiegeln für Jiri Dvorak, den langjährigen Chefmediziner der
Fifa, die Realität im Fußball wider. Können Dopingtests lü-
gen?

Dvorak tritt energisch auf, wo es um nichts Verbotenes geht.
Er hat Studien angeschoben, die eine entlarvende Mentalität
zeigen: dass Sportärzte im Fußball ebenso am menschlichen
Motor herumfummeln wie die Kollegen, die im Radsport und
anderswo zugange sind. Oft gibt es da ja Überschneidungen.
Die Fifa selbst belegt, dass bei der WM so gut wie kein Spieler
ohne Pharmahilfe aufläuft. Bei den WM-Turnieren 2002 und
2006 wurden weit mehr als 10000 Arzneidosen verabreicht;
Profis wurden mit bis zu sieben verschiedenen Mitteln präpariert. Kein Problem, ist ja nicht verboten. En vogue sind alle
Schmerzmittel, die nicht auf der Wada-Verbotsliste stehen,
gern liegt auch mal eine Ausnahmegenehmigung vor für Stoffe,

die auf der Liste stehen. Hier öffnet sich eine gewaltige, der öffentlichen Wahrnehmung entzogene Grauzone. Sportler gehen auch mit Dopingmitteln an den Start – sofern der Arzt das passende Attest dazu liefert. Wer ein Attest hat und wofür, das bleibt selbstverständlich geheim. Sollte das im Fußball anders sein, wo eine Hochkultur der pharmazeutischen Leistungsoptimierung am Wirken ist?

Auch das Argument, im Fußball gebe es weltweit die meisten Dopingtests, ist schnell entlarvt. Rein quantitativ ist das korrekt. Aber wie wenige Schwimmer, Radprofis oder Skisportler gibt es auf internationalem Topniveau, und wie wenige Wettkämpfe bestreiten sie? Wie viele Kicker stehen weltweit dagegen? Allein hierzulande verteilen sich die Tests recht beliebig auf drei Ligen, plus Junioren- und Frauenbundesliga, mit jährlich bis zu sechzig Wettkämpfen pro Verein und 25-Mann-Kadern. Hinzu kommt der eklatante Mangel an Trainingstests, was selbst Laborchefs wie Wilhelm Schänzer in Köln oder Martial Saugy in Lausanne rügen. Von intelligenten Kontrollen nicht zu reden.

Fifa-Chefmediziner Jiri Dvorak hält Trainingstests während eines Turniers für überflüssig, »da die Teams ja alle paar Tage im Einsatz sind«. Das zeugt von Ignoranz gegenüber Faktoren wie der Regenerationsverbesserung. Auch sind viele verbotene Mittel, wenn überhaupt, nur kurzfristig nachweisbar. Stattdessen setzt die Fifa auf Wettkampftests. Zwei Spieler pro Partie und Team werden ausgelost. Das ist nicht intelligent, das ist alibihaft. Auch DFB-Teamarzt Tim Meyer sagt, dass »Dopingsubstanzen sicherlich nicht am Spieltag genommen werden«. Meyer glaubt zwar nicht an dopingfreien Fußball, zugleich will er aber noch nie medizinische Werte bei Spielern gesehen haben, die verdächtig gewesen seien.

Das ist interessant vor dem Hintergrund einer bereits erwähnten Dissertation, die Meyer betreut hat. Mit Doktorand Steffen Meister hatte er über die Saison 2008/09 die Blutwerte von 532 Kickern der ersten und zweiten Bundesliga erhoben,

um aus den Veränderungen unter Trainings- und Wettkampf-
belastung fußballtypische Normwerte abzuleiten. Die 36
Klubs mit im Schnitt 25 Profis umfassenden Kadern haben
rund 900 Kicker. Wie die Selektion der Studienteilnehmer
stattfand, wird nicht beschrieben; möglicherweise über Frei-
willigkeit.

Gemessen wurde im Juli vor Saisonstart, dann im Oktober,
Februar und April. Die anonymisierten Werte von 467 Profis
flossen in die Untersuchung ein. Doktorand und Promo-
tionsbetreuer betonen wiederholt ihr standardisiertes Vorgehen, um Fehlerquellen – wie Dehydration – auszuschließen.

Die Studie zeigt einige stark auffällige Werte. Vor Saisonstart lag der Hämoglobin-Höchstwert bei 18,5 g/dl, ein
Wert von 18,3 wurde sogar noch im Oktober beobachtet. Im
Juli lagen vier Spieler über dem im Sport angewandten Grenzwert von 17, im Oktober fünf. Hierzu hielten die Forscher
sehr ausdrücklich fest, dass sich jeder Betrugsverdacht erübri-
ge: »Jedoch wurden keine Retikulozyten bestimmt. Zusammen mit anderen hämatologischen Indizien und ihrer Anzahl
und Veränderung können sie auf vorangegangenen Epo-Miss-
brauch oder Blutdoping hindeuten.«[68]

Im Februar und April lag kein Hämoglobinwert mehr über
17. Ungewöhnlich erscheint aber auch, dass sich über alle vier
Testreihen der Saison hinweg die Werte der Testpersonen im
Mittel nicht veränderten. Die Autoren erklären das mit Ein-
flüssen des Ernährungsverhaltens. Dazu führen sie eine Studie aus Frankreich von 2003 mit gerade mal zwanzig Spielern
an, die auch keine Veränderungen im Blutbild vorgefunden
habe.

Analog dazu lagen die höchsten Hämatokritwerte im Juli
bei sagenhaften 54,9; im Oktober immer noch bei 52,1. Im
Sommer waren sechs Spieler (6 Prozent) über dem zulässigen
Grenzwert von 50, im Oktober noch zwei. Experten wie Sörgel und Franke sind sich da einig: »Jede Anomalie muss geklärt werden!« Auch wenn sich aus hohen Werten allein nicht

automatisch auf Doping schließen lässt. Zu berücksichtigen ist zudem, dass die Probanden ja nicht überraschend getestet wurden. Sie waren freiwillig dabei und hatten klare Angaben.

Als Fachmann Sörgel im Sommer 2013 Fragen zu der DFB-Studie aufwarf, wies Meyer jede Kritik scharf zurück: Die erhöhten Hämoglobinwerte mehrerer Profis seien kein Hinweis auf Blutdoping. Vielmehr zeige die Studie, so Meyer auf DFB.de, »dass die Fußballer offenbar deutlich seltener hochnormale Werte haben, als es in der Allgemeinbevölkerung der Fall ist«. Weshalb auch die Behauptung nicht zutreffe, dass auffällige Hämoglobinwerte nachgewiesen worden seien. Sörgel überprüfte diese Argumentation und konterte überzeugend: »Die Fußballer-Werte einfach mit Zahlen aus einem Lehrbuch zu vergleichen, das einen sehr allgemeinen Probanden- und Patientenkreis wiedergibt, ist wissenschaftlich unüblich. Bei einer so konkreten Fragestellung im Profifußball müsste man zu Vergleichszwecken ein eigenes, passendes Kollektiv untersuchen. In diesem Fall muss es aus gesunden Männern mit gleicher Altersstruktur bestehen. Und das ist hier nicht geschehen.«[69]

Es herrschte Aufruhr im Fußballbetrieb. Meyer beteuerte, er habe keine Dopingforschung betrieben, auch habe er den Werten als nicht behandelnder Arzt nicht weiter nachgehen können. Es seien aber die Klubärzte mit den Daten versorgt worden.

Spiegel.online verschickte Anfragen an Profiklubs, die DFL beruhigte ihre Klientel per Rundmail mit einer Einordnung des DFB-Arztes. Darin versicherte Meyer, dass in der Studie mitnichten Dopingfragen eruiert worden seien, weshalb für die Dopingfahndung wichtige Parameter gar nicht gemessen wurden. Auffällig wie gewisse Blutwerte erscheint allerdings auch der Tenor dieser Erklärung: Es ließe sich im Nachhinein »nichts mehr bestimmen, und das wäre auch durch die Zustimmung der Spieler nicht abgedeckt«.[70]

Ruhig Blut, liebe Fußballer.

Fußball modern: härter, brutaler –
und viel gesünder

Im stillen Clinch mit der Wada liegt die Fifa bis heute. Sie
setzt auf eigene Leute statt auf unabhängige Kontrolleure, die
Mindestsperre von zwei Jahren für Vergehen akzeptiert sie so
wenig wie eine individuelle Meldepflicht für Spieler. Sie geht
ihren Sonderweg – in den Worten des hohen Fußball- und
Wada-Entscheidungsträgers Sepp Blatter: »Wir kämpfen gegen Doping, aber wir dürfen keine Hexenjagd veranstalten.«

Vor der WM 2010 hatte die Fifa aus jedem Team acht Spieler testen lassen. Vor dem Turnier in Brasilien sollten alle getestet werden. Befragt, warum die Fifa nicht mit den nationalen Antidopingagenturen kooperiere, sagte Dvorak, diese
funktionierten nur in rund dreißig Ländern, die Fifa habe es
aber mit 208 Nationalverbänden zu tun. Im Prinzip richtig –
nur ist es so, dass sich Tests in Vanuatu, Guam und Guinea,
Nepal, Tonga oder Tuvalu erübrigen. Um die Reinheit des
Ballsports zu überprüfen, genügt es, exzessiv jene rund fünfzig Länder zu testen, wo die Elite spielt und der Kommerzbe-
trieb Milliarden aus einer tiefgläubigen Fangemeinde schürft.
Gedopte Strandkicker auf Nauru oder Grenada bedrohen den
Fußball nicht. Und die paar Dutzend relevanten Fußball-
länder haben eine nationale Agentur oder eine im nahen Ausland.

Bei der WM in Südafrika gab es kurz Aufregung um Chiles
verletzten Mittelstürmer Humberto Suazo, der unter Dopingverdacht geriet. Die Tageszeitung *El Mercurio* schrieb,
dass Suazos Muskelfaserriss mit einer verbotenen Therapie
behandelt worden sei: Dem Spieler sei intramuskulär ein
Blutplättchenpräparat verabreicht worden. Das Verfahren,
sehr beliebt in Kickerkreisen, nennt sich »Blood-Spinning«
und ist laut Wada seit Anfang 2010 verboten – ausgenommen
bei Sehnen-, Bänder- oder Knorpelverletzungen. Dem Patienten wird Blut abgezapft und zentrifugiert, um Plasma und

rote Blutkörperchen von den Blutplättchen zu trennen. Auf diese Art lassen sich Behandlungszeiträume verkürzen.

Für Aufsehen sorgte auch Portugals Nationalcoach Carlos Queiroz. Der war im Trainingscamp in Covilhã vor der WM über Kontrolleure hergefallen, die zwecks Überraschungstests angeklopft hatten. Solche Überraschungen mag mancher nicht, wenn's Richtung WM geht. Nach dem Turnier wurde Queiroz, der auch Assistenztrainer bei Manchester United war, suspendiert, der Sportgerichtshof Cas hob den Bann später auf.

Und dann gab es Arjen Robben. Der hatte im Juni 2010, am Ende der WM-Vorbereitung seiner Oranje-Auswahl, im Testspiel gegen Ungarn einen Muskelfaserriss im linken Oberschenkel erlitten. Der fünfte in der Karriere des damals 26-Jährigen, der eine aktenfüllende Leidensgeschichte hinter sich hatte: Knieoperation, Achillessehnenreizung, Waden- und Leistenbeschwerden, Bänderriss, Mittelfußbrüche beidseitig. Der pfeilschnelle »Mann aus Glas«, den Chelsea-Trainer José Mourinho einst als Zwanzigjährigen entnervt nach einer Viertelstunde vom Feld genommen hatte, weil es wieder irgendwo zwickte – er war einer, der es kaum heil über die volle Spielzeit schaffte. Auch der FC Bayern, bei dem Robben seit 2009 spielt, lernte sofort den gängigen Rhythmus kennen: Im September zwei Wochen Pause wegen Knieproblemen, im November die nächste Auszeit.

Vor dem Turnier 2010 also das Übliche: Faserriss. Sechs Tage vor dem WM-Anpfiff. Das Oranje-Team flog ans Kap, Robben ließ sich in Rotterdam beim Physiotherapeuten Dick van Toorn behandeln. Der als Wunderheiler gehandelte van Toorn hatte ihn schon 2008 fit gekriegt, mit einer »aggressiven Behandlung«, wie der Spieler es selbst beschrieb.[71] Auch diesmal gab es eine Blitzgenesung, sogar eine sensationelle – gemessen an der Schwere der Verletzung, wie sich noch herausstellen sollte.

Aber erst die Blitzgenesung: Schon im letzten WM-Gruppenspiel gegen Kamerun wurde der nachträglich angereiste Robben eingewechselt, im Achtelfinale gegen die Slowakei spielte er von Beginn und traf zum 1:0, nachdem er drei Gegner ausgetanzt hatte. »Alle Welt weiß, wie Robben seine Tore erzielt, aber keiner kann es verhindern«, kommentierten die Medien das vertraute Spektakel. Der Robben-Klassiker entsteht auf der rechten Seite, er biegt nach innen und zieht mit links ab. Längst kennt jeder Jugendkicker seine Masche, doch Robben beherrscht sie so schnell und kraftvoll, dass er immer wieder Erfolg damit hat.

Gegen Brasilien im Viertelfinale spielte er 85 Minuten, wobei ihn Felipe Melo so böse trat, dass der Südamerikaner vom Platz musste. Zehn Seleção-Spieler schieden mit 1:2 aus. Im Halbfinale gegen Uruguay traf Robben in der 73. Minute zum 3:1 Endstand. Und das aufreibende Finale gegen Spanien, das Holland 0:1 in der Verlängerung verlor, zog er voll durch und hätte es nach einem rasanten Alleingang um ein Haar selbst entschieden. Hätte er den Ball an Iker Casillas vorbeigespitzelt, wäre er der Held des Turniers und fraglos Weltfußballer des Jahres geworden.

Nun das Mysterium: Bei all den Galaauftritten wusste niemand, offenbar nicht mal Robben selbst, wie schwer verletzt er war. Der Held machte Ferien. Dann der Schock: Am 3. August, nach gut dreiwöchigem Erholungsurlaub, wurde Robben zum Saisonauftakt in München bei Vereinsarzt Dr. Hans-Wilhelm Müller-Wohlfahrt untersucht. Diagnose: Muskelfaserriss im linken Oberschenkel, mindestens zwei Monate Pause. Dabei sollte es nicht bleiben, am Ende wurde ein halbes Jahr daraus. Der Bayern-Doc beklagte eine »erhebliche Verletzung« und nannte es »unverantwortlich«, Robben bei der WM spielen zu lassen. Die Münchner schäumten, Bayerns Vorstandschef Karl-Heinz Rummenigge forderte öffentlich Schadensersatz. »Es wäre nur fair, wenn diese Kosten vom holländischen Verband getragen werden.« Bondscoach van Marwijk wehrte sich: »Dieser Muskelriss kommt nicht durch Oranje.«

Auch Robbens Physiotherapeut van Toorn hielt dagegen: »Arjen schrieb mir, dass er fit sei und keinen Schmerz fühle«, sagte er dem niederländischen *Algemeen Dagblad*. Es wundere ihn, dass der Spieler »eine neue Muskelverletzung haben soll«.[72]

Tatsächlich war auch Robben nach der Diagnose aus allen Wolken gefallen. Er sagte, er habe sich all die Zeit gut gefühlt. Wie das sein könne, ein so heftiges Loch im Muskel, nach dreiwöchigem Urlaub? Wie groß muss es vorher gewesen sein, bei der ja offenbar beschwerdefrei absolvierten WM-Höchstbelastung? »Er spielte auf seinem allerhöchsten Niveau«, reklamierte van Toorn die Beweislage für sich. Das traf zweifellos zu. Auch KNVB-Teamarzt Gert-Jan Goudswaard sagte, Robbens Blessur sei vor der WM gründlich untersucht worden: »Die Bayern wurden über die Ergebnisse der MRI und der Ultraschall-Untersuchung informiert. Auch die Reha-Pläne wurden mit dem Bayern-Arzt besprochen.«[73]

Merkwürdig. Erst die schwere Verletzung, dann die Blitzgesundung samt raketenartiger Leistung, nun wieder die äußerst schwere Blessur, die von Anfang an da war – und ein scharfer Gelehrtenstreit. Was war das für eine Höllenverletzung, die sich offenbar an- und ausschalten ließ? Wie kann man mit einer brutalen Muskelblessur, die einem eine halbjährige Pause aufzwingt, zwischendurch mal eben eine so herausragende WM spielen?

Monatelang stritten KNVB und FC Bayern über die Schuldfrage, Krisentreffen brachten keine Einigung. Es wurde über alte Hämatome und vergleichbare Löcher in anderen Profimuskeln spekuliert. Doch wie viele solcher Muskeln waren durch die als mystisch gelobten Hände Müller-Wohlfahrts gegangen? Und falls Guru Dick van Toorn mit seiner Vermutung richtig lag, dass der Bayern-Doc die Verletzung nur aus gekränkter Eitelkeit hochgejazzt habe: Warum ist Oranje dann am Ende der Schulddebatte eingeknickt? Erst am 15. Januar 2011, beim 1:1 in Wolfsburg, gab Rob-

ben sein Comeback im Bayern-Trikot. Genau sechs Monate
und vier Tage nach dem WM-Finale, seinem letzten Pflichtspiel. Anfang Februar einigten sich schließlich auch sein Verein und der KNVB. Vereinbart wurde ein Freundschaftsspiel
am 22. Mai 2012, die Millioneneinnahmen gehen an den Rekordmeister. Aber wieso ging der KNVB in die Knie? Robben hatte eine überragende WM hingelegt. Wie war das möglich, wenn er danach ein halbes Jahr im Krankenstand verschwinden musste – wegen einer vorher erlittenen Blessur?
Mysterien, wie sie der Fußball immer öfter bietet.

Albern wurde es bei der WM 2014. Diesmal brauchte die Fifa
nicht mal mehr, wie in Südafrika, einem gutgläubigen älteren
Herrn im buschreichen Hinterland eine acht Kühlschränke
umfassende Dependance zum Antidoping-Labor auszubau-
en. Nein. Diesmal brauchte es gar kein Labor. Jedenfalls keines im WM-Veranstalterland Brasilien und auch keines in den
Anrainerländern. Zwar existiert eines in Rio de Janeiro, aber
dem hatte die Wada schon 2013 wegen Ungereimtheiten die
Lizenz entzogen. Die Fifa beschloss, die WM-Proben von
Brasilien aus ins ferne Europa zu fliegen, in das Labor in Lausanne. Mehraufwand: 250 000 Euro. In ganz Brasilien wurden
die Proben also durch einen Kurierdienst eingesammelt und
täglich von São Paulo ausgeflogen. Laut Kurierdienst erreichten die Proben zwischen 24 und 48 Stunden später das Labor,
bei einigen Spielorten konnte es länger dauern. Ein schlechter
Scherz. Was das im Ernstfall für die Beweislage bedeutet, liegt
auf der Hand: Unter anderem wäre der Nachweis einer geschlossenen Kühlkette etwa von Manaus bis an den Genfer
See erforderlich. Zur Farce machte die Fifa-eigenen Tests aber
der Zeitfaktor. Im Ernstfall, sagen Fachleute, hätte sie kaum
reagieren können. Wäre zum Beispiel eine Probe nach dem
Halbfinale am 9. Juli, die ja frühestens am 10. Juli in den Flie-
ger hätte gehen können, positiv gewesen – dann hätte nach
Experteneinschätzung bis zum Finale am 12. Juli kein juris-

tisch gesichertes Resultat vorliegen können. Da hilft, wenn es keine Ernstfälle gibt.

Gerade bei einer Weltmeisterschaft, erst recht in der K.-o.-Phase, muss jede Analyse wasserdicht sein. Fehler können millionenschwere Karrieren beenden und immense Schäden für Klubs und Verbände evozieren; von dem Imagedesaster für den Fußball gar nicht zu reden. Da muss ein Labor die geringste Fehlerquelle ausschalten. Experten wie Detlef Thieme, Laborchef in Kreischa, bezeichnen 30 Stunden reine Laborzeit als realistische Größe für so eine Probenanalyse, und auch nur, »wenn alles unproblematisch und negativ getestet ist«. Gibt es Auffälligkeiten, womöglich einen klaren Dopingverdacht, dauert es noch wesentlich länger – denn dann muss das ganze Prozedere noch einmal, und besonders akkurat, wiederholt werden. In so einem Fall geht Thieme von zwei Tagen reiner Laborzeit aus – wobei selbst das noch »eine große Herausforderung« sei.[74]

Liegt dann ein positiver Befund vor, hätte der Betroffene noch einmal zwölf Stunden Zeit, um die Untersuchung der B-Probe zu beantragen. Der Vorgang an sich dauert noch einmal so lange wie die Prüfung der A-Probe. Heißt übersetzt: Ein Spieler könnte das Halbfinale bestreiten, schießt das Siegtor – danach stellt sich heraus, dass er im Viertelfinale gedopt war. Was würde passieren: Würde die Fifa das auffliegen lassen, würde sie das Halbfinale neu ansetzen?

Diese Berechnung gilt für viele andere eng getaktete Zeiträume zwischen den Turnierspielen. Ausmalen lassen sich die Proteste eines betroffenen Verbandes, all die sportjuristischen Gefechte. Womöglich Unruhen im Land – nein, das ist keine Übertreibung: Fußball ist Religion. Was wäre auf deutschen Fanmeilen geboten in so einem Fall? In Frankreich, Italien und Nigeria brachen 2010 mittelschwere Staatsaffären aus, als die Teams jeweils schon in der Gruppenrunde gescheitert waren. Was wäre bei einem Dopingfall und entsprechenden sportlichen Sanktionen los?

Ein Segen, dass Doping im Spitzenfußball abgeschafft ist! Insbesondere beim wichtigsten Event, der Weltmeisterschaft: Alle Proben negativ, verkündete die Fifa nach dem Turnier in Brasilien. Sie hätte es auch vorher verkünden oder das Zeug erst im Herbst 2015 analysieren können. Und die Wada, die zwar seit den Sydney-Spielen 2000 bei Dutzenden Großturnieren mitmischte, aber bei einem Fußballevent allenfalls Zuschauerstatus hatte, niemals eine Zuständigkeit, kontert die Zeitrechnung der Experten mit einer allgemeinen, unbegründeten Behauptung: »Das Fifa-Programm bei der WM stellte sicher, dass die Proben rechtzeitig transportiert, analysiert und die Resultate vor den Spielen zurückgemeldet wurden.«[75] Die Wada habe da »keine Bedenken« – na dann passt's ja.

So geht unabhängige Dopingbekämpfung im Fußball.

Dass so ein Kontrollsystem auch anders betrachtet werden kann, wurde in Brasilien von höherer Stelle angesprochen. Thomas de Maizière tat bei der WM etwas Ungewöhnliches, zumal für einen Bundesinnenminister: Er grätschte gegen das fromme Dopingtestprogramm, und gegen die Fifa gleich mit. »Es fällt auf, dass es keine positiven Dopingfälle gibt«, trug er am WM-Spielort Porto Alegre vor, »trotz der Hitze und des begeisternden Fußballs.« Für de Maizière sprachen allein schon die Wahrscheinlichkeit »und die Analogie zu großen Sportereignissen« gegen den Anschein der totalen Reinheit. Dass just im Fußball, der spektakulärsten und bestbezahlten Körpermesse des Globus, alles ausgemerzt sein soll, was es hier über Dekaden und gut organisiert gab, etwas, das im Regelfall sowieso nur über staatliche Ermittlungen und Kronzeugen auffliegt, nicht aber über Dopingtests – darüber kann ein gestandener Bundesminister nur lachen.

Ob de Maizière auch auf das denkwürdige hausinterne WM-Kontrollsystem zielte? Das läuft so ab: Chefarzt Jiri Dvorak führt die Antidopingstelle des Weltverbands. Sie organisiert die Tests, die nicht von unabhängigen, sondern nur von Fifa-Kontrolleuren durchgeführt werden. Die Wada bleibt völlig außen vor. Gäbe es bei der WM einen Dopingfall, würde das Labor das Positivresultat an Dvorak berichten. Von dort ginge die Mitteilung, nicht lachen, an Sepp Blatter und dessen affärengestählten Generalsekretär Jérôme Valcke. Sollten die einschlägigen Würdenträger im Fifa-Haus befinden, dass eine Untersuchung des Falls erforderlich sei, würde diese von Dvoraks Stab durchgeführt. Und erst dann der Wada gemeldet, der Weltantidopingagentur, die auch in Brasilien nur Beobachterstatus hatte.

Um ganz sicherzugehen, hat die Fifa zudem verfügt, dass sie allein einen WM-Dopingfall publik machen darf. Dieses Gesamtszenario eröffnet folgende Möglichkeit: Einen Dopingfall könnte die Fifa unter den Tisch fallen lassen. Oder nur intern kommunizieren, auch diskret mit ein paar Monaten Sperre ahnden. So wäre die Sache sanktioniert und zugleich der enorme internationale Flurschaden vermieden. Ein gesperrter Akteur müsste gar nicht öffentlich werden. Er bräuchte nur für längere Zeit verletzt gemeldet werden; aus England ist so ein Fall sogar bekannt. Blessuren, gerade langwierige, gehören zur Branche wie Ball und Pfeife. Hier soll nicht behauptet werden, dass bei einer WM so etwas stattgefunden hat. Dass es aber möglich wäre, zeigt, wie absurd es ist, die Antidopingverrenkungen im Fußball als glaubwürdig oder ernsthaft zu bezeichnen. So eine Selbstkontrolle lässt sich ohne Fantasie als Skandalabsicherung begreifen. Mit der Pointe, dass es am Ende dieselben alten, von Korruptionsproblemen und mittlerweile auch von FBI-Ermittlungen betroffenen Fifa-Granden wären, die darüber entscheiden, ob ein Dopingfall einer ist und ihren Goldesel WM beschädigen darf – oder besser nicht. Thomas de Maizière hat seine Kritik an der Fifa-Antidopingpolitik so auf den Punkt gebracht: »Das passt ja in das Bild, dass die Fifa insgesamt reformfähig und reformbedürftig ist.«[76]

Was sagen Fachleute zur brutalst-unabhängigen Selbstkontrolle, was sagt der Leiter des Lausanner Labors? Martial Sau-

gy klingt wie ein Kommunionschüler mit Kerze in der Hand,
wenn ihn die Fifa-Website zitiert: »Die Fifa investiert seit vielen Jahren in die Antidopingforschung.« Das ist der zentrale
Glaubenssatz. Denn investiert wird der Reibach in die Arbeit
von Fachleuten wie Saugy. »Unser Labor arbeitet seit der
WM 1998 mit der Fifa und Professor Dvorak zusammen, um
die besten Strategien im Antidopingkampf zu erstellen. Schon
2002 in Korea/Japan nahm die Fifa als erster internationaler
Verband Blutproben und führte die Epo-Tests im Fußball ein.
Ihre Vorreiterrolle bei der Einführung der biologischen Kontrolle ist auch eine Folge jahrelanger Forschung in der Erstel-
lung von Steroidprofilen von Fußballern.«

Sehr gut. Und weil das Ganze einerseits so wissenschaftlich
effektiv ist, auf der anderen Seite aber noch keinen einzigen
Epo- oder Steroidfall zutage gefördert hat: Warum zieht man
nicht die logische Konsequenz? Warum gestehen kontrollierende Fahnder und geldgebende Fußballverbände nicht endlich ein, dass Doping im Fußball ausgerottet ist – und verpul-
vern all die Millionen nicht länger sinnlos in Laboren wie in
Lausanne. Sondern führen sie sinnvolleren Zwecken zu, etwa
einem Kinderhilfsprojekt oder für Krebsforschungszwecke.[77]

Der Vorschlag ist, falls die Branche ihren eigenen Traum-
statistiken tatsächlich glauben sollte, durchaus ernst gemeint:
Man bräuchte den Profis ja nicht auf die Nase binden, dass gar
nicht mehr analysiert wird. Lasst sie pinkeln – und dann gleich
in den Abfluss mit dem Zeug. Die frei werdenden Millionen
sind in humanitären Projekten viel besser aufgehoben – statt
in den immer wiederkehrenden Zehntausenden Negativbe-
funden im Sportlabor.

Was die Fifa offiziell selbst – neben null Dopingfällen – als
Resümee ihrer Check- und Rempel-, Beiß- und Schüttel-WM
vorlegt, klingt so: Fußball wird immer sauberer. »Mit Stolz
kann ich sagen, dass alle Dopingtests negativ waren«, erzählte
Kommissionschef D'Hooghe auf dem Zürcher Fifa-Kongress
im Mai 2015. Auch Jiri Dvorak sang hohe Lieder auf die eige-

ne Arbeit und dankte dem ewigen Patron Blatter, dem bei diesem Wahlkongress das FBI (und in einem Fall die Angst vor weiteren Zugriffen) drei Vorstandsmitglieder vom Podium geräumt hatte. Seine Verneigung vor Blatter garnierte der Fifa-Chefarzt mit dem Hinweis, man habe »von den Entwicklungen am Mittwoch [als das FBI zugriff, Anm. d. A.] nichts mitgekriegt, weil wir den ganzen Tag wissenschaftlich gearbeitet« hatten. Im Übrigen hätte, verknappt formuliert, Blatters Fifa-Ärzteteam die Ebola-Seuche weitgehend besiegt.[78]

Zurück zur letzten WM: Da habe es sogar einen Rückgang der Verletzungen gegeben. Die Anzahl der Blessuren, die 2002 in Fernost noch 2,7 pro Spiel betragen hatte, sei auf 1,7 bei der WM in Brasilien zurückgegangen. »Im Vergleich zu früheren Turnieren wurden zudem weniger Verletzungen durch Fouls verursacht, was auch auf Verbesserungen im Schiedsrichterwesen hindeutet«, heißt es weiter. Das sollten sich all die Experten und Ex-WM-Referees mal hinter die Ohren schreiben, die in Brasilien epische Schlachten gesehen hatten. Auch gab es 777 Tests außerhalb des Wettkampfs. Vorangekommen sei die Einführung des biologischen Passes – dessen Aussagekraft durch jüngste Studien, wie wir sehen werden, stark erschüttert ist. Rund 1300 Spieler aus 55 Ländern seien bereits in der Fifa-Datenbank erfasst.[79] Der Radsport übrigens hat den Pass bereits sechs Jahre zuvor implementiert. Gedopt wurde weiter, und Funde verdanken sich fast nur staatlichen Instanzen.

In Wirklichkeit war die Brasilien-WM der schlagende Beweis dafür, dass letztlich die Kraft obsiegte. Mehr denn je. Der Weltmeister wies die größte Gesamtlaufleistung im Turnier auf und hatte zudem den laufstärksten WM-Teilnehmer, Thomas Müller. Auch die übrigen Bayern-Spieler waren nach einer langen Saison in bestechender Form. Arjen Robben für Holland, Xherdan Shaqiri für die Schweiz und sogar der 36-jährige Daniel van Buyten für Belgien stachen heraus.

Während die Brasilianer trotz frenetischer Unterstützung ihrer Landsleute im Schnitt nur 106,8 km pro Spiel unterwegs waren, kam der WM-Zweite Argentinien auf 109,6, der Dritte Niederlande sogar auf 114,8. Nicht zu schlagen aber die deutsche Auswahl, die es im Schnitt auf 115,3 km pro Spiel brachte. Die schnellste Laufleistung, welche die Fifa gemessen hat bei der WM, legte ein junger Kerl namens Robben hin. Der Dreißigjährige sprintete nach 80 Minuten – nicht mit Spikes auf der Tartanbahn, sondern mit Kickstiefeln und Ball am Fuß – über den Rasen des Stadions Fonte Nova im feuchtheißen Bahia und erreichte ein Spitzentempo von 31,03 km/h. Kurz abgestoppt, Haken geschlagen und gleich wieder den Turbo eingelegt, zack, knallharter Schuss ins Toreck: 5:1. Dynamischer hätte die Ära der goldenen Generation Spaniens nicht gestoppt werden können. Eine kurze, intensive Dopingdebatte im Netz ebbte rasch ab – in Ermangelung jeglicher Substanz. So gut drauf sind die Helden von heute eben. Im Spanien-Spiel übrigens hatte die Fifa bei Robben auch die mit Abstand meisten Sprints gemessen: 64.

Solche Feststellungen machen klar: Körperliche Fitness ist von überragender Bedeutung im Fußball. Sie entscheidet über das Abschneiden, bei der Brasilien-WM entschied sie auch statistisch über den Titel. Was wiederum das Kernargument der Leistungsdebatte in der Kickerbranche aushebelt – es kommt auf die Energie an. Talent allein hat heute keine Bedeutung mehr.

Die Fifa selbst gibt in ihrer offiziellen WM-Analyse diese Antwort. Zur Frage »Was machte den Unterschied aus?« erklärt der Weltverband: »Körperliche Fitness war essenziell bei dieser WM, zumal die meisten Spiele in der letzten halben Stunde entschieden wurden.« Also nicht etwa technische Finessen oder taktische Novitäten. Zu den Trends vermerkt sie: »Das Tempo der Spiele war beeindruckend und möglicherweise höher als bei jeder WM-Endrunde zuvor.« Dies unter Berücksichtigung des Klimas im Tropenland. Auch rackern die Spieler heute viel mehr als früher, sogar die Stürmer: »Sie waren entscheidend und gaben alles, wie die zurückgelegten Laufdistanzen eindrucksvoll zeigen. Diese WM ist auch das Turnier der überragenden Individualisten – Messi, Robben, Müller, Neymar, Rodriguez und Benzema, aber all diese Spieler arbeiteten auch viel nach hinten.« Harte Arbeit von allen, auch den Talentiertesten: »Das macht den kompletten Fußballer der Gegenwart aus.« Weshalb die Fifa selbst für die Jugendarbeit einen Schluss zieht, der das ewige Branchengesülze vom Talentsport Fußball in die Tonne befördert: »Talent und Technik alleine reichen heute nicht mehr aus. Junge Spieler müssen hart arbeiten, um vielseitige Athleten zu werden und den Sprung vom ewigen Talent zum Weltklassespieler zu schaffen.«

Hart arbeiten. Ein vielseitiger Athlet zu werden. So ist es.

Die WM in Brasilien war von enormer Körperlichkeit geprägt, von einer Rohheit, mit der ein von Experten offen diskutierter Verdacht einherging, dass die Fifa die Referees zu einer großzügigeren Regelauslegung angehalten hätte. Anhaltspunkte dafür gab es zuhauf. Nicht nur, weil wiederholt Spieler mit Gehirnerschütterungen über den Platz wankten. Nachdem der Uruguayer Álvaro Pereira, vom Knie des Briten Sterling getroffen, wie ein ausgeknockter Boxer im Gras lag, wurde ihm die Fortsetzung des Spiels gestattet. Anderntags forderte die Spielergewerkschaft FIFPro eine Untersuchung, das »dringende Gespräch und eine Zusicherung der Fifa, dass sie die Gesundheit der Spieler garantieren kann«[80]. Im Finale rannte dann der Deutsche Christoph Kramer eine Viertelstunde lang mit Gehirnerschütterung übers Feld.

Anzahl und Intensität der gewaltsamen Aktionen bei der WM waren bemerkenswert. Die Viertelfinalpartie Brasilien – Kolumbien setzte mit 52 Fouls einen neuen Rekord, und als Verteidiger Juan Zúñiga sein Knie in Neymars Rücken stieß, schrammte Brasiliens Volksheld knapp am Rollstuhl vorbei und die WM am Kollaps. Neymar erlitt einen Wirbelbruch.

»Das hat die Fifa mit zu verantworten«, drückte der ehrenwerte Schweizer WM-Schiedsrichter Urs Meier aus, was sehr
viele dachten. Stunden später übrigens sannen Sportärzte bereits darüber nach, wie Neymar für ein Finale auf die Schnelle
fit zu kriegen wäre.

Dazu kam es nicht. Es folgte der totale Zusammenbruch
der Seleção, die im Halbfinale das lächerlichste Spiel der WM-
Historie bot. Die Kicker taumelten wie benebelt, später wei-
nend über den Rasen und offenbarten, was in den Spielen zuvor mit Willenskraft und dank der nun fehlenden Leistungsträger Neymar und Thiago Silva übertüncht worden war: dass
Trainerguru Felipe Scolari die schwächste Seleção berufen
hatte, seit es Fußballweltmeisterschaften gibt. Angefangen bei
Sturmspitze Fred, der gerade Letzter in Brasiliens erster Liga
geworden war und keinen Ballkontakt im deutschen Strafraum hatte, bis zum Torwart Júlio César, der in der Saison
zuvor sieben Spiele absolviert hatte: für den FC Toronto. Ein
desorganisierter Haufen, der in jedem anderen Land die WM-
Gruppenphase nicht überdauert hätte. Eine Auswahl, die
schlotternd in die Gefechte ging statt mit der breiten Brust,
die das Absingen, Schreien, Brüllen der Nationalhymne vor
jeder Partie aufs Neue suggerieren sollte. Eine Seleção, an deren Trainingsumzäunung in Teresopolis Gurus und Heiler
rüttelten, die Einlass zu ihren Jüngern begehrten. Eine Auswahl, die sich »Scolari-Familie« nannte und dem Übervater
wie einem Sektenführer folgte. Und die schon das Achtelfinale nur überstand, weil Chile zweimal die Latte traf. Eine
Mannschaft, die im Spiel um Platz drei gegen elf lustlose, im
Urlaubmodus kickende Holländer nach 16 Minuten 0:2 zu-
rücklag – und nicht erst nach 21 Minuten, wie im Halbfinale
gegen Deutschland. Diese Seleção, die das Trauma ihrer bis
dahin höchsten WM-Niederlage auslöschte, die 0:3-Nieder-
lage mit Spaziergänger Ronaldo im WM-Finale 1998 – sie hatte das Riesenglück, dass sie auf mitfühlende Deutsche traf und
nicht auf einen Nachbar aus Südamerika. Niemand, am we-

nigsten Argentinier, Chilenen oder Kolumbianer, hätten nach dem unausweichlichen frühen Rückstand einfach so den Schongang eingeschaltet wie die Deutschen.

Jede Schüler-Elf ist besser organisiert, als es David Luiz und Co. waren. Im Minutentakt öffneten sie in ihrer Spielhälfte unglaubliche Freiräume. Nicht einmal bei der WM 1930, als noch in langen Hosen gekickt wurde, gab es solche Lauf- und Passkorridore über die halbe Spielfeldbreite. Wie konnte das sein? »Es war beklemmend, ich war gar nicht euphorisch«, berichtete DFB-Kapitän Philipp Lahm und fügte an: »Niemand will, dass der Gegner Fehler macht, die auf diesem Niveau sonst nicht passieren.«[81] Was war passiert, was ging schief in Brasilien, das nur noch in der aktuellen Fußball-Dopingstatistik der Wada unerreichte Spitze ist?[82]

Hätten Lahm und Kollegen einfach weitergemacht – gereicht hätten die 90 Prozent, die ihnen bis zum 5:0 abverlangt wurden –, hätte der Seleção eine zweistellige Demontage geblüht. Und dann wären die Menschen in Brasilien wütend geworden. Vielleicht sogar sehr wütend. So aber blieb das, gemessen am Spielverlauf, schmeichelhafte 1:7. »Die unglaublichste Kapitulation in der Geschichte des Turniers«, schrieb die britische Presse. Eine Kapitulation, die aber im Lande ohne größere Gefühlsregung hingenommen wurde. Abgesehen von den Tränen in der Nacht der Niederlage, registrierten die Brasilianer den Programmabsturz von Belo Horizonte mit einem Achselzucken, pragmatisch, ohne Saudade. Keine Wehmut, null Nostalgie. Abgehakt, das ist kein Thema mehr.

Auch das weist in die Zukunft des Milliardengeschäfts: Können die Fans einmal genug haben, kann der Herzschlag des Fußballs erlahmen? Ausgerechnet Brasilien liefert dafür den ersten Beweis.

Kapitel 5

Spanien

»In keinem Land gelangt man so leicht an
Dopingmittel wie in Spanien.«
*Chris Goossens, Mitglied des
nationalen belgischen Antidopingrats und Vorsitzender
der Vereinsärzte der Profiligen*

Im Königreich des Fußballs

Radprofis witzeln, wenn die Rede auf Spanien kommt: Im
Königreich könne man sich Epo-Spritzen an die Stirn pappen,
ohne nach Doping gefragt zu werden. Es klingt, als müsse
man grenzdebil sein, um im *Reino de España* als Doper aufzu-
fliegen. Wirklich nur ein Witz? Tatsächlich ist das eine Kernerkenntnis der Pharmasportbranche. Lance Armstrong und
Kollegen rissen nicht nur Scherze über Spanien, sie nutzten
dieses Paradies auch nach Kräften. Die freizügige Apotheken-
landschaft sicherte den Sportlern eine Rundumversorgung
mit Pharmaka, viele betrugsbegeisterte Doktoren halfen mit.
In den Monaten härtester Trainingsarbeit bezogen viele Radprofis gleich ihr Quartier auf der Iberischen Halbinsel.

Die Welt kennt Spanien vor allem als fußballverrückt. Der
Alltag oszilliert zwischen den Polen Real Madrid und FC
Barcelona, täglich erscheinen vier Sportzeitungen, zwei in
Madrid, zwei in Barcelona. Es lebt sich prächtig von und mit
Fútbol, den die Gazetten *Marca*, *AS*, *Sport* oder *Mundo De-
portivo* bildstark und pathetisch überhöhen. Auch die Sport-
seiten der sonstigen Tagespresse halten begeistert mit. Fútbol

ist in Spanien systemrelevant, schon in den fünfziger Jahren verdrängte der Ball den Stierkampf von Platz eins.

Die Klubs hatten gelegentlich stärkere Phasen zu verzeichnen, nicht nur in den Sechzigern. In der Regel aber hatten ausländische Stars den Löwenanteil daran; Spaniens Nationalelf gewann nach dem EM-Titel 1964 keinen Blumentopf mehr. Und dann kam sie endlich, die *generación de oro*: Zwischen 2008 und 2014 errang kein Land mehr internationale Titel, egal ob auf Klub- oder Länderauswahlebene. 2014 und 2015 stellte es gleich beide Titelträger in Europa und Champions League, in der Königsklasse kam es 2014 sogar zum Stadtduell Real gegen Atlético Madrid (4:1). Vor allem aber ist Spanien Weltmeister 2010 sowie Europameister 2008 und 2012.

Die Fachwelt der Betrugsbekämpfer wiederum kennt Spanien als Land der vielen Fragezeichen. Schon 2002 vermutete der belgische Antidopingexperte Chris Goossens einen exzessiven Einsatz von Epo hinter der Dominanz in Europas Fußball. »Ich sehe, dass Spanien als Fußballland floriert. In keinem Land gelangt man so leicht an Dopingmittel wie dort. In einer von drei Apotheken geben sie einem ohne Probleme Epo mit«, sagte der Arzt dem Brüsseler *De Standaard*. Goosens, Mitglied des nationalen belgischen Antidopingrats und Vorsitzender der Vereinsärzte der Profiligen, war überzeugt, dass einzelne Spieler dopen. Blauäugigeren Kollegen erklärte er, Ausdauer und Kraft könnten mit Doping um bis zu 15 Prozent gesteigert werden. Wodurch sich auch die schwankenden Leistungen italienischer Teams auf europäischer Bühne erklären ließen – dort gab es seit kurzem striktere Kontrollen und schwerere Strafen. »Seither findet man einige Namen von Ärzten nicht mehr im Fußball«, sagte Goossens damals. »Es sind Ärzte, die aus dem Radrennen kamen. Diese Ärzte dürfen nun nicht mehr mit Fußballern arbeiten.«[1]

Was die Dopingkultur in Spaniens Fußball anging, lag der Mann richtig. Wochen später, beim Saisonauftakt von Athle-

tic Bilbao in San Sebastián, schoss Carlos Gurpegi zwei Tore –
und flog dann mit Nandrolon auf. Athletic führte an, das
Hormon könne sich »aufgrund der Wachstumsphase« auf
ganz natürlichem Wege im Körper des 22-Jährigen gebildet
haben. Es dauerte vier Jahre, bis der Profi gesperrt wurde;
2008 kehrte er in Bilbaos Kader zurück – der Klub hatte dem
Sünder eisern die Treue gehalten.

Völlig daneben lag der Fachmann indes mit seinem Statement, ärztliche Quereinsteiger aus Sparten wie dem Radsport
oder der Leichtathletik hätten den Fußball »verlassen«. Im
Gegenteil. Dass sogar immer neue hinzukamen, das merkte
bald auch Goossens Landsmann Michel D'Hooghe. Der Fifa-
Chefmediziner, der schon die WM 1998 als Epo-Turnier beschrieben haben soll (und flott zurückgerudert war), warnte,
dass Profis in ganz Europa Epo, Anabolika und Wachstumshormon nutzen und dass die größten Stars sogar eigene Medi-
zinspezialisten beschäftigen würden. Ärzte aus Sparten wie
dem Skilanglauf und dem Radsport seien rund um Klubs in
Europa aufgetaucht.[2] Vor allem aber in Spanien. Leute wie
Luis Garcia del Moral.

Der Sportarzt aus Valencia betreute von 1999 bis 2003 den
vollgedröhnten Rennstall US-Postal, er begleitete Lance Armstrong bei fünf von dessen sieben Toursiegen. Neben del
Moral beschäftigte der Texaner auch »Dottore Epo«, den italienischen Sportarzt Michele Ferrari, dem allein er laut Unterlagen der US-Antidoping-Behörde Usada mehr als eine
Million Dollar gezahlt hatte. Del Moral übte laut Usada Blutdoping aus und half Athleten dabei, nicht bei Kontrollen auf-
zufallen. Am 10. Juli 2012 wurde der Spanier lebenslang für
Aktivitäten im Sport gesperrt, ebenso Ferrari und der spanische Radtrainer Jose »Pepe« Martí. Das Trio hatte keinen Einspruch gegen die Anklage erhoben, die auf Besitz, Handel und
Verabreichung von verbotenen Substanzen lautete.

Über del Moral hängt ein Satz, den Olympiasieger Tyler
Hamilton von ihm überlieferte: »Ihr Jungs nehmt gar nichts

im Vergleich zu den Fußballern.«[3] Auch andere US-Postal-Fahrer bezeugten ein besonders aggressives Vorgehen des Spaniers. »Wenn du nicht dopst, bist du kein wirklicher Profi«, soll er gesagt haben. Del Moral war der Mann, der Toursieger Armstrong 1999 laut der Masseurin Emma O'Reilly ein Kortisonrezept ausgestellt hatte, um den Texaner vom Dopingverdacht zu befreien. Auch hatten ihn Journalisten dabei gefilmt, wie er Spritzen, Infusionsmaterial und Actovegin im Müll verstaute.[4] Auf dieses Ultrafiltrat aus Kälberblutserum wird später genauer eingegangen.

Gesichert ist zudem, dass der Arzt auch andere Athleten betreute und, wie so viele, für eine Sportberatungsfirma tätig war. Auf der Homepage der »Performa SportConsulting« mit Sitz in Valencia rühmte er sich als »medizinischer Berater für verschiedene Fußballteams, ganz besonders FC Barcelona und FC Valencia«. Nach dem Urteil wurde dieser Eintrag flott gelöscht. Screenshots aber zeigen, dass er auch Medizindirektor für die olympischen Gold-Radteams von Spanien (Atlanta 1996) und den USA (Sydney 2000) war. Zudem soll er Tennisspieler wie Sara Errani, David Ferrer und Marat Safin beraten haben – an einer Tennisakademie in Valencia. Die italienische Spitzenspielerin Errani bestätigte die Zusammenarbeit und stellte sie ein.[5] Auch Segelteams beim America's Cup sollen zur Klientel gezählt haben.

Als das Urteil gesprochen und del Morals Klienten aus dem Netz getilgt waren, bestritt der FC Barcelona, den Sportmediziner jemals bezahlt zu haben. Was nichts heißt. In der Branche nehmen viele Spitzensportler individuelle Beratungs- und Therapieleistungen in Anspruch, oft greifen sie dafür selbst tief in die Tasche. Von Journalisten befragt zu derlei Verbindungen über Eck, eierte Barça herum: Man könne nicht ausschließen, dass del Moral auf kurzfristiger Basis durch die medizinische Abteilung jener Zeit beschäftigt oder von einzelnen Spielern genutzt worden sei. Aber das Personal sei seither überholt worden. Auf Nachfrage, wer damals die Medizinbelange steuerte, antwortete Barça nicht. Der FC Valencia ließ gleich zwei Anfragen unbeantwortet.[6]

Man muss es in Spanien offenbar absichtlich darauf anlegen, geschnappt zu werden – sich die Spritze an die Stirn zu pappen, reicht nicht. Das ist das eine. Es gibt aber noch eine andere Versicherungspolice: Man muss bei einem Spitzenklub kicken. Dieser Eindruck zumindest drängt sich einem auf, wenn man sieht, wie Regierung und Justiz im Königreich Spanien die Fuentes-Betrugsaffäre abwürgten. Just in dem Moment, als sie den Fußball erreicht hatte.

Dem gelernten Gynäkologen Fuentes, der als »Ein-Mann-Supermarkt für Dopingmittel« (Tyler Hamilton) galt und einen Gurustatus innehatte wie sein Kollege Armin Klümper in Deutschland, werden mindestens 200 Klienten zugerechnet. Von denen flog nur rund ein Viertel auf – alles Radprofis. Informationen über den Rest der Kundschaft, darunter laut Fuentes Fußballprofis und Tennisspieler, halten die Behörden in Madrid sorgfältig unter Verschluss. Ohne überzeugende Begründung: Wie seinerzeit die höchst gewogene Breisgau-Justiz im Fall Klümper verwiesen die Spanier darauf, dass es zur fraglichen Zeit im Land kein Antidopinggesetz gab. Doch wie den deutschen Behörden ließe sich den spanischen entgegenhalten: Wenn es Doping nicht war, war es noch schlimmer – nämlich Körperverletzung.

Der genaue Blick auf Spanien wirft die Frage auf: Kann eine seriöse Dopingkontrolle überhaupt existieren in einem Staat, der sozusagen von Real Madrid und dem FC Barcelona eingerahmt wird? In einem Staat, der sogar bizarre Steuergesetze eigens für die Topverdiener der Balltreterbranche kreiert?

Die Rede ist von einer Regelung, die Ende 2003 als »Beckham-Gesetz« gefeiert wurde und bis heute auf Profis angewandt wird. Sie hatte seinerzeit den Wechsel des britischen Kickers von Manchester United zu Real Madrid erleichtern sollen. Seitdem werden Cristiano Ronaldo und Co. mit dem

Steuersatz eines Mindestlohnempfängers bedacht: 25 Prozent. Als 2008 die Weltwirtschaftskrise ausbrach, sollten für Neuverträge ab 2010 wieder normale Steuersätze gelten – nicht aber für alteingesessene Helden, nicht bei Real. Selbst als die konservative Regierung Anfang 2012 spürbare Steuererhöhungen sogar für Spitzenverdiener verfügte, blieben die kickenden Superstars verschont. Statt um sieben Prozentpunkte, wie für andere Gutverdiener mit einem jährlichen Einkommen ab 300 000 Euro, wurde für die Ballkünstler eine Steuererhöhung um 0,75 Prozentpunkte verfügt – auf einen auf 24 Prozent abgesenkten Steuersatz. Auf dem Rasen würde man ein solches Manöver »Schwalbe« nennen. Damals wie heute zielt die Politik im Königreich darauf ab, Klubs und Kicker verdeckt zu subventionieren. Das ist ein enormer Wettbewerbsvorteil für spanische Vereine, die trotzdem hoch verschuldet sind. Eine adäquate Anpassung der Steuersätze würde so manchen der finanziell maroden Klubs endgültig in die Pleite treiben. Als die 2011 noch regierenden Sozialisten die Regelung verschärfen wollten, drohten die Vereine mit Streiks: Das hätte wohl einen heftigeren Aufstand im Land verursacht, als es die heutige Arbeitslosenrate von 23 Prozent je könnte.

Den Fußballwahn im Königreich illustriert nichts besser als Real Madrids Finanzdeal im Wirtschaftskrisensommer 2009: Da erhielt das Nationalheiligtum für den Kauf von Cristiano Ronaldo und Kaká einen Kredit über 160 Millionen Euro – von Banken, die keine Kredite mehr an produzierende Unternehmen vergaben. Was seinerzeit Reals Schuldenstand auf gut 560 intergalaktische Millionen Euro anhob. Zum Vergleich: Der spanische Staat hatte Miese in Höhe von 565,08 Milliarden angehäuft. Von den irren Gagen seiner kickenden Superstars hat das darbende Land indes wenig zu erwarten: Das »Ley Beckham« sieht vor, dass in Spanien kreativ arbeitende Ausländer ihr Vermögen nicht versteuern müssen, sofern sie es im Ausland bunkern; gleiches gilt für Gagen, die nicht in

Spanien erzielt werden. Absolviert ein Kicker einen Werbe-auftritt jenseits der Landesgrenze, interessiert das den könig-lichen Fiskus nicht. Wenn Fußballgewaltige in so einem Land überhaupt vor etwas zittern müssen – dann ist Mallorca eine Hochalm in den Pyrenäen.

Too big to fail

Gerade in Krisenzeiten ist Fußball Balsam für die geschunde-ne Seele einer Nation. Wenn sonst schon alles den Bach hin-untergeht, muss er als Symbol der Stärke herhalten. Nicht nur in Spanien, aber vor allem in Spanien.

Um die Jahrtausendwende hielten Fachkräfte aus anderen Sportarten Einzug im Fußball. Sie waren gefragt. Leute wie Eufemiano Fuentes, den der FC Barcelona, wie der Arzt un-widersprochen darlegte, schon 1996 anwerben wollte; 2002 unternahm der Klub einen weiteren Versuch. Beide Male will der Mediziner die Offerte abgelehnt haben, ebenso das Wer-ben eines italienischen Klubs. Zieht man Fuentes' frühe An-ziehungskraft auf Spitzenklubs in Betracht, scheint es kein Zufall zu sein, dass der Aufstieg des spanischen Fußballs in nie erlebte Höhen mit dem endemischen Wirken unter ande-rem von Fuentes' Kartell einherging.

Eufemiano Fuentes Rodriguez, Jahrgang 1955, war Hürden-läufer, Leichtathlet wie seine Frau Cristina Pérez. Fuentes wurde zunächst Gynäkologe, wandte sich aber bald der Sport-medizin zu und betreute schon 1984 Spaniens Olympiateam in Los Angeles. Dann begab er sich zu »Studienzwecken« in den Osten, in die DDR und nach Polen. Noch 2006 fand die Polizei bei ihm DDR-Präparate, »von denen man glaubt, dass es sie gar nicht mehr geben würde«, staunte der Dopingexperte Wer-ner Franke.

Zurück in Spanien, fing Fuentes in den Neunzigern an,

Radsportler und andere Athleten zu betreuen. In der Saison 2000/01 wurde er auch Teamarzt beim heimischen Fußballklub Las Palmas, der damals in der Primera División spielte. Nach einer Partie gegen Rayo Vallecano fanden sich in der Umkleide seiner Jungs mit Epo gefüllte Spritzen. Fuentes gab seine Funktion im Klub ab, der Vorfall wurde nicht weiter verfolgt.

Fuentes verklärte – wie sein deutscher Kollege Klümper – Doping als »Therapiemaßnahme« für geschundene Sportlerkörper, die von Trainern, Funktionären und Sponsoren in immer höhere Leistungsbereiche gepeitscht würden. Dass Doping selbst mit erheblichen Gesundheitsrisiken verbunden ist, blendete er aus. Das Dopingfieber hatte ihn schon bei seinen »Studienaufenthalten« im Osten gepackt, er hatte seine Mission gefunden, nun baute er ein funktionsfähiges Netzwerk auf. Das Kartell umspannte bald Europa und verfügte über Statthalter in wichtigen Ländern wie Deutschland und Italien; die Finanzen wurden über Konten bei der HSBC-Bank in Genf abgewickelt. Ein Millionengeschäft, allein die Radprofis zahlten oft fünfstellige Beträge. Zudem kassierte der Blutdoktor laut Ermittlungsakte saftige Erfolgsprämien: Für den Sieg bei der Tour de France musste ein Fahrer 50 000 Euro zahlen, für Rang zwei wurden 30 000 und für Platz drei 20 000 Euro fällig.

Dass Fuentes über Jahre auch Substanzen an Athleten verkaufte, kam 2004 ans Licht. Da packte der Radprofi Jesús-Maria Manzano über systematisches Doping in seinem Ex-Rennstall Kelme aus. Ein Jahr zuvor war er bei der Tour nach Verabreichung einer unbekannten Substanz – »die den Hämatokritwert niedrig halten, aber das Hämoglobin erhöhen sollte«[7] – fast ums Leben gekommen. Die Zunft reagierte standesgemäß: Sie warf dem Enthüller Rachsucht vor. Aber bei der spanischen Guardia Civil um den Comandante Enrique Gómez Bastida wurden sie hellhörig. Als die Aufregung abgeebbt war, griff sich ein Ermittlungstrupp Manzano und mach-

te ihn zum verdeckten Mitstreiter. Sein Teamarzt bei Kelme
war ein gewisser Eufemiano Fuentes. Die »Operación Puerto« war geboren.

Am 23. Mai 2006 verhaftete die Guardia Civil die ersten
fünf Verdächtigen. Alles Spanier, die im Zuge der Observie-
rungen und Telefonüberwachungen mit Verhaltensweisen
aufgefallen waren, die »typisch für Personen sind, die dem organisierten Verbrechen angehören«[8]. Neben Fuentes war da
José Luis Merino Batres, angesehener Hämatologe und oberste »Blutinstanz« der Madrider Gesundheitsbehörde. Dazu
der Mann für Kurierdienste und technische Fragen, Alberto
León, genannt »el Doctor«.

Gegen die Mediziner wurde Haftbefehl erlassen, Razzien
in Fuentes' Wohnungen förderten Hunderte von Blutplasma-
konserven sowie Erythropoetin (Epo), Wachstumshormon
und Anabolika zutage, dazu große Mengen an Medikamenten. Konfisziert wurden darüber hinaus detaillierte Medikationspläne, Bestandslisten der Proben und andere Dokumente. Listen und Beutel waren mit Codenamen versehen, die
später Rückschlüsse auf sportliche Klienten zulassen würden.
Dass unter den Abnehmern nicht nur Radprofis, sondern
auch Fußballteams waren, beichtete Fuentes dem Radiosender La Cadena SER, nachdem er auf Kautionsbasis wieder auf
freiem Fuß war: »Mich hat überrascht, dass einige Namen
herauskamen und andere nicht.« Es habe wohl eine »selektive
Filterung« seiner Klienten gegeben, denn er habe auch
»Behandlungen zur Regeneration für Fußballmannschaften,
Leichtathleten und Tennisspieler empfohlen«. Zugleich bestätigte Fuentes, dass er Jahre zuvor aus privaten Gründen (»Ich
wollte nicht umziehen«) ein Angebot des FC Barcelona aus-
geschlagen habe. Die Katalanen hätten sich dann um Sabino
Padilla bemüht, den früheren Arzt des Radsportteams Banes-
to, das wiederum mit dem italienischen Epo-Papst Francesco
Conconi in Verbindung stand. Aber Padilla (genannt »Pastilla«, Pille) hatte zu der Zeit schon bei Athletic Bilbao unter-

schrieben, wo er immer noch praktiziert. Fuentes sagte weiter, er könne ob der ärztlichen Schweigepflicht keine Namen nennen. Eine Äußerung, die er sieben Jahre später noch einmal bestätigte, gleichwohl aber um die Information ergänzte, bei »rund 20 Prozent« seiner Klientel habe es sich um Profikicker gehandelt.[9]

Der Erfolg der »Operación Puerto« sorgte weltweit für Schlagzeilen, die Tour de France 2006 war nach den Enthüllungen übler beschädigt als durch den Festina-Skandal acht Jahre zuvor. In vielen Ländern, auch in Deutschland, wurden nun die Fundamente nationaler Sporthelden journalistisch untergraben. Für die Branche ein GAU: Teile des Publikums wandten sich ab, dazu mancher Sponsor, der einen seriösen Ruf zu verlieren hatte. Mit dem Rücken zur Wand stehend, begehrte der Radsport auf: Er wollte nicht allein am Pranger stehen. Pat McQuaid, Boss des Weltverbands UCI, insistierte öffentlich, dass auch Fußballer zu Fuentes' Kundenkreis gehörten. Bei einem Treffen in Madrid mit Sportminister Jaime Lissavetzky und Ermittlern sei ihm gesagt worden, »nicht 200 Radfahrer sind Fuentes-Kunden gewesen, nur etwa fünfzig bis sechzig. Es seien auch andere Sportarten involviert. Welche, fragte ich? Und die Antwort war: Fußball, Leichtathletik, Schwimmen und Tennis.«[10] Auch Wada-General David Howman erklärte: »Bei der ersten Pressekonferenz war uns gesagt worden, dass die betroffenen Athleten aus verschiedenen Sportarten seien – Tennis, Radsport, Leichtathletik und Fußball.« Dies habe er 2006 von den Behörden erfahren, weshalb es frustrierend sei, dass »bis heute nur Radsportler bekannt sind«.[11] Das Zitat von Howman stammt übrigens aus dem Jahr 2014. In mittlerweile neun Jahren wird der Schutzschirm über Fuentes' kickende Klientel eisern aufrechterhalten. Wie ist das möglich? Zumal es sogar Augenzeugen für eine Verwicklung des Fußballs gibt. Jesús-Maria Manzano zum Beispiel. Französischen, britischen und deutschen Fernsehsendern sagte der Radfahrer, er habe bei Fuentes Profis der

Primera División angetroffen, darunter einen Freund: »Es
handelt sich um einen Spieler, den ich nicht jeden Tag treffe,
weil er viel unterwegs ist. Mit seiner Mannschaft und mit dem
Nationalteam.«[12]

Als 2006 die renommierte Zeitung *El País* ankündigte, dass
sich die zweite Welle der »Operación Puerto« auf Fußball
und Leichtathletik konzentrieren werde, musste dringend etwas geschehen. Spaniens Herz drohte in Flammen aufzuge-
hen: Die Topklubs des Landes, die internationalen Aushängeschilder des Königreichs, umsorgt auf höchster Ebene, sie
durften nicht ins Visier der Fahnder geraten. Klubs wie Madrid und Barcelona schütten nicht nur Saläre aus, die man aus
den Bonistorys der Bad-Banker kennt. Sie sind das, was aus
der Bankenkrise als Kernbegriff der Bedrohung zurückblieb:
»Too big to fail.« Zu mächtig, als dass das Land ihren Sturz
verschmerzen könnte – ohne enorme Reputationsverluste zu
erleiden. Eine ähnliche Systemrelevanz hat in Deutschland,
allen voran, der FC Bayern. Ziehen sich die Münchner Kicker
in ein Trainingscamp nach Arabien zurück, ist das Kanzler-
amt eingeweiht – man scheut diplomatische Verwicklungen.
Und wenn Barack Obama Angela Merkel empfängt, wie im
Februar 2015, gratuliert er ihr noch das x-te Mal zum WM-
Titel, den die Amerikaner so gern auch mal hätten.

In Spanien spitzte sich die Fuentes-Debatte so auf den Fußball zu, dass von oben Einfluss genommen wurde. Plötzlich
wurde Gómez Bastida kaltgestellt, der Oberschnüffler von
der Guardia Civil, dem die königliche Republik all den Ärger
zu verdanken hatte. Hatte ja keiner ahnen können, dass die
Sache so heikel werden würde, als Gómez Bastida 2004 um
die richterliche Erlaubnis für Telefonmitschnitte ersucht und
sie auch bekommen hatte. Er hatte Razzien durchführen und
sogar Kameras über Fuentes' Haustür installieren lassen. Nun
bezog er auch noch Schützenhilfe aus dem Ausland. Er hatte
den Heidelberger Dopingforscher Werner Franke nach Madrid eingeladen. Aber der hatte im Gespräch mit dem Polizei-

offizier schon das Gefühl,»dass die Ermittler spüren, dass sie gebremst werden«.[13]

»Gebremst« wäre ein Euphemismus. Tatsächlich wurden die Ermittler gestoppt, es übernahm Untersuchungsrichter Antonio Serrano. Ein treuer Vasall der Staatsmacht. Gómez Bastidas Mitarbeiter hatten rund 220 Blut- und Plasmabeutel konfisziert, Epo, Anabolika, Wachstumshormon, Dokumente in Hülle und Fülle. Sogar fünf Laptops von Fuentes und Kollegen lagen zur Auswertung bereit. Nach Kopieren der Festplatten war für das Ermittlerteam um Bastida klar gewesen: Es geht auch um Geldwäsche und Steuerhinterziehung.

Höchste Zeit also für Serranos Auftritt. Per Anordnung stoppte der Ermittlungsrichter den polizeilichen Eifer, er verbot sogar die Auswertung der Computerdaten. Zwei Mal gelang es ihm, die Aktendeckel zuzuschlagen. Zwei Mal musste er sie doch wieder öffnen. Während Manzano die Vorgänge bald einer »Bananenrepublik« für würdig befand, registrierte der deutsche Fuentes-Kunde Jörg Jaksche, dass auf den veröffentlichten Bildern der sichergestellten Blutbeutel unter anderem einer die Aufschrift »Sangria« trug. »Aber die findet man in der Auflistung der Blutbeutel und Codenamen nicht mehr. Sie müssen aussortiert worden sein.« Was auch für Beutel galt, die laut Polizei mit dem Wort »Meisterschaft« gekennzeichnet waren. Im Radsport, giftete der Toursieger von 2006, Óscar Pereiro, »gibt es keine Europameisterschaft«.[14] Pereiro, den die UCI selbst von einem starken Dopingverdacht freigesprochen hatte, zog die Schlüsse und heuerte beim Zweitligisten FC Coruxo an.

Richter Serrano stellte das Verfahren gegen Fuentes im März 2007 zunächst ein und bunkerte die Blutbeutel der Betrügergang hinter den schützenden Mauern der spanischen Justiz. Niemand sollte mehr herankommen, auch die Wada rannte sich »den Kopf blutig«, wie es Generaldirektor Howman martialisch ausdrückte. Was auch daran gelegen haben könnte, dass ausgerechnet Spaniens Sportminister Jaime Lissavetzky im Wada-Vorstand saß; der Bock fungierte als Gärtner. Während Lissavetzky jeden Zugriff von Wada und Fifa auf die Akten unterband, erzählte er Schoten wie diese: »Der spanische Fußball ist absolut sauber«[15], oder: »Spanien ist im Kampf gegen Doping führend.« An einen Besuch des UCI-Chefs McQuaid mochte sich sein Ministerium nicht erinnern. Und auf eine Anfrage der Uefa erzählten Lissavetzkys Leute, Fußballer seien nicht bei Fuentes gewesen.

In Madrider Polizeikreisen sprach man hinter vorgehaltener Hand von einem Justizskandal. Neben Dreistigkeiten wie der Berufung eines Gutachters, der den von Fuentes verhökerten Substanzen keine gesundheitsschädigende Wirkung attestieren mochte, lautete der Hütchenspielertrick von Justitia: Es gibt kein Antidopinggesetz in Spanien. Ha! Kann man leider nichts machen.

Doch warum waren die zentralen Beweisstücke nicht auf den Tisch gekommen? Im Dezember 2006 war bereits eine Bombe geplatzt, die für Richter Serrano offenbar keine Rolle spielte. Die französische Tageszeitung *Le Monde* hatte in einer Titelstory publiziert, was Fuentes angeblich laut eigener Aussage für spanische Spitzenklubs aufgelistet hatte: exakte Dosen und Zyklen, identisch mit den Medikationsplänen, die der Dopingarzt auch für die Fahrer um Jan Ullrich erstellt hatte. Ressortchef Stéphane Mandard hatte sich über Monate intensiv mit Fuentes befasst; im persönlichen Gespräch bei Besuchen auf Gran Canaria war ein Vertrauensverhältnis entstanden. »Fuentes hat mir mehrere Dokumente gezeigt, die auf Spieler von Betis Sevilla, FC Valencia, Real Madrid und FC Barcelona verwiesen. Medikationspläne für eine ganze Saison.«[16] Noch Jahre später vor dem Senatsausschuss in Paris erklärte der Journalist: »Ich habe seine [Fuentes'] Bestätigung, dass er sich auch um Spieler großer Klubs gekümmert hat.«[17] Im Senatsreport von 2013 ist dieser Satz durch eine Fettung hervorgehoben.

Im Zuge der Affäre rund um die *Le Monde*-Berichterstattung war auch aufgeflogen, dass es zwar Razzien in den Madrider Fuentes-Domizilen gegeben hatte, mysteriöse Kräfte über Spaniens Justizbehörden jedoch dafür gesorgt hatten, dass die heißesten Akten unangetastet blieben. Die lagerten nämlich in Fuentes' Heimatdomizil auf der kanarischen Insel.

Gegenüber *Le Monde* soll Fuentes erneut eingeräumt haben, Fußballstars betreut zu haben – »teils direkt, teils über die Klubärzte« –, und ebenso, dass ihn Spitzenklubs umgarnt hätten. Die Vereine allerdings bestritten, jemals mit ihm kooperiert zu haben. Als ihn die Tageszeitung nach genaueren Details zum Fußballdoping fragte, hatte Fuentes geantwortet: »Man hat mich dreimal mit dem Tode bedroht, wenn ich konkrete Dinge erzähle. Es wird kein viertes Mal geben.« Und weiter: »Es gibt Sportarten, gegen die kommt man nicht an, weil sie eine enorme Justizmaschine aufbauen können. Die kann sogar jene um den Job bringen, die den Sport regieren.«

Ist es so, wie Fuentes ausführte? Gibt es im Spitzensport Muster, die der organisierten Kriminalität entsprechen? Es gibt keinen Hinweis darauf, wie sich die beschuldigten Klubs und ihre Lobbyisten tatsächlich gegenüber Fuentes verhalten haben. Es lässt sich aber mit Sicherheit sagen, dass Berichterstattungen wie die von *Le Monde* im Nu ganze Krisenstäbe auf den Plan gerufen haben. Der Radprofi wurde Fußballer.

Der FC Valencia verzichtete auf eine Klage gegen das französische Blatt. »Vor Gericht weiß man nie, was herauskommt«, gab sich Klubchef Juan Bautista Soler vorsichtig, und: »Das Thema Doping widert mich an.«[18] Aktiv wurden die Großklubs. Der FC Barcelona, Champions-League-Sieger 2006, verklagte *Le Monde* wegen Rufschädigung. Ein Amtsrichter in Barcelona entschied zugunsten des Vereins und verbot dem Blatt, Doktor Fuentes' Handgeschriebenes als Beweismaterial vorzulegen. Originelle Rechtsfindung betrieb im Februar 2009 auch das von Real Madrid angerufene Gericht. *Le Monde*-Sportchef Stéphane Mandard fragte die Mitglieder der Kammer entnervt, warum er überhaupt habe erscheinen müssen, wenn er sich weder zur Sache äußern noch Beweise vorlegen dürfe. Fuentes, der ebenfalls angehört wurde, bestätigte Teile des Zeitungsberichts, von anderen distanzierte er sich plötzlich. Spaniens Oberster Gerichtshof urteilte in der Berufung im Februar 2014 erwartungsgemäß: Das Blatt müsse Real wegen Rufschädigung 300 000 Euro zahlen, dazu 15 000 an Barça. Für Real hatten die Richter die hohe Summe festgelegt, weil der Klub gegen einen vom Madrider Landgericht verfügten Betrag Einspruch erhoben hatte. Barça hatte die vorinstanzlich festgelegten 15 000 Euro nicht angefochten, also konnte der Gerichtshof den Betrag nicht erhöhen.[19] *Le Monde* legte Berufung beim Verfassungsgericht ein, bereitet sich nebenbei aber auch schon auf den Gang zum Europäischen Gerichtshof (EuGH in Luxemburg) vor.

Dann könnte es sich für das Blatt lohnen, den früheren Vorsitzenden der britischen Football Association (FA) vorzuladen, der in seiner Funktion auch für die (erfolglose) Bewerbung der Insel um die Ausrichtung der WM 2018 und 2022 verantwortlich war. Lord David Triesman hatte 2011 in einer Anhörung im Londoner Parlament zu den Fifa-Bestechungsaffären auch eine Dopingaussage gemacht, die völlig untergegangen war: Er habe Dokumente gesehen, die belegten, was viele seit Jahren vermuteten – dass Spanien, im Schutz von Leuten in »unglaublich hohen Positionen«, verwickelt sei in das, was sich als eine Art staatlich geschütztes Dopingprogramm herausgestellt habe, eines, das neben dem Radsport andere Sportarten umspanne.[20] Triesman will von einem spanischen Journalisten Praktiken zur Umgehung der Dopingregeln und zur Schiedsrichtermanipulation erfahren haben, die sich aus Audiomitschnitten ergäben, die einem spanischen Untersuchungsrichter vorlägen. Auf diesen Mitschnitten seien Diskussionen von »hohen Leuten« in Spanien zu hören, wie der Lord bezeugte.

Gefährdung der öffentlichen Gesundheit

Die Madrider Staatsanwaltschaft legte im März 2007 Einspruch gegen die Entscheidung Serranos ein. Das Verfahren sei vorschnell beendet worden. Erst im Februar 2008 wurde dem stattgegeben. Doch erneut wurde das Verfahren im Herbst des Jahres niedergelegt, mit den altbekannten Begründungen: kein Antidopinggesetz, keine gesundheitsschädigende Wirkung der verkauften Substanzen.

Ende 2010 war Fuentes in Spanien dann in den nächsten Sündenfall verwickelt. Und wieder festgenommen worden. Bei der »Operación Galgo«, Operation Windhund, ging es um Leichtathleten – und nicht nur spanische Läufer waren involviert. Zudem ging es um Geldwäsche in Steueroasen, wobei die Verdachtsmomente bis in die Verbandsspitze reichten. Dort fungierte die 3000-m-Weltmeisterin von Berlin 2009, Marta Domínguez, als Vizepräsidentin. Die spanische Zeitung *El País* berichtete, auch sie sei Kundin von Fuentes gewesen. Doch Schlagzeilen wie »Gold im Dopen«, wie sie die Tageszeitung *Público* auf der Titelseite produzierte und dazu eine in Spaniens Flagge gewandete Domínguez zeigte – das schätzt man nicht im Königreich. Das ja stolz mit der Kampagne *Marca España* für Spanien wirbt, mit Leuten wie Alberto Contador, dem überführten Doper.

Verhaftet wurde neben Fuentes und dessen Schwester Yolanda auch wieder Alberto León, »el Doctor«, der schon in der Puerto-Affäre als ausführender Arm galt. Bei ihm, der zweiten Schlüsselfigur der Fuentes-Gang, waren diesmal Blutbeutel gefunden worden. León war seit April 2010 überwacht worden, er soll außerdem mit verbotenen Substanzen gehandelt haben: Epo, Hormonen, Steroiden. Kaum war Fuentes' allwissender Mittelsmann gegen Zahlung einer Kaution wieder auf freiem Fuß, musste die Guardia Civil erneut bei ihm anrücken: um ihn von der Decke zu knüpfen. Selbstmord, lautete die offizielle Version. León, 37, habe sich erhängt.[21] Fuentes' Prophezeiung, dass man in diesem Teil des Profisportbusiness leicht das Leben verlieren könne, hatte sich auf zynische Weise bewahrheitet. Schicksale wie das des Alberto León verdeutlichen, warum Fuentes und Frau wiederholt betonten, sie seien wie »schlummernde Torpedos«: Sollte dem Dopingdoktor etwas passieren, würde es Teile des Weltsports zerreißen.

Anfang 2013 stand Fuentes als Beklagter vor Gericht. Aber Patricia Santamaría erwies sich als derart bezaubernde Richterin, dass ein Film über die Verhandlung gut in den Disney-Kanal gepasst hätte. Sie entschied, dass alle eingelagerten Blutbeutel des internationalen Sportbetrügerrings sorgfältig analysiert – sorry, so ein Unsinn: endlich und auf der Stelle zerstört werden müssten. Ebenso wie sämtliche bei Fuentes sichergestellten Computerdaten. Das empörte sogar den überführten Lance Armstrong. Der Superdoper sprach wohl im Sinne vieler Szenekenner, als er sagte: »Ich bin sicher, dieses Urteil ist von einigen Fußballklubs beeinflusst worden.«[22]
    In Señora Santamarías Gerichtssaal lief eine Sportjustizposse sondergleichen ab. Nur einige Male wurde es heikel. Etwa, als Fuentes unaufgefordert erklärte, Fußballer behandelt zu haben. Das quittierte nicht nur die Richterin mit eisigem Schweigen, sondern auch die Staatsanwältin Rosa Calvo. Als Fuentes dem Gericht seine komplette Patientenliste anbot – »Wenn Sie wollen, kann ich alle Codes auf den Blutbeuteln meiner Kunden identifizieren!« –, erstickte Santamaría den Geist der Aufklärung im Keim: »No! Darum werde ich Sie nicht bitten!«
    Um Gottes willen – die Wahrheit, hier in meinem Gerichtssaal? Das könnte die Privatsphäre der Betroffenen verletzen, einer Bande betrügerischer Sporthelden. Nein, die Namen hinter dem Großbetrug will hier keiner wissen. Allein schon deshalb, weil sich Spanien während des Scheinprozesses in der heißen Bewerbungsphase um die Ausrichtung der Som-

merspiele 2020 befand. Hätte man ausgerechnet jetzt all die IOC-Mitglieder düpieren sollen, die mit Kernsportarten wie Fußball, Leichtathletik, Tennis, Radsport verbandelt sind? Indem man die Fuentes-Torpedos aus den Kühlkammern zündete? Naive Gemüter, die glauben, dass solche Prozesse frei von staatlichen und politischen Interessen seien, seien an die Worte der französischen Sportministerin Marie-George Buffet erinnert. Speziell an jene Passage, wie ihr das Okay zu einer laxen Antidopingpolitik abgepresst wurde: erst von der Fifa, dann vom IOC. Kapitulation auf dem Eiffelturm. Man kann aber auch an den politischen Protektionismus erinnern, den Breisgauer Sportmediziner jahrzehntelang im sauberen Deutschland genossen.

Alberto León war 2013 nicht mehr in der Lage, im Gerichtssaal der Señora Santamaría auszusagen. Und er war nicht der Einzige. Ein Schlüsselzeuge gegen Fuentes starb am Tag vor seiner Anhörung an einer Herzattacke.[23] Auch der verhinderte Kronzeuge Jesús-Maria Manzano wurde sein Wissen nicht im Gerichtssaal, sondern nur eine Ecke weiter in einem Straßencafé bei britischen TV-Reportern los. Er habe einen spanischen Nationalspieler sowie »zwei berühmte Brasilianer« in Fuentes' Klinik hinein- und hinausgehen sehen, erzählte er aufgebracht: »Sie kamen raus, ich ging rein.« Manzano nannte jetzt sogar Namen, im Fernsehbeitrag wurden sie sicherheitshalber mit einem Piepton überspielt.[24] Der Kronzeuge insistierte, die Polizei wisse genau, wer den Blutarzt aufgesucht habe. In der Tat, die Guardia Civil hatte ja eine Kamera über Fuentes' Haustür installiert. Aber auch sie war ja längst mundtot gemacht worden.

Was haften bleibt von einem Showprozess, der nicht nur internationalen Medien spanisch vorkam, ist der Eindruck, dass ein königlicher Rechtsstaat immer das passende Justizpersonal findet. Fuentes wurde nach 23 sinnfreien Verhandlungstagen zu einer einjährigen Bewährungsstrafe wegen »Gefährdung der öffentlichen Gesundheit« verurteilt: Er hatte die Blutbeutel unhygienisch gelagert.

Gegen das richterliche Verdikt, die Beutel endlich zu vernichten, legten Wada und spanische Nada Berufung ein, und auch gegen die Löschung der brisanten Daten auf Fuentes' Computern, die Santamaría verfügt hatte. Bei der spanischen Nada übrigens handelt es sich mehr dem Namen nach um eine Kontrollinstanz, direkt unterstellt ist sie der nationalen Sportbehörde. Für die Agentur arbeitet inzwischen auch ein früherer Polizeibeamter: Gómez Bastida. Der ausgebremste Chefermittler der »Operación Puerto«. Hartnäckig wies er jede Gesprächsanfrage zurück. Hat hier ein System gnädig sein Opfer aufgefangen? Seit 2014 ist er der Agenturchef.

Im Mai 2015 teilte die Wada mit: »Seit unserer Anfrage nach den Blutbeuteln 2013 haben wir nichts mehr gehört. Wir sind sehr enttäuscht darüber, warten aber geduldig auf juristische Fortschritte.«[25] Na dann, frohes Warten.

Dabei war die trübe Wirklichkeit um Fuentes' Wirken spätestens bei Prozessbeginn bekannt. Wochen davor, Anfang 2013, hatte Iñaki Badiola, Ex-Präsident des Erstligaklubs Real Sociedad San Sebastián, in der Sportzeitung *AS* enthüllt, dass Fuentes den Klub sechs Jahre lang mit Dopingmitteln versorgt hatte. Badiola, Bankenvorstand mit untadeligem Ruf, war 2008/09 Präsident des Baskenklubs und hatte dort ein solches Finanzchaos vorgefunden, dass er es von Ernst & Young sichten ließ. Die Buchprüfer stellten hohe Zahlungen an Fuentes fest, bis zu 328 000 Euro pro Saison. Der Arzt hatte dem Erstligaklub haufenweise verbotene Substanzen geliefert, auch das nicht nachweisbare Wachstumshormon. Deshalb, teilte Badiola mit, habe er schon 2008 zwei langjährige Teamärzte des Dopings beschuldigt und gefeuert, Eduardo Escobar und Antxon Gorrotxategi.[26] Escobar zählt zu einer Reihe spanischer Gastsportmediziner an der Uni-Klinik Freiburg, die später just in den Paradedisziplinen Fußball und Radsport auffällig wurden. Neben ihm waren Iñaki Arratibel und Jose Aramendi zu Gast im Breisgau, wie die Freiburger Doping-Aufklärungskommission herausfand. Beide Mediziner kamen mit Radsportaffären in Berührung. Man ist still vernetzt in sportärztlichen Fachkreisen.

Der Pharmabetrug in San Sebastián war aus schwarzen Kassen finanziert worden. Geduldet oder gar veranlasst worden sei er von José Luis Astiazarán, von 2000 bis 2005 Vereinschef. Das legt eine Notiz aus Fuentes' Labornachlass nahe. Als die Baskenland-Connection aufflog, war Astiazarán bereits Vizepräsident des königlichen Fußballverbandes – und Chef der spanischen Liga. Das Amt gab er später ab, aus anderen Gründen. Doping bei Real Sociedad unter seiner Ägide hat Astiazarán verneint. Vermutlich hatte Fuentes also einfach zu viel Spumante intus, als er auf einer Arzneirechnung das Kürzel »ASTI« vermerkte.

Die Nachricht, dass tatsächlich ein königlicher Klub eng mit Fuentes kooperiert hatte, ging durch Europa. Nur auf den parallel laufenden Scheinprozess hatte sie keinerlei Auswirkung – obwohl Fuentes selbst die Vorwürfe aus San Sebastián »weder bestätigen noch dementieren« wollte. Allerdings hatte er sie in seinen Akten vermerkt, unter dem Kürzel »RSoc«: Real Sociedad San Sebastián.

In diesem Klub spielte von 1999 bis 2004 Xabi Alonso, Welt- und Europameister, später Taktgeber im Trikot von Real Madrid und seit 2014 in Diensten des FC Bayern München. Bei Real Sociedád war Alonso zum Nationalspieler aufgestiegen. In der Saison 2002/03, zur stärksten Phase der Fuentes-Versorgung, war der baskische Klub haarscharf am Titel vorbeigeschrammt, Real Madrid triumphierte erst am letzten Spieltag. Die – falls sich nicht seinerzeit der Platzwart Wachstumshormon und anderes Zeug spritzte – offenkundig endemische Dopingpraxis bei seinem ehemaligen Verein war Alonso völlig fremd. »Ich habe niemals Doping bei Sociedád gesehen. Die Vorwürfe sind absolut falsch.«[27]

Dass Fuentes generell zwar die Namen seiner Einzelklienten codierte, nie aber die der Teams, die er betreute – der Radrennstall Kelme etwa war wenig kreativ als KELM gelistet –, rückte einen anderen Kunden in den Fokus. Auf der Prozessunterlage 844, einer handschriftlichen Notiz von Fuentes aus dem Jahr 2005, findet sich neben »RSoc« auch das Wort »MILAN«. Daneben die Abkürzung »IG«, die nach Angaben der Ermittler für ein verbotenes Wachstumsmittel steht: Das Insulinprodukt IGF-1 ist ein beliebter, nicht nachweisbarer Dopinghammer.

Aber wer war mit »MILAN« gemeint? Ein Fußballklub wie der AC Mailand – oder ein Radteam, wie der portugiesische Rennstall Milaneza-Maia? Von beiden war kein Draht zu Fuentes bekannt. Der AC Mailand wehrte sich via Website, es habe nie Kontakte mit Fuentes gegeben, anderslautende Behauptungen würden juristisch verfolgt. Italienische Blätter spekulierten sofort, es müsse sich um den zweitklassigen Radrennstall handeln. Dafür sprach manches. Auch die Tatsache, dass der Berlusconi-Klub AC Mailand zu jener Zeit längst eine eigene wissenschaftliche Einrichtung unterhielt: Das MilanLab unter Leitung von Berlusconis persönlichem Physio-Berater, dem Belgier Jean-Pierre Meersseman. Seit 2002 speicherten sie im Lab die Körperdaten der Profis in ein Computersystem auf der Suche nach einer »Wohlfühlnorm« für die Spieler, wie es hieß. Die gaben zu diesem Zweck täglich ihren Speichel für Untersuchungen ab, zudem wurden sie regelmäßig Körperchecks unterzogen. Offiziell ging es darum, die Verletzungsrate des Ballpersonals berechenbar zu machen und zu reduzieren.[28] Auch in puncto Doping machte Meersseman Schlagzeilen, als er 2003 nach dem Champions-League-Halbfinale Juventus Turin gegen Real Madrid (3:1) Blutdopingtests forderte. Der Laborchef fand es eigenartig, dass einige Juve-Spieler »zehnmal schneller« liefen als seine Schützlinge.[29] In Mailand, erklärte er, dope niemand, das könne er versichern. Tage später gewannen seine Jungs das Cham-

pions-League-Finale gegen Juves taffe Truppe. Im Elfmeterschießen nach einer kraftraubenden Verlängerung.

Mit dem Triumph begannen endlich wieder sehr erfolgreiche Zeiten. Schon 2005 stieß Milan erneut ins Finale vor und
spielte den FC Liverpool bis zur Pause mit 3:0 an die Wand.
Aber plötzlich kamen die mausetoten Briten zurück. Sie gli-
chen – den letzten Treffer setzte Xabi Alonso – zum 3:3 aus
und siegten noch im Elfmeterschießen. Es war ein Ausnahme-
spiel in der Europacup-Historie. Und ein traumatisches Erlebnis für Berlusconi und seine Helden. Alles und jeder geriet
in die Kritik, auch das MilanLab.

Die Freude der Briten währte nur zwei Jahre. Im Sommer
2007 gelang dem AC Milan eine spektakuläre Revanche –
eine, die dem MilanLab hoch angerechnet wurde: der Gewinn
der Champions League. Erst war im Halbfinal-Rückspiel
Manchester United mit 3:0 überrannt worden. Im Finale war
dann Angstgegner FC Liverpool dran. Mit einem 2:1-Sieg
wurde die in den Medien als »Rache der Hölle« betitelte Revanche vollzogen, wobei die Partie einseitiger verlief, als das
Resultat besagt. Der enorme Energieschub beim AC Milan
war jedoch recht ungewöhnlich. Bis auf drei Spieler waren
alle dreißig Jahre oder älter; Kapitän Paolo Maldini war mit 39
der Methusalem einer Seniorentruppe, die Monate später
auch den Supercup und den Weltpokal gegen Argentiniens
Boca Juniors gewinnen sollte. Das MilanLab hatte alle Well-
nessparameter der unbeugsamen älteren Herren offenbar perfekt zusammengefügt.

Das Erfolgsprinzip an sich, die Geheimnisse der »Wohlfühlnorm« blieben leider geheim. Zwar hatte Laborbetreiber
Meersseman immer mal wieder frohlockt – »Ich glaube schon,
dass wir an etwas Fantastischem dran sind« – und wissenschaftliche Belege angekündigt.[30] Die blieben aber aus, ebenso
weitere Erfolge der früheren Dauersieger, die 2007 nicht nur
das erfolgreichste Jahr ihrer Klubgeschichte feierten, sondern
auch das vorerst letzte auf höchster fußballerischer Ebene.

2010 wurde das Projekt gestoppt. Jedenfalls der »medizinische Sektor«[31], wie Meersseman sich ausdrückte. Der Belgier bietet seine »unorthodoxen Methoden«, wie der *Guardian* im Februar 2013 titelte, inzwischen in London an.

Es ist vertrackt: Detaillierte Belege für medizinische, physiologische oder sonstige wissenschaftliche Fortschritte werden von ihren Betreibern im Fußball eigentlich nie präsentiert, obwohl doch mit allen Mitteln und Kräften der Wissenschaft an der idealen Taktik, dem besten Trainingsaufbau und der äußersten noch erlaubten Pharmahilfe getüftelt wird. Betriebsgeheimnisse? Die kann es gar nicht geben in einem Gewerbe, in dem die Jobs schneller als die Trikots gewechselt werden. Wo der Gegner von heute der Mitspieler, Coach oder Betreuer von morgen ist. Gäbe es Betriebsgeheimnisse, dann müssten sie also nach außen abgeschirmt werden.

Bleiben wir noch einen Moment bei Milan. Eine Ikone des Klubs, der geniale Spielmacher Andrea Pirlo, veröffentlichte im Frühjahr 2014 seine Autobiografie »Ich denke, also spiele ich«. Darin gibt sich der mittlerweile bei New York City FC gelandete Weltmeister überzeugt, in Spanien auf gedopte Spieler getroffen zu sein: 2004, im Champions-League-Viertelfinale gegen Deportivo La Coruña. Milan hatte das Hinspiel 4 : 1 gewonnen, scheiterte aber im Rückspiel in Galizien sensationell mit 0 : 4. »Die spanischen Spieler waren wie besessen. Das erste und einzige Mal in meiner Karriere habe ich mich gefragt, ob ich gegen Gegner spiele, die Dopingmittel genommen haben«, schreibt Pirlo. »Unsere Gegner liefen mit tausend Stundenkilometern, auch ältere Spieler, deren Stärke es nie war, Geschwindigkeit mit Ausdauer zu kombinieren.« Eine Kombination, die im Normalfall fast nie auftritt. Und: La Coruñas Team war im Schnitt gut dreißig Jahre alt. »Am meisten in Erinnerung ist mir die Art, wie sie bis in die Pause rannten. Als Schiedsrichter Meier [der Schweizer Urs Meier, Anm. d. A.] die erste Halbzeit abpfiff, stürmten alle, ohne Ausnahme, in die

Umkleide, in einem Tempo wie Usain Bolt. Sie konnten einfach nicht stehen bleiben.« Er habe keine Beweise, betont Pirlo, aber diesen »üblen Gedanken«, dass da was faul gewesen sei.[32] Die Reaktionen der empörten Deportivo-Spieler auf die Vorwürfe bewegten sich im Rahmen des Branchenüblichen: Pirlo habe keinen Respekt. Von einem Großen der Zunft habe man das nicht erwartet. Eine Entschuldigung sei fällig. Anders ausgedrückt: Schwamm drüber. Oder, wie es Rodrigo Pardo vom sportwissenschaftlichen Institut INEF der Polytechnischen Universität Madrid formuliert hat: »Der Sport ist das Letzte, das uns Spaniern geblieben ist. Wenn du den spanischen Sport kritisierst, greifst du die spanische Seele an. Und Doping ist wie Korruption, davon wollen wir eigentlich nichts wissen. Die Menschen haben genug Probleme. Jetzt gibt's zwei Möglichkeiten: Entweder wir decken alles auf oder wir vertuschen es.«[33]

Das Rätsel um das Fuentes-Kürzel »MILAN« wurde jedenfalls nie geklärt. Und auch sonst bleiben jede Menge Fragen. Sieht man, wie im Königreich des Fußballs das Justizsystem arbeitet, wird klar, was Fuentes 2009 im Verfahren Real Madrid gegen *Le Monde* gemeint hatte. Teile seiner Aussagen in *Le Monde* habe er nur auf anwaltlichen Ratschlag dementiert, zur Vermeidung weiterer Prozesse – und größerer Probleme. Fuentes erklärte, dass die Macht der Fußballklubs viel zu groß sei. Als die Richter wissen wollten, ob er in Kontakt zu Real Madrid stehe, verwies er auf jene Äußerung, die bereits in der Zeitung gestanden hatte: »Man hat mich dreimal mit dem Tode bedroht, es wird kein viertes Mal geben.« In späteren Interviews erklärte er, er wisse, von wem die Drohungen kommen, wolle sich dazu aber nicht äußern.

Le Monde hat die staatstragende Relevanz der Fuentes-Affäre begriffen. Das Blatt, sagt Mandard, sei entschlossen, den Rechtsstreit vor den Europäischen Gerichtshof zu befördern. Aber bis dahin werden Jahre vergehen, und die Sünder von einst in Rente sein. So hat sich in der größten Dopingaffäre des Spitzensports die Allmacht des Fußballs durchgesetzt.

Fuentes' Statthalter in Deutschland

Eine spannende Spur aus dem Fuentes-Kartell führte nach Deutschland. Zu deutschen Radfahrern, aber auch zur Fußball-WM 2006; genauer: in ein Hotel im Frankfurter Raum, wo ein Mitarbeiter von Fuentes eine mobile Dependance für die internationale Kundschaft betrieben haben soll. Jörg Jaksche, Dopingkronzeuge aus dem Radprofilager, beurteilte diesen Verdacht, den er von Beamten des Bundeskriminalamts gehört hatte, so: »Für Radfahrer kann diese Einrichtung nicht bestimmt gewesen sein. Schon gar nicht zu der Zeit, als in Deutschland die WM lief.« Jaksche sagt, die BKA-Ermittler hätten gefragt, ob ihn Fuentes 2006 in Frankfurt getroffen oder behandelt habe. »Ich sagte nein, weil Fuentes normalerweise nur nach Deutschland ging, wenn dort eine Etappe der Tour stattfand, aber ich denke, die Wahrheit ist, dass 2006 die Fußball-WM in Deutschland stattfand und die deutsche Polizei etwas darüber wusste. Aber sie hatte eben nicht alle Informationen dazu.«[34] Im März 2015 bestätigte er diese Aussage gegenüber dem Autor.

Mit Fuentes war im Sommer 2006 auch dessen Deutschland-Statthalter aufgeflogen: Markus Choina aus Bad Sachsa im Harz. Dreimal hatte er Jaksche Bluttransfusionen in Hotels in Karlsruhe und Hannover verabreicht. Die mehreren tausend Euro für diese Spezialleistung hatte der Radprofi aber nicht an den deutschen Doktor, sondern auf ein Fuentes-Konto bei der Genfer HSBC-Bank überwiesen.

Fuentes' deutscher Mittelsmann, geboren im polnischen Gliwice, absolvierte sein Medizinstudium in Katowice. Er machte die Fachausbildung zum Anästhesisten mit Schwerpunkt Transfusionsmedizin. Schon in den Achtzigern profitierten polnische Sportler von Choinas ärztlicher Kunst. Der Fußballnationalauswahl stand er ebenso zu Diensten wie der Leichtathletik-Elite des Landes.

Die Staatsanwaltschaft Göttingen ermittelte vier Jahre gegen Choina, der zudem in Verdacht stand, in einem Hotel in Hannover elf weitere Radprofis betreut und für Fuentes Arzneimittel besorgt zu haben. Aus der Klinik in Bleicherode im Südharz, wo er als Chefarzt der Anästhesie und Schmerztherapie tätig war, karrten BKA-Beamte stundenlang Akten weg. Choina, dessen Frau als Apothekerin arbeitete und ebenfalls ins Visier geraten war, bestritt die Dopingvorwürfe.

Auf Choinas Spur waren die Fahnder per Telefonüberwachung gelangt. Ein Mittelsmann von Fuentes in Saragossa hatte den Erhalt mehrerer Schachteln Actovegin-Forte-Dragees und Ampullen mit Synacthen bestätigt. Absender in Deutschland: Markus Choina. Beide Mittel sind unter Dopern heiß begehrt. Das nur noch in wenigen Ländern rezeptfrei erhältliche, in Spanien und seit Jahren auch in Deutschland nicht mehr zugelassene Actovegin verbessert den Blutfluss. Was auch für jeden hilfreich ist, der mit Epo dopt. Synacthen ist ebenfalls eine hocheffektive Substanz. Es stimuliert die Produktion von Sexualhormonen und Cortisol in der Nebennierenrinde. Das lässt den Radfahrer die Schmerzen am Berg vergessen. »Hoch riskant«, warnt Experte Werner Franke. Synacthen dürfe nur unter ärztlicher Überwachung injiziert werden. »Sportler können sonst tödliche Schocks erleiden.«[35]

Am 3. Juli 2007 vermeldete das Fachblatt *Apotheke Adhoc*, dass sich der »Verdacht auf Verwicklung einer nordhessischen Apotheke in illegales Doping« erhärtet habe. Laut Sozialministerium soll dieser Betrieb schon wiederholt überprüft worden sein. Abgeordnete der Region hätten die Aufsichtsbehörde zur Klärung einer Großbestellung dieser Apotheke von Arzneimitteln wie Epo aufgerufen. Sie habe bereits 2001 laut Bestellliste rund 20 000 Ampullen des Blutdopingmittels im Wert von 20 Millionen Mark erhalten. »Wenn ich höre, dass eine Apotheke jedes Jahr bis zu 20 000 Ampullen Epo bestellt, werde ich hellhörig«, meint Gabriele Bojunga von Transparency International. Die frühere Präsidentin der Landesapothekerkammer fordert eine durchgehende Dokumentationspflicht für verschreibungspflichtige Medikamente, die auch zum Doping eingesetzt werden können.

Fuentes und seine Komplizen Merino Batres und León sollen immer wieder nach Italien, Frankreich und Deutschland geflogen sein, um vor wichtigen Rennen Blut an ihre Statthalter zu übergeben. Auch vor wichtigen Fußballspielen? In Italien soll der Kontaktmann Luigi Cecchini gewesen sein, auch ein Betreuer von Jan Ullrich. Die Guardia Civil hatte Cecchini bei Fuentes in Madrid gefilmt und Telefongespräche der beiden abgehört. In Deutschland war der Zielflughafen Hannover. Eineinhalb Autostunden entfernt, in Bad Sachsa, wohnte Choina. »Für uns steht fest, dass der zuständige Mann in Deutschland Markus Choina war«, sagten spanische Ermittler.

Die Behörden in Göttingen sahen das ähnlich. Da es aber auch hierzulande kein Antidopinggesetz gab, musste die Staatsanwaltschaft prüfen, ob Blutdoping überhaupt den Straftatbestand der Körperverletzung erfüllte; die Sportler hatten ja der Behandlung zugestimmt. Im Mai 2010 wurden die Ermittlungen eingestellt – gegen Zahlung einer Geldbuße, die mit 5000 Euro recht erträglich ausfiel. Es habe nicht eindeutig geklärt werden können, ob Choina in großem Umfang Arzneimittel zu Dopingzwecken insbesondere an Radsportler geliefert habe. Die Ermittlungen, teilte die Göttinger Behörde mit, seien zudem durch die spanische Justiz erschwert worden: Die habe all ihre Rechtshilfeersuchen abgelehnt.

Dieselben Erschwernisse beklagten auch andere Staatsanwaltschaften. In Freiburg ging ebenfalls nichts voran; im Juni 2009 stellte die Staatsanwaltschaft Bonn die Ermittlungen gegen Fuentes ein, der als Beschuldigter im Verfahren gegen Jan Ullrich geführt wurde. Wegen der »bisherigen negativen Erfahrungen« sei fraglich, so der Behördensprecher, ob Spaniens Behörden die »Ermittlungen mit der gebotenen Ernsthaftigkeit und Zügigkeit vornehmen«.

König, Fitnessqueen und Muskelpäpste

Die bittere Realität sieht so aus: Mehr als fünf Dutzend Dopingermittlungen gab es allein seit dem Fuentes-Sündenfall 2006, alle paar Monate fliegen neue Untergrundlabore auf; Universitätsgelehrte sind ebenso ständig involviert wie Topathleten. Anfang 2009 deckte die Polizei ein Dopingnetz auf, in das Javier Fernández verstrickt war, der zweifache Europameister im 20-km-Gehen und Silbergewinner 2004 in Athen. Dieses Netz umfasste Ärzte und Apotheker, die Epo und Wachstumshormon an Sportler verabreichten. An der Spitze stand der peruanische Hämatologe Walter Viru – der auch mit Fuentes kooperiert hatte und in der »Operación Puerto« aufgefallen war. Zudem war Viru ein Vertrauter von del Moral, den er vor Dopingtests gewarnt haben soll.[36] Fernández gestand und wurde zwei Jahre gesperrt. Olympiasilber bleibt ihm natürlich.

Nicht jeder systematische Betrug ist am Ring um Fuentes und Merino Batres festzumachen. Da gab es Jesús Losa in Valladolid, der beim spanischen Radteam Euskatel rausgeflogen war, nachdem ihn der schottische Profi David Millar des Epo-Dopings bezichtigt hatte. Losa betreute prominente spanische Epo-Sünder: Moisés Dueñas und Maribel Moreno; beide wurden 2008 erwischt. Tätig waren der Mediziner und seine Frau am Regionalzentrum für Sportmedizin (CRMD) in Valladolid. Das Blatt *Público* berichtete, dass an diesem Institut jahrelang Dopingproben analysiert wurden; die Gattin soll in der Lage gewesen sein, positive Befunde zu verhindern. Der Direktor des Zentrums erklärte nur, das Ehepaar Losa sei verbeamtet, und von »privaten« Aktivitäten habe er keine Kenntnis.

Bestens etabliert war auch Marcos Maynar. Der Biophysiker von der Universidad de Extremadura soll zehn Spitzenteams aus dem Radsport offeriert haben, Steroidprofile für ihre Fahrer zu erstellen. Solche Profile ermöglichen, mit Testosteron an den erlaubten Grenzwert »heranzudopen«. Das deutsche Team Gerolsteiner bestätigte, so ein Angebot erhalten, aber keinen Gebrauch davon gemacht zu haben. Maynar will seine Offerten als Hilfsangebote verstanden wissen. Jedoch war der Universitätsgelehrte öfter in Dopingaffären verwickelt. 2004, als ein Anabolikahändlerring um Fitnesscenter aufflog; und zwei Jahre später stellte sich heraus, dass er sich Kunden mit Fuentes geteilt hatte. 2008 war Maynar Teamarzt des portugiesischen LAMSS-Teams, das Systemdoping betrieb. Ermittelt wurde das erst nach dem Tod des LAMSS-Profis Bruno Neves. Der 25-jährige Portugiese war im Mai 2008 während eines Rennens an Herzversagen gestorben. Bei anschließenden Razzien waren große Mengen an Dopingmitteln sowie Ausrüstung zum Zweck von Blutmanipulationen beschlagnahmt worden. Nette Pointe: Als die Polizei bei einer Razzia sogar in Maynars Wohnung Dopingmittel fand, redete sich der Meister auf seine »wissenschaftliche Forschungstätigkeit« heraus.

Auch Maynar hatte Drähte zum Fußball. 2003 wirkte er an einem Gutachten für Carlos Gurpegi mit; dem Profi von Bilbao war Nandrolon nachgewiesen worden. Maynar und Uni-Kollegen attestierten das Übliche: Des Kickers körpereigene Nandrolon-Produktion sei Ursache für den Befund. Auftraggeber der Expertise war Athletic-Arzt Sabino Padilla, genannt »Pastilla«, der schon Spaniens Radsport-Ikone Miguel Induráin bei dessen Toursiegen betreut hatte.

Als Anfang 2013 der Prozess gegen Fuentes begann, war nicht nur dessen Tätigkeit für San Sebastián bekannt; die spanische Polizei hatte in Murcia gerade José Luis Martínez Jiménez festgenommen. Der Radprofi führte einen Dopingring, auch in der »Operación Puerto« zählte er zu den Verdachtsfällen. In einer Lagerhalle in Lorqui und bei Razzien an sechs weiteren Orten spürten die Ermittler zahllose Dopingsubstanzen auf, von Steroiden über Testosteron und Ephedrin bis zu

HGH, dazu Zentrifugen für Blutdoping, Dosierungsmaschinen, Präzisionswaagen. Auch 24 000 Euro Bargeld fanden sich. Offiziell hatte Martínez als Ernährungsberater gewirkt. Seit April 2012 war die Polizei an ihm dran, Hinweise auf die Ein- und Ausfuhr illegaler Substanzen waren aus Schweden gekommen, wo die Behörden ein Paket abgefangen hatten. Das kam aus dem Dopinglabor in Molina de Segura. Wer solche Kontrolllabore hat, braucht keine Fahnder.

Beispielhaft für die Zustände im Königreich sind Details, die durch die Affäre ans Licht kamen. So war Martínez – trotz der Nähe zur Fuentes-Affäre – bei den Spanien-Rundfahrten 2011 und 2012 als Chaperon eingesetzt worden. Das sind die Dopinginspektoren, die für die permanente Überwachung der zu testenden Athleten zuständig sind. Der Fuchs bewachte den Hühnerstall.

Es geht aber noch absurder. Monate bevor der Dopinggroßhändler und Vuelta-Chaperon Martínez aufflog, musste das IOC-akkreditierte Labor in Madrid drei Monate gesperrt werden. Es hatte im August 2012 tatsächlich einen Betrugsfall bei der Rundfahrt ermittelt. Aber dann war die B-Probe des verdächtigen Profis mit der Urinprobe eines anderen Athleten vermischt worden. Der Sünder blieb unbekannt und unbestraft.

Der Leiter des zweiten Wada-akkreditierten Labors im Königreich, Jordi Segura, hat da viel diskreter gewirkt. Er hatte dem berühmtesten Fußballsünder per Fachberatung zu einem Freispruch auf rein technischer Grundlage verholfen: Pep Guardiola. Und dies viele Jahre geheim halten können.

Betrachten wir einen weiteren spannenden Akteur: den Madrider Arzt Miguel Angel Peraita – alias »Top Doc«, wie er im E-Mail-Verkehr mit dem deutschen Dopingtrainer Thomas Springstein heißt. Das Duo tauschte sich Mitte der nuller Jahre über alles aus, was die Dopingszene hergab. Ihr Mailverkehr war bei einer Razzia gefunden und im Prozess gegen

Springstein publik gemacht worden. Der deutsche »Leicht-
athletik-Trainer des Jahres 2002« wurde 2006 wegen versuchten Minderjährigendopings verurteilt – in einem Verfahren in
Magdeburg, das in puncto Substanzlosigkeit den spanischen
Dopingprozessen nicht nachstand. Im Austausch zwischen
Springstein und Peraita, den mit dem niederländischen Eis-
schnelllaufarzt Berend Nikkels eine weitere Szenengröße be-
reicherte, hieß es etwa: »Zur Verfügung stehen uns: GH Tito
(Wachstumshormon), Peptidos, Patches, Ultratard« – und so
weiter. Nikkels wiederum hatte »herumgefragt: die Effekte
für Frauen von Testoprodukten. Bestens ist es zum Beispiel
reine Anabolika anzuwenden, um die weiblichen Hormon-
systeme nicht zu viel zu beeinflussen.«[37]

Nicht nur der Schriftverkehr belegt Peraitas Dopingfach-
kunde. Auch Expertisen im Internet weisen ihn als Pharma-
betrüger aus. Eine zum Thema »Anabolika-Training« beschloss der Doc aus Madrid mit der Frage: »Jetzt ist es an dir
zu entscheiden, ob du ein anaboles oder ein kataboles Training suchst – willst du schrumpfen oder wachsen?«

In Spanien galt Peraita als Betreuer von Springsteins Top-
athletin Grit Breuer. Auf Anfragen aus Deutschland bestritt
der Arzt allerdings jeden Draht zum deutschen Dopingcoach,
mit dem er so regen Mailaustausch pflegte: Er kenne ihn so
wenig wie Breuer. Der aufrechte Mediziner konnte natürlich
auch nichts dafür, dass ihn die Website eines britischen Inter-
netvertreibers für Fitnessnahrung zeigte: »Top Doc« Peraita,
im Kittel am Schreibtisch, wird präsentiert als »ein führender
Arzt Europas für Wettkampfvorbereitung«, dessen Kundenkreis »Olympiasieger, Europa- und Weltmeister in Sportarten
wie Leichtathletik, Radsport, Tennis, Boxen, Fußball« umfas-
se. Konfrontiert mit diesem Webauftritt, wollte Peraita »keine
Ahnung« haben, »was mir da auf die Website geschrieben
wurde«. Stunden nach der Presseanfrage ist der ihn betreffen-
de Teil gelöscht. Wie man es von Doktor del Moral in Valencia
kennt.

Pikant sind Peraitas Verbindungen. Als Chef einer Privatklinik besaß der Ex-Bodybuilder enge Bindung an die Praxen von Fuentes und dessen Blutexperten Merino Batres. Der arbeitete auch für Peraitas Klientel. Peraitas »Institut Consulting Advanced Technics On Human Performance« siedelte in der Calle Fernandez de la Hoz 76; dort war auch die Geschäftsadresse von Peraitas »Dynamed Medizinzentrum«. Zwischen hier, dem Labor des Hämatologen Merino Batres, und Fuentes' Wohnung liegen drei Minuten Fußweg. Eine weitere Räumlichkeit hat Peraita in der Calle Zurbano 92 – wo auch Merino Batres logiert. Die Verbindung zu Merino Batres ist überdies juristisch dokumentiert. Im Fall der deutschen Hochspringerin Awemu Mensah 2003 zeigte sich, dass die Athletin über die Agentur des niederländischen Impresarios Jos Hermens an Peraita vermittelt worden war. In Peraitas Klinik wurde sie behandelt, er soll die Athletin dann rüber in Merino Batres' Analyselabor geschickt und ihr das Steroid Oxandrolon vermittelt haben. Das wurde ihr später zum Verhängnis.[38]

Neben der Anbindung an das Madrider Zentrum des internationalen Fuentes-Kartells steckt noch mehr Brisanz in der Causa »Top Speed/Top Doctor«. Der Mailverkehr der beiden darf als historisch gelten. Peraita und Springstein haben darin die Frage beantwortet, ob das Gendopingzeitalter bereits angebrochen ist: Die Antwort lautet eindeutig »Ja«. Mit den Mails der deutsch-spanischen Schiene lässt sich zum ersten Mal das Interesse an Verfügbarkeit und Wirkweise von Gendoping auf Spitzensportebene dokumentieren: Am 8. Oktober 2002 hatte Springstein bei seinem Madrider Pharmaberater per E-Mail mehr als das Übliche angefragt: »Wir brauchen ein Programm für den Einsatz von GH?? Oder besser nicht?« Und weiter: »Das neue Repoxygen ist schwer erhältlich«, ließ »TopSpeed« seinen Pharmaberater »TopDoc« wissen. »Bitte gib mir bald neue Instruktionen, dass ich die Produkte rechtzeitig vor Weihnachten bestellen kann.«

Peraita griff die Frage nach dem Gendopinghammer am
10. November 2002 wieder auf: »Könnt ihr Repoxygen bekommen? Bleibt in Kontakt.«

Repoxygen enthält die genetische Bauanleitung für Epo, es
wird mit Hilfe eines Virus in die Zelle geschleust und stimuliert die körpereigene Epo-Produktion. In die Muskulatur gespritzt, reicht eine Injektion für eine mehrwöchige hormonelle Blutbildung. Ein Horror aus Sicht der Humanmedizin,
zumal über Neben- oder Wechselwirkungen nichts bekannt
ist. Aber der perfekte Turbo aus Dopersicht: Das Epo-Gen
wird von selbst in den Muskelzellen aktiv, sobald ihm Sauer-
stoffdefizite im Blut signalisiert werden. Eine Art E-Bike für
Spitzenleister.

Eine besonders effektive Wirkung kann erzielt werden,
wenn Repoxygen über ein weiteres Gen mit einem Schalter
ausgestattet wird, der die Transportkapazität von Sauerstoff
auf einem bestimmten Niveau hält – ganz nach Bedarf. Das
Mittel war von der britischen Firma Oxford Biomedica entwickelt worden, zur Behandlung von Anämie, befand sich
aber noch wie so oft im vorklinischen Stadium, als es den Weg
über dunkle Kanäle in den Sport nahm.

»Jeder Athlet, der mit dieser Droge herumspielt, weiß, dass
er den Tod in Kauf nimmt«, warnt der australische Blutdopingexperte Robin Parisotto. Man müsse hoffen, dass der Hersteller »das verbleibende Repoxygen unter striktem Verschluss
hält, damit niemand rankommt. Aber ein guter Molekularbio-
loge mit Basisquellen könnte es problemlos reproduzieren.«
Das räumt auch Alan Kingsman ein, Firmengründer von Oxford Biomedica. Der Wirkstoff sei in einem Kühlfach tiefge-
froren und werde nicht mehr produziert, es sei aber leicht, ihn
in jedem guten biochemischen Institut herzustellen.[39]

Der Blutdopingexperte Parisotto geht noch einen Schritt
weiter: Vorstellbar sei, dass für den teuflischen Transfer der
Information aus dem Testlabor in den Sport ordentlich Geld
fließe. Es komme öfter vor, dass Pharmahersteller »nachläs-

sig« mit Versuchspräparaten umgingen und »verlorengegangene Lieferungen« in den Lagern von Verbrechersyndikaten auftauchen.[40]

Maßnahmen gegen Peraita, der Springstein auch die Vorteile von Testosteronsalben und Insulininjektionen erläutert hatte, sind nicht bekannt. Aber auch Kollege Fuentes blieb ja verschont. Warum das so ist? Man kann nur spekulieren. Es gibt allerdings ein paar filmreife Verdachtsmomente.

Ex-Bodybuilder Peraita ist verheiratet mit Carmen Moreno. Die spanische Fitnessmeisterin hält als Personaltrainerin viele Jahre lang das Oberhaupt im Königreich in Schwung – seit den frühen nuller Jahren trainiert sie König Juan Carlos.[41]

Die Verbindung des Monarchen zu Peraitas Gattin ist so gut, dass Juan Carlos im März 2009 die Eröffnung des neuen Körper-Vital-Centers von Peraita und Kompagnon Bartolomé Cobo in Madrid mit seiner Anwesenheit krönte. Zweieinhalb Stunden dauerte die Visite, auf den Fotos der Klatschpresse posieren die Fitnesschefs stolz mit dem König. Juan Carlos mit Miguel Angel Peraita – dem Arzt, der Dopingtrainer beriet, der nach Aktenlage Athleten mit Dopinghämmern versorgte und mit Fuentes' Blutpanscher Merino Batres kooperierte. Der Mann, der Anabolikakonsum bewarb und mit Dopingcoach Springstein das Gendopingzeitalter im Spitzensport einläutete – er firmierte nun als Chef der »biologischen Medizin und Anti-Aging-Abteilung« des neuen Vitalcenters. Seine Sündenliste war zu der Zeit längst bekannt.

Peraita und Cobo waren schon einmal Partner: In der Firma Keynvest, die sich auf den Import von Arzneimitteln und Medizinausstattungen spezialisiert hatte. 2004 hatte sich das Auge des Gesetzes bei einer großangelegten Dopingfahndung, der »Operación Mamut«, auf just diese Firma gerichtet. Es ging um landesweite Versorgung von Fitnesscentern mit Anabolika, Wachstumshormon, Insulin und was der Doper sonst gern spritzt und schluckt. Während an Peraita nichts hängenblieb, wurde Cobo im Zuge der Ermittlungen inhaf-

tiert. Seine Firma Keypro hatte den Wachstumshormon-Vor-
läufer IGF-1 aus Australien importiert, ein muskelbildendes,
dem Insulin ähnliches Hormon. Das ist der bekannteste anabole Dopingstoff, seit Jahren die Modedroge im Spitzensport
und allenfalls theoretisch nachweisbar. Tests müssten ideal
getimt werden, gefunden wurde noch nie jemand damit, obwohl die Substanz omnipräsent in der Szene ist. »Wenn man
ausgepowert ist mit drei Spielen pro Woche, dann kann man
mit Insulin sehr effektiv nachhelfen. Wenn man das richtige
nimmt, ist es nicht nachweisbar, das muss man klar sehen«,
sagt der Fachmann Perikles Simon.[42]

Apropos Timing: Auch da passt alles im Dopingparadies,
zur Verärgerung anderer Nationen und der Wada. 2011 weich-
te Spanien seine laxen Kontrollregeln weiter auf, die Justiz
assistierte vorbildlich: Der Oberste Gerichtshof befand, dass
spanische Sportler keine nächtlichen Kontrollen fürchten
müssen; von 23 Uhr bis acht Uhr morgens darf der Kontrolleur nicht rein. Ein idealer Zeitraum für Hormondoping. Um
acht Uhr morgens ist alles abgebaut.

König, Fitnessqueen und die Muskelmacher von Madrid bis
Murcia – das ist ein Teil des glanzvollen Bildes. Ein anderer
wird sich kaum mehr rekonstruieren lassen. Im bis heute
nicht angetasteten Fuentes-Fundus befinden sich zwei Dutzend Blutbeutel, von denen Fuentes stets versichert hat, sie
gehörten nicht seinen Klienten. Sondern einem anderen Arzt,
der ebenfalls mit dem Blutexperten Merino Batres kooperiert
habe.[43] Wer das wohl war? Merino Batres hat dazu stets geschwiegen. Kein Wunder, verkörpert er doch den staatlichen
Bezug zu all diesen Affären. Merino Batres war Spitzenhäma-
tologe der Kapitale Madrid. Als öffentlicher Bediensteter
nutzte er seinen Zugang zu den königlichen spanischen Streit-
kräften, um einen Kurs für neue Techniken zur Konzentration und Kühlung von Blutproben zu absolvieren. Das Fachwissen brachte er in den Dopingring ein. Nachdem er die

Techniken zur Handhabung und Lagerung von eisgekühltem Blut erlernt hatte, erwarb er ein ACP-215-Gerät, mit dem sich im geschlossenen System Blutzellen für die sichere Lagerung in der Tiefkühltruhe abpacken lassen. Die Maschine war in den USA nach dem 11. September entwickelt worden, hauptsächlich zur Notversorgung im Fall von Terroranschlägen.

Dass Merino Batres stets getreulich schwieg, war auch für ihn das Beste: Vor der Eröffnung des Fuentes-Prozesses 2013 stellte Richterin Santamaría das Verfahren gegen ihn ein. Ein Gutachter hatte dem 72-Jährigen Alzheimer bescheinigt. Was vielleicht keine so gute Nachricht ist für all jene, die noch Jahre danach sein täglich geöffnetes Labor in Madrid frequentieren.

Pandoras Büchse

All das wirkt wie aus einem billigen Drehbuch. Warum das so ist, warum offenbar von allen Seiten so verzweifelt daran gearbeitet wird, dass die größten Geheimnisse des Fuentes-Kartells verschütt' bleiben? Nun, es gibt da eine alles überspannende Bedrohung, die Fuentes' Gattin Cristina Perez in dramatische Sätze gepackt hat: »Ich weiß, was 1992 bei Olympia in Barcelona passiert ist. Ich bin wie die Büchse der Pandora! Würde ich sie öffnen, würde sie den ganzen Sport in Spanien in den Abgrund reißen.« Perez war Spitzenläuferin, Dritte bei der Hallen-EM 1987, zweimal bei Olympia, sie war selbst gedopt. »Ich könnte den Sport in Spanien fertigmachen«, sagt Frau Fuentes, »wenn ich preisgäbe, was ich weiß.«[44]

Ein Satz wie ein Präventivschlag: Stößt ihrem Mann etwas zu, wird sich Pandoras Büchse öffnen. Was da noch so drin ist, hat auch Fuentes schon mal umrissen. Nach seiner zweiten Verhaftung zitierte ihn die Zeitung *El Mundo* mit dem Satz: »Wenn ich rede, sind wir kein Weltmeister und kein

Europameister mehr.«[45] Jahre später, als alle Justizpossen durch waren, wollte Fuentes das nicht mehr gesagt haben. Überhaupt, er klang immer versöhnlicher. Bei Real Madrid habe er niemals auch nur eine Aspirin verabreicht, sagte er, »ich war niemals Doktor von Real Madrid, weder direkt noch indirekt. Jesús Manzano log, als er behauptet hat, er habe Real-Profis bei mir reingehen sehen.«[46] Ob Manzano wohl auch die Videokamera manipuliert hat, welche die Guardia Civil heimlich über des Doktors Tür angebracht hatte?

Pandoras Büchse beinhaltet nicht nur Fußballsünden. Zu den Gerüchten, die sich etwa um Fuentes' Tenniskunden ranken, passt ein Vorwurf, den der österreichische Ex-Profi Daniel Köllerer gegen Rafael Nadal erhob. »Dass der nichts nimmt, glaubt keiner. Der ist sieben Monate nicht dabei, kommt im Februar zurück und gewinnt zehn von zwölf Turnieren. Unmöglich!«, sagte Köllerer 2013 der *Sportwoche*. »Im Tennis wird manipuliert und gedopt! Und was passiert? Nichts. Außer bei mir«, ereiferte er sich. »Stell dir vor, der wird positiv getestet – was das für das Tennis bedeuten würde.« Köllerer war 2012 vom Sportgerichtshof Cas lebenslang gesperrt worden. Er hatte drei Matches manipuliert, darunter ein eigenes, und darf laut Urteil nie mehr im Tennis arbeiten. Wollte er sich rächen, hat er gelogen? Kann sein. Aber warum hat ihn Nadal dann nicht verklagt?

Zumal es nicht das erste Mal war, dass er gegen Verdächtigungen zu kämpfen hatte. Schon 2006, als die Fuentes-Affäre losbrach, musste Tony Nadal, Onkel und Trainer des Kraftpakets, eine Verwicklung seines Neffen dementieren: »Absolut falsch!« Das *Journal du Dimanche* hatte berichtet, neben Jan Ullrich und weiteren zwölf Radprofis seien Nadal und fünf Kicker von Real Madrid Kunden von Fuentes gewesen. »Rufmord!«, zeterten Nadals Betreuer. Als Beleg für die Sauberkeit des Athleten, der zu diesem Zeitpunkt seit sechzig Spielen auf Sand ungeschlagen war, wurde angeführt, dass er

in den vorangegangenen zwei Jahren jeweils einmal auf Blutdoping getestet worden sei. 2006 seien sogar acht Urinproben
gemacht worden, fünf mehr als 2004. Das beweist – nichts.

Daniel Köllerer, Ex-Nummer 55 der Welt, verdächtigte neben Nadal auch dessen Landsmann David Ferrer. Und zwar
zu einem Zeitpunkt, als dessen Verbindung zu Luis del Moral
noch nicht bekannt war. Eine weitere spannende Behauptung
Köllerers ist die, dass im Tennis »manche Verletzungspause in
Wahrheit eine verkappte Dopingsperre« sei. Tatsächlich beschreibt die Variante einen Betrugsbereich, der sich jedem
Einblick entzieht; auch Armin Klümper hatte berichtet, dass
man im Radsport so verfahren sei: Grippe oder Dopingsperre – der Athlet durfte es sich aussuchen. Und im Fußball?
Auch hier wird mit Krankheiten und Verletzungen gern ge-
trickst, denn bei Verletzungen stellt niemand unangenehme
Fragen. 2011 etwa hatte der Angreifer Garry O'Connor in
Diensten von Birmingham City einen Kokainbefund. Mit
dem Verband FA wurde diskret eine Drei-Monats-Sperre vereinbart und der schottische Nationalspieler zwei Monate auf
Entzug in eine US-Klinik geschickt. An die öffentlich behauptete Hüftverletzung glaubten sogar die eigenen Teamkollegen.[47]

Zum Cocktail frischen Fisch

Den Gegentakt im Schatten all der Affären setzte eine Reihe
mysteriöser Herzanfälle. Antonio Puerta vom FC Sevilla und
Dani Jarque von Espanyol Barcelona starben an plötzlichem
Herztod. Real Madrids Europameister Rubén de la Red und
Miguel García vom Zweitligisten Salamanca konnten ins Leben
zurückgeholt werden, nachdem sie im Spiel zusammengebro-
chen waren. Und der Riss in der Aorta von Sevillas Sergio
Sánchez wurde nur entdeckt, weil der Klub nach Puertas

schrecklichem Tod auf dem Rasen alle Profis durchchecken ließ. Das sind vielleicht ein paar Fälle zu viel, um die Frage auszublenden, ob hier und da nicht exzessive Arzneimittelversorgung mitgespielt haben könnte. Auch dabei kann das Herz massiv geschädigt werden, Wachstumshormon lässt die Herzkammerwände anschwellen, die Herzhöhle wird zusammengepresst. Zwar gibt es Belege dafür, dass beim Herzversagen junger Sportler angeborene Herzfehler oder schlicht eine verschleppte Grippe ursächlich sein können. So wie im Fall Sánchez. Doch die vielen Fälle in Spanien erklärt das kaum. Mehr ungeklärte Todesfälle in großen Fußballnationen hatte es bis dahin nur in Italien gegeben. Dort aber mit klaren Indizien auf starken Dopinggebrauch.

In Spanien verweist man gerne darauf, dass kein Kicker der goldenen Generation jemals einen Dopingbefund hatte. In einer Interviewsitzung mit dem britischen Sender Channel 4 versicherte Meistercoach Vicente del Bosque sogar: »Über vierzig, fünfzig Jahre im Fußball habe ich nicht gesehen, dass sich jemand dopte.« Niemals? Als der Reporter nachhakt, findet ein erstaunlicher Wandel in del Bosques Mimik statt. Total angesäuert dreht er den Kopf weg, sagt »Niemals, niemals« und muss sich überwinden, das Gesicht wieder dem Fragesteller zuzuwenden.[48]

Erstaunlich ist das umso mehr, als ein früherer Mitspieler del Bosques bei Real Madrid, Stürmer Juan Gómez González, sogar öffentlich Doping eingeräumt hat – und zwar bereits 1979. Mit seiner Enthüllung, während der Zeit in Burgos unter anderen das Amphetamin Centramin geschluckt zu haben, hatte »Juanito« damals eine Lawine losgetreten. Bald sagten andere Zeugen dem Fachblatt *Marca*, dass »zwar nicht kontinuierlich, aber bei konkreten Spielen« gedopt worden sei. Wie man es aus vielen Ländern kennt. Der Masseur von Real Sociedad San Sebastián, Juan Maria, wollte gar »Beweise dafür haben, dass es auch andere Klubs tun«.[49] Juanitos Geschichte schaffte es auf die Titelseiten, die Fußballzeitschrift

Don Balón machte Interviews, auch die französische *L'Équipe* berichtete.

Und doch behauptete del Bosque, er habe in einem halben Jahrhundert »niemals, niemals« etwas von Doping gehört. Im Land der Goldgeneration wird das Thema auffallend defensiv gefahren. Auch beim FC Barcelona, der nie dementiert hat, dass er Fuentes verpflichten wollte, und der auch sonst Berührungspunkte mit dubiosen Ärzten aufweist. Mit Luis del Moral, der zwar nicht auf der Gehaltsliste stand, dessen Behauptung aber, er sei im Dunstkreis medizinisch zugange gewesen, nicht klar widerlegt wurde. Und mit Ramón Segura, dem langjährigen Barcelona-Betreuer, der in Guardiolas Nandrolon-Fällen aufgetaucht war und in dem von Frank de Boer. Der Mann für gewisse Cocktails, ein Faible, das er mit Klümper teilte, dem Guru der deutschen Elitekicker.

Der Spieler Pep Guardiola galt einst als verlängerter Arm seines Trainers Johan Cruyff auf dem Rasen. Sein Idol überflügelte er dann selbst als Coach, unter seiner Regie beherrschte Barça von 2008 bis 2012 die Weltbühne mit einem Ballbesitzfußball, der den Spielern stete Arbeitsintensität abverlangt. Immer anspielbereit sein, die Räume um den ballführenden Gegner verdichten, blitzschnell Pass- und Laufwege zustellen – das führt zu einem hochintensiven Kleinfeldfußball, bei dem den katzenhaften, unermüdlichen Dribblern um Messi, Xavi, Iniesta niemand gewachsen war. Ein Bewegungsspiel, das auf Raumeroberung und Raumbesetzung abzielt, nicht auf Flanken, Tempowechsel oder Abschlussqualität. Dieser energetische Spielstil, der ständig Sprints und kurze Anläufe erfordert, dauerndes Rotieren, wobei Abwehrspieler zu Stürmern werden und der Torwart zum Libero – er prägte das Team von Guardiola wie auch der spanischen Auswahl in ihrer höchsten Blüte. Wie kraftraubend so eine Spielweise ist, kann ermessen, wer Auftritte im Hallenfußball mit denen auf dem Großfeld vergleicht. Natürlich sind die reinen Wegstrecken über das gesamte Rasenfeld länger – anstrengender ist es jedoch, in engen Räumen ständig in Bewegung sein zu müssen. Denn in Halle und Kleinfeld muss jeder mitarbeiten. Keine Pausen. Weil der Ball immer in der Nähe ist.

Es gab hin und wieder Irritation um die medizinische Betreuung beim Superklub unserer Zeit. Vorneweg seien die mysteriös erhöhten Nandrolonwerte bei früheren Barça-Spielern genannt. Es gab den späten Freispruch für Guardiola, der sich wohl auch vereinten fragwürdigen katalanischen Kräften verdankte – und der die Vernunftsfrage bis heute offenlässt: Sollte nur er allein an einer extremen, auf zwei Wochen beschränkten Anomalie gelitten haben, in einer Zeit, da Dutzende Profis mit erhöhten Werten auffielen? Dann sind noch die in Spanien und Frankreich in Buchform veröffentlichten Berichte über Wachstumshormonkuren. Nicht nur für den jungen Lionel Messi, sondern auch für zwei Akteure, die, wie es heißt, mehr Masse aufbauen wollten. An Kleinwüchsigkeit litten sie tatsächlich nicht: Jordi Cruyff, Sohn der Barça-Ikone Johan Cruyff – und Pep Guardiola.[50]

Seit vielen Jahren sind jedenfalls Kuren mit Wachstumsfaktoren, gewonnen aus Eigenblutbehandlungen, der mit Abstand größte Renner. Das Verfahren, auch als »Platelet Rich Plasma Therapy« bekannt, kurz PRP, ist umstritten. Während Maßnahmen wie die UV-Bestrahlung von Eigenblut seit 2011 verboten sind und in immer mehr Ländern auch der Einsatz von Actovegin, steht die intramuskuläre PRP-Therapie lediglich »unter ständiger Beobachtung«, wie die Wada im Mai 2015 mitteilt. Weil der Anteil körpereigener Wachstumsfaktoren im Plasma zu gering sei, um leistungssteigernde Effekte zu erzielen. Allerdings können dem Serum auch andere Mittel beigemischt werden: zum Beispiel Kortikoide.

Beim PRP wird das Blut zentrifugiert, um thrombozytenreiches Plasma zu gewinnen. Das Plasma wird separiert, es entsteht eine drei- bis vierfache Konzentration an Thrombozyten in einem kleinen Volumen. Dieses Thrombozyten-Serum enthält einen hohen Gehalt an Wachstumsfaktoren, auch an insulinähnlichen. Reinjiziert begünstigen diese vor allem die Wundheilung und die Regeneration von Gewebe. PRP ist weit verbreitet im Fußball. Arjen Robben erhielt es schon 2005 bei Chelsea, auch Gareth Bale wurde damit behandelt. Die Genesungseffekte sind erheblich, aber für sinnlose Anwendungen ist der Spitzensport sowieso nicht bekannt. Das Thema PRP berührt auch den Ärztestreit beim FC Bayern, genauer den Fall Thiago Alcántara. »Thiago ist jetzt okay. Er ist zufrieden. Er wurde vom besten, besten, besten Doktor der Welt operiert: Ramón Cugat«, twitterte Pep Guardiola am 24. Oktober 2014. Da war Thiago, größte Fußballhoffnung Spaniens und des FC Bayern, gerade wieder einmal unter dem Messer gewesen. Zum dritten Mal war das Außenband im rechten Knie gerissen. Den ersten Anriss hatte es Ende März 2014 gegeben, den zweiten Mitte Mai. Den dritten dann am 14. Oktober. Trotz aller Mühen des besten, besten, besten Doktors.

Wie konnte das sein?

»Thiago oder nix!« – mit dieser Personalforderung war Guardiola 2013 beim FC Bayern angetreten. Das Supertalent ließ sich zu Barças großer Verärgerung nach München lotsen, klar, offiziell gemanagt wird Thiago von Trainerbruder Pere Guardiola. Nach der Erstverletzung am Band im Knie war der Jungstar zu Barcelonas Teamarzt Ramón Cugat geschickt worden. Wie bei eigentlich allen gravierenden Medizinfragen des Ballgeschäfts wurde auch hier öffentlich nie Klartext geredet. Als sehr wahrscheinlich gilt, dass Cugat neben Wachstumsfaktoren per PRP, die er selbst publik machte, mit Kortison hantiert haben dürfte. Das hat er zwar dementiert – aber erst, als es um die Welt gegangen war; und dann nur per Twitter. Kortison ist hochwirksam, gerade in der Schmerzbekämpfung. Intensiv verabreicht, weicht es aber das Gewebe auf. Und auf solche strukturellen Gewebeschäden deuten wiederholte Bänderrisse wie bei Thiago hin. Die Behandlung des Kickers in Spanien bereitete dem Zerwürfnis zwischen Klub

und Chefmediziner Müller-Wohlfahrt mit den Weg, das am
16. April 2015 im spektakulären Rücktritt des Docs gipfelte.

Dass eine Verletzung dank PRP-Behandlung deutlich schneller heilt, ist ein erheblicher Wettbewerbsvorteil. Real Madrid schickte Luka Modrič im Herbst 2014 zum Stammzellenpionier Mikel Sánchez, der eine Spezialklinik in Vitoria betreibt. Modrič hatte einen Sehnenriss im Oberschenkel, eine monatelange Pause war unausweichlich. Dank Fachmann Sánchez aber, so Reals Hoffnung, werde der Kroate Monate früher wieder auf dem Platz stehen. So war es auch. Allerdings – offenbar ein spanisches Phänomen, das nicht nur beim FC Bayern zu beobachten ist: Nach kürzester Zeit verletzte sich Modrič erneut. Boris Nemec, Arzt des kroatischen Nationalteams, beschuldigte nun Real Madrids Coach Carlo Ancelotti öffentlich, den Kicker verheizt zu haben. Der Spielgestalter habe seit seiner Rückkehr in jeder Partie über die volle Spielzeit gehen müssen, die erneute Verletzung sei nur eine logische Folge. »Ancelotti hat ihn einem enormen Druck ausgesetzt«, schimpfte Nemec, der seit 1999 der Fifa-Gesundheitskommission angehört. Ancelotti schalt den Arzt daraufhin einen »Außerirdischen«. Das warf, wie im ähnlich gelagerten Ärztestreit beim FC Bayern, ein Schlaglicht auf die neue Legionärsideologie, die immer tiefere Gräben zwischen sportlichem und medizinischem Personal aufreißt: »Es scheint mir, als käme er aus einer anderen Welt«, tönte Ancelotti.[51] Durchaus möglich – aber gilt das nicht für jeden Arzt, der aus der Welt der Therapie und Heilkunde kommt und nicht aus dem humanmedizinischen Werkstattbetrieb des Profifußballs?

Bei Doktor Sánchez in Vitoria haben sich auch Rafael Nadal, José Manuel Calderón und Fernando Llorente einer PRP-Behandlung unterzogen. Nur Cristiano Ronaldo soll sich gesträubt haben – weil ihm die Behandlung »zu aggressiv« sei.[52] Ronaldo ist wie Messi seit Jahren das Maß aller Dinge im Weltfußball. Bei Real gibt er mit dem Walliser Gareth Bale die muskelbepackte Doppelrakete. Bale allerdings hätte, bevor er von Tottenham nach Spanien wechselte, fast zweimal in die Körpermaße Cristianos gepasst; ähnlich wie andere Neuzugänge zu ihrer Zeit. Mittlerweile hat sich Bale einen wohldefinierten, fettfreien Athletenkörper angeeignet, was seiner Rasanz erstaunlicherweise trotzdem keinen Abbruch tut. Auch die Schnellkraft ist geblieben.

Modellathlet Ronaldo ist einer von denen, die sich auskennen: »Fußball ist zu 100 Prozent sauber. Ich glaube nicht, dass so etwas existiert.«[53] So etwas wie Doping. Der Portugiese gilt als Gockel, weil er größten Wert auf sein Erscheinungsbild legt. Doch was den fettfreien, nachweislich mit der Laufstärke eines Weltklassesprinters und der Sprungkraft eines Basketballprofis ausgestatten Athletenkörper angeht – da hat er das Credo seines heimlichen Übertrainers José Mourinho befolgt. Der Landsmann legt größten Wert auf Athletik. Wie sehr, das bekam beim FC Chelsea beispielsweise André Schürrle zu spüren; der deutsche Weltmeister schaffte es dort zeitweise nicht mal in den Kader. Er müsse Muskelmasse aufbauen, um mehr Aggressivität in sein Spiel in der Premier League zu bringen, rügte Mourinho. »Ich brauche mehr Kraft«, beklagte Schürrle sein Los, »um auch mal einen Gegner über die Außenlinie zu grätschen. Bei zehn bis zwölf Teams sind Spieler dabei, die Rugby spielen könnten.«[54]

Kult, Koks und Schweigen

Auf allen Gebieten bewandert sind sie auch in Barcelona. Einst wurde der kleinwüchsige Jugendspieler Lionel Messi mit Wachstumshormon (HGH) gemästet; aus Argentinien war der 13-Jährige mit Familie nach Katalonien umgesiedelt. Die Behandlungen mit Levotiroxina schlauchten fürchterlich, berichtet wurde über Übelkeit, von Messis ständigem Erbrechen; hinzu kamen die Schmerzen, die ein Körper verursacht, der binnen Monaten das Wachstum nachholt, das er die Jahre zuvor versäumt hat. Wann wurde die Medikation beendet? Damals, vor Jahren, als es »la Pulga« auf 1,69 Meter Körpergröße geschafft hatte? Von Zwergenwuchs ist das recht weit entfernt, und der Größte ist er sowieso: Messi, der dank seines tiefen Schwerpunktes wie ein Bolide über den Rasen braust und kaum aus der Spur zu bringen ist. Der Beste der Welt, der schneller antritt und die Richtung flinker wechseln kann als wohl jeder Kicker des Planeten.

Als Guardiola den Klub verlassen hatte, plagte Messi ein mysteriöses Leiden: Ständig erbrach er sich bei der Arbeit, in fast jedem Spiel. Oft im Training. Auch im WM-Finale gegen Deutschland 2014 brachte er die Prozedur routiniert hinter sich. Was steckte hinter der chronischen Unpässlichkeit? Ein Rätsel. Es »passiert einfach so«, erklärte Messi, »ich hatte tausend Untersuchungen, aber weiß nicht, was es ist.«

Argentiniens Nationalcoach Alejandro Sabella tippte auf Stress, auf »die angespannten Nerven«. Was die Frage aufwirft, ob Messi sogar das Training so aufwühlt, dass ihm zum Speien zumute ist. Als das Thema dank der WM-Bilder international Kreise zog, einigte sich die Sportpresse Anfang 2015 auf eine beruhigende Diagnose: Nasennebenhöhlenentzündung, chronische Sinusitis.

Aber dann fand sich doch noch eine Erklärung, und Messi, der die ersten zwei Jahre nach Pep geschwächelt hatte, zurück zu alter Topform: Der italienische Ernährungsberater Giuliano Poser behandelte ihn nun, der auch Argentiniens Nationalcoach Gerardo Martino berät und früher Stars wie Oliver Bierhoff und Roberto di Baggio betreute. Messi knüpfte plötzlich an die alten Zeiten an. Fisch statt Fleisch?

Gute Ernährung kann Berge versetzen, zumal bei Barça, wo der extensive Konsum von Vitaminshakes legendär ist. Bei einem Klub andererseits, der von der Uefa schon mal mit 30 000 Euro Strafe belegt wurde, weil der Kader wegen kurzfristiger Änderung der Trainingszeiten für zwei Tests nicht greifbar war. In Spaniens Ligabetrieb sahen die Kontrollen anno 2009 so aus, dass es nur Urintests gab – bei zwei Matches pro Spieltag, je zwei Spieler pro Team, insgesamt also acht Profis. Indigniert vermerkten Teile der Presse, dass Barça immer erst am Spieltag anreise, was eine sinnvolle Planung für Kontrolleure schwierig machte.

Wie am 23. Februar 2011, als die Uefa Barça mit einer Überraschungskontrolle heimsuchte. Zehn Spieler wurden getestet. Am Tag zuvor war der 31-jährige Xavi, der mehr Spielminuten und Laufkilometer als jeder andere abgeleistet hatte, raus aus dem Kader. Dann verletzte sich auch Messi am Tag des Tests, er wurde ebenso nicht kontrolliert wie die Kollegen, mit denen er und Xavi das Rückgrat Barças bildeten; Puyol und Valdes, zwei getreue Abkömmlinge des klubeigenen Jugendinternats La Masia.[55]

Verglichen mit Messis Leiden, war das, was Neymar plagte, als er bei Barcelona gelandet war, schon griffiger: Anämie. Vater Neymar senior bestätigte dem brasilianischen Fernsehsender TV Globo die Blutarmut des Superstars: »Der Eisenwert ist signifikant gesunken. Die Müdigkeit, die er während des Trainings verspürt hat, war nicht mehr normal.« Die Anämie sei durch eine nach dem Confed-Cup 2013 erfolgte Mandeloperation ausgelöst worden, danach habe der Filius sieben Kilo Gewicht verloren. »Besorgniserregend. Er hat ja kein Fett, so dass die Muskelmasse angegriffen wurde.«[56] Als Anämie gilt die Verminderung der Konzentration des eisenhaltigen und sauerstofftransportierenden Proteins Hämoglobin. Therapeutisch müssen dann die roten Blutzellen erhöht werden, damit mehr Kraft und Sauerstoff in die Muskeln gelangt. Barcelona verordnete seinem Superstar ein spezielles Trainingsprogramm, zudem hätten Ärzte des Klubs eine besondere Ernährung und Vitamine verschrieben. Falls je wieder eine Erkrankung an Neymars Muskelmasse zehrt, sollte das dem Kicker kein Problem mehr bereiten. Denn die hat er schon in seinem zweiten Jahr um einige gut sichtbare Kilogramm erweitert; wobei die zugewonnene Gewichtsmasse auch bei ihm nicht auf Kosten des Turbotempos ging. Bei Barça werden Gesundheitsprobleme der Stars eben über die Ernährung gelöst. Selbst gravierende Probleme.

Mit der Muskelmasse stellte sich bei Neymar allerdings eine erhebliche Aggressivität ein. Die zwang ihn bei der Südamerika-Meisterschaft im Juni 2015, der Copa America, schon nach zwei Spielen aus dem Turnier: Erst hatte der angriffslustige Jungstar Spieler Kolumbiens auf dem Feld attackiert und dann den Schiedsrichter, verbal im Kabinengang. Vier Spiele Sperre, damit war die Copa gelaufen für Brasiliens Fußballheros. Der zuvor schon bei Barça für Verstimmung gesorgt hatte. Kapitän Xavi rügte ihn sogar öffentlich: »Er sollte ernsthaft über sein Verhalten nachdenken.« Auch Brasiliens Altstar Ronaldo wunderte sich: »Neymar agiert sehr aggressiv, das darf alles nicht passieren.«[57] Woher kommt diese Rage? Solche Ausraster sind eher aus der Bodybuilderszene bekannt.

Anämie übrigens war auch bei Wesley Sneijder diagnostiziert worden, nach der WM 2010 bei seinem Klub Inter Mailand. Bei männlichen Patienten tritt sie als Folge mangelhafter Eisenaufnahme durch die Nahrung selten auf. Weshalb es Sinn macht, Blutungen im Verdauungstrakt als Ursache auszuschließen – wie sie beispielsweise durch regen Schmerzmittelkonsum verursacht werden. Im Punktspiel gegen Brescia im Herbst 2010 war Sneijder auf dem Platz ohnmächtig zusammengebrochen. Offenbar hatte das Südafrika-Abenteuer, das erst in der Verlängerung des Finales endete, neben Robben auch andere Oranje-Stars aus dem Gleis gehauen. Sneijder gab an, er betrachte starke körperliche Überlastung als Auslöser. Details der Behandlung wurden nicht bekannt, so wenig wie bei Neymar.

Grundsätzlich zeigt die Personalie Neymar, welche system-relevante Bedeutung in dieser Heldenbranche ein einzelner Akteur besitzen kann. Teil des Gesamtdeals mit Barcelona, dessen dunklen Finanzwegen die Staatsanwaltschaft nachge-hen musste, ist eine Generalbefugnis für Neymar senior: Sei-ne Marketingfirma NR Sports wurde von Barça zur exklusi-ven Sponsorensuche in Brasilien ermächtigt. Neymar da Silva, der einst gebrauchte Autos für eine Kommune im Hinterland von São Paulo aufmöbelte, repräsentiert nun Barcelona, den Giganten von La Liga. Über Nacht. Laut *Marca* schließt die Befugnis sogar Verträge unter Beteiligung von Barça-Spielern ein. »Dieser Abschluss ist ein weiterer Schritt zur Festigung des Vertrauens, das wir nach der ersten Saison von Neymar junior etabliert haben«, teilte der Papa mit. Viele brasiliani-sche Firmen wollen Barça-Sponsor werden. Der Klub hat Werbepartner auf allen Kontinenten, in Lateinamerika kommt er nach eigenen Angaben auf 70 Millionen Fans – mit Schwer-punkten in Brasilien und Mexiko. Und Neymar ist der Kicker mit den höchsten Werbewerten: Falls er stürzt, reißt er ein Gutteil dieser Wirtschaftsbranche mit sich. Denn diese Indus-trie basiert auf Heldentum.

Manchem mag Fußball ob seiner globalen Milliardenum-sätze wie eine solide Unterhaltungsindustrie erscheinen. Das ist sie nicht wirklich – de facto hängt das ganze Marketing-konstrukt am Spielerkult. Und diesen Kult gibt es erst seit zwei Dekaden. Wo sich jahrzehntelang nur Fußballinteres-sierte um ihren Sport versammelten, sind heute Millionen Frauen, Kinder, Kleinkinder die zentralen Anwerbeobjekte. Angelockt von dem Bohei, der um den Fußball entfacht wird, aber nicht, weil plötzlich ein globaler Wissensbedarf an ab-kippender Sechs und falschem Neuner entstanden wäre. Die-se neue Zielklientel soll sich für die Eventkultur und den Fei-ercharakter begeistern, den die große Ballsause im Neben-effekt kreiert. Es ist ein lukratives, aber auch sensibles Geschäft. Ein harter Skandal kann reichen, um ein Abflauen der Partystimmung – sprich: eine Abwendung dieses Publikums vom Fußball auszulösen.

Die Fußballindustrie destilliert aus der Zwischenwelt von Sein und Schein eine Operette der Träume. Hier sind Spitzenjobs selten Ausbildungsberufe, gefragt sind andere Qualifikationen. Neymar senior, der auf Schrauberhöfen im paulistanischen Hinterland versuchte, seine Familie durchzubringen, wurde über Nacht ein mächtiger Impresario; ein Mann, der wichtige wirtschaftliche Weichen stellt. Qualifikation: Sein Bub hat Talent.

Auch der Blick auf die Sachwalter des Fußballs sagt manches über die Seriosität der Branche. Die zuweilen erschütternde Substanzlosigkeit in hochbezahlten Managementkreisen wird nachrangig, wenn sowieso alles Geschäftsglück an ein, zwei Toren hängen kann. Womöglich tun sich auch deshalb Abgründe auf, wann immer eine Ermittlungsbehörde einen Spitzenklub untersucht. Zuletzt wurde in Barcelona ein System schwarzer Kassen rund um Neymar und Messi evident, es wird hart ermittelt. Nur wäre es naiv zu glauben, dass dies die Ausnahme ist und sauber vollzogene internationale Transfergeschäfte die Regel. Der früheren und der aktuellen Klubspitze Barças wurden bereits Haftstrafen angedroht. Na und? Spitzenklubs, deren Führungsgremien nie Strafermittlungen oder gar Verurteilungen am Hals hatten, sind kaum noch zu finden. Und die Herrscher der neuen Zeit sind Oligarchen und Petro-Scheichs.

Dass in so einer Branche auch der Maschinenraum – der Medizinsektor – tief im Schatten liegt, besitzt eine Logik. Natürlich muss immer wieder festgehalten werden, dass der Spitzenfußball auch über eine breite, seriöse ärztliche Betreuung verfügt. Aber parallel dazu existiert ein Graubereich, in dem viele, oft selbsternannte Gurus agieren. Ein Beispiel für die vielen Kräfte hinter den Kulissen sei hier benannt. »Doctora Milagro« ist ein fester Begriff im Elitekreis, die serbische

Wunderdoktorin hantiert mit Stromstößen und Heilmittel-
chen. Als vor dem Champions-League-Finale 2014 Atlético
Madrids Torjäger einen Muskelfaserriss erlitten hatte, reiste
Diego Costa zu Marijana Kovacevic nach Serbien. Die Heile-
rin, schrieb das Sportblatt *Marca*, sei »die letzte Hoffnung«
für Costa und alle Fans. Denkwürdige Anekdoten ranken
sich um die Frau, erzählt von den Betroffenen selbst. Mal
heißt es, sie behandle Kicker mit Pferdeplazenta, dann berichtete der Liverpooler Profi Yossi Benayoun, sie habe ihn mit
Hilfe des »Mutterkuchens« einer Frau geheilt. Doctora Milagro selbst verwahrt sich gegen den Vorwurf der Hexerei:
»Ich bin eine normale Frau.«

Auf ihrer Internetseite schreibt Kovacevic, sie setze neben
Strom ein Gel und »natürliche Substanzen« ein, die Behandlung sei »garantiert dopingfrei« – und zwar bei Urin- wie
Bluttests. Heilung verspricht sie im Verlauf von einem bis sieben Tagen. Stars wie Robin van Persie oder Frank Lampard
vertrauten ihr, ebenso Vincent Company, Ivica Olić und
Louis Saha. Insgesamt 114 oft namhafte Kunden zieren ihre
Website (Stand Februar 2015). Bei der WM in Brasilien gehörte
sie dem Stab des deutschen Gruppengegners Ghana an, ebenso bei der WM 2010. Aber auch bei Klubs in Russland, Ukraine, Türkei, Aserbeidschan, Bulgarien, Spanien und Deutschland hat die Dame laut Selbstauskunft gewirkt, nachdem sie
1987 an einer nicht näher benannten »Universitätsschule in
Pharmakologie graduiert« habe.[58] Selfmade-Therapeuten und
ihre Strom- und Stimulanzbehandlungen haben zentrale Bedeutung im Fußball; auch die Bayern-Kicker hatten ihren
Guru, der Muskelrisse in Rekordzeit flickt. Und Diego Costa? Der schaffte es tatsächlich ins Champions-Finale. Nach
zehn Minuten musste er mit Muskelproblemen ausgewechselt
werden.

Was die wahre Mentalität in Spanien zum Thema anbelangt,
brachte Mitte 2013 Bernd Schuster auf den Punkt. Der Coach
des Erstligisten FC Malaga sagte gegenüber *SportBild*, solange

die Verabreichung der Dopingmittel der »reinen Regeneration« diene, »habe ich kein Problem damit«. Es mache »doch
sogar Sinn«, wenn ein Profi nach Verletzungen Wochen
schneller wieder fit sei. Schuster, in Spaniens Fußball soziali-
siert, der seit einer Dekade globaler Maßstab ist, meint also:
Wenn sich ein Kicker mit Trainingsrückstand auf Normal-
form zurückdopt, ist das kein Doping.

Die Betrachtungen zum spanischen Fußball beschließt ein
Drogenring der anderen Art. Im Februar 2015 bestätigte der
Oberste Gerichtshof Haftstrafen von neun Jahren gegen die
Ex-Profis Jesús Emilio Díez de Mier, genannt Txutxi, und Pre-
drag Stankovič. Im Rahmen der »Operación Ciclon« waren sie
festgenommen und im März 2014 vom Nationalen Gerichtshof verurteilt worden. Txutxi hatte in der Primera División für
Athletic Bilbao und Hercules Alicante gespielt, Stankovič für
Roter Stern Belgrad und ebenfalls für Alicante. Zunächst ver-
wickelt in die Affäre war auch Carlos de la Vega von Rayo Vallecano, der später freigesprochen wurde. Die Spielervermittler
Pablo Acosta und Zoran Matijevic wurden wie drei weitere
Angeklagte zu vier bis elf Jahren Haft verurteilt. Die Bande
hatte versucht, eine Tonne Kokain mit einem Schwarzmarkt-
wert von 32 Millionen Euro von Argentinien über die Häfen
Algeciras und Valencia nach Europa zu schleusen.

Matijevic, der als Kopf des Kartells gilt, war lange als Spie-
leragent ohne Lizenz für die Vermittlergruppe Bahía Interna-
cional tätig. Sie hat rund 200 Profis unter Vertrag, und nicht
die schlechtesten: Fernando Torres, Pedro vom FC Barcelona,
Jesús Navas von ManCity oder Bayern-Star Javi Martínez.
Der Franko-Serbe Matijevic vermittelte auch Spaniens Ex-
Nationalcoach Javier Clemente nach Serbien. Den Job als
Spielervermittler nutzte er für zahllose Sichtungsreisen nach
Südamerika, die Polizei sprach von einer perfekten Tarnung:
Berufsbedingt fiel der Fußballagent bei Zollkontrollen gar
nicht mehr auf. Die Fifa-Lizenz hielt seine Frau.[59]

Für wen immer das Rauschgift gedacht war: Koks spielt auch in Fußballkreisen eine große Rolle. Auch in Spanien, wo die Primera División 2014 erstmals nach zehn Jahren wieder einen Dopingfall hatte: Dani Benítez vom FC Granada war positiv auf Kokain getestet worden.[60]

Bestens dokumentiert sind Kokain und andere Gesellschaftsdrogen auch im Spitzenfußball Italiens und Englands. Sie sind auffallend oft dort präsent, wo sich über Stadt oder Klubzugehörigkeit ein hoher Prominenzfaktor ergibt. Natürlich macht es im Privatleben abseits des Rasens einen Unterschied, ob einer in Madrid, München oder Mailand zu Hause ist oder in Cardiff, Cadiz oder Gelsenkirchen. Speziell für die Premier League gilt: Hier, wo selbst ein Absteiger TV-Gelder in einer Höhe einsteckt, von der Bayern München nur träumt, ist jeder Kicker ein Promi. Zumindest ein Geldpromi; nirgendwo kassieren selbst Wasserträger aus dem zweiten Glied so fürstlich wie in England. Das gilt auch für hochtalentierte Jungstars, die Millionen einstreichen, ohne einen Stammplatz zu haben. Experten vermuten, dass das die Motivlage verschiebt: Weg von Leistungs- und hin zu Gesellschaftsdrogen. Profis, die horrende Fixgehälter kassieren, seien weniger anfällig für Verlockungen wie Doping oder Spielmanipulation. Die Gage steht, sie müssen sich nicht mit allen Mitteln durchsetzen im Training oder Spiel, und das, was über Prämien zusätzlich reinkommt, ist nicht das Entscheidende. Ein gelasseneres Profi- und Promileben, das andererseits allerlei Verlockungen bereithält: Auch für Alkoholexzesse sind englische Stars bekannt.

2014 untersuchte die britische Polizei eine Kokainaffäre, die im Dunstkreis eines der berühmtesten Klubs spielt. Hohe Offizielle und deren Gäste sollen bei einem Auswärtsspiel in einem Raum im Stadion das weiße Pulver geschnupft haben. Über die konkret angezeigte Begebenheit hinaus soll regelmäßig gekokst worden sein. Beteiligt war Presseberichten zufolge »mindestens eine hochrangige Person mit einer beträcht-

lichen Reputation in diesem Sport«.[61] Die Anzeige soll aus
Funktionärskreisen des Klubs selbst gekommen sein. Allge-
mein wurde die Gefahr als groß eingeschätzt, dass die Umtriebe nicht nur bei diesem einen namhaften Klub gepflegt würden.

Aus wissenschaftlicher Sicht erstaunt generell, dass sich kaum
eine fundierte Erhebung zu Dopingfragen im Fußball findet;
zur publikumsträchtigsten Sportart des Planeten. Auch da
sind andere Sportarten viel weiter. Immerhin, 2003 befragten
britische Forscher anonym die 2836 Mitglieder der Profi-
spielergewerkschaft (PFA), zurück kamen 706 Fragebögen,
weniger als 25 Prozent. Was bei heiklen Fragestellungen nicht
ungewöhnlich ist. Sie bergen ein methodologisches Problem,
weil, so die Autoren, »den Athleten erhebliche Nachteile aus
der wahrheitsgemäßen Schilderung illegitimer Aktivitäten er-
wachsen können«.

Gleichwohl erhielten die Forscher Antworten aus allen Ligen und Altersgruppen. Vorsichtshalber wurden die Profis
nicht nach dem persönlichen Dopingkonsum befragt, sondern wie sie den Gebrauch in der Branche einschätzen und ob
sie Kollegen kennen, die es tun. Ihre Resultate, konstatierten
die Forscher ausdrücklich, seien nach oben statt nach unten
zu korrigieren. 34 Prozent glaubten an den Gebrauch von
Doping, sechs Prozent (39 Spieler, acht aus der Premiere
League) kannten einen oder mehrere Doper.

Höher lag die Einschätzung zum Gebrauch von Freizeit-
drogen wie Marihuana, Kokain etc. Nur 29 Prozent glaubten,
dass diese nicht genommen werden. 18 Prozent hatten keine
Meinung, stramme 45 Prozent der Befragten kannten selbst
Spieler, die Gesellschaftsdrogen nehmen. 32 Prozent davon
waren Profis aus der Premier League, 16 von diesen Ober-
hausspielern gaben sogar an, sie wüssten von Konsumenten in
ihrem aktuellen Klub.

Die britische Studie bestätigte auch, dass Profis zunehmend

Vorteile in legalen Produkten suchen. 58 Prozent der PFA-Mitglieder nahmen Vitaminpillen, 37 Prozent Kreatin, 24 Prozent griffen zu Proteinpulver. Zugleich führen die Forscher überzeugende Gründe auf, warum ihre Daten als niedriger einzuschätzen seien als Vergleichszahlen in anderen Ländern. So habe in England die Medikation im sozialen Leben, aber auch die Sportmedizin im Fußball ein eher gemächliches Entwicklungstempo angeschlagen. Auf der Insel wirkt ein System aus alteingesessenen Familienärzten ohne modernes Spezialwissen – eine Art »old boys network«, heißt es in der Studie.[62] Das mag sich über die Jahre geändert haben. Im englischen Fußball haben seither viele Trainer aus dem Ausland ihre Spuren hinterlassen.

Kapitel 6

Schmerzfrei

»Deshalb muss der Arzt die Verabreichung all dieser Mittel oder die Anwendung dieser Methoden ablehnen, die nicht in Einklang mit der ärztlichen Ethik stehen und/oder die für den Sportler, der sie anwendet, schädliche Folgen haben können, insbesondere: [...]
4.4 Verfahren, die den Schmerz oder andere Schutzsymptome überdecken, damit der Sportler an Wettkämpfen teilnehmen kann, wenn Verletzungen oder andere Anzeichen vorhanden sind, die eine Teilnahme nicht ratsam erscheinen lassen.«

Aus der Deklaration des Weltärztebundes zu den Grundsätzen für die Gesundheitsfürsorge in der Sportmedizin

Pillen, Pillen, Pillen

Er ist Mitte zwanzig, im Zenit seiner Leistungskraft. Sein Körper schafft ein Vermögen heran, von dem 99 Prozent der Menschen nur träumen. 2,75 Millionen Euro Jahresgehalt sind im Web-Eintrag aufgelistet. Er hütet das Tor eines Bundesligaklubs, ist Nationalspieler. Woche für Woche wirft er sich in Bälle, die wie Kanonenkugeln abgefeuert werden. Ein Held. Für Kinder und Erwachsene.

Aber zu Hause ist sogar die Oma fitter. Er müht sich die Treppe hinauf, braucht die Hände, um von der Toilette aufzustehen. In Ruhe auf der Fernsehcouch liegen ist nicht drin, weil er weiß: »Scheiße, am nächsten Tag musst du wieder trainieren. Das war nur noch ein Vegetieren.«[1]

Trotzdem hat René Adler gespielt, Woche für Woche. »Teilweise unter abnormem Medikamenteneinfluss, kein Doping, aber Schmerztabletten.« Im Spiel, sagte er dem Magazin *Stern*, habe ihm Adrenalin geholfen. Aber dann sei die Leistung doch eingebrochen – und Bayer Leverkusen hatte Erwartungen. Er habe nicht mehr trainieren können, sagt Adler und verrät, was in so einem Fall passiert im Geschäft mit den Fanträumen: »Ich habe nur noch im Abschlusstraining zehn Minuten von unserem Torwarttrainer Rüdiger Vollborn alibimäßig ein paar Bälle gefangen, für die Presse, damit es so aussieht, als ob ich fit bin.«[2]

René Adler war ehrlich. Er hatte mit und nach Verletzungen fast zwei Jahre lang durchgehalten, vollgepumpt mit Pharmaka. Bald kamen psychische Qualen dazu. »Die Schmerzen waren ein massiver Einschnitt, gerade für den Kopf. Ich habe mich so sehr gequält, dass mir Fußball keinen Spaß mehr gemacht hat. Es hat mich so viel mentale Energie gekostet, gegen diese Schmerzen anzukämpfen und trotzdem noch gute Leistungen zu bringen.« Er habe immer Vollgas trainiert, wie ein Verrückter, »so denken viele Ostsportler«. Adler stammt aus der ehemaligen DDR, wie sein Kollege Robert Enke. Der Keeper von Hannover 96 litt an Depressionen, 2009 beging er Suizid. »Wir haben gefühlt, dass wir ähnlich sind. Deshalb hat es mir ja Angst gemacht, dass ich einen ähnlichen Weg einschlagen könnte. Wir sind beide sehr sensibel und hatten keinen Bock, noch mehr Druck gegeneinander zu machen. Der Druck bei der Nationalmannschaft ist auch so groß genug.« Auch Adler musste aufpassen, »dass ich nicht in eine Depression verfalle. Ich hatte mir viel zu viel Druck gemacht, der Körper sucht sich dann ein Ventil, bei mir waren das die vielen Verletzungen.«[3] Operationen, Pausen, düstere Gedanken, Klubwechsel. Ein neuer Anlauf in Hamburg.

Ivan Klasnič suchte den Neubeginn im Ausland. Er ging nach Frankreich, dann nach England. Bei Werder Bremen hatte der Stürmer über Jahre Schmerzmittel konsumiert, unter sportärztlicher Betreuung. Dabei war eine Nierenerkrankung nicht erkannt worden. Als sie festgestellt wurde, war es zu spät: Dem Profi musste die Niere transplantiert werden. Er zog vor Gericht, verklagte zwei Vereinsärzte auf 1,1 Millionen Euro Schadensersatz- und Schmerzensgeld. Unter anderem sollen die Schmerzkiller die Nierenerkrankung verschlimmert haben. Im Prozess trat der Spritz- und Schluckalltag in der Bundesliga zutage.

Die Ärzte bestritten jede Schuld. Klasničs Partei gab zu bedenken, er hätte wegen der leichtsinnigen Behandlung »auf dem Platz sterben können«. Bremens Manager Klaus Allofs warf der Profi vor, sich auf die Seite der Ärzte geschlagen zu haben. 64 Zeugen rief er auf, Ex-Kollegen wie Miroslav Klose, Torsten Frings und Tim Borowski, als ihn die Gegenseite beschuldigt hatte, er habe sich selbst aus der Hausapotheke bedient. Wer das behauptet, sagte Klasnič, kenne die Praktiken im Profigeschäft nicht. Ständig habe sich ein Betreuer bei den Spielern nach Schmerzen erkundigt. Wer sich meldete, habe ein, zwei Tabletten erhalten, um sie vor dem Spiel einzunehmen, sagte Klasničs Anwalt Matthias Teichner. So seien die Pillen zum steten Begleiter seines Klienten geworden.

»Beliebt waren auch sogenannte Vitaminspritzen«, so Teichner, ins Gesäß oder in die Vene gespritzt. Da nach jeder Spritze die Schmerzen nachließen, nahm der Medizinrechtler an, dass sich in den Vitaminen auch Schmerzmittel befunden hätten. Aufgeklärt über den Inhalt habe man den Spieler nie. Der Anwalt rügte auch, dass Ärzte im Ballgeschäft nicht hinterfragt würden. Fußballprofis seien wie Soldaten, »sie tun, was die Vorgesetzten befehlen«. Der Teamarzt hingegen ließ vortragen, er habe nur geringe Dosen Diclofenac verordnet, die Schmerzmittel könnten nicht für den Verlust der Niere verantwortlich sein.

Geschluckt wird überall, was das Zeug hält. Die Fifa ermittelte bei der WM 2010 in Südafrika, dass 60 Prozent der Spieler mindestens einmal Schmerzkiller nahmen. Italiens Liga kam bei einer umfassenden Saisonstudie in den nuller Jahren auf satte 93 Prozent. Han Inklaar, Ex-Mediziner des niederländischen Fußballverbandes KNVB, publizierte im Herbst 2010 eine Studie, nach der 27 Prozent der Spieler regelmäßig Schmerzmittel nähmen, ohne von den Risiken zu wissen. Und Edwin Goedhart, Teamarzt von Ajax Amsterdam, sagte: Je wichtiger das Spiel, desto mehr Tabletten: »Gesundheitliche und sportliche Interessen werden abgewogen. So kann ein Spieler für die Champions League eine höhere Dosis entzündungshemmende und schmerzstillende Medizin erhalten als für ein normales Meisterschaftsspiel.«[4]

Michel D'Hooghe, Vorstandsmitglied und Fifa-Chefmediziner, sieht die Gefahr: »Die Schmerzmittel sind unser größtes Problem.« Und sie träten immer stärker im Jugendbereich auf. Ungeachtet möglicher Spätfolgen würden gerade jüngere Spieler Muskelverletzungen mit starken Medikamenten behandeln, statt sie vernünftig auszukurieren. Bei der U17-WM 2011 in Mexiko sei ein Gipfelpunkt erreicht worden: »Da gab es eine Mannschaft, in der 21 von 23 Spielern Entzündungshemmer nutzten.«[5]

Jupp Kapellmann, Ex-Bayernprofi und Orthopäde, hatte schon 2008 eine düstere Zwischenbilanz gezogen. »Über 70 Prozent der damaligen Spieler haben Hüft- oder Kniegelenksbeschwerden und sind teilweise mit implantierten künstlichen Gelenken versorgt. In einem Alter, in dem sie davon nichts hätten hören dürfen. Wenn so viele in jungem Alter endoprothetisch versorgt werden müssen, ist das kein Ruhmesblatt für den Fußball. Verletzungen werden häufig nicht adäquat auskuriert.«[6]

Nicht einfacher macht die Sache, dass mancher Ex-Profi, der als Arthrosepatient den Alltag mühsam bewältigt, dem Geschäft nach der Karriere erhalten bleibt. Als Trainer, Manager, Sportdirektor oder Berater. In der Ergebnisbranche kann nicht überleben, wer plötzlich gegen den Wind anläuft. Friss oder stirb. Die Schmerzmittelproblematik allein offenbart: Das Körperbusiness pfeift auf Grenzen, die Akteure sind de facto das, was die Sportpresse gern als »Spielermaterial« bezeichnet. Immer dramatischer verschwimmt die ohnehin unscharfe Trennlinie zwischen Erlaubtem und Verbotenem. Wer sein Leistungslimit verschieben will, muss gar nicht mehr in explizit illegale Bereiche vorstoßen, wo noch Strafen drohen. Die Hightech-Sportmedizin schafft einen riesigen Graubereich, sie umgeht Verbote, indem sie mit nicht dezidiert verbotenen Mitteln und Praktiken dieselben Effekte einer künstlich stimulierten Leistungsförderung hervorruft.

Das ist die Kernfrage für die Betrugsbekämpfung: Geht es darum, nur konkrete Substanzen zu verbannen, die als Doping klassifiziert werden – oder geht es darum, generell die leistungssteigernden Effekte zu unterbinden, die auf künstlichem Wege hervorgerufen werden? Nur eben durch andere Stoffe, die nicht auf der Liste stehen – und teils gar nicht bekannt sind? Welchen Sinn hat es, wenn Epo-Spritzen und Steroide verboten, PRP-Maßnahmen mit ihrer bemerkenswerten Wirkkraft aber zulässig sind? Wie nah reicht es an die antiken Zirkusspiele heran, wenn Fußballer ihre Körper mit pharmazeutischen Mänteln umhüllen dürfen, die jedes natürliche Schmerzsignal unterdrücken? Die sie auf diesem Wege also in Leistungsbereiche katapultieren, die unter »normalen« Umständen nie zu erreichen wären? Die Zahlen sind so alarmierend, dass der Betrieb eigentlich gleich Schmerzmittel ins Regelwerk aufnehmen könnte, so wie Helme und Schutzanzüge in anderen Sportarten von Boxen bis Fechten: Okay, Jungs – zwecks Chancengleichheit dröhnt ihr euch jetzt alle voll mit dem Zeug.

Ärzte im Dienst der Leistung

Bei den handelnden Personen sind die Grenzen ebenfalls aufgelöst. Es geht immer auch um Existenzen. Wo ist die Grenze,
wenn die ärztliche Mitarbeit am Sieg als »Substitution« um-
mäntelt wird? Immerzu ist die Rede von »Regeneration«,
Pflege- und Aufbauprozessen, die der Athletenkörper benötige. Welche ethische Grenzziehung ist zu erwarten von Sportärzten, die zuweilen sogar untereinander wetteifern? Und die
nicht am Gesundheitsstand ihres Kaders, sondern an dessen
Leistungsfähigkeit gemessen werden? Die Rolle des Teamarz-
tes ist weit entfernt von der eines Betriebs- oder Hausarztes.
Letztere verordnen bei Kopfschmerz oder Fieber Bettruhe.
Der Teamarzt hingegen sollte Symptome, vor allem aber gravierendere Beschwerden flott mit Pharmaka ausmerzen; jede
Menge Vorbeugendes sollte er auch im Sortiment haben. Natürlich wäre der Eindruck falsch, dass die meisten Teamärzte
nicht auch um die Gesundheit ihrer Klienten besorgt wären.
Das Problem ist aber – frag nach bei jahrzehntelang tätigen
Vereinsmedizinern von München bis Gelsenkirchen – diffizi-
ler. Die Ärzte sind, wie die Akteure im Doping-Fahndungs-
bereich, in ein hochprofitables und werbeträchtiges Wirtschaftssystem eingebunden. Wer seine Kompetenz nicht wie
gewünscht in den Dienst von Verein und Erfolg stellt, kann
durch einen anderen ersetzt werden; Punkt.

Vereinsärzte und Sportmediziner bewegen sich in einem
flott und flotter rotierenden Teufelskreis aus Systemzwängen.
Angefeuert von Medien, die besonders gern Athleten feiern,
die mit Gesichtsfrakturen, kaputten Knien und Bänderrissen
»auf die Zähne beißen«, um sich »für Klub und Fans« aufzu-
opfern. Der überwiegende Teil der Branche begrüßt offen,
wenn einer um jeden Preis seiner Gesundheit den Kampf um
Punkte und Prämien führt. Dass Spieler das tun, ist nachvoll-
ziehbar – aber ist es zu feiern, wenn jemand sein Heil in un-
vernünftigen Verhaltensweisen sucht?

Wenn Sportärzte über Sportärzte berichten, heißt es oft, dass manchen dieses besondere Ambiente reize. Weil auch auf sie etwas vom Stadionglanz abfällt. Im Klubdress fiebern sie auf der Bank mit, sausen mit Taschen bepackt auf oder um den Rasen, und wer es ganz nach oben schafft, kann sich von Tausenden auf dem Rathausplatz oder auf der Fanmeile feiern lassen. Das werden Kollegen aus der Gehirn- oder Herzchirurgie nie erleben, im OP steht kein Kamerateam, das Personal trägt keine Fanschals. Und die Patienten verteilen keine Autogrammkarten.

Das Bild des Fußballhelden gibt heute der Nationalspieler vor, der Millionen verdient, für Spitzenprodukte wirbt und die Jugend zum Sport ermuntert. Ist das die Realität, wenn er es zu Hause kaum allein die Treppe raufschafft? Natürlich steht jedem frei, Raubbau am eigenen Körper zu betreiben. Nur sollte das Publikum nicht belogen werden. Das ja schon wungläubig wird: weil ihm eine beispielhaft vitale Körperlichkeit vorgaukelt wird, wo medizinische Langzeitexperimente ablaufen; mit unkalkulierbaren Spätfolgen. Es braucht eine öffentliche Debatte darüber, wie weit es mit medizinethischen Standards vereinbar ist, dass Sportärzte einen Zirkustross am Laufen halten – als Körpermechaniker beim Boxenstopp, die zumindest all die Werkzeuge und Materialien einsetzen, die nicht explizit verboten sind.

Der Berliner Stürmer Marko Pantelić soll einmal dreißig Spritzen gekriegt haben, bis er eingesetzt werden konnte. Der Frankfurter Stürmer Jermaine Jones nahm vor jedem Training eine, vor jedem Spiel zwei, manchmal auch mehr Tabletten ein, um seine durch eine Stressfraktur verursachten Schmerzen zu überspielen.[7] Zweitligakicker wie Willi Landgraf, Rekordhalter mit 508 Spielen, oder Alexander Klitzpera haben öffentlich bekannt, dass bei ihnen phasenweise nichts mehr ging ohne hochdosierten Schmerzmittelkonsum. Landgraf lief die letzten drei Jahre seiner Karriere nur noch unter Betäubung auf, Klitzpera beklagte eine »extrem niedrige Hemmschwelle in unserem Geschäft«. Er kenne Spieler, die sich richtige Schmerzmittelcocktails mischten, diverse Präparate zur Verstärkung der Wirkung. Eine Nationalspielerin schluckte mehr als sechs Wochen lang Voltaren, dann kollabierte sie auf dem Platz. Eine massive Kreislaufschwäche, Folge des übermäßigen Schmerzmittelkonsums.

Dopingexperte Simon kritisierte im Herbst 2014 die medizinische Abteilung des Bundesliga-Aufsteigers SC Paderborn, als Profi Marvin Ducksch nach einem Spiel die extreme Wirkung eines Schmerzmittels offenbart hatte. »Ich habe mich in der Halbzeitpause am Knie verletzt, habe mir eine Tablette reingezogen – und den Schmerz vergessen. Ich weiß selber nicht, was es war, aber er war eine sehr gute Tablette«, sagte Ducksch nach dem 3:1-Sieg über Frankfurt. Kurz nach der Einwechslung traf er zum Ausgleich. »Leider ist Schmerzmittelgebrauch ein Thema, das in den nächsten Jahren eventuell der Überarbeitung im Wada-Code bedarf«, sagt Simon: »Es geht mehr darum, den Athleten gesundheitlich zu schützen, und man muss sich die Frage stellen, ob man da nicht schon auf der Ebene der Teamärzte ansetzen muss, die eventuell manchmal zu sehr das Wohl des Teams, nicht aber das des Fußballers im Auge haben.« Er wies auf kommendes Ungemach hin: »In den USA gibt es schon erfolgreiche Klagen von ehemaligen Spielern deshalb.«[8]

Unter Geiern

Schon bei der WM 2002 hatten Protokolle, die zu den Dopingproben abgegeben werden mussten, einen regelrechten Schmerzmittel-Fresswahn offenbart. Jeder zehnte Kicker gab an, dass er vor jedem Spiel etwas einnehme, jeder fünfte bei zwei von drei WM-Spielen, jeder zweite mindestens einmal während des Turniers. Unter Italiens Fußballprofis gaben 80 Prozent zu, sehr oft zu Schmerztabletten zu greifen. Mario

Thevis vom Kölner Antidopinglabor hat »schon bis zu sieben verschiedene Schmerzmittel in einer Urinprobe nachgewiesen«.

»Da staune ich als Arzt, was der Mensch alles aushalten kann«, schrieb der Mediziner Bernd Hontschik in einem Fachbeitrag. Nicht mal äußerst robuste Vogelarten wie der Geier hielten das aus. In Indien stünden ganze Arten vor dem Aussterben, weil dort auf Rinderfarmen Diclofenac tonnenweise verfüttert wird – »ein tödlicher Stoff für Geier, die sich vom Fleisch toter Rinder ernähren, ein unverzichtbarer Stoff für Fußballprofis, die beim Einsatz auf dem Platz auf Schmerzfreiheit angewiesen sind. Dafür gibt es Sportmediziner. Geiermediziner gibt es nicht.«[9]

2010 in Südafrika wurde auch ermittelt, dass fast 40 Prozent der Profis Schmerzmitteln nahmen – vor jedem Spiel. Die Nachfrage stieg mit Turnierdauer. Ähnlich Alarmierendes hatte Jahre zuvor das Kölner Labor ermittelt, generell für den Fußball: Demnach nahmen 33 Prozent der Kicker vor einem Spiel Schmerzmittel; sogar im Training hatte mehr als jeder Fünfte die Wirkstoffe im Blut. Bald konnten die Kölner ihre kleine Nebenstudie vergessen: Die Dopingtestformulare, auf denen auch die Schmerzmittel vermerkt sind, gehen nicht mehr an die Labore. Sie bleiben bei der Fifa. Höchste Geheimhaltung – auch gegenüber den Fahndern.

Die Wada, an den Strippen der Sportfunktionäre, ist auch hier hilflos. Gerade hier: Ohne Schmerzmittel können Kontaktteamsportarten gleich einpacken. Die Wada räumt ein, dass sie völlig die Hände von diesem Problem lässt, auch die Behandlung der Nebenwirkungen interessiert sie nicht. »Da wir nur die Mittel auf der Verbotsliste kontrollieren, können wir keine Schlüsse zu Schmerzmitteln ziehen.«[10] Immerhin, einen Wirkstoff hat sie im Jahr 2015 unter Beobachtung wegen Missbrauchsverdacht: Tramadol.

Der WM-Report der Fifa von 2014 offenbarte dann regelrechte Wundertendenzen der Fußballmedizin: Obwohl das

Spiel rasanter und athletischer wird, gibt es angeblich immer weniger Verletzungen. Der Schnitt der Verletzungen pro Spiel ging von 2,4 bei der WM 1998 über 2,7 in Japan/Südkorea runter auf 2,3 in Deutschland, 2,0 in Südafrika und nur noch 1,7 in Brasilien. 13 Prozent aller Verletzungen bei einer WM betreffen Kopf- und Halsverletzungen – wovon rund jede siebte Verletzung eine Gehirnerschütterung ist.[11]

Die vom Weltverband gefeierte Tendenz, dass Blessuren bei WM-Spielen zurückgingen, ist vor dem Hintergrund des massiven Ge- und Missbrauchs von Hightechpharmaka zu sehen. Ein besonders brutaler Beweis, wie falsch diese Aussage ist: Ein topfitter Akteur bei der WM 2010 war Arjen Robben, der bis zum Abpfiff des Finales gespielt hat, das er per Sololauf fast entschieden hätte – all das mit einer so schwerwiegenden Muskelverletzung, dass er danach eine halbjährige Spielpause einlegen musste. Hält diese originelle Tendenz zur 90-minütigen Kerngesunderhaltung von Fußballprofis an, darf der Weltverband die Verletzungsplage um die WM 2030 herum für ausgerottet erklären. Bei gleichzeitig – das gibt eine andere Tendenz vor – viel aggressiverem Zweikampfverhalten und Laufstrecken von 15 km mit 70 Sprints pro Spieler. Der Fußball bastelt am Wundermenschen von morgen. Der seine Rechnung erst bezahlt, wenn er nicht mehr im Rampenlicht steht.

Mittlerweile nimmt jeder dritte Fußballprofi vor wichtigen Spielen sogenannte nichtsteroidale Antiphlogistika (NSAID) oder andere Schmerzmittel ein. Das geht aus einer im *British Journal of Sports Medicine* veröffentlichten Fifa-Studie hervor.[12] Die Medizinabteilung des Weltverbands hatte die Ärzte der Teilnehmerteams der WM 2010 in Südafrika gebeten, alle Arzneimittel zu benennen, die die Profis in den letzten 72 Stunden vor jedem Spiel konsumiert hatten. Resultat: 60 Prozent griffen wenigstens einmal zu Schmerzmitteln, 39 Prozent sogar vor jedem Spiel. Insgesamt hatten im ganzen Turnier nur 28 Prozent gar keine Medizin genommen. Das ist enorm, denn zu berücksichtigen ist dabei ja auch, dass knapp 30 Prozent der Spieler kaum oder gar nicht zum Einsatz kamen. Die meisten Medikamente wurden – wie nicht anders zu erwarten – vor den Finalspielen eingenommen. Am heftigsten langten die Profis aus Nord- und Südamerika zu, ihr Schmerzmittelkonsum war doppelt so hoch wie bei den Kickern anderer Kontinente. Experten wie Philippe Tscholl von der Zürcher Klinik, die ein Fifa-Forschungszentrum beherbergt, geißeln den systematischen Einsatz als »potenziell katastrophale Praxis«. Die regelmäßige unkritische Einnahme betrachtet auch Fifa-Chefmediziner Jiri Dvorak als Missbrauch: Die Bezeichnung »Abusus« sei angesichts der Dimensionen gerechtfertigt, sagte er der BBC.[13] Seit 1998 sammelt die Fifa Daten über die Einnahme von Medikamenten bei Turnieren unter ihrer Regie. Die Resultate sind laut Dvorak »frappierend, selbst auf dem U17-Level nehmen zwischen 20 und 25 Prozent der Spieler entzündungshemmende Medikamente und Schmerzmittel«. Tatsächlich zeigte eine Fifa-Studie, die sich über sechs Jugend- und Frauenturniere erstreckte, dass das »Problem des übermäßigen Medikamentengebrauchs auf der internationalen Spitzenebene bei den Frauen und der männlichen Fußballjugend fast im gleichen Umfang vorhanden ist wie im Herrenfußball. Weitere Schritte sind erforderlich, um das Grundprinzip zu verstehen, das der sportärztlichen Praxis zugrunde liegt, und um Erziehungsprogramme zu planen, die den Missbrauch von verschreibungspflichtigen Medikamenten verhindern.« Bemerkenswerter Schluss: »Fortgesetzter Medikamentenmissbrauch kann sonst nicht nur die Qualität des Spiels negativ beeinflussen, sondern auch die Gesundheit der Spieler.«[14]

Bei den Profis hatten schon bei den WM-Turnieren 2002 und 2006 mehr als die Hälfte aller Spieler unter Schmerzmitteln gespielt. In Südafrika gaben einige Spieler bis zu fünf verschiedene steroidfreie Entzündungshemmer gleichzeitig an. Diese Substanzen können laut Dvorak »zu Leber- und Nierenschäden führen, besonders wenn ein bestimmtes Mittel zu lange eingenommen wird. Einige Mittel können auch den Verdauungstrakt angreifen. Innere Blutungen unterschiedlichen Grades können die Folge sein.« Bei Männern ist Anämie häufig auf solche inneren Blutungen zurückzuführen.

Und was folgert die Fifa aus alldem? Nicht viel. Schon im WM-Report 2002/06 hatte sie sich »alarmiert« vom endemischen Schmerzmittelgebrauch gegeben, schon damals war der logische Verdacht: »Die Resultate werfen die Frage auf, ob diese Medikationen nur aus therapeutischen Gründen eingesetzt wurden.«[15] Passiert ist nichts. Es hat sich offenbar um eine rein rhetorische Frage gehandelt.

Eine Studie in Italien legt nahe, dass die Profis dort ständig auf Droge sind. In der Saison 2003/04 griffen 92,6 Prozent wenigstens einmal zu Entzündungshemmern; aktuell 86,1 Prozent nahmen sie während der Umfrage. Steroidfreie Entzündungshemmer sind verbreitet wie Autogrammkarten. Oder wie einst die beliebten Amphetaminpillen. Dabei sind Schmerzmittel für Spitzensportler schädlicher als für den Normalbürger: Intensive Kreislaufaktivitäten wie das Fußballspiel beanspruchen die Nieren besonders stark, schwere Pharmaka greifen diese Organe also noch heftiger an.

Wo menschliche Maschinen mit Pharmaka auf Hochbetrieb gehalten werden, herrscht ein gravierendes Risiko für Langzeitschäden; egal, ob die Mittel im Sport erlaubt sind. Denn eindeutig sind sie nicht als Rüstungsmittel für den Körper gemacht. Also dürfen sie in dieser Anwendung als Manipulation betrachtet werden. Das Spiel wird beeinflusst durch Akteure, die über eigene – und übrigens auch gegnerische – Grenzen hinweggehen. Dass es das Problem gibt, deutet die 2009 veröffentlichte Fifa-Studie zum »Gebrauch und Missbrauch von Schmerzmitteln im internationalen Fußball« im Titel an. Aber der Fußball wird Schmerzmittel nicht angehen. Denn diese Substanzen sind überlebenswichtig nicht nur im, sondern vor allem für den Muskelbetrieb.

Bleibt die Frage an die richtungsweisende Instanz, die Sport- und Medizinethik: Worin liegt der Unterschied, wenn sich ein Athlet über illegale Substanzen ein Schnell- oder Ausdauerkraftreservoir aneignet oder wenn er in eine Schutzrüstung schlüpft, die ihn schmerzunempfindlich über die eigenen Grenzen gehen lässt – und im Zweikampfsport Fußball auch über die des Gegners?

Die Sachlage ist klar, wenn man die Deklaration des Weltärztebundes zu Rate zieht. Oder den Spruch des italienischen Kassationsgerichts im Fall Juventus Turin: Italiens oberste Richter hatten im Jahr 2007 »die Sichtweise der Staatsanwaltschaft bestätigt, dass das Delikt des Sportbetrugs auch durch Erwerb und Anwendung von legalen Medikamenten, die nicht auf der Verbotsliste stehen, begangen werden kann, sofern diese nicht im offiziell indizierten Anwendungsbereich eingesetzt werden«.[16]

Ausgequetschte Zitronen

Der Auftrag kam »von höchster Stelle, und deshalb herrscht strengste Geheimhaltung am Psychologischen Institut der Deutschen Sporthochschule in Köln«, raunte 2010 die *FAZ*. »Niemand darf etwas sagen zum derzeitigen Forschungsprojekt, das von der Fifa finanziert wird. Es geht um die Motivation von Fußballspielern, nach Schmerzmitteln zu greifen.«[17]

Mitte 2012 gab es dann erste markante Andeutungen aus dieser neuen Studie zum Thema der Zeit: »Motivation zum Schmerzmittelkonsum in Mannschaftssportarten«. Der Kölner Sozialpsychologe Jens Kleinert hatte mit Schmerzforscher Toni Graf-Baumann 421 Sportler befragt, warum sie diese Mittel nehmen. Kleinerts Antwort: »Entweder wollen sie einen bestimmten Trainingsumfang aushalten. Oder in einem Spiel spielen, obwohl sie normalerweise nicht fit genug wären. Daran sieht man schon die Zwiespältigkeit der Schmerz-mitteleinnahme.«[18]

Befragt hatten die Wissenschaftler Bundesligafußballer und Amateure, Handballer, Basketball- und Hockeyspieler in Deutschland, Österreich und der Schweiz. 36 Prozent gaben an, zum Zeitpunkt der Befragung Schmerzmittel zu nehmen, fast die Hälfte sogar mehrere Wirkstoffe gleichzeitig. Laut Kleinert kannten viele Spieler die Wirkung von Schmerzmitteln überhaupt nicht. Fußballprofis nähmen Pillen auch prophylaktisch. Zudem seien sich die Athleten nicht über mögliche Folgen im Klaren. Missbrauch kann nicht nur zu irreversiblen Gewebe-, Gelenk- und Bänderschäden führen, durch hohe Dosierungen seien auch Magen oder Nieren gefährdet. Diese Ignoranz habe mancher Sportler schon bitter gebüßt, »der dann zum Beispiel Leberschäden hatte«.[19]

Kleinerts Co-Autor Toni Graf-Baumann, Mitglied diverser Fifa-Kommissionen, ist Experte auf dem Gebiet. Er hatte schon Jahre zuvor gewarnt:»Es ist erschreckend, wie unkritisch im Fußball mit Schmerzmitteln umgegangen wird. Voltaren, Ibuprofen oder auch Aspirin werden mit einer Selbstverständlichkeit geschluckt, als würde man einen Kaffee trinken – früh, mittags und abends.«[20]

Kleinert vermutet, dass die geringe Hemmschwelle den unverantwortlichen Umgang fördere. Die Mittel stehen nicht auf der Verbotsliste, Sportler müssen keine Sanktionen fürchten. Die Frage, ob diese Art Schmerzmittelkonsum Doping sei, bejaht der Psychologe tendenziell. Denn die Athleten würden sagen:»Ich nehme eine Substanz, die ermöglicht mir, Trainingsumfänge auszuhalten, meine Leistung zu verbessern. Ohne diese externe Substanz hätte ich nicht die Chance, über meine normale Leistungsfähigkeit hinauszugehen. Das geht natürlich in Richtung Doping, da braucht man nicht drum herumzureden.« Den Gegenpol würden die Therapeuten bilden, die ein Therapeutikum verteidigen – und damit die Grauzone, wie »bei Asthmamitteln, die auch eine leistungssteigernde Funktion haben können. Das ist der Zwiespalt zwischen dem Mittel als Therapie einerseits, die ich keinem Sportler untersagen darf, und Leistungssteigerung andererseits. Wenn ich aber Schmerzmittel nehme, obwohl ich keine großen Schmerzen habe, dann brauchen wir gar nicht drüber zu reden, was das dann ist.«[21]

Kleinerts Kollege am Gesundheitszentrum der Kölner Hochschule, Ingo Froböse, erforscht Schmerzmittelmissbrauch im Fußball seit Jahren. Und er kann sich in Rage reden: »Das sind keine Personen mehr, die dort spielen, das sind Produkte. Die Sportler verkaufen sich mit Haut und Haaren.« Froböse kennt Sportinvaliden, »die können mit ihren Kindern nicht mehr laufen gehen, weil ihre Knochen so kaputt sind. Der Körper wird ausgequetscht wie eine Zitrone. Es wird versucht, das Maximale herauszuholen, auch aus ökonomischen Gründen.« Besonders schlimm sei es in Turnierzeiten, mit eng getaktetem Spielkalender und ohne Erholungszeit: »Es werden alle Mittel genutzt, um die Probleme während der EM in den Griff zu kriegen.«

Hans Geyer vom Kölner Zentrum für präventive Dopingforschung fordert, über eine Reduzierung des Schmerzmitteleinsatzes nachzudenken. Schmerzmittel würden den Schutzmechanismus des Körpers ausschalten, warnt er, weshalb Leistung erbracht werden könne, »die ohne nicht möglich wäre. Das ist Doping! Schmerzmittel gehören auf die Liste«, sagt Geyer. »Die Athleten verbessern ihre Leistungsfähigkeit und schädigen sich, möglicherweise sogar irreversibel, weil sie den Schutzmechanismus des Körpers unterdrücken.«[22]

Thorsten Rarreck teilt diese Position. Der langjährige Schalker Teamarzt sieht die Grenze erreicht: »Es heißt immer öfter, Schmerzmittel rein und durch. Aber es wird irgendwann krachen, ganz sicher.« Auch er hält den Schmerzmittelkonsum für Manipulation: »Wenn viele Spieler sagen, ich kann ohne nicht spielen – dann ist es Doping. Dann ist das Ziel ja nicht, eine Entzündung zu hemmen oder Schmerz zu

reduzieren, sondern dass einer spielen kann. Das Unterdrücken steht im Vordergrund, nicht das Therapieren.«[23]
Um an Schmerzmittel zu gelangen, gebe es zwei Modelle. »Entweder aus dem Medizinschrank, wo alle Dinge drin sind – aber der sollte zu sein. Andererseits gibt es zahlreiche Möglichkeiten, Präparate rezeptfrei zu kriegen.« Nur glaubt auch Rarreck nicht an ein Verbot für die Painkiller, er ist nicht naiv. »Wenn nur noch 30 Prozent der Spieler auf dem Platz stehen, funktioniert das ganze System mit Meisterschaft, Pokal, Champions League nicht mehr.«

Ein anderer Bundesligateamarzt eines vielfachen deutschen Meisters sagt nur lakonisch: »Alles, was es braucht in der Sportmedizin, sind Kortisongaben – es ist DAS Medikament in der Orthopädie – plus Betäubungsmittel. Der Rest ist Diclofenac und ein bisschen PRP.«[24]

Die Schmerzmitteldebatte war auf dem Höhepunkt während der EM 2012 in Polen und Ukraine, wo sich etwa Bastian Schweinsteiger durchs Turnier quälte. Als Reporter der lesenswerten Website fussballdoping.de beim DFB-Team nachfragten, wie die Medikation des Spielers genau aussehe, der in diversen TV-Interviews ausführlich über seine Schmerzen geredet hatte, wurden sie mit Hinweis auf das Arztgeheimnis abgeblockt.

Aber was ist eigentlich aus der Studie geworden, die die Fifa in Köln in Auftrag gegeben und die im EM-Jahr aufgrund erster Aussagen so viel Medienwirbel entfacht hatte? Wie sehen nun die umfänglich ermittelten Zahlen und Daten aus? Was haben die befragten Kicker über ihre Motivation verraten, warum sie zu Schmerzmitteln greifen?

Keine Ahnung. Man weiß es nicht. Die Studie ist seit Jahren unter Verschluss. Sportpsychologe Jens Kleinert, der 2012 noch Einblicke gewährt hatte, gab Anfragen des Autors kommentarlos an seine Mitarbeiterin weiter. Die erklärte: »Wir würden die Studie sehr gerne veröffentlichen, allerdings blo-

ckiert die Wada momentan die Ergebnisse, da wir deren Dopingproben auf Schmerzmittel untersucht haben und nun geklärt werden muss, ob wir die Daten veröffentlichen dürfen.
Wir werden die Daten schnellstmöglich veröffentlichen, sobald eine Freigabe der Wada vorliegt. Wann dies sein wird, ist
jedoch leider nicht absehbar.«[25] Plötzlich ist da also ein Problem mit dem Datenschutz. Obwohl der gar nicht gefährdet
ist. Es würden ja keine Namen, nicht mal Teams oder Events
publiziert. Auf Nachfrage, was den anderen Teil anginge, die
Athletenbefragung, erklärte die Mitarbeiterin: »Für den Be-
fragungsteil gibt es keine separate Publikation, und der Ab-
schlussbericht der Fifa ist ebenfalls nicht freigegeben.«[26] Aber
man muss nicht länger warten, die Sache ist längst durch.
Denn: »Die Studie lief im Jahr 2009, im Auftrag der Fifa Me-
dical Commission.«

Schmerz- und Betäubungsmittel sind ein heikles Thema. Einerseits verbietet sich aus merkantiler Sicht die offene Debatte darüber, dass ein signifikanter Teil der Fußballprofis mehr
oder weniger regelmäßig zugedröhnt ist. Das ist kein Vorbild
für die Jugend, das schätzen womöglich die Werbekonsumen-
ten nicht, und auch nicht die weiblichen Fans, die gern bauch-
frei auf Tribünen und Fanmeilen tanzen. Andererseits nehmen die Klagen der Experten zu. Aber die Systemlogik der
Fußballindustrie zwingt die Akteure zum Weitermachen. Das
Spektakel muss noch rasanter werden, und ohnehin verspürt
sie keine Verantwortung für ihre Kollateralschäden. Für die
kaputte oder lädierte Gesundheit vieler Akteure nach der
Laufbahn. Versehen nicht auch viele Medien die satten Profi-
saläre gerne mit dem Nebensatz: Schmerzensgeld inklusive?
    Wie ist aus ärztlicher Sicht damit umzugehen? Langzeit-
schäden durch Pharmamissbrauch stellen sich naturgemäß
mit zeitlichem Abstand ein. Was, wenn eine Generation Ge-
schädigter einmal an die Öffentlichkeit ginge? Wie würde sich
das System dagegen schützen?

Eher gar nicht. Das flammende Gegenplädoyer zu all denen, die Painkiller auf die Liste setzen wollen, hielt DFB-Teamarzt Tim Meyer. »Ich bin entschieden dagegen, dass Schmerzmittel auf die Dopingliste gehören. Wenn das geschieht, muss es im Umkehrschluss die Möglichkeit geben, diese in medizinisch gerechtfertigten Situationen doch zu verordnen. Dann können wir das Personal der Nada verfünffachen, weil allein Anträge auf Schmerzmittelgebrauch deren Tag fünfmal füllen würden«, sagte er dem *Stern*. Das Credo des Fußballpraktikers: »Schmerzmittel sind kein Doping. Sie steigern nicht die Leistungsfähigkeit, sie stellen bestenfalls die schmerzbedingt reduzierte normale Leistungsfähigkeit her. Das darf man nicht in einen Topf schmeißen mit Epo. Wenn Sie sich perfekt gesund fühlen und nehmen Epo, werden Sie besser. Wenn Sie sich perfekt gesund fühlen und nehmen ein Schmerzmittel, sind Sie so leistungsfähig wie zuvor. Das ist ein entscheidender Unterschied.«[27]

Gravierend sind eher andere Unterschiede. Zum Beispiel geht, wer schmerzresistenter als der gesunde Kollege oder Gegner auf dem Platz steht, aggressiver in Zweikämpfe und andere Situationen; zum Nachteil desjenigen, der ohne Schmerzblocker dagegenhalten muss. Erhellend ist auch die Argumentation mit dem Verwaltungsaufwand für die Nada: Dass dieser kaum praktikabel sei, kann ja kein Aspekt für Verbotsfragen sein. Und schließlich zeigt die Darlegung, wie sich Probleme mit Verboten in der Praxis oft lösen lassen: Durch Verordnungen, die »medizinisch gerechtfertigte Situationen« offenlassen.

Überdies ist die Leistungssteigerung keineswegs das alleinige Kriterium für die Aufnahme in die Verbotsliste. Zu berücksichtigen sind auch die gesundheitlichen Risiken, die von den Mitteln ausgehen. Da die vorliegenden Studien der Branche selbst festhalten, dass der Konsum, verordnet oder freiwillig, besorgniserregend ist und gesundheitliche Folgen drohen, müsste hier eine andere Gewichtung stattfinden. Auch

Fifa-Mediziner Jiri Dvorak hatte ja schon erklärt: »Ärzte und
Spieler werden durch ihre Manager und Trainer aus wirtschaft-
lichen oder sportlichen Überlegungen heraus unter Druck
gesetzt. Doch alle sollten sich bewusst sein, dass jeder Mensch
unterschiedlich lang braucht, um sich zu erholen. Über allem
steht natürlich die Überlegung, dass sich der Fußball als ge-
sundheitsfördernder Sport präsentieren sollte. Daher sollte
die Gesundheit der Spieler im Mittelpunkt des Interesses stehen.«

»Die wollen spielen. Punkt.«

In heiklen medizinischen Belangen ist das sportpolitische
Verhaltensmuster dasselbe wie in der Dopingfrage: Verant-
wortung und Handlungsdruck werden auf das schwächste
Glied der Kette abgewälzt – auf diejenigen, von denen man
weiß, dass sie garantiert nichts an den Verhältnissen ändern
können: die Athleten. Wie diese Umverteilung der Verant-
wortlichkeit funktioniert, zeigt beispielhaft ein Pressetext der
Fifa von 2012. Darin beklagt sie zunächst salbungsvoll das
Schmerzmittelproblem. Dann aber lässt sie einen Teamarzt zu
Wort kommen, der die Sicht der Praktiker vortragen soll.
Dr. Bert Mandelbaum, Mannschaftsarzt sowohl des US-Na-
tionalteams als auch des Teams von Los Angeles Galaxy, stellt
rigoros klar, dass es keineswegs Ärzte, Trainer oder Funktionäre seien, die immer heftiger auf die Pillenschachtel drück-
ten. Nein, schuld seien die Profis selbst. »Kein Trainer oder
Manager hat je von mir verlangt, Schmerzmittel oder entzündungshemmende Medikamente zu verabreichen«, versichert
Mandelbaum im Fifa-Text. »Die meisten Trainer, mit denen
ich zusammenarbeite, sind sich bewusst, dass ein Spieler
90 Minuten lang durchhalten muss. Lässt die Wirkung eines
entzündungshemmenden Mittels nach und muss der Spieler

ausgewechselt werden, weil er humpelt oder Schmerzen hat, kann das zu taktischen Problemen führen.« So umsichtig setzen also erfolgsabhängige Trainer in diesem Muskel- und Milliardengeschäft ihr Personal ein. Die offizielle fußballmedizinische Sicht lautet demnach: »Wenn es Druck gibt, dann von den Spielern. Die wollen spielen. Punkt. Sie tun alles, was erlaubt ist, um zu spielen.«[28] Fehlt nur noch der verzweifelte Appell an all die arglosen Trainer, Manager und Ärzte: »Liebe Chefs, bitte setzt euch durch! Lasst nicht zu, dass sich Tausende durchgeknallter Kicker an euren Wünschen und Besorgnissen vorbei immer wieder selbst aufstellen, obwohl sie kaum mehr laufen können!«

Im üblichen Alarmismus rief die Fifa die nächste Arbeitsgruppe ins Leben, die unter Dvoraks Leitung eruieren sollte, wie viele Spiele per annum gesund sind für einen Profi. Jawohl, gesund. »Mein Hauptanliegen bei der Fifa ist«, sagt Dvorak, »den Fußball als gesundheitsfördernde Betätigung zu verbreiten.« Seine These: »Wir müssen die Spieler als Menschen und nicht als Produkte behandeln.«[29] Auf diese Mensch-statt-Produkt-Lösung wird ebenso gewartet wie auf die Kölner Schmerzmittel-Motivstudie. Man kann sich aber ausmalen, wie die Branche reagiert, falls ihr jemand vorschreiben wollte, dass Messi, Robben, Ronaldo und Co. nur 45-mal im Jahr auflaufen dürfen. Wohin würde sich die ehrenwerte Runde um Sepp Blatter ein solches Vorschlagspapier wohl stecken?

2014 erschien eine Studie zum Schmerzmittelproblem, die sich mit den massiven Nebenwirkungen befasste. Das Resultat ist erschreckend. In der *Deutschen Zeitschrift für Sportmedizin* beleuchtete Philippe Tscholl vom Zürcher Fifa-Medical-Center die Folgen des »Einsatzes von nichtsteroidalen Antirheumatika (NSAR) im Spitzensport«, er beschrieb weitreichende Missbrauchsfolgen. Die Studie hebt die »erschreckende Praxis« des Schmerzmittelgebrauchs insbesondere bei

WM-Turnieren hervor und rügt: »Trotz Präventionsmaßnahmen durch Information der Sportärzte konnte keine Reduktion der Indizien beobachtet werden.« Hinzu käme ein weiterer Faktor: »Die Dunkelziffer der selbständigen Einnahme
durch die Athleten erscheint hoch.«

Die Untersuchung präsentiert Erkenntnisse, nach denen
endemischer Schmerzmittelkonsum die Heilungsvorgänge im
Muskel-, Sehnen- und Knochengewebe negativ beeinflusst.
Im Muskel wurde eine verminderte Proteinsynthese beobachtet, die Langzeiteinnahme kann Heilungsprozesse von Frakturen, Muskelblessuren und Bänderrissen verzögern und sogar »qualitativ beeinträchtigen«. Zwar kehre der Profi dank
der kurzzeitigen Schmerzausschaltung schneller aufs Feld
zurück, das gehe aber »auf Kosten der strukturellen Reparaturprozesse«. Schlussfolgerung: »Eine sinnvolle Aufklärung
der Handhabung dieser Medikamente sollte sich daher nicht
nur an Sportärzte, sondern an den gesamten medizinischen
Stab adressieren, um möglichst negative Konsequenzen vermeiden zu können.« An alle – jeder soll Bescheid wissen,
nicht nur der Teamarzt. Sicher ist sicher.

Die Studie gibt Empfehlungen, die angesichts der Pharmarealität Wunschdenken sind. »NSAR sollten bei Muskelverletzungen nur in äußerst seltenen Ausnahmen länger als 2–3
Tage eingenommen werden. Bei der Frakturbehandlung sollte
möglichst auf NSAR verzichtet werden, insbesondere zu Beginn der Therapie. Die Heilung kann optimiert, aber nicht
beschleunigt werden.« Das negiert alles, was es an Motivation
für den NSAR-Einsatz im Fußball gibt.

Signifikant mehr Magen-Darm-Krämpfe, schwere Magenblutungen und kardiovaskuläre Zwischenfälle wie Herzrhythmusstörungen und Herzrasen wurden bei Athleten mit NSAR-
Einnahme gefunden. Trotzdem sei der Gebrauch schon unter
Minderjährigen verbreitet. Wie ernst die Nebenwirkungen
von NSAR sind, hat Fritz Sörgel vor Jahren an jungen Gesunden belegt. Schon innerhalb der ersten drei Tage nach Einnah-

me normaler Dosierungen von 1200 mg Ibuprofen zeigten sich
Veränderungen an der Magen- und Darmschleimhaut. »Es besteht aufgrund unserer Untersuchungen kein Zweifel, dass
hohe Dosierungen von Ibuprofen oder Voltaren (Diclofenac),
wie sie gebraucht werden, wenn ein Spieler unbedingt spielen
muss, zu Veränderungen an den Schleimhäuten führen. Besonders schockierend ist, dass Nachfragen bei jugendlichen
Sportlern belegen, dass diese – wie die Profis – Schmerzmittel
›prophylaktisch‹ einnehmen.«[30]

Auch systemische Nebenwirkungen von NSAR legt die
Studie nahe, etwa eine Neuerkrankungsrate bei Verdauungs-
störungen von 20 Prozent. Zudem öffnet sich ein hochbrisan-
tes Feld: »Ein Zusammenhang zwischen NSAR und einem
plötzlichen Herzstillstand im Sport wird diskutiert, wobei
Studien hierzu fehlen«, heißt es in der Untersuchung. »Es
wurde jedoch gezeigt, dass bereits deren Einnahme über sieben Tage das Risiko eines erneuten Myokardinfarkts auch bei
jungen Patienten erhöht. Ob dies auch für das Erstereignis
zutrifft, insbesondere bei Herz-gesunden Sportlern, ist unklar.«[31] Diese Feststellung sollte in die Debatte über die vielen
Herztodfälle im Schmerzmittelsport Fußball einfließen. Im
Profibereich war zuletzt Belgien stark betroffen. Gregory
Mertens von Erstligist SC Lokeren starb am 1. Mai 2015; der
24-Jährige erlitt einen Herzinfarkt im Testspiel. Elf Tage danach verstarb Tim Nicot von Drittligaaufsteiger FCO Beer-
schot-Wilrijk. Der 23-Jährige brach bei einem Freundschafts-
turnier mit Herzstillstand zusammen. Am 24. Mai, noch im
selben Monat, starb Abwehrspieler Cristian Gomez vom argentinischen Zweitligisten Atlético Paraná; der 27-Jährige
war im Ligaspiel bei Boca Unidos de Corrientes mit Herzversagen zusammengebrochen.

Sind im Profifußball einfach zu viele Herzfehlerpatienten
unterwegs?

Beunruhigende Einflüsse der NSAR werden auch für den
Heilungsverlauf von Muskelverletzungen aufgezeigt. Zwar
gingen die Mittel die Symptome wirksam an, reduzierten aber
nicht die Muskelschwäche selbst. Weshalb eine zu frühe Aktivität Fehlbelastungen und Folgeverletzungen bewirken kann.
Bei der Knochenheilung zeigten Tierstudien eine sogar ver-
langsamte Frakturheilung nach NSAR-Einnahme.

Und die Sehnen? An belastetem Sehnengewebe unterdrücken NSAR-Gaben die Blutansammlung laut Studie um 30
Prozent, das reduziert das Dickenwachstum. Am oberen
Sprunggelenk ermöglicht die Schmerzreduktion zwar schnellere und verbesserte Belastbarkeit, aber: »Nach zwei Wochen
wurde eine schlechtere Beweglichkeit, mehr Schwellung und
eine höhergradige Instabilität beobachtet.«[32]

Schlussfolgerung: Wiewohl unklar bleibt, wie signifikant
steter NSAR-Gebrauch neben Nebenwirkungen für Herz,
Niere und Magen die Gesundung von Muskeln und Knochen
beeinträchtigt, »ist unbestritten, dass NSAR sich negativ auf
die Frakturheilung auswirken und auch bei längerer Einnahme (länger als 2–3 Tage) die Muskel- und Bandreparaturpro-
zesse negativ beeinflussen. Dem Sportarzt wie dem Athleten
sollte bewusst sein, dass NSAR nicht reine Analgetika, sondern vor allem auch Entzündungs-, sprich Heilungsmodula-
toren sind; dass Schmerzen als Warnsymptome zu interpretieren und primär Alternativ-Medikamente indiziert sind.«[33]

Auf dem Rasen spielen solche Weisheiten keine Rolle. Was
nebenbei zeigt, wie tief die Mentalität im Fußball greift, mit
allen (zumindest erlaubten) Mitteln Effekte zu erzielen. Die
Premier League führte zu Beginn des WM-Jahres 2014 kurz
und schockiert eine Überlastungsdebatte, nachdem Nationalstürmer Theo Walcott die WM-Teilnahme wegen eines
Kreuzbandrisses streichen musste: passiert im fünften Match
innerhalb von 13 Tagen, im Cup-Spiel Arsenals gegen Tottenham. Die Bilanz zur Saisonmitte zeigte: 111 Erstliga-Profis
waren verletzt, 21,2 Prozent der Arbeitskräfte. Nicht einbe-

rechnet natürlich die Angeknockten, die sich nur mit Hilfe von Schmerzmitteln über die Runden schleppten.[34]

»Wenn ich heute Schmerzen habe«, sagte der einstige Dopingenthüller Toni Schumacher 2010, »muss ich auf härtere Dinge umsteigen.« Das sei eine Folge des exzessiven Schmerzmittelmissbrauchs in Profizeiten. »Wenn ich sterbe, könnt ihr auf meinem Grab keine Blumen pflanzen, denn die wachsen nicht.«[35]

Zeit der Wunder

Als am 23. Mai 2001 die Teams zum Endspiel der Champions League aufs Feld laufen und die Kamera Mehmet Scholl einblendet, beruhigt ZDF-Reporter Marcel Reif die Fernsehzuschauer. Teamarzt Hans-Wilhelm Müller-Wohlfahrt habe Entwarnung gegeben, »er sagt, es kann nichts passieren, es sind nur Schmerzen, der Knöchel wurde ganz eng getapt«. Scholl spielt 108 Minuten, er vergibt einen Strafstoß, am Ende steht der Triumph im Elfmeterschießen über den FC Valencia.

Niemand weiß, welche Wundertat am Abend zuvor erfolgt war. Scholl offenbart sie sechs Jahre später in »Frei:Gespielt«, einer filmischen Hommage an die Karriere des langjährigen Bayern-Helden. Er sitzt am Fenster, es ist Nacht, die City glitzert im Laternenlicht hinter ihm. Bei jeder Verletzungsmeldung schlägt eine Hand in die andere: »Ich hatte einen Innenbandriss im Knöchel. Einen Außenbandteilabriss. Ich hatte die Kapsel gerissen. Und ich hatte das Syndesmose-Band angerissen; durch einen Unfall bei Real Madrid.« Nach dem Schadensfall im Halbfinale habe er »vier Tage Gips gekriegt, ein Tag Gips runter, ein Tag laufen, am nächsten Tag spielen«. Was nicht unüblich gewesen sei. »Jens Jeremies hat sieben Tage nach einer Knieoperation wieder gespielt.«[36]

Vom gesundheitlichen Raubbau damals, als es mal wieder

um alles ging, haben sich Jeremies wie Scholl nie vollständig
erholt. Für den Rest ihrer Karrieren, heißt es im Film, seien
beide Profis nicht mehr richtig auf die Beine gekommen. Dabei hatten Scholl seinerzeit Zweifel geplagt, so starke, dass
er am Abend vor dem Finale unterwegs zu Ottmar Hitzfeld
war. »Ich wollte beim Trainer klopfen und sagen, ich kann
nicht, meine Sehnen sind entzündet. Und dann hat mich Müller-Wohlfahrt auf dem Gang abgefangen und gefragt, was ich
will, und ich sagte, ja, ich kann nicht spielen, und er sagte,
komm, ich schau's mir an.« Die medizinische Prognose war
ambitioniert, gemessen an den von Scholl aufgezählten Verletzungen: »Er hat gesagt, er macht so was wirklich normal
nicht«, berichtet Scholl, »aber für dieses eine Spiel kann er mir
helfen.«

Und Scholl erwiderte: »Okay, dann hilf mir.«[37]

Auch Fredi Binder ist im Film zu hören, der Masseur war
jahrzehntelang eng mit der medizinischen Abteilung verdrahtet. Nach Müller-Wohlfahrts Ausstieg 2015 trennte sich
Bayern auch von ihm. Binder revidiert Scholls Aussage nicht,
versichert aber, dass so eine gravierende Entscheidung, ob
jemand in so einem Zustand auflaufen kann, »wirklich keiner
allein« treffe, das werde mit fünf, sechs Leuten besprochen,
darunter Trainer, Manager und natürlich der Spieler: »Wenn
der sagt, ich bin zu allem bereit, dann wird alles getan, bis zu
einer gewissen Grenze, das heißt, ohne dass Gesundheits- und
Folgeschäden auftreten können. Bis dahin geht man, und weiter geht's nicht – selbst wenn's ein Champions-League-End-
spiel ist.«[38]

Ein vertracktes Statement. Wenn die Grenzen strikt einge-
halten worden waren, warum stellte die Behandlung dann
eine solche Ausnahme dar, dass sie der Arzt »wirklich normal
nicht« machen würde? Eine Ausnahme, von der der Spieler
Jahre später so beeindruckt berichtete – weil er so etwas trotz
all seiner Erfahrungen mit Verletzungen noch nie erlebt hatte?
Daneben bleibt grundsätzlich interessant, wie angesichts der

beschriebenen Verletzungen an Kapsel und Bandapparat des
Knöchels 108 Minuten Spielfähigkeit auf höchstem Weltfuß-
ballniveau realisiert werden konnte, garantiert frei von Ge-
sundheits- und Folgeschäden.

Hans-Wilhelm Müller-Wohlfahrt äußert sich generell so
gut wie nie zu seiner Arbeit. Auch nach seinem Bruch mit
dem FC Bayern im April 2015 verweigert er auf Anfragen ein
Gespräch zu seiner medizinischen Tätigkeit. Er ist ein Sportarzt von Weltruf, seine Riesenpraxis im Zentrum Münchens
Anlaufstelle für die Helden des Spitzensports, vorneweg
Usain Bolt. »Mull«, wie er genannt wird, infiltriert wie sein
früher Lehrmeister Klümper homöopathische Dosen eigener
Mixturen; darunter Actovegin, ein umstrittenes Kälberblut-
extrakt, durch Ultrafiltration eiweißfrei gemacht, das Muskel-
heilung und Blutfluss verbessern soll. Früher wurde es häufig
bei zerebralen und peripheren Durchblutungsstörungen eingesetzt. Nach Überzeugung der Arzneimittelkommission der
Deutschen Ärzteschaft liegen keine Arbeiten vor, die einen
therapeutischen Nutzen des Präparats belegen.

»Mull« aber schwört auf die Substanz, die in Kanada und
den USA nicht zugelassen ist. Verboten ist das Mittel auch in
Frankreich; der Münchner Doc hatte wiederholt Ärger mit
dortigen Kollegen. 2008 wollte sich Teamkapitän Patrick
Vieira bei ihm behandeln lassen, auf Anraten des Bayern-Profis Willy Sagnol; es kam zu Auseinandersetzungen. 2014 ließen die Franzosen anklingen, Ribérys WM-Teilnahme sei
auch an den Behandlungsmethoden des Münchner Arztes gescheitert. Der über seine Medienanwälte zurückschoss: Er
gehe davon aus, »dass im Falle einer Behandlung durch ihn
eine WM-Teilnahme möglich gewesen wäre«.[39]

Mehr Wertschätzung erfuhr »Doctor Feelgood«, wie ihn die
Sunday Times titulierte, in England – insbesondere nach der
EM 1996. Bei der verhalfen er und sein Stab den DFB-Kickern
zum Triumph – Kreuzbandriss, Wadenprellungen und ausge-
kugelter Schulter zum Trotz. Zusammenflicken statt austhera-

pieren, lautete im Turnierstress die Losung: »Ich bin derjenige, der hilft, dass es glimpflich ausgeht«, sagte der Doc.[40]

Actovegin stehe nicht auf der Wada-Verbotsliste, aber unter steter Beobachtung, teilte die Wada mit. Weil es immer wieder bei Polizeirazzien gefunden werde. Und weil es auch von allerlei skandalumwitterten Sportärzten geschätzt wird – von Klümper über Liesen und dem kalifornischen Dopingguru Victor Conte bis zu Fuentes.

Auch bei Lance Armstrong spielte das Mittel eine Rolle. Und Travis Tygart, Chef der amerikanischen Nada (Usada), der den Texaner zur Strecke brachte, bezeichnete »Mulls« Actovegin-Kuren gar als »Frankenstein-Experiment«.[41] Tygart findet es verdächtig, dass einer, der als globaler Fürsprecher für Actovegin wirke, keine Dokumentation vorlegt: »Wenn es dir wirklich um die Gesundheit der Leute geht – warum verbreitest du das Wissen nicht?«[42] Auch deutsche Ärzte monieren die fehlenden Publikationen – willkommen im diskreten Reich der Sportmedizin.

Einer, der von Actovegin abgekommen ist, hat erlebt, wie ein Tennisspieler »wegen eines allergischen Schocks daran fast gestorben ist«. Der langjährige Schalker Klubarzt Thorsten Rarreck hatte dies Anfang der Neunziger als nicht verantwortlicher Assistenzarzt in einer Klinik miterlebt. Dem, wie er sagt, hochklassigen Athleten war der Stoff intravenös und intramuskulär verabreicht worden. »Ich halte nichts davon«, sagt Rarreck heute.

Wenn hier die atemberaubenden Fortschritte des Fachbereichs Sportmedizin insbesondere im Fußballgeschäft beleuchtet werden, bedeutet dies nicht automatisch Dopingverdacht. Jedenfalls nicht so, wie Doping im Industriesport ausgelegt wird: strikt nach dem Wortlaut der Regeln, nicht nach ihrem Geist. Denn dieser Geist meint mit Leistungsmanipulation auch die erkennbare Absicht oder die immensen Effekte mancher Behandlungen. Es ist einfach so im Sport: Was auf der Verbotsliste steht, darf nicht konsumiert oder praktiziert werden. Was es sonst gibt, was genauso oder besser wirkt, sprich: der große, Jahr für Jahr noch raffinierter synthetisierte Rest – der ist frei. »Kein Antidopinglabor der Welt kennt auch nur die Hälfte der verbotenen Substanzen, die gerade gehandelt werden«, sagt Robin Parisotto, der führende australische Forscher in Sachen Blut- und Gendoping.[43] Es macht Gänsehaut, wenn man sieht, welche Wunderheilungen die moderne Sportmedizin heute bewerkstelligt. Ganz kurzfristig. Die Branche lebt ja von Spiel zu Spiel.

Die Gefahr des zweiten Schlags

Bleiben wir beim FC Bayern: wegen des überragenden Bekanntheitsgrades, wegen des Arztes, der jahrzehntelang Maß aller Dinge im Fußball war und auf so merkwürdige Weise abtrat – auch wegen eines Trainers, der heute in der Branche als Maß aller Dinge gilt. Betrachten wir die martialische Verletzungsserie, die den Klub in der Saison 2014/15 beutelte. Man könnte hier natürlich auch den zweiten Vorzeigeverein der letzten Jahre heranziehen, Borussia Dortmund, bei dem in jener Saison nur vier aus dem 29 Profis umfassenden Kader gesund über die Runde kamen. Bei Bayern waren es immerhin sieben von 27. Es gab hier wie dort die üblichen Blitzheilungen und verwandte Phänomene. Nur, dass manche Blitzheilung überschätzt wurde, weil sie offenkundig keine echte Heilung darstellte, was zu Rückfall- oder Folgeverletzungen führte.

Was zum Beispiel im Schmerzmittelsektor machbar ist, führte der Maskenmann vor Augen. Robert Lewandowski brach sich im April 2015 im Pokalhalbfinale gegen Dortmund Oberkiefer und Nasenbein, hinzu kam eine Gehirnerschütterung. Besonders Letztere ist gefährlich; sie stellt trotz des

verharmlosenden Wortes »Erschütterung« eine leichte Hirn-
verletzung dar. In US-Sportarten wie American Football und
Eishockey wird sie seit Jahren mit Sorge und wachsender
Unruhe beobachtet. US-Mediziner wurden zu diesem Thema
wiederholt bei der Fifa vorstellig; manche betrachten sogar
das Kopfballspiel als gesundheitsgefährdend; vor allem im
Jugendfußball. Fußball ist der einzige Sport, der den unge-
schützten Kopfkontakt regulär im Repertoire führt – und sogar das Zusammenrumpeln von Köpfen, sofern kein absichtliches Foulspiel vorliegt. Getackerte Kopf- und Gesichtsver-
letzungen begründen hier höchsten Heldenstatus. Das könnte
bald vorbei sein: Im Sommer 2014 verklagte eine US-Eltern-
initiative die Fifa und diverse nationale Sportverbände, weil
diese »nachlässig und fahrlässig« mit dem Schutz junger Spieler umgingen.[44] Und in Deutschland hat sich, auch eingedenk
der Gehirnerschütterung Christoph Kramers im WM-Finale
von Rio und der Folgedebatten, die Würzburger Gesellschaft
für Sport-Neuropsychologie gegründet. Sie will über die hohen Risiken schon leichter Kopfverletzungen aufklären.

Tatsächlich rücken in Kontaktsportarten die gravierenden
Folgeschäden bei nicht vollständig auskurierten Gehirnerschütterungen verstärkt in den Blickpunkt – das sogenannte
»Second Impact Syndrome«, das Krankheitsbild des zweiten
Schlags: wenn eine neue Gehirnerschütterung eintritt, während die vorhergehende noch nicht ausgeheilt ist. Studien im
US-Nachwuchssport zeigen, dass in fast allen Fällen von
Zweitschlagserschütterungen die Athleten bleibende Schäden
davontragen. Ein prominentes deutsches Opfer ist der Berliner Eishockeynationalspieler Stefan Ustorf. Ende 2011, nach
einem Check im Spiel gegen Hannover, änderte sich sein Leben dramatisch. Schädel-Hirn-Trauma – nachdem er neun
Tage zuvor in Krefeld gegen die Plexiglasscheibe geknallt war
und starke Kopfschmerzen hatte. Mutmaßlich trug er auch da
schon eine Gehirnerschütterung davon, die nicht erkannt und
behandelt worden war.[45] Ustorfs Karriere war nach dem zwei-

ten Schlag beendet, er lebt seither mit Schmerzen und Einschränkungen. Im Schweizer Eishockey stehen seit diesem Vorfall Spieler mit einer Gehirnerschütterung unter besonderer medizinischer Beobachtung.

Lewandowski hatte nur sieben Tage Pause bis zum Spiel in Barcelona. Sein Ausrüster war wesentlich schneller: Der hatte schon drei Tage nach der multiplen Gesichtsknochenverletzung das fesche Bild vom Maskenmann im Netz präsent. Die Bayern-Vorstände versicherten immerzu, es werde natürlich nichts gegen das individuelle Empfinden des Profis entschieden, er allein müsse wissen, ob er spielen kann.

Ist es so? Muss nicht gerade bei einer Gehirnerschütterung alles getan werden, um das Risiko gravierender Folgeverletzungen auszuschalten – und der Spieler sicherheitshalber pausieren, statt gleich wieder zu trainieren? Überhaupt sollte es in so einem Fall nicht am »Empfinden« des Spielers liegen. Das sieht auch Thorsten Rarreck so. Als Teamarzt gastierte er mit Schalke 04 im Mai 2012 beim US-Soccer-Klub Philadelphia Union. Das Second-Impact-Syndrome begegnete ihm dort wie in vielen anderen US-Sportstätten. Rarreck war beeindruckt: »Bei denen hingen überall Tafeln, die auf die Gesundheitsrisiken von Gehirnerschütterungen verweisen. Dafür gibt es genaue neurologische Vorgaben, das geht überhaupt nicht, dass einer da ohne zeitlichen Sicherheitsabstand gleich wieder loslegt – selbst wenn der Spieler sagt, er gehe das Risiko ein.«[46]

Im Frühjahr 2015 gab die schottische Rugby Association eigene Richtlinien für Gehirnerschütterungen heraus: »If in doubt, sit them out.« Im Zweifel aussetzen. Als Prämisse gelte: »Jemand mit Verdacht auf Gehirnerschütterung muss sofort aus dem Spiel geholt werden.« Im Fußball geschieht das, wenn sich ein Betroffener wie Christoph Kramer im WM-Finale eine Viertelstunde nach dem Crash beim Schiedsrichter erkundigt, ob er hier am richtigen Spiel teilnimmt.

Ledwandowski jedenfalls spielte, ein Kopfball zählte zu

den ersten Ballkontakten. Angesichts der Gefahr des zweiten
Schlags, der er sich damit aussetzte, nimmt sich die Frage fast
läppisch aus: Wie stark muss die Schmerzmedikation sein, die
es braucht, um bei vollem Training ein paar Tage alte Ge-
sichtsbrüche nicht zu spüren? Und wie stark, wenn einer nur
sieben Tage später 90 Minuten lang über einen Champions-
Rasen prescht?

Aber es ging wieder um alles in Barcelona. So, wie in der
K.-o.-Runde zuvor. Im Viertelfinale mussten Pep Guardiolas
Bayern unbedingt das Rückspiel zu Hause gegen Porto gewinnen, das Hinspiel war 1:3 verloren worden. Plötzlich war
dieses Rückspiel sogar mehr als ein Big-Point-Match für die
Münchner: ein Vereinspolitikum. Denn nach dem Hinspiel,
nach einer deftigen Kabinenansprache durch Klubvorstand
Karl-Heinz Rummenigge, hatte Müller-Wohlfahrt hingewor-
fen. Nach 38 Jahren in Diensten des Vereins, offenkundig aufgrund schwerer Differenzen mit Pep Guardiola zur medizinischen Betreuung der Spieler. Weder Arzt noch Verein äußerten
sich über die Hintergründe des Zerwürfnisses, im Raum blieb
Müller-Wohlfahrts Aussage, dass die Ärzte hauptverantwort-
lich gemacht worden seien für die Niederlage in Porto und
kein Vertrauen mehr bestehe. Die Affäre, die es in jede Nach-
richtensendung schaffte, versah das Rückspiel mit der Frage,
ob Guardiolas Ansprüche an die Sportmedizin überzogen
sind. Was der spanische Trainerguru wenig später übrigens
selbst einräumt: »Wenn der Arzt sagt, der Spieler ist in acht
Wochen wieder fit, will ich ihn in sieben Wochen haben, wenn
er sagt in fünf Wochen, will ich ihn in vier Wochen haben.«[47]

»Als ich das hörte, ist mir übel geworden«, sagt der langjährige Schalker Klubarzt Rarreck. »Das geht gar nicht. Das ist
ja, wie wenn wir auf dem Basar den Preis eines Waffeleisens
debattieren!« Der Mediziner hält fest: »Jede Verletzung hat
eine Genesungsphase. Wenn zu früh – etwa vor der Konsoli-
dierungsphase – gespritzt wird, kann erheblicher Schaden für
die Gesundheit des Spielers entstehen.«[48]

Da auf Münchner Seite nichts zu medizinischen Fragen gesagt wird, lassen sich die Abläufe nur interpretieren. In einem hochenergetischen Spiel zerlegten die Bayern Porto wie eine Schülerelf, es war das erste Champions-Viertelfinale, in dem es zur Pause bereits 5:0 stand. Die Portugiesen wurden überrollt von entfesselten Bayern; erstickt in einem 45-minütigen Hurrikan aus gefühlt 25 Bayern-Profis. Selbst Thiago und Götze gewannen Kopfballduelle.

Erst zwei Tage danach vermeldeten die Bayern, dass dieses Match den nächsten Langzeitverletzten gefordert hatte: Holger Badstuber. Schwerer Muskelriss im vorderen Oberschenkel, Operation erforderlich, 3 bis 4 Monate Pause. Der Befund ist ein Mysterium für manchen Sportmediziner. Badstuber war weder auf dem Platz zusammengeklappt, wie man bei einer so schweren Muskelverletzung annehmen kann, noch hatte er Funktionseinschränkungen. Der Profi, hieß es, habe den Muskelriss überhaupt erst am nächsten Tag registriert – nicht mal nach dem Spiel, als er eine Dopingkontrolle hinter sich brachte, machte sich die Wunde bemerkbar.

Nach seiner Oberschenkelverletzung vom Herbst 2014 hatte Holger Badstuber am 14. Februar 2015 erstmals wieder gespielt, beim 8:0 über den HSV. Doch schon im Länderspiel gegen Australien am 25. März gab es erneut Probleme im Oberschenkel; Badstuber wurde ausgewechselt, die Reise zum folgenden EM-Qualifikationsspiel in Georgien konnte er nicht mitmachen. Von Muskelverhärtung war Gerüchten zufolge die Rede, eine offizielle Bestätigung gab es nicht. Beim Bundesligaspiel am 4. April in Dortmund war er nicht im Kader, eine Woche später, beim 3:0 gegen Frankfurt, wurde er in den Schlussminuten eingewechselt. Das Hinspiel in Porto bestritt der heillos überforderte Dante, Badstuber kam erst eine Viertelstunde vor Schluss. Tags darauf trat Bayern-Doc Müller-Wohlfahrt nach Kritiken am Gesundheitszustand der Profis zurück. Zwei Tage später, gegen Hoffenheim, spielte Badstuber durch. Wie gegen Porto, weitere drei Tage später.

Dass er die schwere Muskelverletzung während dieses Spiels angeblich nicht bemerkte, deutet nach Ansicht von Fachleuten auf eine Vorbelastung hin – sowie auf eine Schmerzbehandlung. Für einer Partie, in der es um mehr als alles ging. Klubvorstand Rummenigge sagte zum Fall Badstuber nur kryptisch: »Wenn Sie die Details unserer Verletztenakte kennen würden, würden Sie auch die Gedanken- und Emotionswelt des Trainers besser verstehen.«[49] Eines Trainers, der sagt, er habe verletzte Spieler am liebsten eine Woche früher, als der Arzt meint, und der im Fall der Spezialbehandlung von Thiago einen Fehler bekannt hatte.

Über Verletzungen, gerade wenn sie mysteriös erscheinen, wird auch beim Rekordmeister ungern gesprochen. »Es gibt nicht nur ein Kabinen-, sondern auch ein Arztgeheimnis«, sagte Rummenigge gegenüber der *Süddeutschen Zeitung*. Ein roter Faden, der durch die Verletztensaga der Bayern führt, wird also weiterhin nur zu erahnen sein. Will Pep zu viel? Oder macht der Doc nach 40 Jahren plötzlich alles falsch?

Dass der Fußball und manche seiner medizinischen Repräsentanten bei jeder Erwähnung des D-Worts zusammenzucken, um dann wie die Sprechautomaten Reinheitserklärungen in eigener Sache abzugeben, sich dabei auf die Resultate von Sportkontrollen stützen oder anderweitig den klaren Verstand beleidigen – das stimmt skeptisch.

Es braucht Transparenz in allen Bereichen, nur gibt es diese nirgendwo. Am wenigsten in der Darstellung all der wundersamen Heilungs- oder Fitnessprozesse, die im Fußball an der Tagesordnung sind. Vorgänge, die von außen nicht mal mehr der normale Sportorthopäde erklären kann, sofern er nicht in die speziellen Prozesse eingeweiht ist. Natürlich muss auch hier auf die Trennung hingewiesen werden zwischen manchen Sportmedizinern, die eng und hart am Profi arbeiten – und vielen anderen, die eine qualifizierte Betreuung im Wettkampfsport als Kernaufgabe ansehen und humanwissenschaftliches Gesundheitsmanagement betreiben, inklusive Dopingprävention.

Im Widerspruch dazu stehen jene Teile des Fußballbetriebs, die jeden Einblick in medizinische und pharmazeutische Fragen verwehren. Das lässt sich nicht mit dem Schutz der Intimsphäre des Einzelnen begründen. Es geht nicht um Privatkrankheiten. Die Entstehungs- und Genesungsgeschichte von Verletzungen, die in einem Beruf erlitten werden, den es nur aufgrund von Publikumsgeldern gibt, sollten schlüssig dargelegt werden können – zumal, wenn sich Mysterien um sie ranken, die weder im normalen Gesundheitswesen Entsprechungen finden noch von objektiven Sportmedizinern erklärt werden können.

Neue Stimulanzien

Im April 2015 wurde bekannt, dass der soeben als Teamarzt zurückgetretene Hans-Wilhelm Müller-Wohlfahrt Bayern-Profis zu einem gelernten Elektroingenieur und Therapeuten geschickt hatte. Dieter Waibler behandelt in einer Art Kellerpraxis in einem Münchner Vorort die Muskeln der, wie er sagt, vom Bayern-Doc zu ihm geschickten Profis per Magnetstimulation mit selbstentwickelten Maschinen. Den Vorgang an sich dementiert er nicht.[50] »Die Fußballer sind an unserer Methode interessiert, weil die müssen bei Verletzungen schnell wieder von der Bank runter und fit werden«, sagte er einem ARD-Reporter ins Mikrofon. »Also versucht man Möglichkeiten zu finden, dass man die schnell wieder in Takt kriegt. Beim FC Bayern haben sie zwar eine sehr gute Physiotherapie – mit einem guten Arzt, Dr. Müller-Wohlfahrt. Aber gerade wenn es in die neuronale Ebene geht, dann ist es eben schwieriger, mit den herkömmlichen Mitteln da Fortschritte zu machen. Und da haben wir eben hier die Möglichkeit, den ersten Ansatz der Therapie zu starten. Und dann machen die anderen weiter. Also das ist eine Zusammenarbeit.«[51]

Waibler selbst kommt aus dem Gewichtheben, hat Zulauf auch aus der Bodybuilderszene. Für die Behandlung eines Heber-Bundesligateams begann er mit der Entwicklung seiner Magnetstimulationsmethode. Dabei, erklärte er, würden elektromagnetische Impulse die Nerven und Muskeln stimulieren und ganze Nervenbahnen im Körper von Blockaden befreien. Insbesondere bei Arjen Robben sei die Behandlungsform sehr erfolgreich gewesen.

Seine berühmten Patienten kämen »inkognito«, sagte Waibler. »Die dürfen eigentlich nicht, kommen aber trotzdem. Die fliegen einfach schnell hier rüber, und dann schauen wir nach. Hauptsächlich geht das erst einmal über den Dr. Müller-Wohlfahrt, der ja da sehr bekannt ist in der Welt. Und wenn festgestellt wird: Knöchern plus ›nerval‹, dann landet er hier. Und dann versucht man, das zu beheben.«[52]

Müller-Wohlfahrt und die Bayern äußerten sich weder dem Sender noch dem Autor gegenüber. Waibler tat es, machte aber einen Rückzieher. Er ließ wissen, er sei bei dem Radiointerview fehlinterpretiert worden, er habe geglaubt, es sei allein um die Darstellung seiner Arbeit gegangen. Andererseits sei er aber auch nicht daran interessiert, den Sachverhalt selbst genau darzulegen – nicht mal die »Berühmtheit mancher Patienten« sei ein triftiger Grund für ein aufklärendes Interview.[53]

Dabei berichtet Professor Ralph Kühn von der Arbeitsgruppe Molekulare Biologie an der TU München viel Gutes über Waibler. Dort hat der Elektrospezialist sein Fachwissen sogar in eine Grundlagenstudie über den Einfluss elektromagnetischer Felder auf neuronale Zellen eingebracht. Kühn sagt, es sei um das Anlegen dieser Felder an Zellen gegangen, »eine rein technische Sache, es hat uns weitergeholfen«. Zugleich stellt der Zellforscher klar: »Es gibt keine klinischen oder sporttherapeutischen Arbeiten bei uns, mit solchen Dingen haben wir gar nichts zu tun. Wir erarbeiten nur Grundlagen, und die sind auch nicht in der Anwendung, davon sind wir meilenweit entfernt. Wir wissen, elektromagnetische Felder haben Einfluss auf die Zellen, aber es ist noch ganz viel Forschung nötig, um zu verstehen, was da alles passiert.«[54] Eine riesige Experimentierwiese also. Zellforscher Kühn hat sogar Waiblers Praxis besucht und erfahren, dass dort prominente Sportler behandelt werden. Aber was da konkret abgelaufen sei über die Jahre in einer Truderinger Seitenstraße, entziehe sich seiner Kenntnis.

Warum muss es solche Geheimniskrämereien um die Behandlung von Fußballprofis geben – warum selbst dann noch, wenn sie bekanntwurden? Warum »dürfen manche nicht« dorthin gehen, kommen aber trotzdem rasch nach München geflogen? Weil Waibler Bahnbrechendes verspricht? Seine Methode lasse vor allem Prellungen, Zerrungen und Muskelrisse vier- bis fünfmal schneller heilen als auf herkömmlichem Wege. Einen frischen Muskelriss könne er »in wenigen Stunden wieder zusammenflicken«, sogar leichtes Training sei dann wieder möglich. »Nach einem Muskelfaserriss etwa wäre ein Fußballprofi dann nach nur zwei Wochen wieder fit und einsatzfähig«, sagte er ins Mikro des ARD-Reporters.[55]

Sportärzte wie Rarreck haben ihre Zweifel. »Die Naturgesetze eines verletzten Gewebes können nicht aufgehoben werden«, gibt der Sportmediziner zu bedenken. »Ein Bündelriss kann nicht in zwei statt sechs Wochen wirklich verheilen.« Der Rest sei viel Spekulation – etwa darüber, ob bei dem Verfahren »Nerven desensibilisiert« werden.[56]

Wenn eine Technik so propagiert werde, dass sogar multiple Sklerose damit geheilt werden könnte – eine Kunst, die auch Klümper für sich in Anspruch genommen hatte, ohne Beleg –, dann könne man zumeist von Scharlatanerie ausgehen, meint der Pharmakologe Fritz Sörgel. Für ihn ist die mysteriöse Technik nur ein Beweis mehr, »dass eben alles versucht wird«. Irgendwann werde man auch auf Wirksames stoßen – »sei es chemischer oder wie in diesem Fall physikalischer Natur«. Man muss nur im Stillen weiterdoktern.

So, wie viele andere in der Cyber-Branche Profifußball. Waibler benutzt Magnetfelder, um Muskeln schneller zu heilen; derweil betreiben zwei japanische Wissenschaftler ein anderes Geheimprojekt, das der Nürnberger Pharmakologe Fritz Sörgel aufgestöbert hat. Sie reisten nach Barcelona, um mit einem 3 Tesla dichten Magnetfeld herauszufinden, was im Kopf eines höchstbegabten Kickers wie Neymar abläuft. Mit Hilfe der funktionellen Magnetresonanztomografie (fMRT) bestimmten sie die Aktivität der Gehirnregionen, die für die Bewegung im Fußgelenk verantwortlich sind – kein ganz unwichtiger Körperteil im Fußball. Heraus kam Überraschendes: Im Vergleich mit drei spanischen Profifußballern, einem Amateurkicker und zwei Spitzenschwimmern benötigte Neymar nur zehn Prozent der Gehirnaktivität, die die anderen Probanden einsetzen müssen. Die Wissenschaftler glauben, dass genetische Faktoren und geeignetes Training diesen Vorteil fürs Ballspiel schaffen. Ihre Schlussfolgerung ist, dass im Fall Neymars mehr Hirnkapazität für andere Aufgaben übrig bleibt, für kognitive Leistungen wie Informationsverarbeitung, Kreativität, Planung und Orientierung. Oder auch für Antizipation und die Fähigkeit, gleich eintretende Spielsituationen zu erahnen. Ist die Vermutung vermessen, dass künftig mit fMRT oder weiterentwickelten Geräten Fußballklubs Einkäufe zu optimieren und Fehleinkäufe zu vermeiden suchen? Dass es einmal Eignungstests im Zuge von Spielertransfers geben könnte?

All die diskreten Vorgänge zeigen, wie die größte Unterhaltungsbranche des Globus jeden wissenschaftlichen Faktor zu nutzen versucht. »Spieler, die für die Bewegungsabläufe mit dem Fuß weniger Gehirnaktivität brauchen und diese für andere komplexe Vorgänge nutzen können, sind vielleicht die effizienteren Kicker«, sagt Sörgel. Diese Untersuchung werfe auch ein Licht auf die Uni-Studie, an der Waibler beteiligt war. Auch da ging es um die Wirkung auf Gehirnzellen. Überdies verweisen Szenekenner wie der langjährige Schalke-Arzt Rarreck auf einen verstärkten Gebrauch von Ginkgopräparaten. Eine hochdosierte Tablette davon, sie wird auch im Fernsehen beworben, soll als pflanzliches Mittel den Gehirnstoffwechsel verbessern. Ob es echte Wirkungsnachweise gibt, bezweifeln viele Experten. Kicker greifen zu.

Schlafende Wunden

Die Mysterien der Gurus und ihrer Wundermittel halten auch in anderen Spitzenligen Europas die Fußballprominenz auf Trab. In Frankreich machte die Blitzheilung des Brasilianers David Luiz Schlagzeilen: Der Verteidiger des Topklubs Paris St. Germain erlitt am 5. April 2015 einen Muskelfaserriss im Oberschenkel – neun Tage später, in der Champions League gegen Barcelona, stand er wieder auf dem Feld. Nach neun Tagen, die er in der Behandlung seines Landsmanns Eduardo Santos verbracht hatte – in Russland. Dass im angehenden WM-Land gern mit Anabolika und anderen Substanzen hantiert wird, ist gerade in Brasilien häufiger thematisiert worden – das Land ist ein Hauptexporteur von Profis in Putins Reich. Aber die Nummer von David Luiz war so atemberaubend, dass erstmals auch rivalisierende Klubs wissen wollten, wie so eine Wunderheilung möglich sei. Es wurde sogar von Doping gesprochen. Huch! Im Fußball?

Trainer Laurent Blanc verriet nur, dass es eben Methoden gebe, »die schneller Resultate erzielen als die Schulmedizin«. Luiz selbst steuerte bei, dass er »fünf Tage lang je zwölf Stunden gearbeitet« habe, dass es eine »unglaubliche neue Behandlung« gewesen sei – und er im Übrigen nicht der Erste, der sich ihr unterzogen habe. Den Tipp habe er von Villas-Boas erhalten. André Villas-Boas gilt als Juniorausgabe seines Landsmanns und Lehrherrn José Mourinho. Nach Stationen in Porto, bei Chelsea und Tottenham coacht er seit März 2014 Zenit Petersburg.

Schließlich meldete sich Physiotherapeut Santos selbst zu Wort. Er sei weder Zauberer noch Heiler, sei aber halt doch in der Lage, die Genesungsphase bei Muskelverletzungen »um mindestens 50 Prozent zu reduzieren«. Er wende verschiedene Dinge simultan an, im Fall Luiz habe er »weder gespritzt noch PRP angewendet, sondern Nadel und Elektroden, um den Muskel zu reinigen«. Zudem habe es Muskelaufbau-, Schwimmübungen und Elektrostimulation gegeben.[57]

Ein Pariser Mediziner erklärte so eine Heilung »in neun Tagen für ausgeschlossen – es braucht mindestens die doppelte Zeit. Die einzige plausible Erklärung für so eine kurze Zeit ist die Betäubungsinjektion gegen den Schmerz. Aber das ist wohl verboten und sehr riskant, weil die Wunde nicht verheilt, sondern gewissermaßen eingeschlafen ist.«[58]

Da sind wir wieder: Was treiben die eigentlich?

Die faustische, da offenkundig hochexperimentale Suche nach Wunderlösungen wird im Profisport nicht aus Jux betrieben. Und dass es erstaunliche Dinge gibt in der Spezialmedizin des Fußballorbits, hat schon der Fall Robben 2010 gezeigt: ein schwer am Muskel verletzter Profi, der für die Rekonvaleszenz eine halbjährige Spielpause benötigt – der zuvor aber kurzfristig in die Form eines Weltfußballers des Jahres versetzt werden kann.

Welche Fortschritte für die Allgemeinmedizin, welche Einsparungen im Gesundheitswesen könnten erzielt werden, Entlastungen für die Kassen – wenn der Sport dies stille Spezialwissen endlich zugänglich machte? Da es ja nichts mit Doping zu tun hat und nur die raschere Gesundung bewirkt, wäre es für Hunderttausende Menschen hilfreich, die nicht wochenlang im Bett liegen oder an Krücken gehen wollen. Stattdessen gilt höchste Geheimniskrämerei. Arztgeheimnis. Schweigepflicht. Weil es etwas zu verbergen gibt?

Robben wurde auch auf der Bayern-Verletztenliste in Guardiolas zweiter Saison 2014/15 geführt. Fünfeinhalb Wochen nach einem Riss in der Bauchmuskulatur lief er im DFB-Pokalhalbfinale gegen Dortmund auf. Minuten später hatte er einen Faserriss in der Wade. Für Sportarzt Rarreck war das »ganz klar eine indirekte Folgeverletzung – jeder Teil des Bewegungsapparats hängt mit weit entfernten zusammen, wie der oberste Halswirbel mit dem Sprunggelenk. Ist zum Beispiel ein Bauchmuskel nicht voll ausgeheilt oder noch in der Proliferationsphase, wird er von anderen Muskeln intuitiv unterstützt.«

Das stete Kommen und Gehen der Münchner Helden personifizierte im Pokalspiel in Leverkusen Mehdi Benatia: Nach 34 Minuten musste der Abwehrspieler raus, Muskelfaserriss. Zuvor war er zweimal in der Liga zum Einsatz gekommen. Wütend applaudierte Guardiola zur Bayern-Bank, die Bilder wurden als Auslöser für die späteren Verwerfungen mit dem Medizinerstab gedeutet. Guardiola dementierte, er sei nur »traurig über die Situation« gewesen. So traurig wie Monate zuvor, als Benatias Kollege Jerome Boateng in drei seiner ersten fünf Saisonpartien vor der 60. Minute passen musste. »Wir können nicht in jedem Spiel einen Abwehrspieler wechseln. Abwehrspieler spielen normalerweise von der ersten bis zur letzten Minute. Wir müssen noch mal mit den Ärzten sprechen«, schimpfte Guardiola. Bemisst er Faktoren wie individuelle Verletzungshärte und Nehmerqualität an der Spielposition?[59]

Dann das Warten auf Godot: Franck Ribérys Sprunggelenk sollte – nach einer Verletzung im März – eigentlich binnen

Tagen wiederhergestellt sein. Doch der Spieler blieb, wofür es keine Erklärung gab, bis Saisonende und sogar in die nächste Saison hinein verletzt und löste in der Statistenrolle Thiago Alcántara ab. Guardiolas Schützling, der selbst gerade erst nach einer einjährigen Zwangspause in den Spielbetrieb zurückgekehrt war. Zur Erinnerung: Thiago war in die Hände von Ramón Cugat übergeben worden, der Sportarzt in Barcelona soll Kortison und Wachstumsfaktoren ins Innenband gespritzt haben. Weil zu viel Kortison das Gewebe aufweicht, wurden die wiederkehrenden Folgeverletzungen bald auch in München Cugats Behandlung zugeschrieben – die nach dem dritten Bänderriss sogar Guardiola selbst als »Fehler« bezeichnete.

Jäger als Schoßhündchen

Als das Dopingthema in Deutschland anhand neuer Erkenntnisse über Klümpers Anabolikalieferungen an Bundesligaklubs hochkochte, gab Mehmet Scholl, der ARD-Fußballexperte, im Sender Entwarnung. Und plauderte aus eigenen Erlebnissen: »Wir hatten einen Medizinschrank, da waren Medikamente für Kinder drin, die sehr sanft waren. Wir durften ja überhaupt nichts nehmen.«[60] Auch Breno Borges hat über den Münchner Medizinschrank berichtet, drei Jahre zuvor. Für den brasilianischen Profi war er keine Puppenküche, sondern der Eingang zur Hölle: Er habe Zugang zu Schlafmitteln gehabt und ihn auch regelmäßig genutzt. Breno stand unter starkem Alkohol- und Medikamenteneinfluss, als er im Herbst 2011 sein Haus in Grünwald anzündete.

Wie der Staatsanwalt in der Verhandlung gegen den Brandstifter vor dem Landgericht München sagte, wurde zu der Medizinschrank-Frage ein Physiotherapeut des FC Bayern vernommen; Brenos Aussage sei Anlass gewesen, die Verhältnisse im Klub nach dem Arzneimittelgesetz und »von Amts wegen aufzuklären«. Beim Ortstermin wollen die Ermittler tatsächlich einen unverschlossenen Medizinschrank vorgefunden haben. Brenos Anwalt verlas vor Gericht eine Erklärung, nach der der Profi regelmäßig Schlafmittel konsumiert habe, die er im Verein »einfach mitgenommen« habe. Zuvor hatte Brenos Manager behauptet, der Spieler habe Schlafmittel vom Klub erhalten. Der FC Bayern wies den Vorwurf des Managers zurück. »Grundsätzlich gibt es beim FC Bayern keine Schlafmittel«, erklärte Sportdirektor Christian Nerlinger; ein Klubsprecher bestätigte, dass es »bei dieser Aussage bleibt«.[61]

Den Ermittlern zufolge wurde der Beipackzettel des verschreibungspflichtigen und, wie Pharmakologe Sörgel einschätzt, »abhängig machenden« Schlafmittels Stilnox gefunden. Der befragte Bayern-Physiotherapeut habe bestätigt, dass es das Präparat in der medizinischen Abteilung gebe. Nebenwirkungen von Stilnox können Halluzinationen und Angstzustände sein, Effekte, die Zeugen bei Brandstifter Breno in jener Nacht bemerkt haben wollten. Zudem warnt der Beipackzettel vor einer Kombination mit Alkohol. Breno hatte bei der Tat einen Promillewert von 2,5. Eine Rechtsmedizinerin hielt daher »Wahnvorstellungen« bei dem Spieler, der sogar aus einem Fenster gesprungen war, für »nicht ausschließbar«.[62] Ein Psychiater sagte aus, Breno habe am Tag nach der Tat so niedergeschlagen gewirkt, dass er ihm eine stationäre Behandlung empfohlen habe. Bei dem häufig verletzten Profi habe sich über Jahre eine »depressive Entwicklung« vollzogen.

Ein anderer Profisportler, der Erfahrungen mit demselben Präparat gemacht hat, ist Grant Hackett. Parallel zum Breno-Prozess legte der dreimalige Schwimmolympiasieger im australischen Fernsehen eine Beichte ab, die es in sich hatte. Saufgelage zwischen den Wettkämpfen, Wutausbrüche und häusliche Gewalt – dazu eine jahrelange Abhängigkeit von Stilnox-Pillen, die »mir Angst gemacht haben«, gestand Hackett. »Sie sind böse.«[63]

Mit der Aussage, dass die Schlafpillen unter Athleten bei Topevents wie WM oder Olympischen Spielen weit verbreitet seien, versetzte er Australiens Aufgebot vor den Londoner Spielen in Aufruhr. Den Sportlern wurden daraufhin drei Präparate untersagt und sogar Zimmerdurchsuchungen angedroht. Anders ließen sich diese Wirkstoffe nicht verbannen: Wie viele Schmerzmittel stehen Schlafmittel nicht auf der Verbotsliste. Und die Laborfahnder dürfen zur Einnahme nicht verbotener Stoffe keine Studien anstellen – auch nicht, wenn deren Gebrauch exzessiv ist. Weshalb der Sport nicht einmal Hacketts Behauptung überprüfen kann, dass viele Athleten das Zeug nehmen.

Das ist ein Kernproblem. Der Sport und die von ihm gesteuerte Wada, mit Leuten wie Sepp Blatter im Beschlussgremium, passen sehr genau auf, »dass wir ja nicht links oder rechts des Weges ein bisschen schauen, was gemacht wird«, sagt ein renommierter Dopinganalytiker. »Und wenn wir das nicht tun dürfen, wird es schwer mit der Forschung nach dem, was sich an Neuem tut.« Auch Tim Meyer, der DFB-Teamarzt, hat schon beklagt, dass »in puncto Fußballforschung aus medizinischer Sicht nicht allzu viel wissenschaftlich gesichertes Wissen vorliegt«. Im Spitzensport werde man an diese Dinge »nicht rangelassen, man kann sie also gar nicht erforschen«. Warum das so ist? »Im professionellen Fußball existieren manchmal schon noch Berührungsängste.«[64]

Die scheinen zuzunehmen. Verbände und Wada ziehen scharfkantige Leitplanken um die Verbotsliste hoch – dass sich gleich daneben neue, breite Autobahnen bilden, müssen die Fahnder ignorieren. Sie werden künstlich dumm gehalten: Wehe, ihr spürt Substanzen nach, die zwar massiv konsumiert werden, aber nicht auf der Liste stehen. Dass Spitzenlabore nicht einmal zu Forschungszwecken anonyme

Daten von nicht verbotenen, doch umfassend gebräuchlichen Substanzen wie Schmerz- oder Schlafmitteln erheben dürfen, illustriert, wie gering die Bereitschaft auch innerhalb des Sports ist, mehr zu tun als das unbedingt Notwendige.

So richtet man scharfe Hunde zu Schoßhündchen ab. Vorbei die Zeiten, in denen furchtlose Forscher aus Skandinavien oder Australien den Analytikbetrieb vor sich herscheuchten. Übrigens, auch dieser hat sich in ein lukratives Geschäft verwandelt. Es geht um Millionen. Der Haken nur: Diese Millionen verteilt vor allem der Sport.

Kapitel 7
Und es macht doch Sinn

»Epo ist absolut sinnvoll im Fußball.«
Werner Franke,
Zellforscher und Dopingexperte

»Volle Pulle«

Für den Heidelberger Zellforscher Werner Franke steht außer Frage, dass im Fußball »volle Pulle« gedopt wird. Er verfolgt die internationale Betrugsszene seit Dekaden, die Apologeten des sauberen Kicks widerlegt er mühelos. Franke verweist auf all das, was ohne Furcht vor Entdeckung angewendet werden kann. Zur Grundausstattung des Fachdopers gehört der Insulinfaktor IGF-1. Tatsache ist: keine Dopingrazzia ohne diesen Fund. Schon für Fuentes war das Mittel Standard, er nannte es »Ignacio«, nachweisbar ist es bis heute nicht. Franke: »Das Peinlichste ist: IGF-1 ist die meistgebrauchte Substanz – und es redet nicht mal jemand darüber.« IGF-1 ist sogar das zentral regulierende Wachstumshormon des Körpers: »Kleine Dosen fördern Blutbildung, Muskelaufbau et cetera – aber nicht so drastisch, dass es auffällt. Das perfekte Grundlagendoping.«[1] Zu überprüfen in Frankes Berliner Dopingarchiv.

Renner Nummer zwei: Epo-Mimetika. Es gibt Dutzende, die Herstellung brummt. Zugleich sind die Zeiten vorbei, da künstliches Epo über ein erhöhtes Molekulargewicht auffiel. »Der Epo-Rezeptor im Körper bindet neue Mimetika mit immer kleinerem Molekulargewicht, die Anbindung stößt die

Bildung roter Blutkörperchen an – alles nicht nachweisbar.«[2]
Klar liegen dann erhöhte Werte vor, aber eben nichts Fremdes. Ungefähr so, wie es die wenigen Blutstudien im Fußball
der letzten Jahre mit signifikanten Anteilen an hohen Werten
aufweisen – wofür Sportärzte und im Sport beschäftigte Analytiker allerdings andere Erklärungsansätze finden. Franke
sagt, gerade Epo, das vermeintliche Ausdauermittel, sei »absolut sinnvoll im Fußball, eben auch in einer Kurzleister-
Sportart«. Im Training wird hier ohnehin fast nie Blut getestet. Epo aber wird heutzutage im Training genommen, bei
Wettkämpfen nur noch mit Mikrodosierungen nachgebessert,
die sich über Nacht abbauen. Häufiger sind US-Sprinter damit aufgeflogen. Franke verweist auf die US-Sprinterin Michelle Collins, die sich an Hämatokritwerte von bis zu 49,5
herandopte, knapp unter die 50er-Grenze. Wada-Sprecher
Ben Nichols bestätigt: »Früher dachten die Leute, Epo nähmen nur Ausdauerathleten. Das ist nicht so. Die Sprinterin
Marion Jones wurde wegen Epo-Gebrauchs bestraft.«[3]
    Daneben gibt es Eigenbluttransfusionen. Auch nicht nachweisbar. Sehr beliebt auch das nicht nachweisbare Testosterondoping. Letzteres wird über den Quotienten von Testosteron und dessen Abbauprodukt Epitestosteron ermittelt, ein
Wert, der normalerweise zwischen 1 und 1,2 variiert. Doper
versuchen den Quotienten stabil zu halten, indem sie auch
Epitestosteron einnehmen. Wer mit zu hohem Quotienten
auffällt, wird einem Isotopentest unterzogen. Hier hat dann
Pech, wer auf gängigen Verkaufswegen Präparate erwarb, die
aus preiswerten pflanzlichen Vorhormonen hergestellt sind.
Typisch dafür ist ein großer Anteil des Kohlenstoffisotops 13
(C^{13}). Im menschlichen Testosteron hingegen kommt ein
deutlich geringerer C^{13}-Gehalt vor. Der Fachdoper besorgt
sich also Testosteronpräparate von rein tierischer Herkunft.
Weil die denselben C^{13}/C^{12}-Gehalt wie menschliches Testosteron haben. Und deshalb nicht auffallen.
    Im Grenzbereich siedelt auch das schon angesprochene

Platelet-Rich-Plasma-Verfahren, kurz PRP. Die Methode ist sehr beliebt. Einer Stanford-Studie zufolge wird sie bei Sportlern rund 86 000-mal im Jahr angewendet.[4] Entnommen werden in der Regel 30 bis 60 ml Blut, das wiederholt zentrifugiert wird und 3 bis 6 ml Plasma ergibt, reich an Plättchen und weißen Blutzellen. Dieses Serum wird bis zu fünfmal in einer Woche verabreicht, vorwiegend bei Muskel- und Sehnenverletzungen.

Wegen des Verdachts, dass PRP unter den diversen Wachstumsfaktoren auch solche befördert, die man für Doping einsetzt, wurde es vorübergehend von der Wada verboten – und rasch wieder freigegeben. Allerdings fand Amy Westerlain von der Stanford University bei einer Studie verschiedene Wachstumsfaktoren wie IGF-1, VEGF, bFGF und IGFBP-2. Ihre Untersuchung ist umstritten, weil es keine Kontrollgruppe gab und die Effekte unter zehn Prozent lagen. Allerdings wurde PRP für die Studie nur einmal statt fünfmal pro Woche angewendet. Was zu der einfachen Frage führt, ob nicht bei häufigerer Behandlung die Konzentration der Wachstumsfaktoren so hoch sein könnte, dass ein leistungssteigernder Effekt eintritt. Die grenzenlose Begeisterung im Sport für diese Praxis spricht jedenfalls nicht dagegen.

»Ich befürchte, dass solche Techniken eine Eintrittspforte liefern. Sportärzte, in pharmakologischen und biochemischen Fragen meist unkundig und naiv, versuchen alles Mögliche«, sagt der Dopingexperte Fritz Sörgel. »Und natürlich: Viel hilft viel.« Zusätzliche Gefahr: PRP-Behandlungen minderten das Schmerzempfinden, Sportler belasten sich zu früh wieder – was neue Verletzungen nach sich zieht.

Es gibt Einschätzungen von Fachärzten, dass das Verfahren bei rund der Hälfte aller Bundesligaklubs angewendet wird. Paul Klein vom 1. FC Köln behandelt drei bis vier Spieler pro Saison mit PRP; Raymond Best, Arzt beim VfB Stuttgart, spricht gar von 15 Spieler pro Saison. Der Kölner Laborchef Schänzer hält die künstliche Erhöhung von Wachstumsfaktoren für »dopingrelevant«[5], hingegen gibt die Wada brav auch hier Entwarnung: Allenfalls therapeutische Effekte seien sichtbar. Sie beobachtet weiter.

Was gibt es sonst noch?

Von Zigaretten in der Kaffeepause und harten Hunden

Für den Pharmakologen Sörgel ist etwa Koffein »ein ideales Dopingmittel«. Bei der Messung der Blutkonzentrationen nach einem Ironman Triathlon anno 2005 lagen die Koffeinspiegel der Teilnehmer in Bereichen, die eine Leistungssteigerung anzeigen. Umso verwunderlicher ist es für Sörgel, dass Koffein im gleichen Jahr »von der Wada-Liste verschwand«. Es gibt Untersuchungen, die Koffein sogar eine bessere Wirkung als Ephedrin zuschreiben – auf das Gehirn. Den Stoffwechsel begünstigt die Substanz allerdings nicht nur dort, sondern auch in den Muskeln. Was gut ist für die Erholungsphase nach dem Sport. Koffein kann nahe am Wettkampf genommen werden, es ist dank der raschen Aufnahme aus dem Magen-Darm-Trakt ins Blut gut steuerbar. Der Sportler kann abschätzen, wann die maximale Wirkung eintritt. Zumindest, wenn alles glattläuft.

Wie aktuell das Thema ist, offenbarte die englische Nationalmannschaft 2012 bei einem WM-Qualifikationsspiel in Polen. Weil am Spieltag ein Unwetter den Rasen unbespielbar gemacht hatte, musste die Partie 24 Stunden verschoben werden. Pech für die Briten – sie hatten bereits ihre Koffeintabletten drin. Die zuverlässig wirkten. Weshalb einige Spieler nachts nicht schlafen konnten und Schlaftabletten bekamen, wie Verteidiger Glen Johnson vom FC Liverpool berichtete. Milde Schlaftabletten allerdings gibt es nicht – nicht unter den richtigen. Nach dem 1:1 wunderte sich Teammanager Roy Hodgson, dass seine Spieler nicht annähernd so »sharp and lively« drauf waren wie die Tage zuvor. Die Koffeindosis dürfte erheblich gewesen sein.

Ernst zu nehmen ist auch der Einsatz von Nikotin. Das hat nichts mit Zigarettenrauchen zu tun, es gibt weit »modernere« Formen der Nikotinzufuhr. Nachuntersuchungen von Urinen zeigen, dass Nikotin im Sport eine erhebliche Rolle spielt. In einer Studie an 72 Profis der WM 2009 im Eishockey – einer Sportart, die von Dynamik und Reaktionstempo geprägt ist, Effekte, die Nikotin befördert – fanden sich in 53 Prozent der Urinproben Hinweise auf Nikotin. Alles Kettenraucher? Bei zwei Spielern war die Konzentration im Urin sogar außerhalb des Eichbereichs, was die Forscher eindeutig auf Dopingabsicht mit Nikotin zurückführten.

In einer Studie des Folgejahrs wurden die Urine von Sportlern aus 43 Sparten untersucht. Die meisten Funde, nämlich 55,6 Prozent, gab es im American Football. Eishockey und Ringen lagen mit 32 Prozent an zweiter Stelle, es folgte Bobfahren mit 31 Prozent. Die Fußballer lagen bei 19 Prozent. Diese hohen Werte lassen ebenso auf verbreiteten Konsum schließen wie die »sehr hohen Nikotinkonzentrationen«, die sich auch in der schon zitierten Studie zur Fußball-EM 2012 fanden. »Diese hohen Konzentrationen finden sich sehr selten in üblichen Dopingproben«, heißt es darin. Die Steigerung kognitiver Fähigkeiten, wie Nikotin sie befördern kann, ist im komplexen Umschaltsport Fußball von Bedeutung.

Zwar gibt es neben der pharmazeutischen Schmerzmittelrüstung immer noch Dopingfälle nach altem Muster. Doch das passiert heute fast nur noch im Amateurbereich, in Deutschland und andernorts. Die Fachforen sind voll mit Amateurfußballerdebatten über Dopingpraktiken.

2014 ermittelte die niederländische Anti-Doping-Agentur Dopingautoriteit beim Amateurfußballmeister SV Spakenburg wegen des Verdachts auf kollektive Einnahme von CrackV3. In der Zeitung *NRC Handelsblad* gaben drei Spieler zu, dass das Team die Substanz, die ein verbotenes Stimulans enthält, regelmäßig vor Spielen der Saison 2011/12 als Nahrungsergänzungsmittel eingenommen habe. Ein Betreuer soll das Mittel vor den Partien zur Verfügung gestellt haben. Im Gegensatz zu Klubführung und Teamarzt soll der Trainer über die Einnahme des vor allem bei Bodybuildern populären Mittels informiert gewesen sein. »Wir fühlten keine Ermüdungserscheinungen mehr«, schwärmte ein Spieler. Dann traten bei Ex-Profi Ricky van den Bergh Herzprobleme auf. Ausgerechnet bei der Meisterfeier. »Ich hatte Herzklopfen und Schüttelfrost. Es war unheimlich«, sagte er. Herman Ram, Direktor der Dopingautoriteit, empfand »den Fall als sehr ernst und beunruhigend«.[6]

Kann es sein, dass heute nur noch unten gedopt wird und oben nicht? Dagegen spricht alles. Das Spartenbild der Dopingmentalität ist identisch mit dem in allen anderen Sportarten. Bei Kontrollen fliegt niemals ein Topathlet auf. Die dürren Funde, die alljährlich präsentiert werden, umfassen Athleten auf der dritten, vierten Ebene. In Deutschland zierten vor einigen Jahren sogar 14-, 15-Jährige aus Tennis und Schwimmen die Sünderliste – muss ein Land nicht sauber sein, das schon Kinder überführt? Was für ein Blödsinn diese Resultate der offiziellen Sportfahndung sind, wie ineffektiv der Sport hier arbeitet, zeigt sich immer dann, wenn Sportler bei großen, anonym gehaltenen Umfragen zum Stand des Betrugsbetriebs Auskunft geben. Im Februar 2014 legte die Deutsche Sporthilfe eine Breitenstudie über Kaderathleten vor, in der satte sechs Prozent angaben, »regelmäßig« zu dopen; 40 Prozent der Befragten, fast die Hälfte, zogen es vor, auf Doping bezogene Fragen nicht zu beantworten. Warum? Wer schweigt, wenn man sich selbst nichts vorzuwerfen hat, aber gegen die Gewissheit antrainieren muss, dass es unter den Konkurrenten, national wie international, genug Sportler gibt, die sich Dopingvorteile verschaffen? Wie immer man solche Zahlen deuten will, sie zeigen eine Realität, die in völlig anderen Dimensionen spielt, als die offiziellen Zahlen vorgaukeln.

Zugleich ist empirisch belegt, dass fast alle großen Affären, alle namhaften Athleten mit ihren Hunderten Negativtests nur durch staatliche Ermittlungen aufflogen; bei Zollrazzien, Steuerfahndungen, Lebensmittelkontrollen. Bei Polizeieinsätzen im Drogenmilieu. Überdies sind mit großen Skandalen auch fast immer große Ärztenamen verbunden. Namen, die meist mit Respekt genannt wurden.

Und was ist mit den Trainern, den harten Hunden, die Leistung um jeden Preis von ihren hochbezahlten Kräften fordern?

Der Psychologe Christian Nawrath hat mehr als fünfzig Trainer der ersten drei Profiligen befragt und eine Burn-out-Studie erstellt. Demnach leidet mehr als die Hälfte unter Schlaflosigkeit und findet auch in der Freizeit keine Erholung; ein Drittel plagt ständiger Kopfschmerz. Und, ein dauerhaftes Branchengerücht: Es gebe »ein Alkoholproblem unter Trainern«. Das gebe zwar keiner für sich selbst zu. Es hätten aber viele auf die Branche bezogen eingeräumt. Auch das Gefühl der Einsamkeit hätten viele bestätigt. Der Forscher trifft erschütternde Aussagen: »Rund 10 Prozent der damals befragten Trainer in der Fragebogenstudie fühlten sich aktuell ausgebrannt. Das ist nicht sehr viel. Aber: Zwei Drittel der Trainer sagten, dass sie sich in der Vergangenheit schon einmal ausgebrannt gefühlt haben. Das ist viel. Aber vielleicht auch ein Hinweis darauf, dass man keine akute Schwäche zugeben will und kann.«[7] Auszeiten, wie öfter zu beobachten, von Guardiola über Rangnick bis Tuchel, böten für viele keinen echten Ausweg. Wer kein großes Kaliber ist, fliegt schnell runter vom Trainerkarussell.

Laut Nawrath leben »die meisten Trainer nur von Woche zu Woche, von Sieg zu Sieg oder eben Niederlage zu Niederlage«. Ständig werde ihr Wirken öffentlich verfolgt und bewertet. Dabei gibt es letztlich nur ein Kriterium: »Erfolg ist das A und O und das höchste Kriterium für die Bewertung der Arbeit eines Trainers.«

Die dunkle Seite

Sieht man das gängige Pharmaarsenal, ist der Schluss logisch, dass Fußballprofis vermehrt unter psychischen Krankheiten leiden. Öffentlich machte das Thema erst der Tod von Robert Enke: Depressionen treten hier häufiger auf. Nach einer 2014 von der globalen Spielergewerkschaft FIFPro vorgestellten Studie litten 26 Prozent der noch aktiven Probanden unter Depression und Angstzuständen. Bei Kickern im Ruhestand lag die Quote laut FIFPro-Chefmediziner Vincent Gouttebarge sogar bei 39 Prozent. »Anders, als oft angenommen wird, hat das Leben von Fußballprofis Schattenseiten«, sagte der Studienleiter. Ex-Profis berichteten sogar häufiger über mentale Probleme als aktive. Speziell die Phase gleich nach dem Karriereende sei »überaus kritisch«. Gouttebarge trug mehr Markantes vor: »Unseren Ergebnissen zufolge sind mentale Erkrankungen unter Profifußballern weiter verbreitet als in anderen Gruppen.« Überdies räumten 19 Prozent der Aktiven und 32 Prozent der Profis im Ruhestand steten Alkoholmissbrauch ein. Beteiligt an der FIFPro-Studie waren 180 Aktive, von denen 60 Prozent in der höchsten Liga ihres Landes spielten. Hinzu kamen 121 Ex-Profis, von denen zwei Drittel den Großteil der Laufbahn in einer ersten Liga verbracht haben.[8]

Natürlich könnte der Sport auch hier etwas tun. Das würde aber seinem Selbstverständnis als geschlossene Gesellschaft, als Kameradschaftssystem widersprechen: Sich öffnen – und die Themen enttabuisieren, die mit seinen Leistungsansprüchen zu tun haben. So ineffizient wie die finanzielle und die politische Kontrolle im Sport sind auch bestimmte Hilfsangebote für Athleten, wenn sie aus dem System selbst kommen. Es braucht Hilfe von außen.

Anonyme Befragungen und Messungen von Antidepressiva (AD) im Urin liefern Hinweise, dass Sportler depressionsartige Zustände auf eigene Faust oder, wenn eine echte Depression auftritt, mit ärztlicher Hilfe über AD bekämpfen. Eingedenk der hohen Kennzahlen stellen sich auch hier Fragen. Gerade die erste AD-Behandlungsphase ist oft von teils erheblichen Nebenwirkungen wie Müdigkeit geprägt. Unklar ist, wie Sportler dann auf höchster Ebene antreten können. Verbirgt sich also hinter mancher »Verletzung« im Sport – dahinter verbirgt sich ja öfter mal etwas – eine AD-Therapie? Man geht in der Medizin davon aus, dass es drei bis vier Wochen dauert, bis die antidepressive Wirkung einsetzt. Erst danach nimmt die Müdigkeit ab. Pharmakologe Sörgel berichtet aus der Praxis: »Mich wundert, dass auch AD wie Venlafaxin gefunden wurden, die am Anfang starke Nebenwirkungen haben, wie ich aus Studien an unserem Institut weiß.«

Eine andere Frage ist, wie viele Sportler AD nehmen, um Wettkampf- oder Versagensangst zu bekämpfen. Sind diese Konsumenten keine krankhaft depressiven Menschen, steigern sie ihr Leistungspotenzial.

Luftkurort im Schlafzimmer

Was gibt es sonst noch? Bei manchen Spitzenklubs sollen reihenweise Spieler zu Hause Höhenkammern haben, Druckzelte über dem Bett, in denen die Bedingung von Höhenlagen zwischen 2500 und 5000 Metern simuliert werden. Wird der Luft Sauerstoff von gewöhnlich 21 Prozent bis runter auf 12 Prozent entzogen, löst das im Körper eine erhöhte Produktion roter Blutzellen aus, der Organismus muss ja mehr Sauerstoff transportieren. Der höhere Anteil roter Blutzellen ist das, was auch durch Epo-Doping angestrebt wird – damit im Wettkampf mehr Sauerstoff in die Muskeln zirkuliert und der Körper nicht so schnell ermüdet. Mehr Luft, mehr Ausdauer, bessere Leistung. Das nächtliche Höhentraining in der Hypoxiekammer, das ärztlich überwacht werden sollte, ist in Ländern mit strengen Antidopinggesetzen wie Frankreich oder Italien verboten. In vielen anderen ist es erlaubt, auch in Spanien, wo die langjährige Real-Ikone Raúl González Blanco nicht als einziger Fan des heimischen Hochgebirgsklimas galt. Real Madrid soll gar erwogen haben, Hypoxiekammern für alle Profis anzuschaffen; nach Presseberichten sei die Idee aus Kostengründen verworfen worden; der Preis pro Kammer wurde mit 20 000 Euro beziffert.[9] Ein Zelt, das sich übers Bett spannen lässt, kostet indes deutlich weniger. So oder so, es wäre aus Real-Sicht ein Gesamtbetrag, den mancher Reservist als Monatsgehalt einstreicht. Wie es seit Jahren bei anderen Helden der Branche in und außerhalb Spaniens daheim aussieht, ob sie dieselben unsichtbaren Helfer haben wie Spitzenleister von Raul bis Lance Armstrong, kann nur wissen, wer es dort bis ins Schlafzimmer schafft.

Die Wada betrachtete die Maßnahme früher durchaus als Äquivalent zu Blutdoping. Aber 2008 hatte sie plötzlich keine Bedenken mehr. Da wurde im Vorstand, dem hohe Funktionäre aus Fußball und Radsport angehören, beschlossen, diese Praktiken nicht zu stoppen. Später äußerte sie sich besorgt über die unkontrollierte Zunahme derselben und empfahl, sie nur unter ärztlicher Aufsicht durchzuführen. Bei intensivem Gebrauch der Höhenkammer wird das Blut zu dick, dann besteht Lebensgefahr. Was wiederum die Effektivität dieser – nicht mehr verbotenen – Maßnahme unterstreicht.

Englands Fußballnationalspieler bereiteten sich 2010 unter Fabio Capello in Druckzelten auf die WM in Südafrika vor, sie wurden ihnen ins Haus geschickt. Spezialisten des Londoner Höhenzentrums steuerten das Projekt. Vorreiter auch hier war David Beckham. Der schlief schon vor der WM 2002 im Hypoxiezelt, um, wie es hieß, eine Mittelfußblessur rascher auszukurieren. In der WM-Vorbereitung 2014 hantierte zumindest das Nationalteam von Chile mit Über- und mit Unterdruckkammern.

Umso erhellender der Aufruhr in der Branche, als der kolumbianische Stürmerstar Radamel Falcao 2014 am Tag nach einer Kreuzbandoperation ein Bild von sich twitterte, wie er mit Sauerstoffmaske die »zwei schlimmsten Stunden meines Lebens« verbrachte. Eine hundertprozentige Sauerstoffdusche, um die Genesung und Vernarbung verletzten Muskelgewebes voranzutreiben.[10] Falcao hatte mit diesem Outing brutal ein Tabu gebrochen: nicht mit der Maßnahme. Mit ihrer öffentlichen Preisgabe.

Mittels künstlich erhöhter Sauerstoffzufuhr sind ein paar Prozent mehr zu erreichen. Und Prozente machen auf Höchstleisterlevel den Unterschied aus. Es gibt so vieles, das teuer und nicht verboten ist. Cristiano Ronaldo hat eine Kältekammer für 45 000 Euro in seiner Villa installiert. Zur Regeneration, Muskelstärkung, Verletzungsprävention. In der Kältesauna setzt er sich für wenige Minuten Minustemperaturen von bis zu 120 Grad Celsius aus. Als »erlaubtes Doping« bezeichnen Fachleute diese Tiefkühlmaßnahme. Eduardo Bohórquez, Betreiber des einzigen Kryotherapiezentrums in New York, erklärt die Effekte: »Es steigert deine Energie und macht dich wacher. Es erhöht die neuromuskuläre Reaktion, so dass du etwas schneller reagierst und dein Immunsystem aktivierst. Es steigert den Stoffwechsel, was gut für die Gewichtsabnahme ist, und regt das endokrine System an.« Premier-League-Klubs wie Westham United und Bolton Wanderers schicken ihre Profis bereits in die Kälte.[11] Ärzte warnen, dass es hierfür ein stabiles Kreislaufsystem braucht. Das besitzen jedenfalls deutsche WM-Helden wie Miroslav Klose und Per Mertesacker. Letzterer hatte nach dem WM-Achtelfinale gegen Algerien angekündigt, er werde sich jetzt »drei Tage in die Eistonne« legen.

Ross und Reiter

Eine unvollständige Tour d'Horizon zeigt: Wo immer intensiv in der Grauzone experimentiert wird, am gerade noch Erlaubten, ist der Fußball prall präsent. Der Geist der Anti-Betrugs-Regeln – dass die Körperleistung nicht künstlich getunt werden darf – wird über schillernde Begleitprogramme aufgeweicht. Es geht, was nur geht. Und darüber hinaus.

Mehmet Scholl, der einstige Schmerzensmann, war im Frühjahr 2015 Teil einer Dreierabwehrkette, die jeglichen Dopingverdacht im Fußball routiniert abblockte. Er assistierte dem Stuttgarter Sportdirektor Robin Dutt dabei, Leistungsmanipulation schon rein gedanklich als Absurdität darzustellen. Zur Erinnerung: »Zunächst fehlt mir bei der Diskussion die Frage, was es überhaupt im Fußball bringen soll«, dozierte er. »Fußball ist eine komplexe Sportart. Nehmen wir einmal an, du nimmst was zum Muskelaufbau. Darunter leidet die Koordination und auch die Schnelligkeit. Nimmst du was für die Kondition, dann wirst du langsamer. Also im Fußball macht es nicht wirklich Sinn.«[12] Vorstellen kann er sich allenfalls, dass Kicker mal »als Versuchskaninchen benutzt« worden seien. Aber passiert sei schon zu seiner Zeit nichts, in den neunziger und nuller Jahren: »Ich kann aus meiner aktiven Zeit sagen, in fünfzehn Jahren bei Bayern München hatten wir jede Menge Dopingkontrollen.«

Der Mainzer Experte Perikles Simon widerspricht dem Schollschen Theorem. »Man kann sogar die koordinativen Fähigkeiten durch Doping stärken.« Und natürlich sei zu »befürchten, dass Dopingmittel eingesetzt werden«. Simon zerpflückte die flammenden Dementis der Branchengrößen. Auch hier das Zitat nach den Aussagen von Dutt und Scholl zur Erinnerung: »Ich habe heute Morgen erboste Mails von Vätern von Jugendbundesligaspielern erhalten. Die fragen mich, ob uns diese Experten auf den Arm nehmen wollen oder wirklich so unwissend sind.«[13] Dass in Deutschland keine Prävention stattfände, wundere ihn nicht eingedenk des Niveaus, auf dem sich diese Experten bewegten. »Das ist erschreckend, weil es seit Jahrzehnten entsprechendes Wissen gibt, das auch aus dem Fußball nach außen getragen wurde.« Aber das Wirtschaftssystem mit dem Ball reagiere eben »wirklich nur, wenn ihm der Unrat bis über beide Ohren steht«. Allein die Frage nach Doping im Fußball sei ein absolutes Tabu – und die Tabuisierung durch Experten das Hauptproblem.

Auch durch Leute wie Jürgen Klopp. Der Coach, der allzeit auf die Bedeutung der körperlichen Verfassung der Spieler verweist, beteuerte: »Fußball war zu keiner Zeit systematisch unterwegs. Im Fußball hat man sich da viel zu wenig darum gekümmert. Ich bin mir ganz sicher, bei den Spielern, die damals beim VfB Stuttgart gespielt haben, war keiner dabei, dem man das nur im Ansatz zutrauen würde. Es kann sein, dass irgendwann im Fußball gedopt wird. Aber dann ist das immer von der medizinischen Seite, die was ausprobieren. Aber dass die Spieler glauben, damit können wir uns weiterhelfen, so funktioniert das Fußballgeschäft überhaupt nicht. Auch damals nicht. Wenn die Jungs was gekriegt haben, haben sie es sicher nicht gewusst!«[14]

Flash!

Zurückgespult zu Paul Breitner. Was sagte der 1987, als Klopp noch bei Eintracht Frankfurts Amateuren kickte, auf die Frage, ob er wie Berti Vogts Toni Schumacher als Nestbeschmutzer betrachte? »Das kann der Berti nicht ernst gemeint haben, denn er muss sich im Verlauf seiner langen Karriere mit dem Problem Doping beschäftigt haben. Das ist nun mal ein Thema in der Bundesliga – bei allen. Entweder die Profis machen es selbst, oder sie bemerken es bei Mitspielern und Gegnern.«[15]

So unterschiedlich sind die Wahrheiten im Ballgeschäft.

Auch manche Medien picken sich die ihre heraus. Was zum Beispiel soll der Unfug, einfach mal so Akteure zum Betrug

zu befragen, die über Jahrzehnte in und vom Ballgeschäft leben? Wenn einer Beobachtungen oder gar Erfahrungen gemacht hat – was soll er jetzt sagen: sich selbst anklagen? Alte
Kameraden hinhängen? Man kann gewiss Verständnis dafür
aufbringen, dass einer lieber vertuscht, als sich – ohne Not! –
zu belasten oder eine Lawine loszutreten. Nicht aber für Fragesteller, die selbst nicht ernsthaft glauben können, dass sich
jemand einfach mal so zum Verräter an der ganzen Religions-
gemeinschaft Profifußball macht. Das sinnlose Abfragen von
absehbaren Dementis dient nur der Systemabsicherung.
Ebenso unverfroren ist es, einzelne Vertreter gleich für die
ganze Branche sprechen zu lassen – ohne Widerrede. Wie
kann einer etwas wissen, wenn er selbst Doping kategorisch
ablehnt? Dann liegt auf der Hand, dass das Thema vor ihm
abgeschirmt wurde. Und warum sollte ein Profi Kollegen ins
Vertrauen ziehen, wenn er heimlich etwas treibt?

Schließlich, selbst wenn einer die Wahrheit auf den Tisch
packen wollte ohne Angst vor dem Nestbeschmutzerreflex
der Branche – hat er, nach all den Jahren, mehr als persönliche
Erlebnisse, hat er konkrete Beweise? In medizinischen Fragen
geraten die kaum einmal in die Hände Dritter, und gerade
Doping wird naturgemäß nicht klar dokumentiert. Zugleich
sind Verleumdungsklagen dort, wo das Geld vom Himmel
fällt, flott zur Hand: »Ross und Reiter nennen«, skandiert die
Branche gern triumphierend. Nicht jeder hat die Nerven eines
Ferruccio Mazzola, der seine Vorwürfe vor Gericht durch-
zog. Und selbst dieser Streiter mit Zivilcourage sagte nach
seinem Prozesserfolg: Hätte er über das Thema Spielmanipulation gesprochen, wäre alles in die Luft geflogen. Der ganze
Klub. Das wollte er nicht.

Wer also soll eine Grenzziehung im Fußball betreiben? Die
Ärzte?

Müller-Wohlfahrt hat hingeschmissen, auch er hält die Ansprüche des modernen Trainingsmanagements offenbar in
manchen Klubs für überzogen. Thorsten Rarreck, der den

Bayern-Doc als Ziehvater bezeichnet, hat aufgehört. Nach
zwei Jahrzehnten bei Schalke. Die neue Zeit ist ihm nicht ge-
heuer, zuletzt habe er den Druck als unangenehm empfunden.
Der neue Trainer Roberto di Matteo, inzwischen wieder weg,
habe den Vollzeitklubarzt gefordert. Aber ein Arzt, der rund
um die Uhr lediglich zwei Dutzend Profis betreut, der würde
bald den Zugang zu der ganzen Erfahrungsbreite dieses Heil-
berufs verlieren. »Ich werde nicht mehr als Klubarzt arbeiten,
solange es keine Kultur gibt, dass der Arzt allein entscheidet –
und nicht Vorstand, Trainer, Aufsichtsrat. Wir dürfen uns nicht
zu Erfüllungsgehilfen von Überehrgeizlingen auf der Trainer-
bank machen lassen.« Wer sich darauf einlasse, »hat keine Moral oder es dringend nötig, auf dem Vereinsposter zu sein«.[16]

Spitzensport stelle das Gegenteil zur Normalmedizin dar,
sagt Rarreck, »die Spitze ist erreicht in puncto Anforderungen des modernen Profifußballs, die Laufstrecken, Richtungs-
wechsel, Spieldichte – irgendwas muss geschehen«. Der
Teamarzt sei in der Regel ja selbst nicht vollumfänglich im
Bilde: »80 Prozent weiß der Arzt, von 20 Prozent wissen wir
nichts.« Die »Grauzone für Doping ist definitiv da«. Er selbst
hatte zumindest einmal das sichere Gefühl, dass ein gegneri-
sches Team »etwas genommen« habe: 2001 in der Champions
League sei Schalke »von einem griechischen Verein einfach
überrollt worden«.[17] Auch dies eine Vermutung, die ins Bild
der Big-Point-Systematik passt.

Oder sollen die Fahnder für eine Grenzziehung sorgen?
Aber auch die Fahnder ernährt das System Sport. Wer keine
Aufträge erhält, muss sich nach etwas anderem umschauen.
Wie tief das »Wes Brot ich ess«-Prinzip hier längst verwurzelt
ist, zeigt sich beispielsweise dann, wenn renommierte Laborchefs vom Lausanner Martial Saugy bis zum Kölner Wilhelm
Schänzer kritisch über den Fußball sprechen: In der Regel
wird dann eine winzige Botschaft in eine dampfende Eloge
auf die Vielzahl der Tests eingemischt.

Aber darf das verwundern? Jeder Test bringt gutes Geld, völlig egal, ob negativ oder positiv. Wer verprellt gern seine solventesten Kunden?

Eindrucksvoll zeigt sich der merkantile Konflikt der Gelehrten, wenn Schänzer dem Antidopingexperten Simon Perikles widerspricht. Der Mainzer Zellbiologe bezeichnet – wie andere vom Kommerzsport unabhängige Szenekenner – die Fußballkontrollpraxis seit Jahren als ineffektiv. »Wir führen Tests durch, obwohl wir wissen, dass diese Tests nichts bringen«, rügt Simon. »Die Kontrollen sind nicht intelligent und gezielt, und damit wirken sie auch nicht präventiv-abschreckend.« Daher falle auch nur ein Promille der Tests positiv aus. »Was den Spitzensport angeht, halte ich eine Dopingquote von 60 Prozent für realistisch.«[18]

Schänzer, dessen Labor einen beträchtlichen Teil der weltweiten Sporttests durchführt, hält das für »provokative Äußerungen, die einer wirklichen Grundlage entbehren. Wir müssen durch eine Vielzahl an Kontrollen hohe Abschreckung erreichen. Dass es wenig positive Fälle gibt, zeigt, dass die Athleten vorsichtig sind.«[19] Das mag die Logik eines Wirtschaftsteilnehmers sein, der mit Kontrollen üppige Umsätze macht. Nimmt man die Chuzpe dazu, mit der die übrigen Angehörigen des Sportwirtschaftssystems auf die Verlässlichkeit dieser Kontrollen pochen – und zugleich einräumen müssen, dass es für viele hocheffektive Substanzen keine Analytik gibt, andere nur in winzigen Zeitfenstern nachweisbar sind – dann wird klar, welche Bedeutung diese Dopingtests noch haben: eine sportpolitische. Eine immer größere kommerzielle Bedeutung – sie lassen das Publikum weiter an ein Traumland glauben, in das sie dieser Industriezweig mit dem menschlichen Körper entführt. Woche für Woche, heute schon fast Tag für Tag.

In Wirklichkeit tun sich, wo immer man in die fortlaufende Geschichte des Elitesportdopings klickt, neue Löcher auf. Jüngstes Beispiel: Im Frühjahr 2015 dopte eine Wissenschaft-

lergruppe in Frankreich zu Forschungszwecken acht Spitzenathleten, die auf europäischem Niveau Medaillen gewonnen
hatten, mit deren Einwilligung. Es gab Mikrodosen mit Eigenblut, Epo und Wachstumshormon. Die phänomenalen,
wissenschaftlich kontrollierten Leistungssprünge von bis zu 5
Prozent kommentierte ein Proband begeistert so: »Man tritt
in eine andere Welt ein.« Eine wesentliche Erkenntnis der
Testreihe war, dass sich die Leistung schon ohne gesteigerte
Trainingsintensität verbesserte. Das Wichtigste aber: Dank
der Mikrodosierungen von Dopingsubstanzen war es den
Athleten möglich, unter dem Radar des biologischen Passports
hindurchzusegeln.[20] Die Wada bestätigte diese Resultate. Zäh-
neknirschend. Denn der biologische Pass gilt seit einigen Jahren als das Wunderinstrument, das eine neue Glaubwürdigkeit schaffen soll. Für jeden Athleten, zuletzt für die Fußballer der WM 2014 in Brasilien, wird über die Blutparameter ein
individuelles Profil angelegt. Darin fallen starke Abweichungen auf, die überprüft bzw. sanktioniert werden können. Der
Bio-Pass sollte der große Wurf sein: Statt des ermüdenden
Gestochers nach allen möglichen Substanzen versprach er den
Entwurf eines verräterischen Gesamtbildes, das über einen
gewissen Zeitraum hinweg die manipulativen Umtriebe eines
Sünders verlässlich anzeigt. Die Pariser Studie macht dies
weitgehend zur Makulatur.

Der Bio-Pass ist ein Schritt, der zeigt, dass durchaus etwas
unternommen wird, um Betrügern auf die Schliche zu kommen. Umso mehr ist zu rügen, dass auch von den Engagierten
gerne die Schwächen und Unzulänglichkeiten der, nun ja,
Jagd auf Pharmasünder vertuscht oder kleingeredet werden.
Bei den Nadas, die gern über stille, angeblich viel intensivere
Fahndungsmöglichkeiten raunen, mag die Idee vorherrschen,
dass man Athleten mit Bluffs, Andeutungen und Drohszena-
rien abschrecken könne. Und vielleicht funktioniert es ein
wenig auf der untersten Ebene. Aber im Elitebereich richten
falsche Stärkeerklärungen Schaden an. Eine verzerrte Infor-

mationspolitik über die wahre Effektivität von Dopingtests hat nämlich üble Nebeneffekte: Sie täuscht das Publikum, wiegt es in Sicherheit. Zugleich lassen sich Fachdoper nicht von Drohungen und Behauptungen abschrecken, die aus Verbänden, Agenturen und Laboren verkündet werden. Lance Armstrong und Co. wussten und wissen aus eigenem Erleben, dass sie nicht zu schnappen sind. So, wie all die Sünder, die zwar mit nachweisbaren Substanzen unterwegs sind, aber in kurze Zeitfenster hineindopen und so locker unter dem Radar ihrer Bio-Pässe hindurchsegeln.

Vor dem Hintergrund solcher Entwicklungen erscheint es fragwürdig, wenn Fachleute wie Schänzer den Standpunkt vertreten: »Solange wir keine Daten haben, die das Gegenteil beweisen, muss man davon ausgehen, dass der Fußball kein großes Dopingproblem hat.«[21] Das sagen ja auch Blatter und Co. In Zeiten, in denen die Körperleistungen immer abenteuerlicher werden und die fettfreie Faserkontur mancher Kicker durchs Trikot schimmert wie eine Rennmaschine hinter Klarsichtfolie, in Zeiten, in denen der Spitzensport ins Gendopingzeitalter gewechselt sein dürfte, das er seit langem diskutiert, ist die Absenz positiver Befunde vor allem: entlarvend. Ein Beweis für die Ineffektivität des Testsystems. Eines Systems, das aus sportpolitischer Sicht gar nicht der Sauberkeit einer Branche dienen kann, in der es – höher, schneller, weiter – allein um stete Leistungssteigerung geht. Das Testsystem ist aber wichtig fürs Publikum, dem damit vorgegaukelt wird, dass alles in Ordnung sei: Man kontrolliere doch eisern.

Eine der wenigen internationalen Studien zum Doping im Fußball hält fest: Während generell zu kritisieren sei, dass die Tests ineffektiv sind, »muss man speziell die Tests im Fußball noch kritischer sehen. Fehler im Testverfahren, Versuche der Klubs, Tests zu umgehen, das Unvermögen der Funktionäre, Dopingtests sauber durchzusetzen«, spielten dabei eine zentrale Rolle.[22]

364 7: Und es macht doch Sinn

Und es gibt Schlimmeres. Der Juventus-Skandal und andere zeigten immer wieder, dass Fahnder und Labore quer durch Europa, Asien und die USA auch zentral am Betrug beteiligt waren. Auch haben einige – oder viele? – Eliteklubs eigene Testprogramme. Was sich zumindest in der Theorie ja aufdrängt, die Profis sind meist das einzige Gut eines Klubs. Und Dopingbefunde vernichten Millionen – im Falle der weltbesten Spieler wären es sogar 100 Millionen. In England wurden Klubs wie Arsenal und Chelsea für ihre Testprogramme sogar schon sanktioniert.[23] Welchen anderen Zweck verfolgen interne Tests, deren Resultate ja nicht publik werden, als jenen, den die Ausreisekontrollen im Staatssport des Ostblocks hatten? Schutz vor externer Entdeckung, Absicherung vor offiziellen Tests. Niemand schöpft Verdacht, wenn ein Athlet kurzfristig ausfällt – ein Wehwehchen findet sich immer.

Und schließlich berichten Sportler, insbesondere aus dem Radsport, seit Jahren, dass Fahrer Tests auf Privatrechnung in Laboren vornehmen lassen – auch in solchen, die von der Wada akkreditiert sind. Lässt sich das verhindern?

Schneller Test

Der DFB hat eine achtköpfige Antidopingkommission. Darin sitzen neben dem Vizepräsidenten Rainer Koch zwei Vertreter der Liga, ein Mitglied diverser Fifa-Medizinkommissionen, der DFB-Teamarzt Tim Meyer sowie dessen Vorgänger Wilfried Kindermann. Hat so ein Gremium als unabhängig zu gelten?

Mit Stolz hat der DFB verkündet, dass er zum Saisonauftakt 2015/16 auch seine Wettkampftests an die Nada übergeben werde. Das zeige, sagte Koch, »wie ernst es dem Fußball mit dem Kampf gegen Doping ist«.

Tatsächlich? Zweifel an höchster Unabhängigkeit und damit der Qualität dieser Tests nährte der Umstand, dass die Kontrolleure, die bisher beim DFB unterwegs waren, auch weiterhin die Kontrollen durchführen sollen. Nicht nur, wie schon seit Jahren, die Wettkampftests an Spieltagen, sondern auch die Trainingskontrollen. Den Argwohn in der Fahnderbranche weckte insbesondere der Umstand, dass diese Tests an eine eigens von bisherigen Fußballkontrolleuren gegründete Firma vergeben wurden. Der renommierte Dauerpartner der deutschen Nada, die Agentur PWC im bayerischen Gilching, hatte ebenfalls ein Angebot für alle Dopingtests im deutschen Fußball abgegeben. Geschäftsführer Volker Laakmann artikulierte offen seine Verwunderung darüber, dass PWC weder zum Zuge kam noch etwas von einer öffentlichen Ausschreibung erfahren habe. In einem internen Mailaustausch konstatieren auch Juristen, dass die freihändige Auftragsvergabe an eine mit Fußballkontrollen vertraute Neugründung »ein Gschmäckle« habe. Zumal die Nada ja als öffentlicher Auftraggeber auftrete.[24] Der neue Auftragnehmer wie auch die Nada wiesen die Bedenken zurück. Letztere erklärte zum Vergabeverfahren, sie habe drei Angebote externer Dienstleister eingeholt. Den Zuschlag habe die Firma mit dem wirtschaftlichsten Angebot erhalten. »Zudem können wir hier auf eine jahrelange Erfahrung in der Durchführung der Wettkampfkontrollen im Fußball zurückgreifen.«[25]

Das ist – neben dem von internen Mails genährten Verdacht, dass die Auftragsvergabe schon früh feststand – der Punkt, der Experten stutzig macht. Branchenkenner Sörgel ist skeptisch, ob sich gerade alte Bekannte in den Stadionkontrollen in jedem Fall durchsetzen können, wenn sie künftig auch frühmorgens beim Star ganz privat aufkreuzen.

Die frühere deutsche Spitzensprinterin Claudia Lepping bearbeitet das Betrugsthema über ihre Website dopingalarm.de, an die sich Athleten wenden können. Auch zahlreiche Kicker, zum Teil namentlich, zum Teil anonym, haben dort Aussagen und Wertungen zu ihren Erfahrungen und Beobachtungen getätigt. Was Lepping von Fußballern hört, widerspricht dem Hochglanzbild, das die Spitzen der Branche im Fernsehen zeichnen. Eine Zitatensammlung aus dem Schwellenbereich zum Profitum, aus hohen Amateurligen bis Dritte Liga, klingt keineswegs nach einzelnen Verirrungen, sie ergibt ein dichtes Bild.

Lepping trug auf Bitte des Autors und mit Zustimmung der Informanten einiges zum Themenkreis Schmerzmittel und undefiniertes Doping zusammen. Darunter Insiderzitate wie dieses: »Wenn wir vorher mit unserem Teamarzt sprechen, ob es okay ist, dann ist der irgendwie auch verantwortlich. Ich habe mir die Pillen oder das Pulver schließlich nicht selbst besorgt und mir reingetan. Der Arzt hat das schon öfter gemacht und sagt dann auch, wann das zu viel ist.«

Oder: »Es wird ausgetestet, was fehlt, und nachgeholfen. Wer meint, das ist nicht richtig, kann sein Gewissen beruhigen, weil alle das Falsche tun.«

Auch würden gewisse Mittel von ärztlicher oder Vereinsseite zur Verfügung gestellt, denn: »Die wollen ja auch nicht, dass einer positiv erwischt wird.«

Bei der Einnahme von Schmerzmitteln, fasst Lepping die Szeneberichte zusammen, würden viele Konsumenten auf Pausen verzichten, weil sie dann »nicht ertragen können, dass der Körper die Wirkung der Mittel abbaut und empfindlicher wird als mit Medikamenten«. Schmerzmittel seien auch in unteren Spielklassen sehr verbreitet, weil Kicker glauben, sie müssten auf dem Platz immer mehr aushalten und riskieren. Allerdings würden sie sich auch Leistungssteigerungen versprechen. »Wenn das Schmerzmittel aber nicht auf der Dopingliste steht, halten sie es auch nicht für Doping.«

Überdies glaubten Fußballer, dass Medikamente sie zu härterem Training befähigten – härter als die Konkurrenz. In einer Mannschaft trauten sich viele ein gutes Spiel »ohne« kaum mehr zu. Die Spieler wirkten immer schneller, athletischer, stärker, ausdauernder, fitter. Es bestehe der Wunsch nach schnellerer Regeneration durch Medikamente.

Aus den Berichten geht weiter hervor, dass manche Ärzte therapeutische Notwendigkeiten attestieren, damit der Sportler ein Mittel nehmen könne, um seine Leistung zu steigern. Einige Kicker haben getestet, wie gut sie mit und wie gut sie ohne Mittel spielen. Weil sie sich »mit« unwohl fühlen, spielen sie »ohne« besser. Andere, die auf Rituale oder Mittel vertrauen, befürchten Leistungseinbußen, wenn sie ihre Mittel nicht nehmen.

Ein knapp 15 Informanten umfassender Personenkreis äußerte sich konkret zu Doping, in Erfahrungsberichten und Szenegerüchten: »Einige besorgen sich im Internet Mittel, in denen Testosteron, Nandrolon, Amphetamine, Ephedrin, Epo, Insulin oder Methandienon sein sollen. Experimente mit Eigenblut und muskelaufbauenden Mitteln.« Sobald die Konkurrenz zunimmt und Spieler offen bekennen, »dass sie das hemmungslos durchziehen«, um Anerkennung und auch Geld zu erhalten, komme Doping ins Spiel. Ab einem gewissen Spielniveau duldeten Gruppen oder ganze Mannschaften keine Abweichungen. »Eine Haltung wird in der Mannschaft entwickelt: Wer Zugang zu leistungssteigernden Mitteln hat, wird nicht gebremst, kritisiert oder geächtet.« Und wenn Trainer, Physiotherapeuten und Mediziner Doping nicht eindeutig ablehnen, sondern so tun, als wägten sie Für und Wider objektiv ab – »dann geht der Sportler von Duldung aus; nach Abwägung: mehr Vorteile als Nachteile.« Das wirke als Appell, es zumindest einmal zu versuchen.

Als Abschreckung, schließt Lepping, bleibe nur der Zweifel, dass Doping per se gefährlich und unsportlich ist. »Je (sozial)aufstiegshungriger der Spieler, umso eher ist er bereit zu dopen. Wenn der unbedingte Erfolg für einen Kicker wichtiger ist, als Regeln einzuhalten, wird es kritisch. Aufstieg durch Sport, Selbstwert, subjektive Bedeutung.« Und auch das wurde ihr aus der Kickerszene zugetragen: »Ich kenne keinen einzigen Fußballfunktionär, dem ich abnehme, dass er gegen Doping ist.«

So düster schaut es unten aus.

Und oben leuchten die Sterne?

Ein Video, das seit Jahren auf Youtube kursiert, legte dem Autor ein Dopingfahnder ans Herz. Es sind nur wenige Sekunden, ein Reporter fängt Nationaltorwart Manuel Neuer nach einem EM-Qualifikationsspiel vor der Sponsorwand ab und fragt:

»War der Kapitän heute bei euch gewesen, Michael Ballack?«

Neuer: »Ich habe ihn nicht gesehen, ich war gerade noch bei der Dopingprobe.«

Reporter: »Was ist denn rausgekommen?«

Neuer, irritiert: »Urin.«

Reporter, noch irritierter: »Ja, klar – ich meine: negativ?«

Neuer: »Ja. Beim Schnelltest schon.«

Seither rätselt der Dopingfahnder: beim Schnelltest? Zwar gibt es so etwas, es gibt zum Beispiel einen auf Drogen. Aber bei Dopingkontrollen gibt's so etwas nicht – jedenfalls nicht bei den Fahndern. Das Kölner Labor bestätigt, dass es keinen Schnelltest gibt. Und auch der DFB teilt nach Rücksprache mit seinen Dopingexperten mit, es gebe keine Schnelltests. Aber sei diese Aussage nicht einfach ein Scherz gewesen? »Wie man dem Gesicht von Manuel Neuer und dem Verlauf dieses Interviews entnehmen kann, ist die Antwort nicht ganz ernst gemeint.«

Ein gedankenschneller, sachkundiger Schnelltestscherz also. Warum nicht.

Witze gibt's.

Anhang

Literaturverzeichnis

Studien und Bücher

Almeyda, Matias: »Almeyda. Alma y Vida«, Sudamericana, 2012

Atkinson, Roy: »Big Ron. A different Ball Game. A Football Memoir«, André Deutsch Ltd., 1999

Australian Crime Commission: »Organised Crime and Drugs in Sport«, 2013

Biermann, Christoph: »Die Fußball-Matrix. Auf der Suche nach dem perfekten Spiel«, Kiepenheuer & Witsch 2009

Desailly, Marcel: »Capitaine«, Edition Stock 2002

Donker, Martin/Derksen, Guido: »Voetbal Mysteries. Opgelost«, Buitenespelers 2013

Geipel, Ines: No Limit. Wie viel Doping verträgt die Gesellschaft? Klett-Cotta 2008

Gherpelli, Lamberto: »Qualcuno corre troppo«, Gruppo Abele 2015

Grayson, Edward/Ioannidis, Gregory: Drugs, Health and Sporting Values, ed. John O'Leary 2000

Hoberman, John: »Sterbliche Maschinen. Doping und die Unmenschlichkeit des Hochleistungssports«, Verlag Meyer & Meyer Sport 1994

Institut für Sportwissenschaft der Humboldt-Universität Berlin, Inhaltlicher Schlussbericht: »Doping in Deutschland von 1950 bis heute«, 30.3.2013

Julliard, Alexandre/Fest, Sébastien: »Ni rey, ni dios«, Sudamericana 2013

Kimmage, Paul: »Full Time – The Secret Life of Tony Cascarino«, Scribner 2003

Klümper, Armin: »Verzeihen kann ich, vergessen kann ich nicht«, Autobiografie, bislang unveröffentlicht

Lahouri, Besma: »Zidane, une vie secrete«, Flammarion, 2008

Maier, Sepp: »Wer mit dem Ball tanzt«, Europa Verlag 2000

Matschiner, Stefan: »Grenzwertig. Aus dem Leben eines Doping-dealers«, Riva 2011

Mazzola, Ferruccio: »Il terzo incomodo. Le pesanti verità di Ferruc-cio Mazzola«, Bradipolibri, 2015

Mendes, Fernando: »Jogo Sujo«, ed. Livros De Hoje, Grupo Leya, 2010

Merson, Paul: »How not to be a professional footballer«, Har-perSport 2011

Meyer T./Meister S.: »Routine Blood Parameters in Elite Soccer Players«, *International Journal of Sports Medicine*, November 2011

de Mondenard, Jean-Pierre: »Dopage dans le Football«, JC Gawse-witch 2010

Neville, Gary: »Red. My Autobiography«, Random House 2012

»No Systematic Doping in Football. A critical Review«, Studie der Universitäten Loughborough, Chester und Dublin, 2008

Paclet, Jean-Pierre/Danancher, Thibaut: »L'implosion«, Michel La-fon, 2010

Paoli, Letizia/Donati, Alessandro: »The Sports Doping Market«, Springer 2014

Pirlo, Andrea: »Penso quindi gioco – Ich denke, also spiele ich«, Riva 2015

Roth, Jürgen: »Unfair Play«, Eichborn 2011

Schumacher, Toni: »Anpfiff. Enthüllungen über den deutschen Fuß-ball«, Droemer Knaur 1987

Westerlain, Amy: »The systemic effects of platelet-rich plasma in-jection«, *American Journal of Sports Medicine*, 2013

Ferner diese Webseiten zum Thema

www.fussballdoping.de
www.cycling4fans.de
www.dopingalarm.de

Anmerkungen

Vorwort
Monster

1 ARD-Sportschau, 3.3.2015
2 ebenda
3 ebenda
4 Wada-Monatsschrift *Play True*, 1/2004
5 ARD-Sportschau, 3.3.2015
6 *Tagesspiegel*, 5.3.2015
7 *SZ-Magazin*, 24.8.2007; ZDF-Sportstudio, 10.8.2013
8 20 Minuten, Newsportal Schweiz, 12.5.2015
9 *Tagesspiegel*, 5.3.2015
10 France Television, 3.5.2015
11 www.insidethegames.biz, 26.2.2015
12 ebenda
13 www.espn.go.com, 21.5.2013

Kapitel 1
Von Bern bis in die achtziger Jahre

1 »Report«, ARD, 29.3.2004
2 Gesprächsprotokoll der TV-Firma Broadview mit dem damaligen DFB-Teamarzt Franz Loogen, 4.6.2003
3 Jean-Pierre de Mondenard: »Les Dopes du Foot«, 2012
4 *Die Welt*, 27.3.2004
5 Gesprächsprotokoll der TV-Firma Broadview mit dem damaligen DFB-Teamarzt Franz Loogen, 4.6.2003
6 ebenda
7 ebenda
8 Gesprächsprotokoll der TV-Firma Broadview mit dem damaligen DFB-Teamarzt Franz Loogen, 4.6.2003
9 Gesprächsprotokoll der TV-Firma Broadview mit Franz Loogen, Telefonat am 13.2.2004
10 Gesprächsprotokoll der TV-Firma Broadview mit dem damaligen DFB-Teamarzt Franz Loogen, 4.6.2003
11 ebenda
12 »Das Wunder von Bern. Die wahre Geschichte«, ZDF, 27.4.2004
13 ebenda

14   »Das Wunder von Bern. Die wahre Geschichte«, ZDF, 27.4.2004
15   *Der Spiegel*, 19.5.1954
16   ebenda
17   ebenda
18   »Das Wunder von Bern. Die wahre Geschichte«, ZDF, 27.4.2004
19   Gesprächsprotokoll der TV-Firma Broadview mit dem damaligen
     DFB-Teamarzt Franz Loogen, 4.6.2003
20   »Das Wunder von Bern. Die wahre Geschichte«, ZDF, 27.4.2004
21   Schreiben von Peco Bauwens vom 22.10.1954 an den DFB-Vorstand,
     Loogen und Herberger, in: DFB-Archiv (Herberger-Nachlass)
22   *Bild*, 8.11.1954
23   Jürgen Bertram: »Die Helden von Bern«, Scherz Verlag 2004
24   ZDF History: »Die Geheimnisse des deutschen Fußballs«, 30.5.2010
25   *Bild*, 1.4.2004
26   Jürgen Bertram: »Die Helden von Bern«, Scherz Verlag 2004
27   ebenda
28   »Fussballweltmeisterschaft 1954: Die Virushepatitis der ›Helden von
     Bern‹«, *Deutsches Ärzteblatt*, 2010
29   Helmut Rahn: Mein Hobby: Tore schießen, Verlag Henselowsky
     Boschmann 1959
30   Jürgen Bertram: »Die Helden von Bern«, Scherz Verlag 2004
31   John Hoberman: »Sterbliche Maschinen. Doping und die Unmensch-
     lichkeit des Hochleistungssports«, Verlag Meyer & Meyer Sport 1994
32   »No Systematic Doping in Football. A critical Review«, Studie der
     Universitäten Loughborough, Chester und Dublin, 2008
33   Institut für Sportwissenschaft der Humboldt-Universität Berlin, In-
     haltlicher Schlussbericht: »Doping in Deutschland von 1950 bis heu-
     te«, 30.3.2013
34   *Handelsblatt*, 9.8.2013
35   »Doping in Deutschland von 1950 bis heute«, HU Berlin, 17.4.2013
36   *Handelsblatt*, 23.8.2013
37   Jean-Pierre de Mondenard: »Dopage dans le Football«, JC Gawse-
     witch, 2010; »Doping and the 1966 World Cup«, *The Guardian*,
     12.6.2014
38   *Der Spiegel*, 18.7.1966
39   *Hamburger Abendblatt*, 20.10.1970
40   *Selecta*, 10/43, 1968
41   *Le Figaro*, 25.11.1968
42   Jean-Pierre de Mondenard: »Dopage dans le Football«, JC Gawse-
     witch 2010
43   *L'Espresso*, 48/2007
44   *Algemeen Dagblad*, 18.11.2010
45   Guido Derksen: »Voetbalmysteries«, Voetbal international 2014
46   Toni Schumacher: »Anpfiff. Enthüllungen über den deutschen Fuß-
     ball«, Droemer Knaur 1987

47   *Die Welt*, 24.8.2011
48   Toni Schumacher: »Anpfiff. Enthüllungen über den deutschen Fuß-
     ball«, Droemer Knaur 1987
49   *Der Spiegel*, 2.3.1987
50   ebenda
51   *Der Freitag*, 17.6.2010
52   *Süddeutsche Zeitung*, 13.6.2007
53   *Die Welt*, 15.6.2007
54   *Handelsblatt*, 23.8.2013
55   *Berner Zeitung*, 4.4.2015
56   ebenda
57   *Handelsblatt*, 23.8.2013
58   *Focus*, 21.4.1994
59   Edwin Klein: »Rote Karte für den DFB«, Droemer Knaur 1994; *Fo-
     cus*, 21.2.1994, und andere
60   *Bild*, 8.4.2009
61   *ÄrzteZeitung*, 8.7.2010
62   www.newsclick.de, 18.6.2007
63   *But*, 3.11.1987
64   zitiert nach: *L'Équipe*, 21.5.1977
65   https://www.youtube.com/watch?v=_PnmyMEEpqI
66   ebenda
67   *Der Spiegel*, 12.4.2006
68   *Rheinische Post*, 22.1.2006
69   *Der Spiegel*, 12.4.2006
70   *L'Humanité*, 9.10.1998
71   *Der Spiegel*, 12.4.2006
72   *Focus*, 25.6.2007
73   NDR, 22.8.2013
74   Deutschlandfunk, 30.10.2011
75   *Berliner Zeitung*, 6.4.2001
76   Deutschlandfunk, 30.10.2011
77   Stasi-Treffbericht IMK »Norbert«, 28.11.1983
78   ebenda
79   *Die Welt*, 8.3.1987
80   *France Football*, 2.2.1979
81   *Le Figaro*, 1.4.1980
82   Sepp Maier: »Wer mit dem Ball tanzt«, Europa Verlag 2000
83   *Der Spiegel*, 31.10.2011
84   *taz*, 7.8.1993
85   *taz*, 12.7.1990
86   Deutschlandfunk, 10.8.2007
87   www.reviersport.de, 15.6.2007; *Der Spiegel*, 16.6.2007
88   Edwin Klein: »Rote Karte für den DFB«, Droemer Knaur 1994
89   *Der Spiegel*, 2.3.1987

Kapitel 2
Die neunziger Jahre

1 *Le Vif,* 20.12.2012
2 www.sid.de, 25.1.2006
3 *The Sun,* 19.12.2003
4 Marcel Desailly: »Capitaine«, Edition Stock 2002
5 »La Vérité«, Eurosport, 14.2.2006
6 Jürgen Roth: »Unfair Play«, Eichborn 2011
7 *Der Standard,* 17.3.2015
8 Edward Grayson/Gregory Ioannidis: Drugs, Health and Sporting Values, ed. John O'Leary 2000
9 Letizia Paoli/Alessandro Donati: »The Sports Doping Market«, Springer 2014
10 ebenda
11 ebenda
12 *El Espectador,* 22.5.2013
13 *The Guardian,* 26.9.2012
14 dpa, 22.1.2010
15 *The Guardian,* 26.9.2012
16 ebenda
17 *Süddeutsche Zeitung,* 5.5.1999
18 *Berliner Zeitung,* 4.2.2003
19 Jean-Pierre de Mondenard, 19.10.2008, www.bakchich.info
20 *L'Espresso,* 16.5.2005
21 ebenda
22 *Tagesspiegel,* 3.4.2015
23 https://en.wikipedia.org/wiki/Carlo_Petrini
24 *L'Espresso,* 16.5.2005
25 »Außer Kontrolle – Doping im Fußball«, NDR 2010
26 www.sid.de, 9.3.1994
27 ebenda
28 www.sid.de, 7.3.1994
29 *Ostschweizer Tagblatt,* 5.9.2013
30 www.sid.de, 10.3.1994
31 *Süddeutsche Zeitung,* nach einer Meldung der dpa, 4.3.1994
32 *Stuttgarter Zeitung,* 1.9.1992
33 http://www.cycling4fans.de/index.php?id=4990?
34 *taz,* 21.9.1992
35 *Berliner Zeitung,* 27.7.2000
36 *Der Spiegel,* 29.11.1999
37 ebenda
38 *Focus,* 12.10.1998

Kapitel 3
Die nuller Jahre

1 *La Stampa*, 24.11.2001
2 *La Republica*, 24.11.2001
3 Report des Antidoping-Tribunals des Coni, 29.9.2009
4 Werner Franke im Gespräch mit dem Autor, 23.5.2015
5 Lamberto Gherpelli: »Qualcuno corre troppo«, Gruppo Abele 2015
6 Alessandro Donati in einem Schreiben an den Autor, 25.4.2015
7 *Zeitmagazin*, 28.10.2013
8 Alexandre Julliard/Sébastien Fest: »Ni rey, ni dios«, Sudamericana 2013
9 Mail an den Autor, 21.5.2015
10 *L'Équipe*, 31.1.2002
11 »No Systematic Doping in Football. A Critical Review«, Studie der Universitäten Loughborough, Chester und Dublin, 2008
12 dpa, 17.10.2013
13 www.sid.de, 21.11.2003
14 »No Systematic Doping in Football. A Critical Review«, Studie der Universitäten Loughborough, Chester und Dublin, 2008
15 Fernando Mendes: »Jogo Sujo«, ed. Livros De Hoje, Grupo Leya 2010
16 *Die Welt*, 8.3.1987
17 www.goal.com, 23.9.2007
18 Stefan Matschiner: »Grenzwertig. Aus dem Leben eines Dopingdealers«, Riva 2011
19 *The Guardian*, 17.10.1999
20 *Spiegel online*, 6.9.1999
21 *The Telegraph*, 8.10.2004
22 Paul Merson: »How not to be a professional footballer«, HarperSport 2011
23 *NZZ*, 1.3.2009
24 *L'Observateur*, 13.1.2008
25 *Nouvel Observateur*, 14.6.2007
26 www.stol.it, 19.7.2012
27 www.realtotal.de, 15.7.2013
28 De Mondenards Liste an den Autor, 28.4.2015
29 *Nouvel Observateur*, 14.6.2007
30 *Le Monde*, 24.11.2009
31 ebenda
32 ebenda
33 »Organised Crime and Drugs in Sport«, Australian Crime Commission, 2013
34 *Miami New Times*, 30.1.2013
35 *New York Post*, 17.2.2015

36   France TV info, 25.7.2013
37   dpa, 6.6.2002
38   dpa, 30.1.2003
39   dpa 3.11.2003
40   www.sid.de, 18.11.2003
41   dpa, 24.2.2009
42   *Süddeutsche Zeitung*, 7.5.2010
43   Mail an den Autor, 10.5.2015
44   *Berliner Zeitung*, 1.12.2010
45   LKA-Aktenvermerk vom 5.10.1984 zu einem Gespräch mit Klümper
      am 4.10.1984; Staatsarchiv Freiburg, Ordner »VfB Arzneimittelliefe-
      rungen«
46   »ARD-Sportschau«, 7.3.2015
47   »ZDF-Sportstudio«, 7.3.2015
48   »ZDF-Sportstudio«, 21.3.2015
49   *Süddeutsche Zeitung*, 22.4.2015
50   Armin Klümper: »Verzeihen kann ich, vergessen kann ich nicht«, Au-
      tobiografie, bislang unveröffentlicht
51   ebenda
52   ebenda
53   Thorsten Rarreck im Gespräch mit dem Autor, 13.5.15
54   Fachzeitschrift *Medizinische Klinik*, Beitrag von J. Keul, B. Deus und
      W. Kindermann, No 71/1976, S. 497
55   *FAZ*, 26.10.1976
56   *Der Spiegel*, 31.10.2011
57   ebenda
58   DLV, *Nachrichtenblatt*, Juli 1988
59   ebenda
60   Armin Klümper: »Verzeihen kann ich, vergessen kann ich nicht« Au-
      tobiografie, bislang unveröffentlicht
61   ebenda
62   www.fussballdoping.correctiv.org, 20.2.2015
63   *Stuttgarter Zeitung*, 14.3.1991
64   *Badische Zeitung*, 21.3.2015
65   *FAZ*, 23.5.2007
66   *Die Welt*, 4.11.2002
67   www.cycling4Fans.de
68   www.fussballdoping.correctiv.org, 20.2.2015
69   *Frankfurter Rundschau*, 28.6.2012

Kapitel 4
Doping bei WM-Turnieren

1   www.insideworldfootball.com, 18.6.2015
2   Globonews, 18.4.2015
3   *Süddeutsche Zeitung*, 26.7.2013
4   Martin Donker/Guido Derksen: »Voetbal Mysteries. Opgelost«, Bui-tenespelers 2013
5   *Impact Médecin*, 8.6.1990
6   *France Football*, 2.2.1979
7   *Der Spiegel*, 9.8.2013
8   Alexandre Juillard/Sébastien Fest: »Le mystère Messi«, JC Gawse-witch 2012
9   *Le Figaro*, 25.6.1981
10   *Die Welt*, 31.10.2012
11   *taz*, 22.11.2011
12   ebenda
13   *L'Express*, 18.11.2011
14   Bayerische Landeszentrale für Politische Bildungsarbeit: »Einsichten und Perspektiven«, 2/2012
15   *Stern*, 49/1990
16   www.spiegel-online.de, 12.4.2006
17   Werner Franke, Heidelberger Dopingforscher, gegenüber dem Autor
18   www.goal.com, 23.11.2011
19   *Il Sussidiario*, 22.2.2011
20   Jean-Pierre Mondenard: »Dictionnaire du Dopage«, Editions Masson 2004, S. 1119
21   Letizia Paoli/Alessandro Donati: »The Sports Doping Market«, Springer 2014
22   France TV, 26.2.2014
23   ebenda
24   Protokoll der Pariser Senatsanhörung zu Doping im Sport, 20.3.2013
25   ebenda
26   ebenda
27   France TV, 26.2.2014
28   www.53x12.com, 5.10.2011
29   Sandro Donati im Gespräch mit dem Autor, 11.12.2014
30   dpa, 11.12.2014
31   Eric Maitrot: »Les scandales du sport contaminé«, Editions 84 2005
32   *L'Humanité*, 23.11.2009
33   Ouest-France, »Justice et Liberté«, 5.11.2009
34   France Info, 15.7.1998
35   Reuters, 15.7.1998
36   www.ronaldo98.blogsport.de, 16.7.2010
37   ebenda

38   *La Gazzetta dello Sport*, 15.2.2008
39   ebenda
40   *Die Welt*, 12.9.2007
41   *The Wall Street Journal*, 7.7.2015
42   *The Guardian*, 21.8.2011
43   »No Systematic Doping in Football. A Critical Review«, Studie der
       Universitäten Loughborough, Chester und Dublin, 2008
44   Christoph Biermann: »Die Fußball-Matrix. Auf der Suche nach dem
       perfekten Spiel«, Kiepenheuer & Witsch 2009
45   *Tagesanzeiger*, 4.1.2015
46   ebenda
47   *Der Spiegel*, 20.6.2002
48   www.sid.de, 29.4.2006
49   *The Guardian*, 13.2.2009
50   *Süddeutsche Zeitung*, 17.5.2010
51   www.sid.de, 25.6.2008
52   dapd, 21.6.2012
53   *British Journal of Sports Medicine*, Mai 2015
54   ebenda
55   ebenda
56   Werner Franke im Gespräch mit dem Autor, 15.5.2015
57   *Berliner Zeitung*, 13.4.2005
58   ebenda
59   dpa, 22.4.2015
60   Mosnews, 3.5.2005
61   *The Guardian*, 3.2.2015
62   Mail an den Autor, 13.7.2015
63   Jörg Jaksche in Gesprächen mit dem Autor, zuletzt am 4.3.2015
64   Letizia Paoli/Alessandro Donati: »The Sports Doping Market«,
       Springer 2014
65   Bericht des französischen Senats zu Doping im Sport, März 2013
66   ebenda
67   *taz*, 30.6.2010
68   Meyer T./Meister S.: »Routine Blood Parameters in Elite Soccer Play-
       ers«, *International Journal of Sports Medicine*, November 2011
69   Fritz Sörgel im Gespräch mit dem Autor, 24.5.2015
70   www.spiegel.de, 30.8.2013
71   www.spiegel.de, 4.8.2010
72   ebenda
73   ebenda
74   www.tagesschau.de, 19.5.2014
75   Auskunft der Wada an den Autor, 21.5.2015
76   *Süddeutsche Zeitung*, 3.7.2014
77   http://de.fifa.com/worldcup/news/y=2014/m=6/news=dvorak-und-
       saugy-beantworten-fragen-zum-Antidoping-programm-2354964.html

78 Vortrag Jiri Dvorak, Fifa-Kongress Zürich, 29.5.2015
79 www.sid.de, 23.9.2014
80 Foxnews, 20.6.2014
81 *Stern*, 17.7.2014
82 www.insideworldfootball.com, 18.6.2015

Kapitel 5
Spanien

1 *FAZ*, 11.4. 2002
2 *The Oberserver*, 31.3.2002
3 *The Guardian*, 28.6.2013
4 www.cyclingnews.com, 28.1.2015
5 *The Telegraph*, 9.10.2012
6 ebenda
7 *Gazzetta dello Sport*, 28.7.2004
8 *Berliner Zeitung*, 27.5.2006
9 *Marca*, 5.4.2013
10 ARD-Sportschau, 1.6.2008
11 *New York Times*, 20.6.2014
12 ntv, 25.9.2006
13 Werner Franke im Gespräch mit dem Autor, 17.1.2015
14 www.eurosport.net.pl, 6.5.2013
15 www.totalbarca.com, 15.3.2011
16 Stéphane Mandard im ARD-Interview, 21.4.2008
17 Protokoll der Pariser Senats-Anhörung, 3.4.2013
18 *taz*, 14.12.2006
19 dpa, 24.2.2014
20 Channel 4, 23.1.2013
21 www.sid.de, 11.1.2011
22 *The Guardian*, 28.6.2013
23 Channel 4 News, 13.2.2013
24 ebenda
25 Wada-Mitteilung an den Autor, 6.5.2015
26 *The Telegraph*, 4.2.2013
27 www.faz.net, 28.8.2014
28 Christoph Biermann: »Die Fußball-Matrix. Auf der Suche nach dem perfekten Spiel«, Kiepenheuer & Witsch 2009
29 www.voetbalzone.nl, 27.5.2003
30 Christoph Biermann: »Die Fußball-Matrix. Auf der Suche nach dem perfekten Spiel«, Kiepenheuer & Witsch 2009
31 *The Guardian*, 16.2.2013
32 Andrea Pirlo: »Penso quindi gioco – Ich denke, also spiele ich«, Riva 2015

33   *Zeitmagazin* 45/2013, 28.10.2013
34   *The Telegraph*, 21.1.2013
35   Werner Franke im Gespräch mit dem Autor, 15.5.2015
36   www.cyclingnews, 25.11.2009
37   *Süddeutsche Zeitung*, 3.2.2006
38   *Süddeutsche Zeitung*, 17.5.2010
39   Ines Geipel: No Limit. Wie viel Doping verträgt die Gesellschaft?
     Klett-Cotta 2008
40   ebenda
41   *El Mundo*, 5.5.2013
42   »ZDF-Sportstudio«, 7.3.2015
43   *El Pais*, 24.11.2006
44   *Tagesanzeiger*, 19.1.2008
45   *El Mundo*, 13.12.2010
46   www.insidespanishfootball.com, 14.3.2013
47   *Daily Record*, 13.10.2014
48   https://www.youtube.com/watch?v=Kt_eisGO1nI
49   www.plazadeportivo.com, 17.2.2013
50   Alexandre Juillard/Sébastien Fest: »Le mystère Messi«, JC Gawse-
     witch 2012; dieselben: »Ni rey, ni Dios«, Sudamericana 2013
51   www.spox.com, 21.4.2015
52   *Marca*, 22.11.2014
53   www.insidespanishfootball.com, 7.2.2013
54   *Bild*, 6.2.2014
55   www.elminuto7.com, 12.11.2013
56   *SportBild*, 6.8.2013
57   *Süddeutsche Zeitung*, 22.6.2015
58   http://www.marijanakovacevic.com/biography.html
59   www.bakschich.info, 28.2.2009
60   dpa, 2.4.2014
61   *Observer*, 19.4.2014
62   Waddington,I./Malcolm, D./Roderick, M., Nail, R.: »Drug Use in
     English Professional Football«, 2005

Kapitel 6
Schmerzfrei

1   *Stern*, 15.11.2012
2   ebenda
3   ebenda
4   www.nos.nl, 4.10.2010
5   *Associated Press*, 18.3.2013
6   www.orf.at, 26.6.2008

7   *Stern*, 30.4.2008
8   dpa, 21.10.2014
9   http://www.hontschik.de/chirurg/rundschau/080510%20Unter%20
     Geiern.pdf
10 Wada, Mail an den Autor, 11.5.2015
11 http://de.fifa.com/aboutfifa/footballdevelopment/medical/news/
     newsid=2419986/
12 *British Journal of Sports Medicine*, 8.9.2011
13 *Ärzteblatt*, 5.6.2012
14 *American Journal of Sports Medicine*, 2/2009
15 *British Journal of Medicine*, 7.1.2008
16 Letizia Paoli/Alessandro Donati: »The Sports Doping Market«, Sprin-
     ger 2014
17 *FAZ*, 13.5.2010
18 www.correctiv.org, 25.6.2012
19 ebenda
20 *FAZ*, 22.8.2008
21 ebenda
22 *Die Zeit*, 6.9.2011; BBC, 5.6.2012
23 Thorsten Rarreck im Gespräch mit dem Autor, 13.5.2015
24 Im Gespräch mit dem Autor, 17.4.2015
25 Mail an den Autor, 6.5.2015
26 Mail an den Autor, 7.5.2015
27 *Stern*, 23.5.2008
28 www.fifa.com, 8.8.2012
29 ebenda
30 Fritz Sörgel in einer Mail an den Autor, 24.5.2015
31 Studie über den »Einsatz von nicht-steroidalen Antirheumatika
     (NSAR) im Spitzensport«, 2014
32 ebenda
33 ebenda
34 www.football.newstank.eu, 8.1.2014
35 *Der Freitag*, 17.6.2010
36 Frei: Gespielt, DVD, 2007
37 ebenda
38 ebenda
39 www.rp-online.de, 14.6.2014
40 *Die Zeit*, 12.9.1997
41 ESPN, 16.12.2011
42 ebenda
43 Ines Geipel: »No Limit. Wie viel Doping verträgt die Gesellschaft?«,
     Klett-Cotta 2008
44 *New York Times*, 27.8.2014
45 *Der Spiegel*, 5.3.2012
46 Thorsten Rarreck im Gespräch mit dem Autor, 13.5.15

47 »ZDF-Sportstudio«, 25.4.2015
48 Thorsten Rarreck im Gespräch mit dem Autor, 13.5.2015
49 *Süddeutsche Zeitung*, 16.5.2015
50 Mailverkehr mit dem Autor, 23./24.4.15
51 SWR-Pressetext, 22.4.2015
52 ebenda
53 Mailverkehr mit dem Autor, 23./24.4.2015
54 Ralph Kühn in einem Telefongespräch mit dem Autor, 11.5.2015
55 SWR-Pressetext, 22.4.2015
56 Thorsten Rarreck im Gespräch mit dem Autor, 13.5.2015
57 www.foot24.eu, 16.4.2015
58 ebenda
59 www.focus.de, 29.9.2014
60 »ARD-Sportschau«, 3.3.2015
61 www.spiegel-online.de, 4.7.2012
62 *Süddeutsche Zeitung*, 4.7.2012
63 *Welt am Sonntag*, 8.7.2012
64 *FAZ*, 24.5.2008

Kapitel 7
Und es macht doch Sinn

1 Werner Franke im Gespräch mit dem Autor, 23.5.2015
2 ebenda
3 Mail der Wada an den Autor, 19.5.2015
4 Amy Westerlain: »The systemic effects of platelet-rich plasma injection«, *American Journal of Sports Medicine*, 2013
5 *Der Spiegel*, 21.12.2013
6 www.sid.de, 12.8.2014
7 www.zeit.de, 27.9.2011
8 www.sid.de, 2.4.2014
9 www.krone.at, 20.11.2007
10 ABC, 17.2.2014
11 CNN, 17.2.2015
12 »ARD-Sportschau«, 3.3.2015
13 *Tagesspiegel*, 5.3.2015
14 »ARD-Sportschau«, 3.3.2015
15 *Der Spiegel*, 2.3.1987
16 Thorsten Rarreck im Gespräch mit dem Autor, 13.5.2015
17 ebenda
18 www.sid.de, 14.11.2012
19 ebenda
20 TV France 2, 3.5.2015

21   *Die Zeit*, 5.3.2009
22   »No Systematic Doping in Football. A Critical Review«, Studie der Universitäten Loughborough, Chester und Dublin, 2008
23   *Observer*, 23.4.2003; *The Guardian*, 9.9.2005
24   Die Mails liegen dem Autor vor.
25   Bayerischer Rundfunk, 12.6.2015

Dank

Naturgemäß sind Bücher über die Tabuthemen des Sports kein guter Platz für Danksagungen. Die Omertà, das Schweigebündnis der Spitzensportbranche, sorgt dafür, dass sich Quellen und Gesprächspartner ganz überwiegend lieber nicht öffentlich erwähnt sehen. Das war schon bei der Arbeit für das Buch »Fifa-Mafia« so, welches die Korruptionskultur rund um den Weltverband Fifa beleuchtete. Und es verhält sich so mit dem Thema Doping. Zumal das ja, wenn man den Helden der Branche glauben mag, gar nicht im Fußball existiert.

Deshalb danke ich hier rundherum all denen, die mitgeholfen haben. Ehemaligen Spielern. Ärzten. Sonstigen Insidern. Jenen, die wissen, dass sie gemeint sind.

Offene Dankesworte, ebenso von Herzen, darf ich an einige ausgewiesene Experten zum Thema Leistungsbetrug richten. Wertvolle Unterstützung leisteten der italienische Dopingexperte Sandro Donati sowie seine deutschen und französischen Pendants Werner Franke und Jean-Pierre de Mondenard; hilfreich ergänzt hat diesen Kreis Gerhard Treutlein. Die TV-Firma Broadview gewährte freundlicherweise erhellende Materialien zur Berner Vergangenheit. Claudia Lepping trug eine aufschlussreiche Zeitstudie über ihre Website dopingalarm.de bei. Und schließlich ist da – last but in no way least – der famose Fritz Sörgel. Der wie der Autor ein Liebhaber des Fußballspiels geblieben ist – und den Autor daher abseits aller pharmakologischen Fachgespräche regelmäßig zu dessen Erlebnissen aus dem Punktspielbetrieb der oberbayerischen Seniorenliga befragt.

Die Zeit und der Spaß müssen immer sein.

Ein herzliches Dankeschön geht auch an Heike Gronemeier, für ihre einfühlsame Rundum-Kompetenz als Lektorin.

Register